중국 학술 기행

중국 학술 기행

김필수 지음

우리글

이 학술 기행문은 유가儒家를 중심으로 했다.

많이 알려져 있는 선현들만을 골랐기 때문에 선진先秦시대와 송대宋代가 중심이다. 그러나 양兩 한漢시대에서 몇 분, 위진남북조魏晋南北朝시대 몇 분, 시대는 길지만 유가儒家 중심으로 몇 분, 원元·명明 시대 몇 분을 포함했다.

이 분야는 비교적 덜 알려져 있기 때문에 아무쪼록 과거 선현先賢들의 편모를 통해서나마 그분들과 좀 더 가까워질 수 있고 친근한 느낌을 품을 수 있다면, 이 글의 목적은 달성한 것이라고 생각한다.

2016년 2월
욱곡상업稶谷緗裏에서
눈야순嫩野馴 김필수

법고창신法鼓昌新의 이정표

배상현(동국대 명예교수)

20세기에 들어서서 국가 간의 장벽이 무너지게 되자 해외여행이 생활화되면서 물질문명은 더욱 극에 달하게 되었고, 상대적으로 도덕률은 타락되어 건전한 국가의 자주성과 도덕률의 재건이 더욱 절실해지게 되었다.

이러한 시대에 인류 번영을 위해 새로운 도덕적 규범으로 부각되는 것이 바로 공자(BC552~479)의 사상이다. 서구의 무한경쟁을 극복하고 화해의 인류공동체를 이루려면, 역경易經의 자연 합일과 물아일체를 지향하는 중정인의中正仁義의 정신이 중심이 되어 마땅하기 때문이다.

중中이란, 역易에서 변역變易·불변不變·간역簡易의 표상으로 언제나 막힘이 없이 통하는 것이오, 정正이란, 개체의 위상을 잃지 않는 바름이며, 인의仁義란, 그 결과로 무한한 생명성인 인이 올바로 결실하여 완성됨이니, 이를 위하여 올바른 방향을 설정케 하는 지智와 그를 향하여 실천하는 예禮가 부수되어야 한다.

역易에서 말하는 원형이정元亨利貞은 바로 생장도성生長道成을 뜻한다. 그리고 예부터 인걸은 지영地靈이라 하여 그 풍토에서 사상을 낳고 배양해야 한다고 들었다. 이에 평생 역학 연구에 매진하며 중정인의의 도덕 실천에 노력해 온 김필수 교수가 중국 문화의 중심지라 할 수 있는 각 지방을 기행하고, 특히 춘추전국시대에서 명대 말까지의 지역을 집중적으로 답사하면서 그 중심체가 되었던 인물의 사상을 접목시켜 책을 집필하게 된 것이다.

그리고 김 교수는 독자들이 소설을 읽듯이 평이하게 읽을 수 있도록 하여, 인륜 중심의 도덕률을 회복하고 법고창신法古創新의 새로운 발전을 기대할 수 있도록 이끌어주고 있다.

책의 내용은, 중국 철학의 2대 원류인 유가와 도가 인의예지의 자연 질서를 가족 윤리에 접목시킨 공자의 사상과, 그의 뒤를 따라 4과 10철 72현의 자취를 찾아 당자(대학)자사(중용)의 도통을 이어 의로써 결실시킨 맹자의 자취는 산동으로써 포괄되고, 청정무위淸淨無爲의 시공을 초월해 영원한 삶을 누리려는 남방의 노장 사상과 무애자재無碍自在한 불교 사상을 융합시켜 3교 합일에서 유가의 자주성을 회복하려는 성리학은 이기이원론을 주장하는 주자와 주이론을 제창한 육구연 왕수인의 자취, 시간적으로는 16세기까지 지역적으로는 산동山東, 섬서陝西, 하남河南, 강소江蘇, 절강浙江, 복건福建까지 중국 문화의 중심지를 모두 포괄하고 있다.

또한 김 교수의 산고일편은 한국과 중국을 지리학으로 풍수학적으로 독자의 흥미를 돋우고 있다.

김 교수가 현지를 1980년대에 답사하고 그곳에 뿌리를 둔 철학과 접목시켰을 뿐만 아니라, 유교 윤리의 우수성을 발양시켜 새로운 이정표를 제시한데서 의미가 깊은 책이라 하겠다.

실사구시 하는 유학자

장동섭(전남대 명예교수)

눈야순 김필수 교수는 평생을 유학과 더불어 살아왔다. 유학을 배우고, 유학을 연구하고, 유학을 가르쳤다. 그러기에 그는 늘 스스로 유학도이고, 유학인임을 자처하며 실사구시 하는 유학자가 되고자 노력했다.

김 교수는 일찍부터 자신이 더불어 살아가고 있는 유학의 위대함을 직접 몸으로 체험하고 마음으로 체득하기 위해 수십 차례에 걸쳐 유학의 본산이며 발원지인 중국을 여행했다. 유학의 창시자인 공자와 그 제자들 및 역대 계승자들의 사적지는 물론, 유학이 생성 발전하는데 직·간접으로 영향을 미친 제자백가들의 사적지와, 각 시대에 빛나는 업적을 남긴 대철학인, 대문 장가들의 유풍과 유적지를 직접 탐방한 것이다.

그리고 유학의 영향을 가장 깊게 오래도록 받아 오고 있는 우리나라에서 유학의 발전과 실용화에 크나큰 업적과 더불어 자랑스러운 유풍을 남긴 여러 선유 제현들의 유적지까지 두루 끈기 있게 탐방하여 왔다.

이제 김 교수는 그의 나이 팔순을 맞아 지난날 국내·외에 걸쳐 시도했던 값진 유학의 성지순례여행을 통해 보고 듣고 느끼고 깨달은 귀하고 값진 견문을 세상에 널리 알리고, 관심 있는 후인들에게 길이 전해주고자, 그동안 유관 잡지에 게재 발표했거나 혹은 일기 형식으로 기록하고 간직해 두었던 주옥과도 같은 단상들을 다시 수함하고 정리해서 한 권의 책으로 엮어 출판하게 되었다. 동학을 하는 한 사람으로 새삼 깊은 경의를 표하며, 관심을 가진 강호 제현들에게 일독을 권한다.

'중국 학술 기행'에 붙여

송준호(연세대 명예교수)

오래 전 필자가 학부 학생이었던 어느 해 겨울방학 때 시골 종조부 댁에서 어른들께 들은 말씀을 먼저 소개하려고 한다.

종조부 댁 사랑방에는 주자의 무이도가武夷櫂歌를 열 폭으로 꾸며놓은 병풍이 있었다. 종조부님의 친구분들이 모여 한담을 나누시다가 병풍에 쓰여 있는 시를 읊으시더니,

"주자께서 얼마나 깊이 감흥하셨으면 이 시를 지으셨겠는가! 우리가 무이에 가보지도 못했고, 주자 같은 마음을 지녀보지도 못했으니, 주자의 참된 감흥을 어떻게 알겠는가!"라고 하셨다.

학부를 마치고 고등학교 교사가 되고 난 다음에야 뒤늦게, 그때 그 어른들의 말씀이 '학문의 참된 이해와 연구에는 대상에 대한 시공간적 직접 체험이 절대적으로 필요하다'는 뜻이었다는 것을 알게 되었다.

그 후 17,8년 전쯤으로 기억되는 어느 해, 김 박사도 함께 했던 학술여행으로 중국 복건성 무이시에 가서 대나무 뗏목 배를 타고

무이계곡武夷溪谷을 유람하며 내려온 적이 있다.

　나는 그동안 무이도가武夷櫂歌 서수序首 중에서 ‘욕지개중기절처 欲識箇中奇絶處(이런 중에 기막히게 참된 경지를 알고 싶으면)’의 ‘기절처奇絶處(기막히게 참된 경지)’를 진보陳普의 주註에서 ‘묘처妙處(기막힌 경지)’라고 말한 것을 나와는 상관없이 단순히 대상들만의 도적道的 근원을 말하는 것으로 이해해 왔었다. 그런데 그 뗏목 배를 타고 내려오면서 비로소 자아와 일체 대상들과의 순수 진실한 교감을 통한 혼연일체화의 경지를 ‘묘처’라고 한 것임을 알게 되었다. 그리고 ‘도가한청양삼성櫂歌閑聽兩三聲(뱃노래를 한가롭게 두 세 마디 들어보라!)’에서 노젓는 사공이 어떤 사람이며 이 뱃노래(도가櫂歌)가 어떤 경지의 정신적 감탄의 목소리이겠는가를 알게 된 것이다.

　이 ‘기절처奇絶處’의 정신적 경지는, 공자의 제자인 증점曾點의 ‘욕호기 풍호무우 영이귀 浴乎沂 風乎舞雩 詠而歸(기수에서 목욕하고 무에서 바람을 쐬고 읊으며 돌아옵니다.)’라는 답에 공자가 ‘오여점야吾與點也(나도 증점 너와 함께 하노라!)’라고 했다는 그 경지에 근원을 두고 있다. 그리고 이 무이도가를 위시한 송나라 시대의 이른바 염락풍濂洛風의 시들도 바로 이 ‘욕호기 풍호무우 영이귀’에 근원하고 있음을 알 수 있게 되었다.

이번에 이 '중국 학술 기행'을 저술로 출판하는 김필수 교수는 아마도 중국의 역대 사상가들의 삶의 족적을 속속들이 오랜 시간과 열정을 투자하여 깊이 추적하고 살핀 것이 분명하다. 그래서 나는 내가 겨우 한 겹을 그나마 읽어 얕게 알고 있는 선진先秦 유가 제인들에 대한 궁금증을 질문하고 기다려보는 청탁의 글로 시작해 보기로 한다.

김 교수는 산동성 곡부曲阜의 공묘孔廟와 공림孔林, 그리고 태산泰山에 올라가서 공자의 실제 삶을 발자취로 실측하고, 공자의 천하를 위한 마음과 뜻을 실감하였을 것이다. 뿐만 아니라 천하를 위해서 공문孔門의 4과 10철을 기른 뜻이 무엇이었던가를 살피게 되었을 것이다. 또한 시詩. 서書. 예禮. 악樂과 역易에의 궁구를 왜 했는가도 밝혔을 것이다.

그런데 공자와 가장 근면하게 철환천하轍環天下의 수행 제자가 된 자로를 왜 따로 검토했는지, 공자가 전통적 일체 제도에 대해 어떤 태도를 갖고 있는 것으로 보았는지, 공자의 정명주의正名主義는 어떤 가치로 보고 있는지, 공자는 왜 '술이부작述而不作 신이호고信而好古'했다고 봤는지, 공자의 '직直'과 '충서忠恕'를 어떻게 현대적인 삶 속에서 대응적으로 풀어 읽을 수 있는지, 공자가 인간의 이성과 감성을 예禮와 악樂으로 어떻게 대응하여 상관시하고 있다고 보는지, 대학과 중용의 변에서는 무엇을 어떻게 다루고 있는지, 김 교수가 표제화 하여 제시하고 있는바 공자의 문도 중에서 도학파와 사학파로의 분류는 무엇을 기준으로 하여 어떻게 변별되고 있는지, 그리고 그 변별되는 유파의 인물들은 누구인지 궁금하다.

또한 공자의 학통 범주에서 맹자가 다루어지는 것은 너무도 당연하지만 공자 이후 송대까지는 물론 이후 근대에 이르도록 정통 유학에서는 성악설의 창시자인 순자荀子를 포합시키는 경우가 없는데 여기서 공자의 학통 범주로 다룬 이유가 무엇인지 알고 싶다.

김 교수는 오래 전에도 필자와 함께 산동성 추성鄒城 맹자의 고향과 산소에 다녀왔는데 이번에는 더욱 세세하게 그곳들을 답사하고 체험했을 것으로 믿기에, 맹자가 공자보다 후대에 살면서 현실적인 시대관과 세계관을 어떻게 달리 하는 것으로 보고 있는지도 물어보고 싶으며, 그의 현실적 대응의 자세와 태도가 어떻게 다르다고 보고 있는지, 이상과 같이 자로子路 같은 인물도 다루었고 맹자도 다루었으면서 4인의 아성亞聖들 중 안자顔子와 증자曾子, 그리고 자사자子思子 등은 왜 개별화하여 다루지 않았는지 궁금하다.

끝으로, 중요한 학문적 핵심 요소인데도 내가 부족한 식견의 결과로 아예 모르고 있었던 것들을 김 교수가 새로운 견해로 밝히고 있을지도 모른다는 생각이 든다. 아직까지 학계에 소개되지 못한 새로운 사실과 자료와 견해가 놀랍게 밝혀지고 제시될 것을 우리 학계 제현들 모두가 치하와 함께 기대하며 두서없는 글을 맺는다.

1부 중국 학술 기행 편

1 장 공부자와 유학의 후예들

2 장 제자백가

3 장 한대의 경학자들

2부 산고일편

1 장 중국 편

1부 중국 학술 기행 편

1장 공부자와 유학의 후예들

一. 공부자孔夫子

二. 공부자의 제자들
- 산동성
- 72제자, 사과십철四科什哲
- 도학파와 사학파
- 계로季路

三. 대학大學 · 중용中庸 변辨

四. 맹부자孟夫子

五. 순자荀子

一. 공부자孔夫子

1.

공부자孔夫子(이름은 구丘, 자는 중니仲尼)의 유적지에 대한 간절한 그리움은 이십대 때부터였다. 그러나 그곳은 갈 수 없는 곳이었다. 1988년 중국 본토가 제한적으로 개방되면서 중국 여행이 가능해졌지만, 그때만 해도 러시아와 중국이 적성국이어서 학술 목적의 여행만 가능했다. 대학을 총괄하는 문교부 고등교육국장의 승인을 받고 당국의 신원조회 끝에 여행허가가 나오는 때였다.

여름방학을 이용하려면 봄부터 준비해야 했다. 가기 어려운 곳이라 집사람에게 점수도 딸 겸 부부동반 여행 계획을 세웠다. 그런데 당시 초등학교 교사로 재직하고 있던 집사람은 여행 허가가 나오지 않았다. 초·중·고 교사는 안 된다는 것이 그 이유였다. 교사들의 여행은 그 후 1991년부터 가능해졌다. 결과적으로 집사람한테 점수는 따고 돈은 아끼게 되었으니 홀가분하게 여행을 하게 된 셈이다.

북경으로 직접 가지 않고 케세이 퍼시픽 항공기로 홍콩을 거쳐 중국 국내선을 이용하기로 했는데, 그 다음이 문제였다. 북경을 관광하고 곡부曲阜로 가는 노선이 만만치 않았다. 지금 같으면 제남濟南이나 청도靑島를 거쳐 가면 되지만, 그때는 교통편이 아주 나빴다. 북경에서 조선족 교수를 동반하고 갔는데, 산동성 가이드와 의사소통이 잘 되지 않는 것도 문제였다. 그때만 해도 지방 궁벽한 곳에 가면 만다린北京語이 통하지 않는 곳이 더러 있었다.

우리 일행은 다섯 명이었는데, 세 분이 연로하신 분이고, 한 사람과 나만 젊다. 다행히 산동성山東省 가이드가 산동대학 일문학과 출신이어서 의사 소통이 가능했다. 옛날부터 중국의 도시와 지방간에 말이 잘 통하지 않는다고 들었던 기억이 났다. 지금은 그렇지 않지만 개방 초기만 해도 의사소통이 불가능한 곳이 많았다.

산동지역은 세계 4대 문명 발상지 중 하나이다. 네, 다섯 시간을 달려도 기름진 평야가 끝이 없었다. 이 지역은 황하黃河의 범람으로 재해를 겪는 동시에 기름진 땅을 얻을 수 있었기에 문명을 싹틔울 수 있었고, 그 재해를 극복할 수 있었다. 그 가운데 태산泰山이 솟아 있다. 사람들은 태산을 하늘과 통하는 하나의 축으로 생각했다.

태산은 하늘에 제사 지내는 봉선封禪의식이 행해지는 곳인데, 나라의 최고 통치자인 왕(진시황秦始皇이 중원을 통일한 후에는 천자天子 즉, 황제로 개칭됨)이 하늘을 대신해 사명을 이어받는다고 생각했다. 최고통치자인 왕은 충忠으로써 하늘의 뜻을 잇고, 이때의 첫 마음 그대로 마음을 바꾸지 않고, 만백성에게 서恕로써 베푸는 충서忠恕 사상이 만들어지게 된 것이다.

2.

버스 차창으로 보이는 안내 표지판에 '사수泗水'라는 표지가 눈에 들어왔다. 나는 가슴이 싸하는 충격에 휩싸였다. '아, 이곳이 바로 공부자孔夫子께서 강학하시던 수사洙泗, 즉 수사학洙泗學의 연원처로구나!' 하는 감격을 억제할 수가 없었다.

차창으로 보이는 사수는 뭐라고 할까, 우리나라 안양천 정도쯤으로 보였다. 그때만 해도 '죽의 장막'으로 알려진 중국이 개방된 후 처음 하는 여행이기도 하고, 오매불망 그리던 공자의 유적지를 탐방한다는 생각에 감회가 컸다. 아, 이 지역이 곡부란 말인가!

그날 오후 5시경 쯤 해서 곡부의 궐리산장厥里山莊에 여장을 풀었다. 지금은 거창한 호텔로 변했지만 당시만 해도 규모가 그리 크지 않은 아담한 호텔이었다. 저녁을 먹고 주변을 산책했는데 음식점도 제법 갖추어져 있고, 골동품 가게도 소박하나마 몇 개 있었다. 그리워하던 고향을 먼 훗날 다시 찾은 듯한 느낌이 들었다.

피곤하다는 두어 분을 빼고 술집에서 60 몇 도쯤 되는 독한 빼갈(白干 : 만주와 한국에서 이렇게 부른다)로 회포를 풀었다. 사실 나는 평소에 술을 전혀 입에 대지 않는데 분위기와 권유에 의해 서너 잔을 얼결에 받아 마셨다. 처음 잔을 입에 댔을 때 불이 확 하고 붙는 듯했다.

호텔 궐리산장 로비에 있는 상품 판매대에는 당시 중국에서 최고로 치는 상품이 진열되어 있었다. 로비 휴게소 옆에 자리 잡은 도장 새기는 집도 수준 높은 재료를 갖추고 있었다. 그 비싸다는 계혈석鷄血石도 적당한 가격대였다. 큰 부채 앞뒷면에 논어論語 전편을 금니金泥로 쓴 해서체楷書體의 작품도 눈에 띄었다. 상당한 고가였지만, 참으로 잘 쓴 글씨여서 그만한 가치가 있어 보였다.

그 후 네다섯 차례 북경에서 개최되는 학회에 갈 때마다 옵션으로 곡부 여행을 하게 됐다. 곡부는 점차 호화스런 술집과 소위 짜더(가짜) 골동품 가게가 수십 개씩 늘어서 있는 유흥가로 변해갔다. 궐리산장도 그 전보다 열 배 이상 커졌다. 모든 것이 상업화로 치달아가고 있어서 언제부터인가 곡부에 가지 않게 되었다.

3.

공림孔林(황제의 무덤은 능陵, 성인이나 영웅의 무덤은 림林) 앞의 드넓은 대로 양편에 줄지어 서있는 몇 아름씩 되는 측백側柏나무의 모습은 '숙숙

장대肅肅壯大'라는 말 그대로였다.

한자로 백柏자라고 하는데 이 백柏자를 한국에서는 잣나무라고 번역한다. 그러나 이는 잘못된 것이다. 원래 잣나무라는 한자는 만들어지지 않았다. 현재의 중국 지도상으로 볼 때 잣나무는 흑룡강성과 길림성에만 분포되어 있는데, 한자가 만들어졌던 황하 하류인 현 산동성 지역에서는 보지도 못하던 나무였다. 그래서 식물도감에는 고려송, 신라송, 오엽송으로 올라 있고 학명도 '코리안 파인'이다.

당나라 시성 두보杜甫가 안록산安祿山의 난리를 피해 사천성에 가 있을 때 지은 '촉상蜀相'이란 시가 있다. 이 시에 '승상사당하처심丞相祠堂何處尋이고, 금관성외백삼삼錦官城外柏森森이로다'라는 구절이 있다. 조선 초기에 나온 '두시언해杜詩諺解'에는 이를 '금관성 밖 잣남긔 삼열한 데로다'로 번역하고 있다. 그러나 여기서 언급한 잣남긔(잣나무)는 사실은 측백나무인데 잘못 번역한 것이다.

여러 아름의 측백나무들이 늘어선 모습들은 '숙숙장대'란 말 그대로다. 공림 안으로 들어서자 작은 개울이 가로질러 있는데 물은 흐르지 않고 풀만 무성하게 우거져 있고 아담한 돌다리가 백여 미터 간격으로 두 개인가 놓여 있었다.

바로 이 개울이 공림까지 오면서 보았던 사수泗水와 함께 이른바 공자께서 강학하던 수사학洙泗學의 연원인 것이다. 문득 이스라엘의 요단강을 처음 보고 그 크기가 너무나 작은데 놀랐던 일이 생각났다. 크기는 작지만, 이곳이 그리스의 아카데미야, 인도의 불교 유적지인 녹야원鹿野苑과 같은 곳이구나 싶으니 감회가 새로웠다. 공자의 무덤이 동산 같았고 묘 앞의 제절祭砌은 이삼십 명은 서서 참배할 수 있는 넓이였다.

왼쪽 옆으로 그리 멀지 않은 곳에는 공자보다 먼저 세상을 떠난 아

들 백어伯魚의 묘가 있었다. 그리고 공자묘 앞길 건너 좀 떨어진 곳에
는 술성공述聖公(성인의 학문을 이은 사람이라는 뜻으로 『중용中庸』의 저자) 자사
子思子의 묘가 있었다. 공자의 묘 서쪽으로 2백여 미터 떨어진 곳에
는 자공子貢이 시묘侍墓를 살았다는 여막廬幕이 있었다. 아주 작은 오
두막인데 갈 적마다 문이 닫혀 있었다.

그 속에 자공의 화상이라도 붙어 있겠지 하는 생각이 들어 항상 아
쉬웠다. 그런데 한번은 그 여막이 열려 있어서 뛰어 내려갔는데, 여막
속을 보고 실망하지 않을 수 없었다. 그 속에는 인부들의 신발짝과 청
소 도구만 가득 들어 있었다.

공자의 묘소에서 한참 내려오면 조그마한 정자가 하나 있다. 거기에
는 자공子貢이 공부자를 흠모하여 해楷나무(공자를 상징하고 공림을 뜻함)를
심은 일을 기리는 시비가 있었다. 내 허리 높이의 비석으로 명청팔가明
清八家 중 한 사람인 시윤장施胤章의 시가 새겨져 있었다.

4.

공림을 나오며 많은 상념들이 뇌리를 스쳤다. 가까운 중국 교수로부
터 홍위병운동 당시에 공림이 초토화됐었다는 말을 들었기 때문이다.

당시 권력 서열 제2인자였던 임표林彪는 모택동毛澤東을 몰아내려다
실패하고 측근 몇 사람과 비행기로 중국을 탈출해 소비에트로 도망가
다가 몽골 상공에서 추락사했다. 이때 임표와 공자를 비판하는 비림
비공非林非孔 운동이 일어났다.

모택동이 죽은 후 화국봉華國峰이라는 허수아비가 잠시 집권했다가
실권자인 모택동의 셋째 부인 강청江靑을 비롯한 4인방四人幫이 천하
를 휘둘러댔다.

당시 공림을 쑥대밭으로 만들 때 공자의 무덤도 파헤쳤다고 한다. 관 뚜껑인 홍대(큰 돌)까지 파헤쳤을 때 어찌된 일인지 갑자기 작업이 중단됐다. 그리고 오후 늦게 다시 덮기 시작했다고 한다. 당시 최고 지휘부도 갈등과 번민이 컸으리라는 것을 짐작해볼 수 있다. 아마도 수구와 혁명이라는 햄릿식의 갈등 아니었을까?

지금 생각해보면 공자, 예수, 부처, 마호메트 정도의 인물이 되면 어떠한 극렬한 혁명이 몰아친다고 해도 괜찮을 것 같다는 생각이 들었다. 또 다른 예를 들어본다면, 지독한 볼셰비키 혁명의 메카로 70년 볼셰비키 아성이었던 모스크바에서 동방정교회 성당이 잘 보존되고 있는 것을 보면 알 수 있다.

5.

버스를 타고 공부孔府에 갔다. 이곳은 공자의 집인데 아주 특별한 장소이다. 바티칸이 로마시대부터 특별한 지역이었던 것과 같다. 비록 바티칸 정도의 정치적 영향력이나 왕권을 뛰어넘는 권력은 갖고 있지 않았지만, 공부도 웬만한 관의 힘 정도는 미칠 수 없는 특별 지역이었다.

이런 희귀문화재에 관한 보호정신은 한대漢代부터라고는 하지만, 사실 이 제도가 완전하게 틀이 잡힌 때는 아이러니컬하게도 이민족이 통치했던 원대元代(몽골)부터였다고 한다.

소수 민족이면서 문화적 후진국이었던 몽골이 대륙을 지배하자면 지상명법 같은 명분이 필요했을 것이고, 이를 빌미로 다수의 민중을 굴복시켜야 했기 때문이었을 것이다. 오늘의 이 거창한 규모가 원대에 갖추어졌다는 점에서 여러 가지 생각을 해볼 수 있었다.

공부의 입구부터 웅장한 규모가 보는 사람을 압도했다. 흔히 북경의 자금성紫金城 중심 건물이 크다고 하지만, 공부의 중심 건물인 대성전은 그것보다 조금도 뒤지지 않았다. 자금성은 그 기둥이 나무 기둥인데 반해, 이곳은 용龍트림을 양각陽刻한 돌기둥이라고 짐작하면 될 것이다.

대성전 경내에는 큰 것은 5미터 정도, 작은 것은 2~3미터 정도의 비석들이 귀부龜趺 위에 수없이 늘어서 있었다. 이 비석들을 모두 사진으로 찍어놓았다고 생각했는데, 이 글을 쓰려고 찾다가 끝내 못 찾고 말았다. 거의 백여 장 정도였는데, 어디선가 나오긴 하겠지만 정작 필요할 때 써먹지 못하니 이게 무엇인가.

동양식 건물이 다 그렇듯이 겉은 이층으로 보인다. 안으로 통하는 본건물에 공부자의 조소상彫塑像이 있는데, 크기가 아마 10미터는 됨직했다. 인자하면서 위엄이 있고 덕과 지혜를 겸비한 분이라는 것을 느낄 수 있게 해주는 조소상이었다. 필자는 이런 곳에서 절하는 걸 별로 좋아하지 않는데 여기서는 재배를 했다. 중국인들은 거창하고 위엄이 있고 위압감을 주는 조형물을 만드는 것을 좋아하는 것 같다.

공부 안에는 등급별로 자손들의 교육제도가 완비되어 있었다는데, 가옥 구조도 계급별로 효과적으로 구분되어 있었다. 공부 외곽으로는 건물의 안전을 담당하는 부서, 규중에는 음식 등의 식생활 문제를 책임지는 부서, 전례 담당 부서, 등 그야말로 모든 부서가 다 갖추어진 하나의 정부인 셈이었다. 외부의 일반 백성들이 감당해야 하는 의무라든지 책임 등이 이곳에서는 상관이 없었으므로, 이곳만의 독특한 문화가 만들어지게 된 것이다.

이곳에서는 고대로부터 빚어먹던 술이 있는데, 그 이름이 '공부가주孔府家酒'이다. 필자는 본래 술을 잘 마시지 못해 맛을 모르지만, 술

맛이 괜찮다고 해서 마셔보았다. 1988년 중국 개방 이후 지금까지 이 술이 시중에서 팔리고 있다.

그리고 공부 내의 공씨들 특히 공자의 적손嫡孫은 공자의 혈통과 그 정신을 이었다고 하여 연성공衍聖公 혹은 적손승조嫡孫承祖라 칭한다. 공부에서는 그들이 입던 옷과 똑같은 옷을 만들어 관광상품으로 팔고 있었다.

공자의 적승嫡承 77대 연성공은 공덕문孔德成이라는 인물로 장개석 총통이 대만으로 이주할 때 우선적으로 피신시킬 소개疏開 대상 1호였다. 그 후 장개석 정부가 대만으로 이주해 대만에서 가장 살기 좋은 양명산陽明山에 살게 하였고, 몇 해 전에 돌아갔다고 하니 지금 연성공은 중국의 한무제漢武帝 이후 78대가 되겠다.

6.

공자께서 제자들을 모아놓고 강학한 장소를 행단杏壇이라 한다. 나는 공부의 너른 뜰에 들어서자마자 곧바로 그곳부터 찾아보았다.

약 30cm 위쪽이 아치형의 둥근 육면체 화강석 팻말이 맨땅에 박혀 있었다. 예상했던 것보다는 소박한 모습이었다. 물론 후대에 만든 것이겠지만 어쨌든 잘 보존이 되어 있었다. 뿌듯한 감회에 잠길 수 있었다. 그러면서 순간적으로 '은행나무(행杏)는 보이지도 않네!' 하고 속으로 중얼거렸다.

무슨 말인가 하면, 이 행단杏壇의 의미를 되새기고자 만들어놓은 것이 조선시대에는 성균관成均館, 삼국시대는 태학太學, 고려는 국자감國子監, 각 지방은 향교鄕校요, 사립으론 각 지방의 서원書院이다. 이처럼 공자와 그 도통을 이은 후학의 뜻을 기리면서 그 학문을 강학하는 이러한 곳에는 한결같이 거대한 은행나무가 그 위용을 자랑하고 있다. 또 그 모습이 멋지고 근엄해 절로 고개를 숙이게 한다.

그러나 공부의 행단은 물론이고 사원祀院(제사를 지내는 곳)이나 강학처의 상징수는 살구나무(행목杏木)라야 맞다. 본래 은행목은 선진先秦시대부터 공손수公孫樹 또는 압각수鴨脚樹라 불렸는데 근세 이후부터 은행목으로 불리게 되었다. 근세 이후부터 어찌 된 건지 유학의 상징이 은행나무로 뒤바뀌게 된 것이다. 아마 은행나무의 우람한 위용 때문인 듯하다. 공부 안에서 은행나무를 찾아보았으나 결국 찾지 못하다가 서쪽의 출구 작은 문 근처에서 단 한 그루를 발견했는데 심은 지 얼마 되지 않은 나무였다.

은행나무는 공룡시대부터 있었던 위대한 나무이다. 그때부터 지금까지 잔존한 식물로는 고사리, 은행나무, 세콰이어(캘리포니아 자이언트 세콰이어, 중국에서 근래에 발견되어 우리나라에도 많이 보급된 메타세콰이어, 미국 캘리포니아 지역 레드우드가 있음)가 있다.

필자는 거대수를 좋아해서 캘리포니아의 세콰이어와 호주의 유칼립투스, 중국·한국·일본에 자생하는 녹나무(예장목預樟木. 일본 가고시마에 있는 것이 제일 큼), 중국과 일본에 있는 은행나무 큰 것을 많이 보긴 했지만, 은행나무만큼은 한국 것이 키도 크고 나무 둘레도 굵어 전국적으로 이름난 거대목이 많이 있다.

공자나 유교와 관련된 나무로 그동안 해楷나무, 측백側柏나무, 행杏(살구나무)을 언급했는데, 한국에서 측백의 백柏은 잣나무로, 행杏은 은행나무로 오해하게 된 것이다. 행인杏仁은 살구 씨이고 백자인柏子仁은 측백나무 씨앗이다.

그러나 한국의 시인 묵객들은 송백松柏을 소나무, 잣나무로 쓰는 수가 있다. 김삿갓의 '금강산송송백백金剛山松松柏柏'은 '솔솔잣잣'으로 해야 마땅하다. 논어論語의 '세한연후歲寒然後에 송백지후조松柏之後凋라' 도 소나무와 측백이라 해석해야 옳다. 한자가 만들어진 중원 땅에는 잣나무가 없다. 잣나무는 우리의 옛 강토였던 동북 만주지역인 흑룡 강·송화강·오소리강·두만강·압록강 유역과 한반도 중부 이북과 지리산까지 자생한다. 그래서 학명도 코리언 파인이다.

7.

공부의 출구인 뒷문으로 나오니 밖에서 볼 때는 그리 크지 않았으나 안으로 들어가니 제법 넓은 탁본지拓本紙 가게가 있다. 들어가 보니, 공부 안에 있는 그 많은 비문의 탁본은 물론이고 중국 각처의 것과 서 안西安(장안長安) 비림碑林의 것도 거의 갖추어져 있었다. 탁본 솜씨가 우리보다 월등하다는 것을 금세 느낄 수 있었다.

필자는 이때 탁본을 많이 샀으며 그중 몇 개를 표구해 놓았다. 그때 만 해도 인사동에서도 좋은 비문 탁본을 구하기가 어려웠는데 한국 돈 일만 원으로 여러 좋은 탁본들을 맘껏 살 수 있었으니, 나라를 벗 어난 객기와 좋은 것을 보고 울컥 치미는 허영심이 발동한 것 같았다.

악왕岳王(악비岳飛의 시호諡號)의 '환아하산還我河山' 탁본 앞에 처음 섰 을 때, 초서草書라서 맨 첫 글자를 알아보기 힘들었다. (초서로는 환還 자字와 원遠 자字가 똑같아 보이는데 다만 꼭대기 획이 환還은 조금 뾰족하다는 것을 초서 사전을 본 뒤에야 알 수 있었다). 짐작으로는 '돌아올 환還', 즉 거성去 聲으로는 '돌이킬(되돌릴) 환'으로 읽어야 될 것 같았다.

옆에 있던 사람들이 묻기에 한국의 이순신 장군과 같다는 말로 시 작해 우쭐한 맘으로 떠들고 나서 한 장을 사니 버스에 탔던 사람 모두 줄을 서서 사기 시작했다. 상점에 있던 '환아하산還我河山' 탁본은 금세

동이 나고 말았다. 귀국해서 친구들에게 선물하려 했는데 흔하면 가치가 떨어지지 않겠는가. 화가 치밀어 악비의 탁본을 찢어버리고 싶었으나, 글씨가 너무나 힘차고 창끝이나 비수 끝보다 더한 예기가 아까워서 차마 버리지 못했다.

송나라(북송시대. 수도는 개봉開封)가 외환에 시달리기 시작하던 무렵의 일이다. 동북방 만주지역에 살던 생여진족生女眞族이 백두산 동쪽에서 일어나 송의 동북방의 대치세력이었던 요국遼國을 멸하고, 그 여진이 송과 대치하면서 문제가 생긴 것이다.

백두산 동쪽을 생여진生女眞, 서쪽을 숙여진熟女眞 즉 건주여진建州女眞이라 하며, 숙여진이 뒷날 청조淸朝를 건국하게 되고, 이 생여진이 바로 금국金國이다. 이 금나라와 초반에 대치했던 때가 북송시기이다. 뒤에 송이 밀려 양자강 이남으로 옮기게 되었고, 그 후의 국가를 남송(주자의 활약기가 이 때이다)이라 한다. 송이 금나라의 강력한 기마군단에 밀리던 시기에 고군분투하던 충장이 바로 악비 장군이다.

악비와 관련된 재미있는 일화가 하나 있다. 어린 아이가 위험물에 접근하려들 때 엄마는 소리를 질러 '어비'(두려움의 대상) 또는 '어비다'라고 외치는데 이 '어비'란 말이 바로 악비의 당시 구음口音 발음이라는 것이다. 현재 발음으로는 '위에비'겠지만, 송대 당시의 발음은 스웨덴 음운학자 칼그렌 음운사전에 의하면 '어비'이다.

그렇게 막강했던 금나라 기마군단이 두려워했던 악비 장군은 소수정예 부대로 지형지물을 효과적으로 이용하여 금군과의 전투에서 연전연승을 하였다. 이때 금군이 악비를 얼마나 두려워했으면 '어비'라는 타부어가 생겼을까? 그러나 전략적으로 전체 전선에서는 군사 강국인 금군을 대적하기가 송으로서는 버거웠을 것이었다.

이때 중국 5대 충신 중의 하나라는 문천상文天祥이 금나라에 끌려가

순절하자, 일주일간 하늘이 어두웠다는 기적이 일어나기도 했다지만, 결국 송은 어쩔 수 없이 금에 강화를 청하기에 이르렀다.

송 조정은 강화파와 항전파로 갈렸다. 강화파에는 진회秦檜, 장준張俊 등이 있고 항전파에는 사마광司馬光, 장준張浚, 주희朱熹 등이 있었다. 오늘날 서호西湖가의 악왕사岳王祀(악비사당)에 가보면 높은 단 위의 용상에 악비가 앉아 있고 단 아래 낮은 곳에 강화파 3인이 엎드려 악왕에게 사죄하는 상을 무쇠로 만들어 놓았다. 강화파 3인이 악왕 존위에 머리를 조아려 참배하는 모습을 만들어 놓은 것이다.

침을 잘 뱉는 중국인인지라 강화파 삼인방의 상 앞에 침을 하도 뱉어 너무 더러워진 터라 강화파 철상 옆에는 갈 수도 없게 되었다.

금나라의 강화 조건의 하나가 악비를 참하는 것이어서 그를 단두형에 처하고 그의 시신 처리를 위하여 옷을 벗겼을 때 그의 등에 '보국충절'이라고 새겨진 문신이 눈에 띄었다고 한다. 그가 마지막이라고 예측되는 전장으로 출정하기 전에 모친에게 부탁하여 새긴 문신이었다.

조정이 강화파가 득세함을 보고 출정하면서 새긴 문신이기에 천추의 세월이 지난 뒤에도 뜻있는 사람들의 가슴속을 에여낸다. 그가 어머니와 작별하며 나눈 충정어린 대화를 여기서 생략한다 해도, 사람들은 성선설이 이래서 옳은가 보다 할 것이다.

이런 설명을 들으면 누가 악비의 글씨를 마다하겠는가. 주로 행서와 초서인데 그 격 또한 뛰어났으니. 강과 약과 굵고 가늚이 조화를 이루어 그 이전의 서성書聖들의 것보다 현대적 감각이 뛰어나다.

그런데 문제가 있다. 장군은 전장에서 잔뼈가 굵었고 또 청춘으로 순절한 분인데 언제 그렇게 글씨를 익힐 수 있었을까? 글씨에 풍기는 기상은 절의대장군 같으나 필치의 노숙함은 칠팔십 먹은 노대가 같은 느낌이 든다.

그래서 강호에서는 너무나 애석한 순절충신이어서 악왕의 이름을 빌려 가탁假託한 것이라는 추측도 나돈다. 이런 속설이 틀린 것이라면, 옛 충신에 대한 망발이 이만저만이 아니라 하겠다. 이래서 중국의 이순신 장군으로 비유를 했던 것이다.

기가 막히는 글씨가 또 하나 있다. 그것은 미불米市(호는 미양양米襄陽)의 글씨 '반산초당半山草堂'이란 편액이다. 부드러우면서도 참으로 정갈한 모습을 서보書譜에서만 보다가, 잘된 탁본 앞에 처음 섰을 때 가슴이 설레어 숨을 한번 몰아쉬었다. 정말 훌륭한 글씨다. 이 분은 성질이 대쪽 같고 불의에 타협하지 않는다 하여 미전米顚 또는 해악외사海岳外史, 녹문거사鹿門居士, 척당불기倜儻不羈라고 일컬어진 선비이다.

흔히 미시米市라고 잘못 부르곤 하는데, 글자가 다르다. 시市 자字가 본래는 획이 좀 다른 글자인데, 지금은 같은 글자를 쓰고 '불'과 '시'로 음音을 다르게 읽는다. 악비의 것과는 또 다른 품격과 분위기를 갖추고 있는데, 전자가 파토스적인 정열이라면 후자는 로고스적인 이성과 안온함, 평화, 안분지족의 선비정신을 보여주고 있다.

물론 이 탁본 또한 사지 않을 수 없었다. 주변 분들도 학회 차원에서 함께 간 지식인들이었는데, 모두 따라서 샀다. 씁쓸한 맘으로 돌아서서 다른 비문 몇 장을 더 샀다.

말이 나왔으니 여담 한 마디. 경주에 있는 내가 머무는 서재인 '욱곡상읍稢谷緗裛'의 문을 열고 들어서면, 큰 백두산 항공사진이 걸려 있다. 1980년대 초 일본 사진작가의 작품으로 눈 덮인 정상과 천지가 찍힌 것으로, 당시 북한 최고위의 상을 받았다고 했다. 1988년 중국이 개방되던 첫해 여름, 연길延吉에서 인쇄물이 아닌 인화지 반전지 현상본 두 장을 샀는데 그때 아주 고가였다. 그 아래로 '환아하산還我河山(잃어버린 북반부 강토를 찾고 싶은 생각의 표현)'이 걸려 있고 문설주 위로 '반

36

산초당半山草堂'이 걸려 있다.

  내 나름대로 멋을 좀 부려본 것인데, 앞으로 큰일이다. 여기 있는 서화, 골동품, 고서 및 책을 서울 집으로 옮기려면 큰 집 한 채가 있어야 할 것 같으니 말이다.

二. 공부자의 제자들

1. 산동성

공부자의 문인이 흔히 일천여 또는 수천이라고도 하는데, 그 중 빼어나고 두드러진 분을 골라 72명을 꼽는다. 이 분들이 부자夫子께서 세상을 뜨신 후, 동주東周의 중앙 정부는 쇠퇴해지고 힘 있는 제후들의 군웅할거 시대가 되었다. 그 대표적인 제후국들을 전국칠웅戰國七雄이라 하였고 종내에는 모두 '왕王'이라 칭하게 되었다.

이중에 제齊라는 나라가 있었는데, 지금의 산동성 동북쪽의 내萊라는 지역쯤 되는 곳이다. 이곳은 상商(은殷)대까지만 해도 동이구족東夷九族(구이九夷) 중에서 서이徐夷, 회이淮夷, 내이萊夷 등이 살던 곳이다. 현재의 강소江蘇, 안휘安徽, 산동山東, 하북河北에 해당된다. 구이 중에서 나머지는 요하遼河 동쪽과 한반도에 산다. 뒤에 주周가 은殷을 몰아낸 소위 '주실동천周室東遷' 후, 주나라가 이인夷人인 강태공망姜太公望을 시켜 상商(동이족 문화)을 주周나라 화化(강족羌族, 중화족의 근원)시킨 곳이다.

2002년 무렵, 산동 치박시淄博市에서 '제문화학술대회齊文化學術大會(관자학管子學)'가 개최됐을 때였다. 학술대회를 끝내고 일정에 따라 관광 행사에 참여했을 때, 그곳 해안지역으로 이어진 옹관묘甕棺墓 군락에서 우리 전남지역 옹관묘와 똑같은 형태의 것을 보았다. 우리 고고학계에서는 전남지역 고유의 독특한 무덤 양식이라 했는데 그 옹관의 모습이 똑같았다.

2004년인가, 조선일보가 주관하는 '일본 속의 한국문화' 탐방에 참여했는데 일본 북규슈北九州 지역에 옹관묘가 있음을 보았다. 해설을 담당한 인하대학 역사학 교수는 이 북규슈 유적이 전남지역과 그곳에만 있는 것이라고 설명했다. 그래서 필자가 산동 치박 해안의 것을 말해주었더니, 자기가 부족했다며 감사하다고 했다.

인천에서 배를 타고 중국으로 가는 노선은 연대煙臺에서 하선한다. 이곳은 해상왕 장보고張保皐의 사당을 비롯해 볼 것이 지천에 널려 있다.

1996년 교환교수로 북경에 가 있을 때, 공기도 나쁘고 해서 건강을 위해 혼자 적포도주를 자주 마시곤 했다. 그때부터 포도주는 반드시 통화通化(만주 요녕성) 포도주를 마셨다.

1988년 중국이 처음 개방되던 해, 요녕성 집안集安의 고구려 유적을 보러 가다가 통화通化 포도주 공장을 방문한 적이 있다. 조선족이 공장장이었는데, 먼저 공장의 규모와 참나무 술통이 큰 데 놀랐지만, 공장에 납품되는 포도주의 원료가 여성 노동자들이 대나무로 만든 큰 광주리로 높이가 천 미터 이상 되는 산에서 채취한 야생 머루만을 쓰고 있는데 또 한 번 놀랐다. 노동력이 얼마든지 있던 때라서 가능했을 것으로 안다. 지금은 아마 재배 포도를 쓸 것 같다.

어느 날 숙소에 사회과학원 모종감牟鍾鑑 교수가 찾아왔다. 그때 모 교수는 연대煙臺 포도주가 좋다고 권했는데 연대가 자기 고향이란다. 그래서 한국에도 모毛와 모牟, 두 모 씨가 있는데 후자가 좀 많다고 말해주었다. 그중 모牟 씨는 전라도 지방에, 모毛 씨는 경기도 지역에 많은 편이다.

연대 포도주도 전자에 뒤지지 않는 맛이었다. 이때부터 항상 두 가지 포도주를 각각 하나씩 사서 마시곤 했다. 이 둘이 중국의 유명 포도주란 것도 알았다. 앞에 언급했던 치보시 학술대회를 마치는 만찬 자리에도 연대 포도주가 나왔다.

그때 모 교수와 자주 만나다 보니, 집안 얘기, 애들 얘기도 나누게 되었다. 그분 딸이 북경대北大 영문학과 출신인데 외국 자동차 광고 모델이었다. 중국에서는 자동차가 생산되지 않던 때였다. 모 교수가 딸의 사진을 보여주는데 팔등신 미인이었다. 그래서 나도 지지 않으려고 큰아들이 아이비리그에 속하는 브라운대학에서 학위를 하고, 하버드대학에서 포닥 과정에 있다고 하니, 모 교수가 이 둘을 한번 연결시켜 보자고 했다.

당시 중국에서 미국에 전화를 하려면 엄청 비쌌는데도 거금을 들여 미국에 있는 아들에게 몇 번 전화를 했다. 아들 녀석은 혼인이란 서로 느낌을 주고받으며 눈이 맞아야지, 그런 식으로 될 일이 아니라며 제법 어른스레 얘기를 해왔다. 그리고 미국에서 보니, 중국 여성은 밥 하는 일 등 집안일은 물론이고 육아까지 남편에게 맡기더라는 얘기를 덧붙였다. 그 바람에 자녀들의 혼인은 에피소드로 끝나고 말았다.

북송시대에도 이 지역에서 많은 학자들이 배출되었다. 유명한 손태산孫泰山(이름 복復) 선생, 석조래石徂萊(이름 개介) 선생 등이 있다.

이런 일도 있었다. 2003년 대만 대북 정치대학에서 '한중철회韓中哲會'와 합작으로 학술회의가 있었을 때 사십대쯤으로 보이는 깨끗하게 생긴 여성 교수 한 분이 다가와 유창한 우리말로 말을 걸어왔다. 대화를 나누다보니 한국에서 태어나 정신여고를 졸업하고 국립 대만대학 국문계(중문학)를 마쳤으며 현재 정치대학 국문계(중문학) 교수로 있는 분이었다.

부모님이 서울 정릉동에 살고 계시는데, 부모님 고향이 산동 봉부奉簿라 하기에 그곳에 조래산徂萊山이 있을 거라고 했더니, 자신이 직접 가보지는 못했지만 얘기는 들었다면서 반가워했다. 북송 때의 손태산 선생 및 조래 석개 선생에 관한 얘기를 들려주니 흥미로워했다. 그 후 매해 여름방학 때마다 그분이 한국을 들르게 되어 자주 만나는 사이가 되었다.

2. 72제자, 사과십철

공부자의 뛰어난 72제자는, 여러 방면에서 두드러진 분들이었다. 그 중 늙은 제자와 어린 제자의 연령 차이가 커서 조손관계라 할 수도 있겠으나, 당시 사회적 습속으로 보면 고조부와 고손자라고 해야 적합하다 할 것이다.

공자 문하의 2대, 3대, 4대 제자들은 여러 지역과 여러 방면에서 활동하며 이름을 날렸다. 제나라 패권 시대는 끝났으나, 문물이 풍부한 이 지역에 축적된 문화는 보다 큰 학문적 응집력으로 무르익어 갔다. 특히 직하稷下시대를 맞아 동양 정신 문화의 샘이라 할 수 있는 제자백가서는 물론이요, 사서오경 즉 십삼경이 이 시기에 문자화되기에 이르렀다. 그래서 이 시기를 직하학파稷下學派 시대라고 한다. 유가·묵가·양주·병가·음양가·농가·역가·종횡가 등이 이 지역에서 백가쟁명할 수 있었던 것은 일찌감치 이루어졌던 경제적인 윤택함 덕분이라고 할 수 있다.

72제자를 더 줄여 열 분 즉, 10철什哲이라 꼽고 있으며 4과四科 10철什哲이이라고 부른다. 4과는 오늘날의 개념으로 보면 전공과목이라 할 수 있으며, 덕행德行, 언어言語, 정사政事, 문학文學이다.

'덕행'은 오늘날의 도덕을 뜻하며, '정사'는 오늘날의 정치 경제 사회를 합한 것과 같다. 이렇게 중요한 것을 어떻게 한꺼번에 묶어서 다루는가 할 수도 있겠지만, 고대사회란 단순한 구조의 사회인지라 오늘의 안목으로 봐선 안 될 것이다. '언어'는 오늘날의 개념으로는 변론, 웅변을 말하며 백성을 계몽하고 교육하는 것을 뜻한다. '문학'은 오늘날의 문학예술literature과는 다른 의미를 갖고 있다. 초보학자들이 혹 용어를 익히는데 소홀해 실수를 범하거나 망신을 당하기도 하는데, 문학은 오늘날의 학문(에피스테메epistēmē, 즉 학술學術)에 해당된다 하겠다.

공자학은 공부자 이후에 도학파道學派의 덕행과 학문파學問派의 문학으로 발전하게 된다. 4과10철四科什哲을 열거하면, 1) 덕행에는 안연顔淵(이름 회回), 민자건閔子騫, 염백우冉伯牛, 중궁仲弓(이름 옹雍), 2) 언어에는 재아宰我(이름 여予), 자공子貢(성명은 단목사端木賜), 3) 정사에는 염유冉有(이름 구求), 계로季路(이름 중유仲由. 자로子路라고도 함), 4) 문학에는 자유子游(성명 언언言偃)와 자하子夏(성명 복상卜商)가 있다.

이 열 명이 바로 공문孔門의 10철什哲로 요즘 말로 머리가 뛰어나고 그 판단력이 두드러진 10대 제자들이다. 이 분들은 공부자께서 세상을 뜨신 후 선생의 가르침을 세상에 전파하는데 헌신적으로 공헌했다.

그런데 여기서 간과해서는 안 될 중요한 사실이 있다. 이 열 분의 반열에 끼지는 못했지만, 뒤에서 끝까지 계속 노력하여 10철을 뛰어넘는 인격과 업적을 이룩한 분들이 있기 때문이다. 그분들이 바로 증참曾參과 원헌原憲이다. 이 두 분은 공자께서 돌아가신 후 노력하여 대성한 분들이다. 증참曾參을 '증삼'으로 표기하기도 하는데 '증참'이 맞다. 원헌의 자는 자사子思이다. 공자의 손자인 공급孔伋 술성공述聖公의 자도 자사子思여서 두 분을 헷갈리기 쉽다.

원헌原憲은 경전에 이름이 거의 언급되지 않던 인물로, 공자께서 처음이자 마지막으로 정치에 참여해 대사구大司寇 벼슬을 하실 때 공자의 가신으로 많은 일을 해낸 인물이다. 원헌은, 학교 공부는 잘 못했지만 장성하여 사회 및 정치 등의 일선에서 혁혁한 공로를 세운, 예를 들면 제2차세계대전을 미국의 승리로 이끈 루스벨트 대통령이나 국제 공산주의의 파죽지세적인 세력을 꺾어놓은 레이건 대통령 등에 비유

될 수 있을 것이다.

그리고 이에 해당하는 대표적인 또 다른 예가 바로 증자曾子(이름 참參)이다. 이 분은 아버지 때부터 공부자와 가까웠는데 그에 대한 공부자의 평가는 '노둔하다', 요새말로 머리가 너무 나쁘다는 것이었다.

그러나 증자는 계속 노력을 더하여 공자 말년에 이르러서는 다른 도반이 넘보지 못할 경지에 이르렀다. 그래서 공자학의 도통을 증자가 잇게 된 것이다. 그는 공문 중에서 제일 많은 제자들을 거느리게 되었고, 힘이 실린 그의 발언은 설득력과 결정권을 갖게 되었다.

증자는 자신의 위상을 큰 스승에게 보이고 싶었는지 자기 문생門生들을 거느리고 공부자를 방문하였다. 공자는 '오도吾道는 일이관지一以貫之하니라!'라는 말로 '심법안장心法眼藏'을 증자에게 전했다고 한다.

3. 도학파道學派와 사학파史學派

선성학先聖學(공맹학孔孟學)을 구분할 때, 후대 학자들은 도학파道學派(전도파傳道派)와 사학파史學派('히스토리'란 뜻과는 다른 즉 전경파傳經派)로 구분하고 있다. 전자는 선성지학先聖之學을 심득心得하고, 마음속으로 공경하여 실천에 힘써 공맹孔孟과 같은 성인이 됨을 목표로 삼는다. 그래서 실학實學(진실을 공부함, 즉 실천의 뜻)이라 한다.

근대 학자를 예로 든다면 피석서皮錫瑞 같은 분이 이에 속한다. 이를 위한 공구서工具書로는 금문경전今文經傳이 있다. 이들은 공양춘추학公羊春秋學과 곡양춘추학穀梁春秋學적인 사관史觀을 가지며, 공부자를 생민生民 이래 전무후무한 창시자라고 주장했다.

이전의 성인들이 유위지군有位之君(임금 자리를 가진 성인 : 요堯 · 순舜 · 우禹 · 탕湯 · 문文 · 무武 · 주공周公 등)인데 비해, 최초의 무위지군無位之君

(전국戰國 이후 패자霸者가 군왕이 된 까닭에 위정爲政과 교화敎化가 분리됨)이 됨으로써 후세 성군의 증전證典이 되었다. 도를 민중들에게 최초로 유세하고 학도學道하여 '인仁'에 도달하고 성인을 목표로 한 교를 열었기 때문에 뒤에 종교적 경지에까지 이르게 되었다는 것이다.

이에 대하여 사학파史學派 쪽은 공부자를 기술記述 정리자로 본다. 공자께서도 '술이부작述而不作'이라고 했듯이 과거에 성군들이 이미 지은 것을 조술祖述했을 뿐이지 공자의 창작이 아니라는 것이다.

근대 학자로 장학성章學誠을 들 수 있으며, 그 공구서로 고문경전古文經傳이 중심이 되며 춘추좌씨전春秋左氏傳의 입장을 취한다. 이쪽 파의 입장은 교화란 것은 관사일체官師一體, 즉 스승이란 특별난 천재가 담당하는 것이 아니고, 민중의 지배자인 관리가 담당한다는 것이다. 달리 말하자면 그 최고 관리는 바로 군주(천자)이다. 이 관사일체 제도는 춘추시대 말기부터 도제徒弟 교육제로 바뀌는데 제자백가 학파 출현이 그 시작이 되었다.

도학파는 오경五經과 사서四書에 몰두하며 그 속에서 공자께서 구현시킨 미언대의微言大義를 찾아 체득하는 것을 목표로 삼기 때문에 경전연구와 그것의 실천을 목표로 삼는다. 그런데 객관적 비판성이 결여될 수 있다는 비판을 듣기도 했다. 반면에 사학파 쪽은 경전에 몰두하기보다 광범위한 객관적 지식의 섭렵과 보편성과 합리성을 중심으로 하는 입장이어서 현대인의 구미에 알맞다. 그러나 경전학에서는 전도파에 미치지 못하기 때문에 기초가 부실하다 하여 사상누각이란 지적을 받았다. 오늘의 대학 강단식 교육이 이와 유사하다.

공부자 문하에도 그 내용면에서는 조금 다르면서도 한편으로는 비슷한 학문적 태도가 있었다. 그것은 안연顏淵 · 증참曾參 · 민자건閔子騫 · 계로季路 등이 중심이 된 전도파였다. 이에 비해 전경파인 자유子遊

(언언言偃)과 자하子夏(복상卜商) 등은 오경을 연구하고 이를 후학에 전한 공로가 지대하다. 그런데도 한때 송대의 도학 위주 도통관道統觀 때문에 등한시되기도 했었다.

이 두 가지 학문적 경향이 왕조별로 그 유행이 교차되어 온 것은 재미있는 현상이다. 전국戰國을 평정한 한漢은 전경파 시대의 전성기였다. 분서갱유焚書坑儒 이후 없어진 문헌을 회복하기 위해 훈고학訓詁學이 유행되기도 했다. 이때는 인멸된 문헌 발굴이 최대 과제였다.

한초漢初 유방劉邦의 후손이며 제후였던 유덕劉德과 유안劉安은 감춰뒀던 문헌을 가져오는 사람에게 벼슬과 상금을 주며 후하게 대접하였고, 베낀 뒤 원본을 돌려주는 식으로 경전 회복에 힘을 썼다.

유덕劉德은 유가서儒家書를, 유안劉安은 도가道家 등 잡가서雜家書(회남자淮南子가 이것임)를 수집했다. 이때 이른바 금문경今文經, 고문경古文經이 발생한 것이다. 당시는 서책을 개인이 소유하기 어려운 때여서 대개 배송背誦(암송暗誦)했다. 경문회복經文回復 때 복승伏勝(생生) 같은 이는 95세의 나이로 상서尚書를 배송회복背誦回復했는데 이를 '금문'이라고 했다.

그리고 진시황 때 서책을 소유하면 멸족을 당하는 위험을 무릅쓰고 벽 속에 서책을 넣고 흙을 발라 감추어 두었던 것을 찾아내었는데 이를 '고문'이라고 한다. 사실 금·고문 구분은 좀 복잡하지만, 일반적으로는 이렇게 구분한다.

그런데 이 벽서壁書들은 책을 꿰맨 끈(위편韋編)이 훼손되어 착간錯簡·탈간脫簡되는 경우가 많아 이를 바로잡는 고증학考證學이 필요했다. 당대唐代도 불교·도교(노장학)·유교가 혼성 발전하던 때여서 전경파 시기에 속한다.

위魏·진晉·오대五代를 겪고 송대宋代에 들어, 당대唐代 대승불교大

乘佛敎의 형이상학적이고 현학적인 철학 체계에 열등감을 갖고 있던 유가들이 유학을 형이상학화했다. 사실 원시 유가의 단순 실천 윤리설이 더 우수한 것인데도 말이다. 이 시기가 전도파 시기이다. 원대·명대도 송학宋學의 계승기로서 전도파 시기이고, 청대는 이천오백 년 문화사를 총반성하던 때여서 전경파 시기에 해당된다.

그러면 다시 앞으로 돌아가 공문하의 양대파 중에서 전도파에 대해 이야기해 보기로 하자. 앞서 말한 증자의 도통설이 완전히 굳어진 것은 주부자朱夫子(주희朱熹)와 원·명과 청초 때이다.

그리고 공부자·증자·자사자·맹자로 그 도통이 이어졌으나 그 후 끊어졌다가 송대에 와서 주자周子(렴계濂溪)·정백程伯·정숙자程叔子·장자張子(횡거橫渠)·주자朱子(회암晦菴), 즉 소위 도학전道學傳으로 이어졌다.(도통전은 이와 별개로 공자·맹자·이정자二程子·주자뿐이다).

공자 학통이 증자로 이어졌다는 설에는 이견이 많다. 한 예로 송말 비판적 학자인 섭수심葉水心(적適)은 안연顔淵이 도를 이었다고 봐야 옳다고 주장한다. 여하간 증자 편이 많다.(주자가 그렇게 보았으니까!).

증자 묘소를 찾아가는데 거리가 몹시 멀었던 기억뿐, 지금은 그 지명도 기억이 잘 나지 않는다. 그 당시 사진은 많이 찍었는데 지명을 적어두지 않았던 것이다. 본인의 생각이 좁고 철저하지 못했던 것이 두고두고 후회된다.

묘역에 가까워졌을 때 이 지역 전체가 채석 광산지대였음을 알 수 있었다. 검은 색을 띠는 화강석이 나는 곳이었는데, 산 전체가 통째로 사라진 곳도 있었다. 묘에서 5~600미터 사이를 두고 사당이 있었는데, 이 사당의 뒷산(풍수설에서 조산祖山이라 함)도 통째로 없애버렸다고 한다. 1994년 무렵으로 무조건적인 개발 제일 시대였다. 아마 지금쯤은 모르면 몰라도 땅을 치며 크게 후회할 것이다.

묘와 사당 건너편에 있는 높고 큰 산에서 좌선룡左旋龍으로 흘러와 '회룡고조廻龍考祖'의 혈맥을 이룬 보기 드문 명당이었는데, 이렇게 무지막지하게 파괴해버렸다는 말인가. 탄식이 절로 나왔다. 우리 일행은 묘를 찾아보았다. 묘의 봉분은 꼭대기까지 밭이 되어 온통 콩으로 뒤덮여 있었다. 너무나 참담한 장면이었다.

4. 계로季路

계로季路(자로子路)는 공문 4과10철四科什哲 중의 한 분으로 부자께서도 "내가 바다에서 나무토막 하나를 의지하여 떠다닐 때, 물에 뛰어들어 함께 할 자는 자로밖에 없을 것이다"라고 했다. 후세 학자들 중에서 공부자지도孔夫子之道에 근접한 제자로 4과科의 덕행과德行科에 안연顔淵, 정사과政事科의 자로를 지목하는 데는 이견이 없다.

그러나 논어 등의 사서四書라든지 제가서, 춘추좌씨전, 사기 등의 기록들을 보면, 그는 처음에 공문에 입문했을 때부터 성질이 과격하고 표한剽悍하여 도반이나 주변 우인들이 접근하기 꺼려하고 접촉을 삼가지 않을 수 없었다고 한다. 그것은 사실이었다.

그의 이런 특성 때문에 오히려 올곧게 도의 경지에 핍진逼進할 수 있었고, 또 밖으로는 당시 삭막한 세상인심에도 불구하고 부자의 성심 어린 유세가 부패한 관리나 우매한 제후들에게 먹혀들 수 있었다. 그래서 자로가 공문에 입교한 후부터 부자의 말씀에 말발이 서기 시작했다는 말이 생긴 것이다.

겸인지용兼人之勇의 기氣를 지닌 자로가 부자와 함께 할 때 관청에서 어찌 부자의 청을 거절할 수 있겠는가? 오늘날 민중을 이끌어가는 소위 리더십이라는 것도 이것을 빼고는 성립될 수 없다고 본다. 그는 그런 기질을 지녔지만 부자의 넓고 꾸준한 포용력 있는 덕화에 의해 새 사람으로 거듭날 수 있었던 것이다.

제자들의 타고난 성품과 자질을 알아서 교화했던 부자의 교육관을 엿볼 수 있는 기록이 있다. 논어에 '시야우柴也愚, 참야노參也魯(시는 어리석고, 참은 노둔하다)'라는 구절이다. 시柴, 즉 고시高柴는 부자의 그림자도 밟지 않을 만큼 우직한 인물이었다. 그래서 부자는 '자고子羔(고시의 자) 지부족후유여知不足厚有餘'라고 했다. 즉 지혜는 만족스럽지 못해도 후덕함에는 남음이 있었다는 것이다.

증자는 머리가 좋지 못했지만 노력하여 천성을 극복하고 부자의 '일관지도一貫之道'를 터득하여 '정법안장正法眼藏'을 얻게 되었다. 또한 '충忠'과 '서恕'로 푼, 후세에 자타가 공인하는 도통을 이었다.

부자가 '사야벽師也僻(사는 허물이 많다)'이라고 평했던 사師는 자장子張으로 연소하고 미숙했다. 자로子路에 대해 '유야언由也彦(유由는 자로의 이름이며 언은 말을 함부로 말한다는 뜻이다)'이라고 평했다. 자로는 그가 상대하는 누구도 겁날 것이 없었다. 그러니 마땅찮으면 성질나는 대로 거친 말을 해댔던 것이리라. 또 그는 성질이 아주 급했다.

어느 날 자로가 선생님께 여쭈었다. "해야 할 말을 들으면, 바로 행동에 옮길까요?(문사행저聞斯行諸)" 하니, 부자께서는 "아버지와 형님이 계시는데 어찌 듣자마자 바로 행한다고 하느냐?" 하고 그의 급한 성질을 누그러뜨렸다.

그러나 얼마 뒤 자유子有(유자有子로 자로와 함께 정사과 십철임)가 똑같은 질문을 했을 때 부자께서는 "문사행지聞斯行之(듣는 대로 행하라)"라고 했다. 그리고 그 이유를 "구야퇴지求也退之"라 답했다.

구求는 자유의 이름이다. 자유는 성질이 내성적이라 사양하기만 하니 "進之(나아감 : 적극적 행동)하게" 하라 했고, "유야겸인由也兼人(자로는 몇 사람을 합한 듯한 적극적 성격)인지라 퇴지退之(뒤로 물러서게)하라” 했다고 설명했다.

부자가 제자들의 개성을 잘 파악하여 이에 맞는 행위를 유도하는 탁월한 개성 신장 교육을 한 것을 보면, 오늘날에도 감탄스럽다. 자로가 너무 튀어나가니 이를 절제시키려는 부자의 지혜에 머리가 숙여진다.

이런 자로를 교육시키기 위해서는 정서적인 수양이 필요하다는 것을 부자가 아시고 그에게 악樂을 연마 수업할 것을 권하셨다. 악樂으로 인격 함양을 하도록 하신 것이다.

그는 부자께서 출타하셔서 비교적 자유로운 시간에 악기 연주 시간을 가질 수 있었다. 그러나 그의 악기 연주 연습은 힘으로 악기의 줄(현絃)을 잡아당기는 수준밖에 되지 않았던 모양이다. 시끄럽고 듣기 싫은 소리이지만 누가 감히 제지할 수 있었겠는가?

그러던 어느 날 출타하셨던 부자께서 귀가하시다가 동구 밖에서 그 요란스런 소리를 들었던 듯하다. 부자께서 대문 안에 드시자마자 “내 집 안의 괴이한 소리가 웬 소리인가?” 하고 외치셨다. 이로 인해 자로의 거친 기가 꺾이게 되었다고 한다. 우스갯소리에 비유한다면, ‘풀묵정이 먹다가 야단맞은 강아지’ 꼴이라면 적합할까?

그 후 그는 기가 푹 꺾였고 그를 보는 도반들의 시선도 그전과 달라질 수밖에 없었다. 이를 간파한 부자께서 여러 제자를 모아 강학을 시작하기 전에 자로를 앞에 불러 앉히고 ‘유야由也 승당미실升堂未室’이라 하며 위신을 세워주셨다. 이런 일을 계기로 공문에서 자로의 위상이 만들어지게 된 것이다.

논어에도 자로子路라는 편장篇章이 있고 백성을 교화시킬 선인이나 군자의 수신의 요要를 물었을 때 ‘필야정명호必也正名乎인져(반드시 명분을 바로 잡겠다)’ 하시고, ‘정자정야政者正也’라 하여 자로가 이제 지도자의 위치에 섰음을 인정한 것이다.

'자로결영子路結纓(어떠한 상황에서도 갓끈을 바로 맨다)'이라는 말도 완성된 그의 인격을 말해주는 숙어였다. 용맹만을 숭상하여 '북방지강北方之强'과 '남방지강南方之强'을 물을 정도로, 충고를 듣는 것을 기쁘게 생각하는 완성된 인격체로 거듭날 수가 있었던 것이 공문 교화의 우수성이다.

의협심이 지나친 그가 제 명대로 살지 못할 것이라고 부자는 말해왔는데 그렇게 되었다. 그의 출생지는 노나라 변읍卞邑이지만, 노나라와 가장 가깝고 풍속이 같은 위衛나라 정쟁에 휩쓸리게 되어 스승보다 먼저 거세去世된 것이다.

그의 묘廟(사당)와 묘墓(무덤)는 위나라 복양僕陽(푸양)에 있다. 필자가 복양에 갔을 때는 1995년도였다. 이 복양은 중국 내륙 중원에서 석유가 생산되는 유일한 지역이다. 그 당시 중국 다른 도시들은 보잘 것 없었으나 이곳은 특별지역이어서 위생도시衛生都市라는 칭호를 갖고 있었으며, 이 명칭은 현대화된 도시라는 의미로 사용되고 있다.

복양시 당국은 학회에 참석한 전원을 대형 버스 3대에 태워 시내에 있는 자로묘子路廟 및 묘와 좀 떨어져 있는 저 유명한 갑골문甲骨文 출토지인 안양安陽 등 여러 곳을 탐방시켜줬다. 3박 4일 동안 정말 잘 먹고 칙사 같은 대접을 받았는데, 이 두 군데 외에는 아무 생각이 나지 않는다. '그 당시 기록을 했어야 하는데……' 하는 후회뿐이다.

여하간 공문의 정사과 십철인 자로의 유적을 탐방하는지라 가슴이 설렜다. 자로가 위衛나라 출신은 아니지만 여기서 활동하며 벼슬을 했고 여기서 생을 마쳤기에 위나라 사람이라 할 수밖에 없다. 본래 출생지는 노국 변읍현(현 산동성 사수현)이며, 공부자보다 아홉 살 연하의 문하생이었다.

요새 흔히 쓰는 속된 말로 '객지 벗으로 아래위 십 년'이란 못된 말을 쓰기도 하지만, 자로와 공부자와의 관계를 말할 때 부자지간 이상의 의미를 갖고 있었다고 하지 않을 수 없다. 그를 표현하는 '겸인兼人'이란 말은 힘과 용기, 무술이 몇 사람을 합한 것과 같다는 의미이다. 그가 처음 선생을 만났을 때 자기의 무용을 믿었던지 오만스럽고 버릇없이 대했다고 '사기史記'는 기록하고 있다.

공문에서 점차 부자의 인격에 감화되어 지나치게 과감했던 그의 기질이, 들은 바는 반드시 실천에 옮기고 신용을 중시하는 쪽으로 성장하게 되었다 한다. 또한 충고를 들으면 오히려 기뻐했고, 호방하고 의리를 중히 여기는, 한 국가를 능히 경영할 만한 능력을 갖춘 인격체로 발전할 수 있었다.

하지만 본래 타고난 기질은 어쩔 수가 없었던지 그 의협심 때문에 지나친 행동을 자주 해서 '부득기사연不得其死然(너는 그러다가 네 명대로 못 살 것이다)'이라는 부자의 걱정과 우려 섞인 말씀을 자주 듣곤 했었다.

자로의 성격을 알아볼 수 있는 자료로, 공부자께서 주유천하周遊天下한 행적을 그림으로 표현한 '순행도巡行圖'라는 판화가 있다. 불교의 '석가모니釋迦牟尼 변상도變相圖'처럼 공자 일대의 주요 사건을 기록한 그림이다.

그중 '환퇴桓魋의 난' 부분을 보면, 부자와 여러 제자들이 광匡지방에서 폭도로 변한 주민들에게 포위되어 여러 날 동안 먹지도 못하고 생사지간을 넘나들 적에 자로가 분기충천하여 큰 나무 하나를 뿌리째 뽑아들고 대항하는 모습이 나온다. 그의 성격을 미루어 짐작해 볼 수 있는 장면이다. 이 그림에서는 공자보다 자로가 중심이 된 듯하다.

이때 우리에게 감동적으로 다가오는 이야기가 있다. 광匡땅 사람들에게 포위된 지 일주일이 지나자 더는 굶주림을 참아낼 수 없는 상황이었다. 부자께서는 비상식량을 모두 털어 밥을 지으라고 안회顔回에게 일렀다. 극한상황이기 때문에 안연顔淵을 시킨 것이다.

이런 상황에서는, 과거 6·25 때도 경험했지만 보통 사람들은 환장을 한다. 환장이란 변심의 뜻을 지닌 말이지만 인간성의 마지막 보루가 무너지는 순간이다. 그래서 맹자께서도 이런 때를 항심恒心을 잃는 것으로 표현했다.

기장쌀 익는 냄새가 나고 좀 지나 부자께서는 안회에게 "제사 준비를 하거라!"라고 천지신명께 상황을 알리는 고명제告明祭를 지시했을 때 안회는 선생님 앞에 다가와 쉬파리가 솥에 빠졌기 때문에 제祭를 올릴 수 없다고 고했다.

이때 공자님은 뜻밖에도 안회의 입술에 밥풀이 묻어있음을 보았다. 너무나 뜻밖의 사실을 본 부자께선 "아니~! 네가?" 하시곤 눈을 지긋이 감았다. 믿었던 안회까지 마음을 바꿨음을 아셨을 때 얼마나 실망하셨으랴. 참담했을 것으로 생각된다.

그러나 사실은 이렇다. 밥이 다 되고 뜸을 들이고 밥솥을 열었을 때 쉬파리가 빠지게 되었다. 그래서 솥에서 쉬파리를 꺼내다 손가락에 묻은 밥풀이 아까워 입에 넣게 되었다. 그리고 부정스러워 제를 올릴 수 없음을 고했던 것인데, 선생님은 이를 보고 오해를 하셔서 순간 "네가?" 하고 외친 것이다. 인간의 본연의 선한 의지도 배가 고플 때는 불가능하기에 그 뒷날 맹자孟子께서 "유항산有恒産이어야 유항심有恒心이라" 하지 않았던가.

그러면 이처럼 생명이 위협받는 백척간두에 처했을 때 부자는 무어라 외치셨나? 이런 극한 상황 때 소크라테스, 예수, 모하메드 등과 같은 성인들의 말은 조금씩 달라도 그 뜻은 모두 똑같았다. "천지미상사문야天之未喪斯文也에 광인기여여하匡人其予如何?"라고 했다. 즉 "하

52

늘이 우리에게 이와 같은 문文(문화지심文化之心 : 인간 본연의 선의지)을 주셨는데, 이 광匡땅 사람들이 우리를 어찌하겠는가!" 하며 끝까지 인간의 본심을 신뢰했다.

또 다른 구절 하나가 있다. 역시 내용은 같다. "천생덕어여天生德於予에 환퇴기여여하桓魋其予如何". 즉 "하늘이 우리 인간에게 덕德(선 의지)을 주었는데 환퇴 무리들이 우리들을 어떻게 하겠느냐"라며 칼자루를 쥔 사람들이 사람임을 포기하지 않을 것을 끝까지 믿었던 것이다.

그러나 당시의 현실은 그렇지 못한 곳으로 치닫고 있었다. 자로는 위국衛國의 공위公位(왕위가 아님. 뒷날 전국시대가 된 후, 제후들이 칭왕을 하게 됨) 쟁탈전에 휘말려 적대파와 전투를 하게 되었는데, 전투 중에 모자가 땅에 떨어져 이를 주워 쓰려다가 적의 창날에 옆구리를 맞아 죽게 된다.

복양의 사당에는 그의 일대기를 실물대의 동판 부조로 조각하여 놓아, 보는 이로 하여금 숙연케 했다. 돈이 많은 도시여서 그 규모가 자못 거창했다. 자로의 성이 중씨仲氏임을 거기서 알았다. 사당의 현액이 〈중부자사仲夫子祠〉로 되어 있었다. '부자夫子'라는 칭호를 성인급(공孔, 맹孟, 정程, 주朱)에 한정시키나 그의 본고장에서는 현인賢人급에도 붙일 수 있다.

우리나라에서도 우암尤菴 송시열宋時烈을 '송자宋子'라 하는데, 그의 본고장에선 '송부자宋夫子'라 칭한다. 사당 바로 뒤에는 무덤이 있었는데 이는 아무래도 뒤에 만들어진 듯했다. 왜냐하면 기록에는 그의 무덤이 하북의 개현開縣에 있는 것으로 나와 있기 때문이다.

그런데 하북성은 당시로는 그의 활동 범위를 벗어난 곳이다. 당시 중원이라 할 수 있는 산동과 안휘安徽 일대와는 관련이 없는 연국燕國 지역이기 때문에 개현開縣의 묘도 문제가 있다.

자로는 선생이 늘 염려했던 대로 '부득기사연不得其死然'하게 된다. 그의 시신은 당시의 풍속대로 봉인이 부리던 말가죽에 쌓여 공부자에게로 돌아왔다. 춘추공양전春秋公羊傳에는 "아ー! 하늘은 나를 끊으셨도다!" 하며 외치셨다고 기록하고 있다. 선생은 이때의 충격이 너무나 컸다. 당시는 시신을 말가죽에 쌀 때 부패방지를 위해 소금을 잔뜩 넣었다. 그 처참한 모습을 대한 뒤로 생선을 일체 드시지 않았다고 기록하고 있다. 예전에는 생선을 모두 소금에 절여서 썼기 때문이다.

수제자 안연顔淵을 여의시고 상심한 차에 이런 처참함을 맞게 된 부자께선 건강이 극도로 악화되었고 일 년여 뒤에는 영면하시고 만다. 사기史記는 곡양전穀梁傳 기록을 근거하여 노양공魯襄公 21년 10월 21일 돌아가셨다고 썼다. BC 551- 479. 그리스 피타고라스와 생몰 연대가 비슷하다.

三. 대학大學 · 중용中庸 변辨

1.

맹부자孟夫子 편으로 직접 들어가려다가 그 분의 학문적 연원이 되는 자사자子思子(공급孔伋)를 다루지 않을 수 없어 먼저 자사에 대해 살펴보려고 한다. 기실은 공부자의 '공림孔林'을 기술할 때에 그 위치에 대해 조금 언급한 바 있다. 공자의 묘소에서 아래쪽으로 한 20여 미터 거리에 술성공述聖公 칭호의 묘소가 있는데, 부자의 묘소보다는 조금 작다. 술성공은 부자의 학문을 조술祖述, 계승한 공업으로 붙여진 칭호다.

자사는 공자의 아들인 백어伯魚의 아들이며 증자曾子의 제자이다. 예기禮記에는 증자와 자사의 문답이 있으며 맹자서孟子書에도 증자를 인용하고 있어, 자사가 증자의 후학임을 알 수 있다. 또 지금은 위서僞書로 판명된 것이나 공자의 후손인 공부孔鮒의 저작으로 전해진 '공총자孔叢子'에는 자사가 할아버지인 공자한테서 직접 사사받은 것으로 되어 있다. 아마도 자사의 연령은 10대였을 것으로 추정된다. 당대의 한퇴지韓退之(유유愈)서書에도 "맹가사자사孟軻師子思한데 자사지학子思之學은 개출증자蓋出曾子라"로 기술된 점으로 보아 학맥이 공부자, 증자, 자사자, 맹자로 전해졌음을 알 수 있다.

남송 때 주자朱子도 증자로부터 자사학이 나왔다고 했다. 그러나 여기서 문제가 없는 것은 아니다. 자사와 맹자 사이에 시간적인 거리가 있기 때문이다. 이 문제는 맹부자를 언급할 때 다루겠다. 중용서中庸書의 가치는 자사자가 도통맥의 반열에 낄 수 있느냐 여하가 달려있는 것인데 오늘날에 와서 여기에 문제점이 많아졌다. 이 점에선 증자의 대학서大學書도 마찬가지다. 오히려 중용서보다 더 문제점이 많은 것으로 되어 있다. 이 중용서와 대학서가 그 학술사상적인 문제 때문이 아니다. 그 학술적 가치는 유학철학의 주제 사상을 형성하는 의미를 지녔지만, 이 '이서二書'의 형성 시기 문제 때문이다.

이른바 사서삼경四書三經이라 할 때 이서二書(대학·중용)는 본래 '예기禮記'의 한 편장篇章이었다. 그런데 성리학性理學의 창시자라 할 수 있는 '이정자二程子(정명도程明道·정이천程伊川)'가 '예기'에서 '대학'과 '중용'을 끌어내어 '논어', '맹자'와 더불어 '사서四書'라 명명하였다. 그리고 유학 교의의 핵심 경전으로 삼게 되어, 교의敎義 집약서의 위치에 서게 되었다.

송대에 와서는 삼경(오경, 육경, 구경으로 분화됨)보다도 더 중시하게 되었다. 이로 인하여 선진시대先秦時代의 실천윤리학에서 형이상학적 합리주의 철학으로 거듭나기에 이르게 된 것이다. 이정자가 주를 달고 남송기에는 주자가 장구章句를 가함으로 해서 명실상부한 유교 철학의 교과서가 됐다.

그런데 문제점이 여기 있다. '이서二書'는 예기 안에 있었는데, 예기가 형성된 시기는 선진 말 직하학稷下學 때였다. 그 시기에 소위 이념서인 대학·중용과 같은 저작물이 있을 수 있느냐는 것이다.

청대에 와서 고핵학考劾學이 성하게 되면서 이것에 비판이 가해지기 시작했다. 청대 고증가들의 주장에 의하면 한유漢儒들은(직하기에 완성된 선진 제가의 전적들이 진시황의 분서로 훼손된 것들이 한유들의 노력으로 회복됨) 예기 속의 대학·중용이 증자에 의하여 씌어졌다는 말은 아무도 하지 않았다는 것이다.

이 주장은 송말 주부자의 사서장구四書章句에서 비로소 제기된 것인데 대학의 맨 첫머리를 '경일장經一章'이라 명명했다. 이 정도의 글은 공부자 정도가 아니면 불가능한 것이라 하여 '경經'이라 했고, 전제이

장전第二章부터 전십장傳十章은 증자의 뜻을 그의 문인들이 기록한 것이라 했다.

그런데 장구章句에서 이와 같은 사연을 설명하는 모두어冒頭書가 '개蓋' 자로 시작한다. 이럴 때 이 '개'는 '아마도' '대개'의 뜻으로 영어로 'perhaps'에 해당되는 불확실성의 어두사이다. 이와 같은 의론들은 주부자가 뒷날 저작한 '사서혹문四書或文'(이는 초보자용이 아닌 성인의 학이 원숙한 경지에 이르렀을 때 보는 것으로 되어 있음)에서 말끔히 해소됐다. 사실은 근거 없이 그렇게 썼다고 했다. 그러나 경장經章만큼은 공부자가 아니고서는 그런 말은 할 수 없는 경지라고 입언立言했다. 이에 대하여 주부자가 서거한 지 사백년 내 아무도 이의를 제기치 않은 채 신봉됐다. 그의 권위 때문일 것이다. 지금도 이것이 정통설이다.

그러나 주자의 '팔조목八條目'은 논어에 나타난 "자이사교子以四敎 문행충신文行忠信"과는 너무나 다른 것이다(문과 행으로 대별되고 충과 신은 '행'의 구체적 내용으로 분류됨이 현대적 해석이다). 그래서 연구가들은 대학을 진대 또는 서한대까지 끌어내리기까지 한다.

주자장구朱子章句 같이 일인 소작이 아니라는(경과 전의 구분) 주장도 문제가 있고, 청유淸儒들은 증자 소작은 아닐지나 전국 이후까지 끌어내릴 수는 없다는 견해여서 공부자의 72제자 중 그 누구일 것이라는 것이 일반설이다.

대학보다는 덜하지만 중용서도 그 문제점이 청유淸儒들에 의하여 많이 제기되었다. 최술崔述 같은 이는 '수사고신록洙泗考信錄'에서 주장하기를 공맹孔孟은 '논맹論孟'에서 주장하는 언술이 평이한 도덕 명분론을 벗어나지 않고 사례를 나열하여 끝에서 정리하는 방법을 쓰고 있다.

반면 '중용서'는 이와는 다른 일정한 명제를 전제해놓고 풀어가는 방법이다. 이는 선진先秦 것과는 다르다. 공맹이 전혀 다루지 않던 인간

심성을 정미하게 다루는 점 또한 선진 것과는 전혀 다르다는 점을 지적했다.

2.

‘사기史記’의 공자세가조孔子世家條 끝에, 자사에 대해서 간략하게 “상 곤어송嘗困於宋 자사작중용子思作中庸(일찍이 송에서 고생하다가 자사는 중용을 지었다)라고 기재했을 뿐이고 상세한 상황 설명은 없다. 예기에 증자와 자사의 문답이 기록되어 있으며 또 맹자서孟子書에도 증자가 인용된 점 은 증자 후학이 자사임을 맹자도 인정한 것이 된다.

당대唐代의 한퇴지韓退之도 “맹가사자사孟軻師子思, 자사지학子思之學, 개출어증자蓋出於曾子(맹자는 자사를 스승으로 삼았고, 자사의 학문은 아마도 증자 로부터 나온 듯하다)”라고 했고, 송대의 정자程子(이천伊川)-주자(회암晦菴) 도 이를 그대로 인정했다. 이로 인하여 공孔 · 증曾 · 사思 · 맹孟의 도 통관이 성립될 수 있었다. 그러나 이런 저런 주장들이 청대에 와서 비 판받기 시작했다.

유교의 교전 가운데 그 철학적 교의(이데올로기)가 심오한 것으로는 주 역周易과 중용을 능가할 것이 없어서, 흔히들 중용은 주역의 요약서이 며 주역은 중용의 구체서라고까지 말하기도 한다. 그런데 이 중용서 가 위서僞書라는 주장이 제기된 것이다.

남북조南北朝 시대부터 수 · 당대에 와서, 노불老佛이 성행하면서부터 형이상학적 이념철학에 대한 욕구를 만족시키는 교의경敎義經이 필요 했다는 것이다. 대학서를 언급할 때도 말했듯이 대학 · 중용 양서가 들 어 있던 예기경의 예악 법제 등의 내용과 다를 뿐만 아니라, 공부자가 일찍이 한 번도 언급하지 않은 심성 문제를 다뤘다는 것이다.

중용이란 명칭은 한서漢書 예문지藝文志에 '중용설이편中庸說二篇'이란 기록이 있는데 이것을 오늘의 중용서로 일반적으로 보고 있다. 수서隋書 경적지經籍志에도 유옹劉瓛의 중용전이권中庸傳二卷과 양무제梁武帝의 중용강소일권中庸講疏一卷 등이 명칭으로만 전하고 그 내용은 전하지 않는다. 이 중용이란 명칭이 오늘의 중용서인지는 확언할 수는 없는 형편이다.

최악의 경우를 가정해본다면 이렇게 전해오는 중용이란 명칭에 오늘날 전해지는 중용서를 꾸며 넣었는지도 모른다는 주장이 청대 고핵가들의 입장이다. 그러나 대학서 비판보다는 한결 온건한 편이며 비판가의 수도 적다.

중용 수장首章의 "천명지위성天命之謂性이요, 솔성지위도率性之謂道요, 수도지위교修道之謂敎이며 신기독愼其獨과 희노애락지미발喜怒哀樂之未發이 위지중謂之中이요 발이개중절發而皆中節을 위지화謂之和라"를 빼고 다른 그 어떤 구절로 유학의 교의를 대신한다는 말인가? 그래서 그런지 지독한 비판적 청유淸儒들도 중용에 대해서는 그 예봉을 그리 함부로 휘두르진 않는 편이다.

대표적인 비판가들의 주장을 몇 개 열거해본다면 다음과 같다.

1) 청대 최술崔述(호 동벽東壁)의 '수사고신록洙泗考信錄'에서는 위진 이후의 위작설을 주장하고 있다. 2) 중용서에는 '공자왈孔子曰'이 각 구절마다 들어 있는 점을 들어 중용서가 공자의 소찬이고 자사자는 편집자라는 주장이다. 3) 자사의 소작이나 그 수장首章 등 여러 구절이 타경他經의 탈간脫簡에서 수집해 놓은 것으로 보는 설이다. 남송 말 노재魯齋 왕백王柏(장소長嘯)의 주장이다. '희로애락지미발喜怒哀樂之未發 위지중謂之中' 이하 47자를 '고악경古樂經'의 탈간에서 수집하여 삽입한

것으로 본다. 또 하편의 '귀신지위덕鬼神之爲德'도 그 어떤 비유경非儒經의 탈간을 찬입竄入시킨 것으로 본다. 공부자학에 귀신의 덕이 나올 수 있느냐는 것이다. 그러니 중용서는 '주워 무더기'라는 뜻을 지닌 서책이라는 것이다.

[왕백은, 주회암(문공文公)의 적통인 황간黃幹(면재勉齋)의 제자인 하기何基(북산北山)의 제자이며, 독역기讀易記, 태극연의太極衍義, 서의書疑, 시변詩辨 등 다수의 저작을 남겼다. 이 주자 후기 학파를 금화학파金華學派라 하는데 이들이 바로 정통 주자학파로 원대 이후까지 현 강소성 금화산 아래서 인산仁山 김이상金履祥으로 익지益之 허겸許謙(주자의 산전三傳 문도)으로 이어갔다. 또 고경古經 등 탈간잔자구脫簡殘存句를 수집한 문헌으로 '옥함산방집일서玉函山房輯佚書' 12권이 있음.]

4) 중용 전반의 2/3는 중용서이나 후반은 성명서誠命書라는 설이다. 유학의 최고 가치 이념인 성경誠敬 사상의 증전證典이 되는 성명서誠命書가 중용서에 합해졌다는 주장인데 이는 중용서의 가치가 훼손되는 주장이 아니라서 다행이다.

서적 고증론은 그만하고서, 중용의 교의로 들어가 보자.

전반은 중용을 말하고 후반은 성誠을 말했다 하여 두 경전의 합본으로 보는 주장이 있다고 했는데, 이것을 달리 해석하면 '중中'은 그 방법 및 형식이며, '성誠'은 그 중도의 내용으로, 거짓 없는 내외일치內外一致를 말하는 것으로 해석된다. 성은 마음이나 행동에서 꾸밈이 없어서 중도는 자연적으로도 벗어나지 않고 체득하게 되는 것이다. 이른바 생지안행生知安行을 '성'이라 했다. 이와 같은 경지의 표본이 바로 공부자라는 것이다.

중용서 가운데에는 공자의 덕을 찬미한 일단에는 종교적 숭배의 색

채까지 섞여 있어서 인간 이상으로 존숭한 예를 볼 수 있다. 성자誠者(성 그 자체. 즉 성인)와 성지자誠之者(성을 하고자 하는 노력. 즉 현인 이하)를 "성자천지도야誠者天之道也, 성지자인지도야誠之者人之道也."라 했다. 만세불역萬世不易의 자연법칙은 하늘(천)의 인격적 의지에서 운행되는 것이 아니라 저절로(자연적으로) 된다는 생각이 이 중용서 속에 들어있다. 그러니 이런 선진적先進的인 사고가 당시엔 쉽게 용납되진 않았을 것이라는 생각이 든다.

천天은 절로 성誠에 합일되어 있으나 인도人道는 의사意思와 그의 노력으로 향상을 꾀하지 않으면 안 된다는 것이다. 이를 일러 '학지이행자學知利行者'라 하며 성인 즉 '생지안행자生知安行者'는 자연적으로 천도와 합하는 천인합일, 즉 주관과 객관이 일치되는 물아일체에 도달한다. 사서四書의 가치를 일찍이 알고 중용서에서 비인격적 천관天觀의 범신론 사상을 이끌어낸 이는 송대의 명도 선생과 이천 선생이었다.

四. 맹부자孟夫子

1.

흔히 유학사상 및 유교를 말할 때 공자와 맹자를 함께 언급하는데, 이는 유학철학 사상에서 맹자의 위치를 말해주는 것이다.

필자가 시골에서 초등학교를 다닐 때 당시 4학년 담임선생님은 공자는 '인仁'을, 맹자는 여기에 '의義'를 더하여 '인의仁義'를 말씀했다고 하셨다.

맹자가 활동하실 때는 공자 때보다 시대적으로 사회상이 각박해져서 '인'만 가지고 문제를 해결해낼 수 없었다는 설명이었다. 그 후 이 분야에 대해 필자는 항상 이 지식으로 접근해왔다.

전국시대의 천하경략 이론인 소진蘇秦과 장의張儀의 합종설合縱說과 연횡설連橫說을 들은 것도 이 때였다. 또 선생님은 후백제 견훤甄萱을 '진훤甄萱'이라고 가르쳐 주셨다. 6.25 이후 교과서에는 한결같이 '견훤'이라 쓰여 있고, 역사물 연속극에서도 견훤이라 부르는데 말이다. 그러나 『이희승 국어대사전』에는 분명히 '진훤'이라 표기되어 있다.

맹부자 시대는 말마따나 약육강식의 시대였기 때문에 바른길을 두고 일부러 그릇된 길로 들어서는 사람이 있기 마련이었다. 그래서 확고한 제약을 필요로 하게 되니, 의義를 더하지 않을 수가 없었던 것이다. 비교하기를 "공부자는 훈풍의 봄바람이요, 맹부자는 숙살지기인 쌀쌀한 가을바람이라" 하기도 한다.

반면 맹자에 대한 후대 학자들의 비판도 신랄하다. 동한대東漢代의 독설가 '왕충王充(중임仲任)'은 『논형論衡』에서 공맹을 싸잡아서 비판하고 있다. 비공批孔은 공자 사상의 참뜻을 잘 모르고 시비를 걸었기 때문에 오히려 공자 사상이 더 돋보이게 만들었지만, 비맹批孟에선 그의 비판의식의 예리함을 보여주었다. 『논형』의 '척맹刺孟(맹자를 찌른다는 뜻) 편'에서 그 진가를 발휘했다.

송대의 중후기 이정자二程子와 주자朱子에 의하여 '사서' 중심의 유학 교의가 체계화되고 공부자의 학통을 맹자가 이었다는 도통관이 확립되었다. 그 이전에는 맹자孟子·순자荀子·양자揚子(양웅揚雄)가 막상막하로 세력을 겨루는 형편이었다. 당대에는 이 세 분의 무게가 거의 같은 수준이었고, 송대에 들어와서도 온국공溫國公 사마광司馬光은『예기』 속의 중용과 대학의 가치를 표창하면서도, 도통론에서는 맹자가 아니라 양웅이 도맥을 이은 것으로 정리했다.

정주파程朱派에서는 공부자학은 맹부자에서 끊어졌다가 천여 년 뒤 정명도程明道가 다시 도통을 이었다고 보지만, 이 도통관이 성립되기 전에 사마광은 맹자의 언사가 공부자와 같지 않다고 본 것이다.

맹자는 영특한 기상이 넘치다 보니 극단적인 말을 쓰기를 꺼리지 않았고 감분흥기感憤興起하기도 했기 때문에 역사주의적 공리론자로 오인 받을 여지가 있었다. 그래서 독실한 사마광은 이 점이 싫었던 것이다. 같은 입장의 학자로 하섭何涉·유서劉恕·조설지晁說之 등이 있고 본격적인 반맹파反孟派에는 반맹서反孟書의 저자 이구李覯와 예포절충藝圃折衷의 저자 정후鄭厚가 있다. 반면 좀 뒤에 여윤문余允文(은지隱之)은 당대 한퇴지의 설을 따라 존맹변尊孟辨을 지어 맹자를 드높였다. 뒤에 주희는 저 유명한 '독여은지존맹변讀余隱之尊孟辨'을 지어 은지학설隱之學說을 옹호했다.

존맹설은 본론에서 다룰 터이므로 반맹설을 좀 더 언급해보면, 맹자는 공인된 역사서만을 너무 믿고 지나친 왕패론王霸論을 세웠다는 점과 고자告子와의 논쟁에서 억지로 괴변을 썼다는 것이다. 그래서 북송 때에는 맹孟·순荀보다는 양웅揚雄을 더 평가하는 풍조가 없지 않았다.

남송 대에 와서 주희가 사마광의 『자치통감資治通鑑』을 보고 이 책의 극복서로 『자치통감강목資治通鑑綱目』(일반적으로 '강목綱目'으로 불린다)을 지었다. 사마광이 양웅을 높이 평가한 것을 못마땅하게 여기고, '강목'에서 "망대부양웅사莽大夫揚雄死(왕망王莽의 대부 노릇을 한 양웅이 죽었다)"라고 쓴 것이다. 이 글로 인해 양웅의 업적은 영원히 묻혀버리고 말았다. 왕망은 서한 말 한조를 뒤집어엎고 신新나라를 세웠던 인물이다. 신나라는 30년 간 이어졌다.

그 후 청 말과 민국기民國期에 와서 다시 양웅 연구가 시작되었고 공산 정부에 들어서서 비로소 빛을 보기 시작했다. 그것은 양자揚子의 인성론이 유물사관과 부합된다고 생각하기 때문이다(양웅론은 뒤에 상론됨). 또 맹자 논변에서 맹모 삼천지교를 빼놓을 수 없는데, 맹자가 종교적 신앙과도 같이 신봉되던 터라 그 반론도 대단하다.

2.

맹부자의 이름은 사기史記와 맹자서에 공히 가軻(수레차車가 가기 힘들 가軻라는 뜻. 수레가 내리막길을 만날 때 속도를 제어할 수 있는 장치)로 나온다. 자字는 자거子車 또는 자거子居로 전하기도 하나, 현재는 위진 이후의 설로 여기고 있다.

지금까지 최초의 맹자 연구가로 알려진 동한의 '조기趙岐'도 "자즉미문야字則未聞也(자字에 대해서는 들어보지 못했다)"라고 말하고 있어서 현재는 이를 정설로 치고 있다. 이즈음의 저명한 분 중에 자가 전해지지 않는 이는 흔치 않다.

그리고 사기史記에는 출생지가 추인鄒人이라고 나와 있다. 노국의 추읍(공부자와 동향설)으로 좌씨춘추左氏春秋의 주국朱國과 같은 곳으로 본 것이다. 조기趙岐는 노국의 맹손씨孟孫氏가 전쟁을 피해 추읍에 정착하여 맹씨가 시작되었다고 주장하고 있다. 사실 맹손씨는 세습되던 성이 아니었으며 '맹'씨라는 성은 맹자에서부터 비롯된 것이다.

노국과 추국은 서로 인접해 있어서 노나라에서 순라꾼이 딱딱이 치는 소리가 추나라에 들렸다고 쓰여 있다. 맹자서에도 '근성인지거약차기심야近聖人之居若此其甚也(성인이 사시던 곳과 너무나 가깝다)'라고 되어 있다.

앞에서 말했던 성장 일화, 맹모삼천지교설은 서한(전한)의 대표적인 경학자인 유향劉向의 경학적 업적과는 다른 저작으로, 당시 성제成帝 때 궁궐의 음란과 사치를 경계하기 위해 지은 교훈서인 열녀전烈女傳에 나오는 이야기이다. 이 글에서 간사한 벽첩僻妾은 나라를 망하게 하고, 현비정부賢妃貞婦는 나라를 흥하게 한다며 당시의 풍속을 비판하고 있다. 또한 소위 태교도 여기 처음 등장하고 맹모삼천도 여기서 비롯됐다. 이 삼천지교설을 흔들려면 큰 저항을 만나지 않을 수가 없다.

우선 공맹 유적을 탐방하는 이들이 유서 깊은 고도를 찾으면, 맹모교육의 기념물들이 과정별로 만들어진 은성한 유적들을 만나게 될 것이다. 더욱이 경제가 급속히 발전한 뒤로는 이것들이 새롭고도 완전하게 보수 혹은 복구되어 교육 자료로 사용되고 있다.

곡부曲阜의 공적孔跡을 보고 난 후 산동성 수도인 제남濟南에 가면 세계 3대 샘물 중의 하나인, 솟구치는 샘물이라고 자랑하는 '표돌천' 가까운 곳에 맹모삼천지교의 전 과정을 담은 유적이 고풍스럽게 보존되어 있다. 어느 곳이고 맹자의 유적지에는 반드시 삼천교육의 훈도장薰陶場 유지가 마련돼 있다.

맹자서에 전상前喪과 후상後喪의 이야기가 나온다. 전상은 맹자의 아버지 장례, 후상은 어머니 장례 이야기이다. 공자께서 천하에 뜻을 펴는데 항상 껄끄러웠던 사람이 양호陽虎였다면, 맹자께는 장창臧倉이 있었다.

4대 성인이니 5대 성인이니 하는 인류의 스승들도 모두 아픈 단점들이 있는데 꼭 이곳을 후벼 파고 덤벼드는 천적天敵들이 있었던 것이다. 공자도 그랬지만 맹자도 나라를 맡아 다스리는 꿈을 펴고자 했지만, 이를 극력 반대하는 장창 때문에 좌절되고 말았다.

전술한 전상 부친상은 관棺과 곽槨을 세 치(3촌 : 겉 널과 속 널의 두께를 3촌짜리로 썼음)로 했고, 삼정三鼎(정을 3개 씀)을 썼는데, 후상 모친상에는 관과 곽을 여덟 치 8촌으로 썼다는 기술이다.

이를 두고 그 당시 파워맨이었던 장창이 부상보다 모상을 후하게 치른 맹자를 호되게 비난했다. 그것은 대부大夫라야 9촌의 관과 곽과 아홉 개의 정을 쓸 수 있는데, 당시 '사士'였던 맹자가 예를 어기는 잘못을 범했다는 것이다. 8촌을 쓴 것은 9촌을 차마 쓸 수 없어서 1촌 줄였다는 설과 우음기양설偶陰奇陽說이 있다. 당시는 음양설이 정착되기 전이라 후설은 오설誤說이라 판단된다.

이런 비난에 대해 맹자께서는 이는 어머님에 대한 애틋하고 간절한 정 때문에 그런 것이지 예를 어기려고 그런 것은 아니라고 항변하셨다. 그러나 모르면 몰라도 당시로선 장창의 목소리가 더 컸을 것이 분명하다. 그러니까 맹부자가 아버님 상을 맞았을 때 40세 이상이었다는 것이 정설일 수 있다.(사의 계급은 40세 이상이어야 가능했음). 따라서 맹자께서 조실부早失父했다는 조기설趙岐說도 유향설劉向說에서 근거한 것이기 때문에 맹자서 속에서 본다면 분명히 잘못된 것이다.

서한대의 대경학자인 유향의 글속에서 언급된 맹자의 조실부설은 서한대의 교육의 중요성이 강조된 취지에서 표장한 교화 목적에서 맹자를 표본으로 삼은 것이다. 아들 유흠劉歆도 아버지인 유향을 이은 경학의 대가로, 한대 훈고학의 기틀을 만들었다.

사적 진실은 그렇다 치더라도 삼천교설은 교육설로 받아들이면 된다. 또 사기에 맹부자가 자사 문인에게 직접 수업을 받지 못했다고 기록되어 있다. 맹자 자신도 "여미득위공자도야予未得爲孔子徒也, 여사숙제인야予私淑諸人也(이루하離累下)"라고 했다. 직접 사사받았다면 분명히 밝혔을 것이다. 그러나 맹자서 칠 편 중에 누누이 증자와 자사의 말을 조술한 것을 보면 자사자의 영향이 컸음을 알 수 있다.

3.

맹부자는 추국에서 사士로 지내다가 제선왕齊宣王 때 제나라로 갔다. 당시 제나라는 과거 제齊나라 환공桓公 때의 인물인 관중管仲의 경세치국 요방要方을 다시 채택하여 천하의 패자覇者가 되었고 경제적인 부를 이루는 등 모든 면에서 선진국이었다. 그러자 천하의 유능한 인재들이 청운의 뜻을 품고 모여들었다.

관중은 발조선發朝鮮, 발숙신發肅愼, 산융山戎 등으로 알려져 있던 고조선古朝鮮을 침략했다. 그곳에서 관중은 중원에서는 보지 못했던 대파(동총冬蔥)와 콩(대두. 융숙戎菽)을 보았다. 특히 겨울철에 푸른 파밭을 보고 감탄하였다. 이를 중원 땅에 전파시킨 일이 '관자서管子書'에 등장하는데 이것이 산업전쟁의 시초가 됐다. 오늘의 토종종자 확보 전쟁과 같다. 농업사전에도 콩과 대파는 한반도와 남만주가 원산지로 되어 있다.

이 시기를 직하櫻下시대라 한다. 이른바 '백화제방百花齊放백가쟁명百家爭鳴' 시대가 된 것이다. 이때 제자諸子의 백가서가 형성되었고 유가

경전도 만들어졌다. 당시 제국은 오늘의 미국처럼 소위 말마디나 하는 인재들의 각축장이었다.

성악설로 맹자와 맞서는 순자경荀子卿도 이때 제에 와서 제선왕의 객경客卿(벼슬 이름)이 되었고, 좨주祭酒(오늘의 문교부장관 격)라는 중책을 세 번씩이나 역임했다. 맹부자도 제선왕의 객경이 되었으나, 순자 같은 대접은 못 받았다.

이런저런 이유 등으로 맹부자는 송국宋國으로 떠나 거기서 벽薜(벼슬 이름)을 지냈다. 다시 등藤나라로 가서 등문공藤文公의 경례敬禮를 받게 되었다. 문공은 그의 동생을 맹자의 문하에 들게 했고 맹자께 정전井田에 대해 묻기도 했다. 뒤에 부자는 양梁나라로 갔다. 양혜왕梁惠王은 전쟁에 패한 후 국가부흥을 위하여 천하에 널리 현인을 구하던 때라 맹자는 혜왕의 융숭한 대접을 받았다. 혜왕이 죽고 양왕襄王이 계승하였는데, 그는 선왕보다 용렬했다. 그래서 그 밑에서는 뜻을 펼 수 없음을 안 맹부자는 양을 떠나 노魯나라로 갔다.

노나라에서 벼슬을 하던 제자 악정자樂正子가 노공에게 스승 맹자를 천거했으나 노공의 총애를 받는 권력자인 장창의 반대로 좌절되었다.

당시 천하는 장의張儀, 공손연公孫衍 등의 합종연횡책合從連衡策, 상앙商鞅, 오기吳起 등의 강병전승술强兵戰勝術만이 먹혀들던 시대여서 당우삼대지덕唐虞三代之德인 왕도정치王道政治는 설득력이 없었다.

인의仁義로 출처 진퇴를 꾀했던 그는 한계를 실감하고 '만장萬章' 등의 제자와 선왕지학先王之學(만고에 변치 않는 진리를 표방 : 인간의 선의지에 근본을 둔 인본주의. 반대로 패도覇道정치는 사대事大에 따라 가치가 변하며 강력한 군사력 집중정치이다)과 중니지도仲尼之道를 강론하고 이를 편술한 '맹자서 칠편'을 만들고 나서 "내소원즉학공자야乃所願則學孔子也"라 했다.

공부자께서 분명히 밝히지 않은 성설性說을 성선설性善說로 했고,

'인'을 시대 상황에 맞추어 '인의仁義'로 했으며, '지언知言', '양기養氣', '사단四端', '양지양능良知良能' 등을 설했다.

4.
정치론

정치와 도덕 간의 구별을 짓지 않은 정교일치의 왕도사상으로 요순지정堯舜之政의 천하를 만드는 것을 목표로 했기 때문에 나라의 규모가 클 필요가 없었다.(탕湯은 70리里-문왕文王은 100리里). 힘을 위주로 하는 패도와는 달리 국가 규모가 크면 인권이 침해될 수 있어서 바람직하지 못하다고 본다.

그러면 왕도사회에서 경제문제 및 사회문제의 방법론은 무엇인가? 무농務農(농사에 힘씀)과 흥학興學(배움을 장려함)이다. 백성들의 생활을 윤택케 함이 가장 우선적인 일이며 이것이 어느 정도 이룩된 뒤에는 반드시 인륜의 도리를 밝히는 흥학이 뒤따라야만 완전한 사회가 만들어진다고 보았다.

맹부자는 항산恒産(최소한의 기본 생활인 의식주를 해결할 수 있는 일정한 재산)이 없으면 인간사회가 성립될 수 없다고 보았다. 또 인간은 먹는 것만으로 끝나는 동물이 아니기 때문에 인간으로서의 도리를 알아야하므로 흥학이 필요하다고 했다. 일찍이 예수가 사탄이 광야의 돌멩이들을 떡으로 만들라고 시험했을 때 "사람은 떡으로만 사는 것이 아니다"라고 한 것과 같은 의미다. 여기서 사람의 도리를 배우는 '흥학'은 "사람은 떡으로만 사는 것이 아니고 말씀(로고스 : 진리)으로 사는 것이다"와 같은 것이다.

당시에 부자의 이런 정책에 반대론을 편 사람들이 물론 있었다. 허행許行이란 사람은, 현자란 이들이 이 나라 저 나라 돌아다니면서(유세遊說) 민중들을 깨우친답시고 말품만 팔고 다니며 땀 흘려 일하지 않고 놀고먹는다고 비난했다.

백규白圭가 1/10 세금은 너무 과하니 1/20이라야 적합하다며 비난했을 때, 맹부자는 이런 주장들에 대하여 우선 입에 들어오는 밥숟가락 큰 것만을 생각한다고 반박했다. 이는 사람을 먹기만 하는 짐승으로 생각하는 야만사회에서나 나오는 소리라고 비난했다. 맹부자는 생산의 이상적 방법으로 정전법井田法을 들었다.

윤리설

맹부자가 공자의 인仁에 의義를 더했다고 진술했지만 이 말은 기본설이며 그 구체적인 내용으로 들어간다면 예禮와 지智라는 두 가지 도덕 개념이 더해진다. 문제는 성性의 개념이 왜 이렇게 복잡하냐는 물음에 직면하게 된다. 이 문제를 우선 변명해 본다면 맹자는 육국을 달래려고(유세) 주유한 변론가였기 때문에 수사학적인 기교가 필요했다.

요즘도 말 잘하는 웅변가 정치인들 보면 열거법과 억양법을 잘 써서 청중들을 흥분시킨다. 예를 들어 상대편의 잘못한 일 대여섯 가지를 소리 높여 강조하든지, 상대 정책의 오류에 대해서 누르고(억抑) 본인 정책의 정당성을 드높이는(양揚) 방법이 그것이다.

맹자가 변론가적인 기질 때문에 사단四端을 열거한 것에 대해 오늘날까지도 많이 논의가 되고 있다.

앞으로 쓰려고 하는 정명도程明道 선생은 인仁만이 성性이며 의·예·지·신 모두가 정情덕德으로 희로애락애오욕喜怒哀樂愛惡慾과 같은 반열에 두는 주장을 하고 있다. 이 사상은 사실 논리적으로 정당한 것으로 평가받고 있다. 또 맹자는 양기설養氣說과 양지양능설良知良能說을 창도했고 공부자께서 명확히 언급하지 않은 성선설을 확립시켰다.

공자는 '성상근야性相近也, 습상원야習相遠也'라 했지만 중용에서는 '천명지위성天命之謂性'이라 말했다. 맹자는 성을 여러 차례 강조하여 '어語', '용庸'의 성론을 한층 명확히 밝혔다. 그러나 공부자의 성과 맹부자의 성이 개념상 같은 것인가 하는 것이 문제로 남았다.

맹자께서는 공자의 성상근性相近에 중점을 두어 성선설을 말했고 순자는 습상원習相遠에 중점을 두어 성악설을 말했다. 맹자도 기질을 떠나 성을 말하진 않았다. 인성에는 청淸·탁濁·강剛·유柔의 차이가 있기는 하나 선악을 구별하는 판단력이 있기 때문에 성이 선하다는 것이다. 그러니까 선의 요소가 내재한다는 것이다.

송대 학자들은 이 점을 천착하여 체용론體用論을 응용하여 설명했다. 즉 기차를 타고 가다가 창밖으로 들판에 연기가 오르는 것을 보고서 누군가 불을 놓았구나 하고 생각할 때 눈에 보이는 연기는 용用이지만 보이지 않는 불은 체體라는 것이다. 어떤 정치가가 정견을 발표하는 연설을 했다면 그 정견연설은 용이지만 그 정치가의 식견과 인격, 일의 추진력 등의 내면성은 체인 것이다.

맹자의 사단칠정설四端七情說도 이렇게 설명한다. 사단인 측은惻隱, 수오羞惡, 사양辭讓, 시비是非는 용으로 앞에서 언급한 연기와 같은 것이다. 한편 그 알맹이가 되는 것은 인·의·예·지(한대에 오면 '신信'을 더하여 오방五方, 즉 오행五行 사상)로 이를 '성'이라 했다.

그러나 곧이어 인·의·예·지는 덕이지 성이 아니라고 비판을 받는다. 쉽게 말하면 불쌍한 마음이나 옳고 그름을 따지는 마음 등은 선의 본래 모습으로 이끌어가는 실마리(동기)가 된다는 것이다.

성선설의 근거는 이것 외에도 언급한 것이 있는데 양지양능설良知良能說이 그것이다. 동물들도 배우지 않아도 새끼를 기를 줄 알고 자기들이 살아가는 집을 지을 줄 알고 환경에 적응할 줄 아는데 사람은 그보다 뛰어난 선천적인 능력을 타고났다는 것이다. 그러니까 배우지 않았는데도 할 수 있는 것을 '양능良能'이라 했고, 배우지도 않았고 생각해보지도 않았는데도 알 수 있는 것을 '양지良知'라 했다.

즉 친친親親과 경장敬長이 그것인데 자식이 어버이를 효하게 되고 어버이는 자식을 사랑하여 잘 양육함은 선천적 본연의 마음이라는 것이다. 말하자면 인간은 선천적 선의지에 의해서 종족 번성이 이루어진다고 본 것이다.

이런 설에 대해 청대의 실학 대가 손성연孫星衍은 해제지동孩提之童(어린이)의 효친은 양지 양능이 못된다고 비판했다. 손성연은 청대의 실사구시학을 완성한 환학晥學(안휘학安徽學)의 학맥을 이은 학자이다. '강영江永' - '대진戴震'의 환학 학통이 완원阮元, 공광삼孔廣森, 왕중汪中, 손성연으로 이어졌는데, 이들이 환학晥學 4대가이다.

중국에서는 명망 있는 가문끼리 10세 전후의 학동을 교환하여 교육시키기도 하고, 아직 어린티를 면치 못했으면 훌륭한 스승에게 보내어 교육시켰던 풍습이 있었다. 이렇게 교육받은 학동이 20여 세가 되어 집에 돌아와 친부모를 대할 때 친친지정의 문제가 없지 않았음이 전해지고 있다.

예를 들면 주문공(희熹)이 절친한 지우인 여동래呂東萊(조겸祖謙)에게 어려서 아들을 보내 교육을 시켰지만, 실패했던 사실은 유명한 이야기이다. 즉 애틋한 효심은 젖을 먹여 키운 유모나 어려서부터 그 성장과 인격 형성에 관계한 엄사嚴師에게 효심이 옮겨갈 수 있다는 것이다. 그러니까 구시학자求是學者인 손성연은 친친, 효제는 교학의 힘을 빌어야만 가능하다고 했다.

맹부자의 학설 중에 가장 뛰어난 것으로 양기설이 있는데 인간의 심성에는 지志와 기氣가 있다고 했다. 지가 기를 부리는 상태라야 하는데 그 반대가 될 수도 있는 것이 문제다. 지는 기의 장수며 기는 지의 병졸이나 기가 지를 오히려 부리게 되는 게 일반이라는 것이다.

송대의 성리학적 판단이라면 기질지성氣質之性이 승勝했다고 하겠지만 인간이란 현실 속에서 늘 이익을 보고 명예를 보고 미색을 보고 기를 부린 바가 되고 만다. 전쟁터에서 용감히 조국을 위하여 싸워야 하지만 겁이 나고 공부는 반드시 해야 하지만 놀고 싶다. 기가 지의 명령에 따르도록 수양하는 것이 양기이다. 저 유명한 '오양호연지기吾養浩然之氣'에 따르면, 행동이 의에 맞을 때 호연지기가 생긴다고 한다. 이렇게 되기 위해서는 '의'를 끌어 모은다는 '집의集義'를 해야 한다. 의를 보고도 행하지 못하는 것은 의의 굶주림 때문이라 했다. 기가 늘 의와 도에 짝하면 의의 굶주림이 없다고 했다.

필자는 맹부자의 고향인 추성鄒城(중국음 : 추청)에 1990년대 중반부터 말까지 네 번쯤 다녀왔다. 처음 갔을 때 묘소와 비석 등이 파괴되어 복구하지 못한 상태였다. 일행 중에 모 교수가 파괴된 유적 회복을 위해 거금을 '맹자학회'에 희사하겠다고 제안했다. 그러자 현지 관계자들이 그 사실을 당에 보고했고, 허락이 떨어져 옛날과 똑같이 복구되었다. 당시만 해도 중국에 돈이 없었기에 가능한 일이었다고 생각한다.

이후부터 우리 일행이 현지에 가게 되면 군대가 동원되고 에스코트 차량이 앞서서 사이렌을 울려대고 그 교수는 오픈카에 추성의 당서기와 나란히 서서 시가행진을 했다. 촌사람이 갑자기 출세한 모습이 바로 그것이었다. 갈 적마다 저녁 만찬은 물론 산해진미로 풍성했다.

세 번째 갔을 때인가 맹자 종손(당시 40여세)에게서 들은 얘기이다. 홍위병운동 때 그의 부친(당시의 종손)은 홍군의 인민재판에 의해 타살됐는데, 그걸 지휘한 주동자가 그 동네에 살고 있다고 했다. 중국 천지가 모택동에 의해 점령될 때 장개석은 공부자의 종손을 챙겨 대만으로 데려갔으나 맹부자의 종손은 챙기지 못했다고 한다. 그 동네에 살고 있는 홍군 두목은 기가 죽어 피해 다닌다고 했다. 권력이란 무상한 것이고 맹목적인 정치의 광기는 참으로 무서운 것이다.

五. 순자筍子

1.

순자筍子(순경筍卿 또는 순경자)의 이름은 황況이며, '경卿'은 존칭으로 본다. 사기의 맹자·순경열전은 맹자전에 비하여 짧고 명료하지 못하다. 또 한대에는 손경자孫卿子라 하여 '순' 대신에 '손'을 사용하기도 했다. 본래 조趙나라 사람으로 제민왕齊湣王 때 제나라에 유학하였는데, 이 당시에 부국인 제에는 마치 오늘의 미국과도 같이 많은 선비들이 모여들었다.

그 중에 맹자, 순자도 끼어 있었던 것이다. 이때 누구보다도 넓게 학문적 지식을 소유했던 순경황筍卿況은 융숭한 대접을 받았다. 오늘날의 체제로 말하면 문교부장관(학정學政장관) 격인 좨주祭酒 벼슬을 세 차례 역임했다고 하니, 그의 위치를 짐작할 수 있다. '祭酒'는 '제주'로 읽으면 안 되고 '좨주'로 읽어야 한다. 왜 '제'자와 '주'자가 들어갔는가. 그 이유는 고대사회에서 학정 업무는 현대사회와는 전혀 다르게 '제단'에 제수로 헌주하는 회동향연會同饗燕과 지기지제地祇之祭가 전부이기 때문이다.

당시 제나라에서 맹자는 순자에게 여러 면에서 미치지 못하는 처지였다. 공부자의 도통이 증자, 자사자를 거쳐 맹부자로 이어졌다 한다면, 학술 방면은 자하子夏(복상卜商)를 거쳐 간비자궁慇臂子弓(당나라 때 한유의 설이나 공인되지 않았음)과 순경자로 이어졌다고 본다.

인류 예지의 빛을 밝힌 공부자를 비롯한 제자백가의 쟁명은 제나라 후기 '직하시대'에 와서 꽃을 피웠다. 이때 국가 사회의 이념화 과정을 겪으면서 힘 있는 나라들은 앞 다투어 현자들을 초빙했는데, 이런 문화는 최초로 경제적, 정치적 패권을 장악한 제나라에서 비롯되었다.

후진국이었다가 뒤에 세력을 쥐기 시작한 초楚가 이를 이었고 뒤에는 진秦(뒤에 전국시대를 통일함)이 이었다. 이를 현대 세계사로 예를 든다면, 유럽과 미국을 제에, 일본을 비롯하여 한국, 대만, 싱가포르를 초에 비유한다면, 중국과 인도, 브라질, 러시아(소위 베세토 국가)를 진에 비유할 수 있을 것도 같다.

순자는 후에 제에서 초로 옮겨갔는데, 당시 초에서는 공자公子인 춘신군春申君이 세력가로서 정치를 좌지우지했다. 전국시대 사공자로 제齊의 맹상군孟嘗君, 조趙의 평원군平原君, 위魏의 신릉군信陵君, 초楚의 춘신군이 있었다. 순자는 춘신군의 보호로 난릉蘭陵의 백伯이 되기도 했다.

춘신군의 생존시까지가 그의 전성기였다. 이 시기는 권모술수와 힘의 논리가 먹히는 약육강식의 난세였기 때문에 학문까지도 이런 세태에 영합하여 인륜지도를 벗어나고 있었다. 경쟁에서 이기기만 하면 된다는 결과 우선주의로 민심의 각박함은 극에 달하고 처참한 살육이 다반사로 자행되는 시대였다. 순경자는 이 비참한 현실을 심히 개탄하여 수만 언의 저술을 저작해냈다. 이와 같은 현실 속에서 사람이 본래 선하다는 생각보다는 악하다는 생각을 우선 하게 되었을 것이다. 그는 이곳 난릉에서 병으로 객사하게 된다.

2.

부자의 '심법안장'이 "오도吾道 일이관지—以貫之" 일구로 증자에게 전수되었다는 '도전道傳'의 상대편에 '학전學傳(학술면)'이 있다. 4과10철의 문학과文學科(오늘날의 문학literature이 아니라 학문 또는 학學을 뜻함)의 자하(복상)와 사유(언인)에게 부자의 학술 즉 경전학이 전해졌다. 송대에는 도학, 즉 성리학이 중시된 까닭에 경전학은 한대 외에는 경시되다가 청대에 와서 회복되었다. 자하학子夏學은 전술한 간비자궁으로 이어지고, 다시 순경 등으로 전해진다.

모시毛詩는 자하에서 순경으로, 이는 대모공大毛公(모형毛亨)으로, 좌전左傳은 자하·증신曾申 - 순경 - 좌구명左丘命(한유漢儒)으로, 공양公羊과 곡양穀梁은 자하 - 공양고公羊高와 곡양적穀梁赤 - 순경으로 이어지는 줄기가 학술면의 맥락이다. 그가 제국이나 초국에서 중임된 것은 이 학문적 능력이 뛰어나기 때문이었다. 특히 그의 '염철론'이라는 저술은 이때부터 '소금'과 '쇠'가 사회적, 경제적 가치가 지대하다는 걸 최초로 간파한 논문이라고 평가받았다.

또 성악설을 주장한 그였기 때문에 누구보다도 '예'를 중시하여 후천적으로 본성을 개변 시키기 위한 교육의 중요성을 강조했다. 그는 '회학편'에서 그의 제자인 이사李斯가 진나라의 재상이 되어 진시황始皇의 총애 속에 제도를 개혁하여 갖은 못된 짓을 자행한다는 말을 듣고 식읍을 폐하면서 반드시 실패하고 말 거라는 예언을 한 바도 있다.

자사와 맹자는 춘추대의春秋大義는 만고불변하는 진리이며 천명天命인 성性이 현실로서 구현된 것이어서 인간은 마땅히 이 무상명법無上命法에 따라 행위해야만 하는 절대불가변적 즉자卽自 존재라고 주장하고 있다. 반면 순경자는 물이 흘러가고 바람이 불고 계절이 바뀌는 자연현상이 아니고, 모두 사람의 의욕이 작용한 것이라고 본다. 즉 이기심이 작용된 것이어서 '예'에 의한 제약이 필요하다는 것이다. 자사와 맹자가 그토록 성선을 역설하면서 왜 거기에다 덧씌우기로 교육을 강조하느냐는 것이다. 생긴 대로 내버려두면 생이지지生而知之하는 부자와 같은 성인이 될 수 있을 터인데, 부모는 왜 자제들에게 싫어하는 공부를 억지로 시켜야 하며, 자제들은 지긋지긋한 행위의 반복을 쥐가 나도록 해야만 하느냐. 그것은 자가당착에 빠진 것이라고 했다.

순자가 맹자의 학설을 반대하다 보니, 도통을 이은 자사자의 학설까지 배척하는 식으로 나아갔다. 그래서 송대 '공증사맹孔曾思孟'의 도통관이 확립되면서 사문斯文의 중심 세력은 순자를 미워하기 시작했다.

직하시대 이후 한대의 양웅揚雄이나 북송대의 사마온공 등 순자 쪽의 입장에 가까운 이들은 물론이고 여타 학자들도 맹설孟說을 지지하는 쪽과 순설荀說을 지지하는 쪽과의 균형은 막상막하라 할 수 있었다. 그런데 '이정자'와 '주자'라는 거물의 등장으로 너무 한쪽으로 기울어지는(맹설로 완전 전도됨) 추세가 되었다.

그러자 이를 애석히 여긴 남송말의 왕응린王應麟(백후伯厚)이 그의 역작 '곤학기문困學紀聞'에서 '한시외전韓詩外傳'에 인용된 '비십자편非十子篇'(순자서에는 '비십이자非十二子'로 되어 있다. 말하자면 공문십철과 자사자·맹78

자를 합한 12자十二子를 말함)을 찾아 순자를 옹호했다. 즉 순자는 분명히 '사맹思孟'은 끼워 넣지 않아 원래 '비십자'였는데(한시외전 근거), 순자의 제자들에 의하여 이 둘이 찬입됐다는 주장이 바로 왕응린 설이다.

그럼 왜 왕응린은 이토록 무리할 정도의 주장을 펴야만 했을까? 그것은 아마도 당시의 여건으로 보아 순자가 사학사斯學史에서 지탄받는 대상이 된다면, 그의 성악설 역시 매장될 수 있다는 우려 때문에 나선, 학자적 의사 개입이었다고 보지 않을 수 없다. 왕응린은 순자와 맹부자의 '안팎성설'은 어느 한쪽도 없어서는 안 될 쌍벽설로, 양립되어야만 한다는 입장이었던 것으로 보인다. 오늘의 몇몇 철학사가들은 백후가 비십자를 인용하여 공연한 짓을 했다고 말하지만, 왕응린은 순자가 사맹을 비난하지 않았다는 주장으로, 순설을 아끼고 싶은 마음에서 그랬을 것이다.

3.
순자는 사람이 욕망을 소유하고 태어난 존재여서 마음씀씀이와 하는 짓 모두가 욕심의 표현일 수밖에 없다고 보았다. 그래서 양경楊倞이 '위僞' 자를 풀이하여 '인지소작人之所作(비천성非天性)'을 모두 '위僞'라 하여 근본적으로 악한 '인방위人傍爲'를 말하는 것이라고 했다.

인간은 태어나면서 생존본능에 의해 먹어야 하며 입어야 하니까 남을 이겨야만 한다. 경쟁자를 딛고 넘을 수밖에 없는 숙명적 존재여서 성인께서는 사법師法을 만들어 어리석은 민중들을 선도했다고 보는 것이 순자의 입장이다. 사람은 나면서부터 이목耳目의 욕망이 있고 크면서는 음란이 생기게 되며 살기 위해 이욕을 추구하기 때문에 만일 선천성의 자연지성自然之性만을 따른다면 잔적殘賊이 될 수밖에 없다는 것이다.

그런데 맹자는 천품은 선한 것이기 때문에 학문을 닦아 선을 완성한다고 주장한다. 사실 학문은 공부하고 싶어서 하는 것이 아니고 억지로 하는 것이다. 물론 시키지 않아도 열심히 하는 학동도 있지만, 이는 미리 알아서 기는 것이지 선천적으로 호학지심이 있어서 그러는 것이 아니라고 보았다.

인성이 본래 선하다면 태어난 대로 그냥 놔둘 것이지 하기 싫고 어려운 그것을 돈을 들여 시키느냐는 것이다. 그의 성선설대로라면 학문은 불필요한 것이 된다. 성은 자연스러워 공부를 필요로 하지 않는다. 눈은 호색하고 입은 맛을 좋아하는 것이어서 도덕은 이를 억제시키는 의지인 것이다.

인간은 자기에게 부족한 것을 탐한다. 가난하면 부를, 천하면 귀를 실현시키려는 것이 '위僞'이며 인성은 이 '위'에서 생긴 것이다. 성이 선한 것이라면 요·순을 귀히 여길 필요가 없다는 것이다. 다만 성을 따라 행했을 뿐인데 존경할 필요는 없는 것이다.

자, 그러면 순자의 설대로 성이 악하다고 인정해보자. 그런데 왜 사회가 합리적으로 운영되기 위한 규범 즉 예의를 만들어 민중들로 하여금 따르도록 했을까? '예'를 행해야만 사회가 좋아진다는 성선의 의지적 발로가 아닌가 하는 문제가 남게 된다. "사람이라면 모두 요순을 귀하게 여긴다(인개귀요순人皆貴堯舜). 그래서 사람들은 예법을 만들어(인작예법人作禮法) 나라를 잘 다스리고(희정국가希靖國家) 백성을 편안케(안백성安百姓)하고자 한다." 이 모든 것들의 근저에 선의지(성선설의 근거)가 있는 것이 아니던가?

그런데 "인간은 모두 본디 악한 본성을 가르쳐 바꿔서 요순의 도덕으로 나아가게 한다(인개위교정人皆爲敎正 본악本惡, 추향趨向 요순지도堯舜之道)"라 하여 학문을 닦음으로 성인이 될 수 있다는 것이다. 이 문장을 잘 살펴보면 성선설이 옳을 수도 있고 성악설이 옳을 수도 있다. 본악이라 했으니 성악설이 될 수 있고, 요순의 도로 나아간다고 했으니 성선설의 근거가 될 수도 있다.

길거리의 모든 사람이 부자지의와 군신지도를 알기 때문에 요순이 될 수 있다고 하는 것은 맹자설이요, '본악'을 주장하는 것이 순자설이라 할 때 이 구분의 명확성은 무너지고 만다. '이 사회가 이래서는 안 되는데…' 하는 개탄이 성선 쪽이라면 '우선 살고 봐야 된다. 내가 못살면 모든 것이 의미가 없다'는 주장이 성악 쪽이라 할 때 이 양쪽의 명제는 서로 의존적일 수밖에 없어서 '선악혼재설善惡混在說'이 뒤에 등장하게 된다.

그러면 순자가 주장하는 수학으로 본악을 교정하여 성인이 될 수 있다는 그의 예론(순자나 맹자가 공히 학문의 중요성과 필요성을 강조하나 순자 쪽이 더 강조한다)은 당연히 악한 본성인 악을 교정하여 선을 지향하는 것을 목표로 하기 때문에 설득력이 있다. 학문에는 시, 서, 춘추, 예가 있으나 그중에 '예'가 가장 긴요한 것이 된다는 것이다. 즉 예가 없으면 여타의 학은 박학잡식이 될 수밖에 없다고 보았다.

사맹학思孟學이 학문을 경시하는 것은 결코 아니다. 그러나 순자는 '성악적性惡的 인성人性'을 교정해야 한다는 학문적 취지 때문에 특히 학문을 강조한다. 순자서의 첫 장이 권학편으로 시작되는 것도 이를 말해준다. 그는 교정하는 방법으로 두 가지가 있는데 하나는 '현인'을 사師 즉, 거울로 삼아 접근훈도 받는 방법이고, 다른 하나는 '융예隆禮(예를 숭상하여 배움)'로써 신身(악의 근원이 되는)을 검속檢束하는 방법이라고 했다. 그리고 이 예는 기르는 것이며 또 길러진 후에는 명석한 분별을 해내야만 한다는 것이다. 왜냐하면 이 예에 문제점이 발견되면 개정해 나아가야 하기 때문이다. 그러므로 '학學'이란 바로 예를 학하는 것이다.

즉 예악형정禮樂刑政은 시대가 바뀌면 그 응용 방법이 변한다. 그러므로 그 시대에 맞는 예가 있다. 고로 시대에 맞는 예를 따르지 않으면 자기 임금을 버리고 타국의 임금을 섬기는 것과 같고 금왕今王을 버리고 고왕古王을 섬김과 같은 것이다.

순자의 왕도사상을 사맹思孟의 선왕주의先王主義와 비교할 때 '후왕주의後王主義'라고 한다. 이것은 순자의 고유사상으로, 당대에 가장 가까운 근세의 현군지법賢君之法이 성왕聖王의 자취라는 설로, 당세의 위급함을 구하는 가장 적합한 처방이라는 것이다. 즉 언제나 요순지도와 우직지술禹稷之術이 상용될 수는 없다고 보았다.

순자가 말하는 후왕은 문왕과 무왕을 말하는 것으로, 자기가 살고 있는 당대의 현군을 대신 비유한 것이다. 한대에는 한고조가 그 사람이요. 당나라에는 당태종이 그다. 선왕지례가 제재력이 없는 대신 후왕(현왕)지례는 강제력이 있다. 순자의 후왕주의는 이사李斯의 형명주의刑名主義와는 다르다. 이사의 형명학은 스승인 순자에게 이미 비판받은, 순자와는 별파로 볼 수밖에 없다.

2장 제자 백가

一. 관자管子

1.

이름은 중仲이고 자는 이오夷吾 또는 중보仲父다. 어떤 기록에 호號라 했으나 이 시대에는 호가 없었다. 호 또는 별호, 댁호는 시부詩賦가 성했던 당나라 이후부터 문필가들이 아취, 즉 멋을 부리려는 취향에서 만들어 쓴 것으로 보인다.

관중은 齊나라 대부로 제환공桓公을 도와 패업을 완성한 춘추전국시대春秋戰國時代의 법가 사상가다. 요즈음 관점으로 본다면 불세출의 국가 경영인이라고 볼 수 있다. 토지도 척박하고 특별한 산물도 없는 제를 춘추시대의 중심국가로 만든 정략가로 이른바 '실사구시實事求是'의 효시라고 부를 수 있다. 기원전 7세기 인물로 공부자보다 대략 160~170년 전에 활동했다.

흔히 우정을 말하는 고사성어 '관포지교管鮑之交'의 당사자 중 한 사람이다. 사마천 사기史記 관안열전管晏列傳을 보면, 관중管仲과 포숙아鮑叔牙는 죽마고우로 함께 자랐다. 성장해서 장사를 동업할 때 관이오가 이익금을 많이 챙겨가자 포숙아는 그가 원체 가난한 까닭에 그랬을 것으로 생각했다. 그가 독립해서는 하는 일마다 실패하자 주위에서 본래가 무능한 인물이라고 비웃자, 포숙은 시운이 불리했던 사실을 들어 그를 변호했다. 또 전쟁터에서 진격할 때는 항상 뒤에 서고 후퇴할 때는 맨 먼저 달아나고 해서 사람들이 그를 두고 '비겁하다'고 비난할 때도 포숙은 관이오가 노모를 모시기 때문이라 변명해 주었다.

뒤에 제나라 양공襄公의 난정亂政으로 내란이 발생했고 군위계승 문제가 일어나자 이오는 공자公子 '규糾'를, 포숙은 공자 '소백小白'을 지지했는데 규가 패배하여 죽고 이오는 포로가 되었다. 포숙은 백방으로 뛰어다니며 애를 써 이오를 석방시켰다.

이 공자 소백이 제의 환공이다. 환공은 포숙아를 불러 천하열국의 패자의 꿈을 피력했고 이 대망을 실현시킬 중임을 맡아달라고 부탁했다. 그러나 포숙아는 자기는 그릇이 작아 안 된다고 하고, 이 대임을 맡을 적합한 인물로 관이오를 추천했다. 제환공은 대노했다. 공위公位 쟁탈전에서 이오가 쏜 화살에 맞아 죽을 뻔했기 때문이다. 다행히 화살이 공자 소백의 표지동장식(버클)에 꽂혀 살아날 수 있었던 것이다. 그러니 관중에게 대사를 맡긴다는 것은 결코 있을 수 없는 일이었다.

그러나 포숙은 적재를 적소에 쓰는 일은 임용자를 위함이지 임용되는 자를 위함이 아니라 하면서, 자신은 공자위를 공위公位로 이끄는 정도의 그릇밖에 안 된다고 말했다. 이어 천하 패위를 도모할 인물은 관중밖에 없으니 큰 뜻을 이룩코자 한다면 한때의 감정에 억매여서는 안 된다고 역설했다.

환공과 관이오는 천하 경영의 책략에 대해 많은 것을 토론했고 결정을 굳힌 환공은 용상에서 내려와 이오에게 절하며 중임을 맡아 줄 것을 권했다. 관중이 노쇠하여 죽을 때 환공이 그의 임종을 보면서 후임으로 포숙을 쓰겠다고 하니, 포숙아는 싫어하고 좋아하는 것이 분명해서 적합한 인물이 못된다 하고 '습붕濕朋'을 추천했다는 기록도 있다. 그러나 포숙은 뒤에 이 말을 듣고 섭섭해 하지 않고 당연시했다고 한다.

오늘날 전하는 장장 86편의 방대한 '관자서管子書'는 관중의 예지력이 응축된 '국가경영전략'이다. 관중은 평상시에 늘 "생아자부모生我者父母, 지아자포자야知我者鮑子也(나를 낳은 분은 부모님이요, 나를 알아주는 이는 포숙아다)"라는 말을 하곤 했다고 한다. 그 뒤부터 이 말은 유자儒者들이 우정을 말할 때 회자되는 구절이 되었다.

2.

관이오는 BC 685년에 제나라의 재상 위에 올라 우선 능력있는 인재를 등용해 그들의 재능을 십분 발휘케 했다. 또한 산지, 농토, 하천, 소택 등의 토질의 성분을 알아서 산지에는 거기에 맞는 나무를 심었고 농토에도 이러한 기준에 따라 적당한 농작물을 재배케 했다. 하천과 소택지에도 물의 온도, 밑물 흐름의 강약 등을 기준으로 물고기 종류를 지정하여 기르게 하여 이웃나라에 팔게 했다.

특히 소금(염鹽) 생산을 장려하여 큰 부를 축적했고 철 생산을 장려하여 무기를 청동제에서 강철로 바꾸는 전환기를 열었다. 본래 철 생산은 중국보다 우리가 앞섰다는 설이 있다. 많은 자철광석磁鐵鑛石이 자연상태로 현재에도 도처에서 발견 될 뿐 아니라 육당 최남선이 고증하여 밝힌 바에 따르면, 본래 철鐵이란 글자의 고자古字는 금金과 이夷를 조합한 철銕, 동쪽 오랑캐의 쇠붙이라고 했다. 어쨌든 오늘의 강철(아이언)이 조선반도 및 남만주에서 처음 생산됐다는 주장이다. 얼마 전 인기리에 방영 된 '고주몽'과 '대조영'의 제작진이 이 점을 간과한 점이 아쉬웠다.

제나라는 당시로서는 최첨단 기술인 쇠불림(제련술) 기술을 발전시켜 철을 이용한 무기 제조에 힘썼는데 평화시대는 농기구로 쓰고 전시에는 전투용 무구武具가 되도록 만들었다. 쇠스랑, 낫, 괭이, 살포 등은 공격용 무기요, 가을 추수철에 쓰는 '홀태(나락을 훑어내는 반원형으로 휜 철판)'는 전투시에 앞가슴과 배에 붙이고 그 위에 옷을 껴입으면 아주 훌륭한 갑옷이 된다.

관중은 이토록 군비를 완비한 뒤에 외교에 힘써 먼 나라에 곡식을 빌려 주기도 하고 돈을 꿔주기도 하며 화친을 도모했다. 반면 가까운 이웃나라에는 빌려줬던 재물들의 상환을 재촉하고 국경선이 잘못됐느니, 국경을 넘어온 도둑들이 제나라의 재물을 노략질 해갔느니, 강의 물길이 장마에 의해 제나라의 토지를 침범했으니 이를 바로 잡는데 인력을 동원하라느니 하는 트집을 잡으며 압박했다. 이웃나라에 첩자를 보내 기밀을 탐지하고 부지런한 주민들에게는 제나라로 이주하면 농토도 주고 세금도 감면해 준다고 소문을 냈다. 그런 정책을 펴자 주민들은 넘쳐나게 되고 국력은 나날이 팽창하게 되었다.

이토록 국력이 넘쳐나자 제나라는 인접 국가에게 직접적으로 무력을 사용하지는 않으면서, 제나라의 국력에 의해 하나하나 복속되지 않을 수 없는 여건을 만들어 나아갔다. 열국들은 제나라를 중심으로 귀속되는 것이 자국에 이익이 된다고 판단했기에 스스로 복속의 길을 선택했다.

후대에 나온 병가서의 '원친근공책遠親近攻策'은 관자(관자서)에서 비롯되었으나 그 소프트웨어는 변형된 것이었다. 특히 진시황의 천하통일 방략은 완전히 인성이 제거된 돌연변이 유전인자로 일종의 변종이다.

여하간 제환공은 이 관중이라는 지략가를 이용하여 제국의 패자가 될 수 있었다. 이런 점 때문에 공부자도 제후들을 규합하는데 무력을 쓰지 않은 점, 주의 문물을 보존하고 법도를 정립한 점, 백성들의 삶의 질을 높이고 교화에 힘쓴 점들을 감안하여 관중을 높이 평가했다. 즉 "관중이 아니었으면 우리가 머리는 풀어헤치고 옷깃은 왼쪽으로 여미는 오랑캐의 풍속을 면치 못했을 것(논어)"이라고 말하면서 "인仁하다"고 칭찬했다.

여기서 "인仁하다"는 평가는 잘 구분해야 한다. 공자께서 인이란 말을 쓸 때는 두 가지 등급이 있다는 것을 전술(공부자 편)한 바 있다. 인성의 최고선 개념으로 사용한 것이 아닌 그저 '착하다, 괜찮다, 좋다' 정도의 평가였다.

그래서 송대 '부자학'의 도통을 이은 주부자(문공)는 '인인仁人'이라고
는 말할 수 없지만 '인'한 공적을 이룩했다고 평가했는데 앞의 것은 최
고선의 개념으로 말한 것이고 뒤의 것은 평범한 좋은 일을 해냈다는
뜻이었다. 그래서 공자도 그가 기량이 작았다고 하면서 분수에 넘치
는 사치를 하는, 예를 모르는 사람이라고 평가했다. 따라서 공자가 사
용한 '인'은 평범한 의미로 사용된 것이 명백하다.

필자는 관자를 강의할 때 1960년대에 국가중흥의 업적을 이룩한 박
정희 대통령을 예로 든다. 물론 평가를 할 때 '보릿고개'의 어려움을 극
복한 위대한 공적과 국민 인권 문제로 딜레마에 빠지게 된다. 박통이
야말로 오늘의 관자일까. 필자는 그렇다고 보는데, 강호제현의 판단을
기다린다. 당시 제나라의 위치는 경제적으로 정치적으로 또 학술면에
서 오늘의 미국과 같았다. 이러한 역사적 전통이 후에 이른바 '직하학
시대'를 만들어 천하에 말마디깨나 한다는 학자들이 다 모여들었다. 그
래서 이때 오늘날 우리가 대하는 '백가제경百家諸經'이 형성된 것이다.

3.

관이오는 힘이 축적돼 넘치게 되자 여러 제후국과의 일체감을 도모
할 겸해서 항상 북변을 괴롭히던 북방의 흉노 즉 산융山戎(발조선發朝鮮,
발숙신發肅慎으로 기록되기도 함)을 정벌하기로 했다. 그 방대한 내용을 다
말할 수는 없고 몇 가지만 얘기한다면, 오늘의 하북을 거쳐 의무려산醫
巫閭山을 지나 대능하大凌河, 요하遼河 등을 건널 때까지 무한 벌판을 장
장 석 달에 걸쳐 행군하면서 별의별 괴물과 동물들을 만난다. 마치 서
유기의 삼장법사가 여러 괴물들과 이변을 겪는 것 같다.

당시 문화중심권인 산동 지역에서 하북 지역을 거쳐 요하를 건너는

일은 어려운 일이있다. 이때 일어난 이상한 일들 중 꼭 서유기 같은 기록이 있어 몇 가지만 소개할까 한다.

원정길에 신기루를 만나 제환공, 관중 및 장졸들이 모두 넋을 잃고 방황하다가 이 지역의 지혜 있는 토인의 설명을 듣고 안정을 찾기도 했다. 어느 지역은 가뭄이 들어 작은 개울은 말할 것도 없고 강바닥까지 바짝 말랐는데 여기를 지나면서 기虬(본자가 충虫 변에 인儿인데 이런 한자가 없다)라는 괴물을 만났다. 사람의 손바닥 정도밖에 안 되는 놈이 계속 따라오면서 현혹시켜 행군 대열을 흐트러트릴 정도에 이르기도 했다.

그런가 하면 행군 도중에 멀찌감치 구릉 위에 큰 범(대호) 한 마리가 떡 버티고 앉아서 노려보고 있었다. 장졸들이 불길함을 감지하고 우왕좌왕했다. 이때 관중이 제환공에게 전용 말인 박마駁馬(붉은 빛과 검은 빛, 흰 빛이 뒤섞인 부루말. 얼룩말)를 타고 나설 것을 권했다. '박駁'이란 글자는 말馬의 종류를 가리키는 명칭으로 사용됐지만, 원래는 맹수의 한 종류를 부르는 이름이었다. 다만 말 중에서 이 맹수와 겉모습이 비슷한 것을 박(얼룩말)이라고 대신 부르게 된 것이어서, 부루말(검붉은 얼룩말)로 맹수인 박의 역할을 시켰던 것이다.

아니나 다를까 선봉에 나선 환공의 박마를 본 큰 범은 두 발을 앞으로 뻗고 떠밀리지 않으려는 자세를 취하다가 뒷걸음으로 한참을 물러서더니 눈 깜짝 할 사이에 사라졌다. 환공이 땀을 식히면서 까닭을 묻자, 관중은 맹수인 박을 이야기했고 환공은 또 한번 그의 박식함과 지혜에 감동했다.

또 대능하를 건너다가 큰 괴물이 환공과 관중 등이 탄 큰 배를 떠받들고 일어서는 바람에 풍전등화의 위기를 맞기도 했다. 수많은 난관을 겪고 산융山戎(흉노, 동호東胡, 발조선, 발숙신이 뒤섞여 기록됐음) 땅에 당도했으나 적을 찾을 수 없었다. 그것은 침략군이 쳐들어온다는 소식을 들고 모두 산골짜기에 숨었기 때문이다. 환공의 정벌군은 눈 쌓인 벌판을 향해 싸우자고 외쳐댔으나 아무 반응이 없었다.

그런데 이들을 위로하기나 하듯이 눈 덮인 벌판에 푸르고 푸른 작물들을 볼 수 있었는데 이것이 바로 대동총大冬蔥(대파)이다. 이 파를 캐다가 땅속의 움 구덩이에서 또 다른 것을 발견했다. 이것이 바로 융숙戎菽(오랑캐의 콩)이다.

브리태니커나 농업사전에 큰 파와 콩이 한반도와 남만주가 원산으로 되어있는 이유가 이것이다. 총롱서휘蔥瓏敍暉(파빛처럼 이름을 빛내고 영광을 펼쳐라!)라는 숙어도 생겨났다. 전쟁은 비극을 만들기도 하면서도 한편으로는 문화교류의 계기가 되기도 하는 이율배반의 양면이 있다.

제의 융성은 관중이 죽으면서 막을 내린다. 환공은 국가경영의 천재 관이오의 능력을 십분 활용하다가 그가 죽자 돛 부러진 배와 같이 헤매다가 측근 신하에 의하여 시해당하고 제의 천하제패도 막을 내렸다. 하지만 이 지역에서 응축된 문화적 능력은 쉽게 사그라질 줄을 모르고 선진문화의 정리를 맡게 된다. 이 시기가 바로 직하시대다. 선진의 제경전이 이때 만들어진다.

산동성 치박(쯔보)시에서 열차 탈선사고가 있었다는 뉴스를 접한 적이 있는데 거기가 바로 직하문화의 중심지다. 치박시 교외에 관중의 묘가 잘 보존돼 있었다. 필자는 2004년 치박에서 '제문화 국제 학술대회'가 열릴 때 우리 '한중철학회(관자서 번역팀)'가 함께 참가했다.

이틀간의 학술 발표회를 마치고 주체 측이 준비한 산동성의 고문화 유적지 탐방을 이틀 동안 하게 되었다. 회의 스텝진 십여 명과 외국에서 온 참가자 오십여 명이 버스 두 대로 각지를 순방했다. 이때 신석기와 청동기의 유물들이 한반도의 것과 유사하다는 것을 다시 확인할 수 있었다.

특히 신석기 유물은 거의 일치한다고 할 정도였다. 우리나라 전남지역에서 다량으로 발굴되는 옹관묘가 이곳에 많다는 사실에 놀랐다. 중국 측은 산동에서 전남 지역으로 유입되었다고 주장했다. 둘을 비교해 보니 우리나라 것이 훨씬 크고 세련되어 보였다.

그리고 이 옹관이 일본 규슈 북쪽 지역에도 있다는 것을 2005년 현지를 여행하며 확인할 수 있었다. 세 지방 것을 비교한다면 규슈 것이 제일 조잡하고, 전남은 옹관도 크고 분량도 많았다.

또한 우리나라와 요동반도에 북방식 지석묘인 고인돌이 집중되어 있는데, 산동지역에 아주 거대한 것이 세 기나 있었다. 또 박물관에서 비파형 요녕식 동검도 볼 수 있었다. 동이문화권의 실체를 확인할 수 있는 기회였다.

二. 양주楊朱

흔히 양자楊子로 알려진 양주楊朱에 대한 사적은 그리 많지 않다. 장자서莊子書에는 '양자거陽子居'로 되어 있는데, 이를 풀이한 이는 '자거'를 그의 자字라 했으나 이것은 잘못된 것으로 보인다. 열자서列子書(여기 양주편 역명편力命篇이 있음)에는 양주로 기록되어 맹자서와 일치한다.

맹자가 양자를 이단설의 대표적 표적으로 삼아 매도함에 따라 양자학은 세력을 잃고 말았다. 그러나 그의 학술적 편모를 알아볼 수 있는 곳은 아이러니하게도 맹자서이고, 열자서와 한서에서 그 편린을 볼 수 있다.

열자서에는 양자와 묵적墨翟의 제자인 금활리禽滑釐의 문답이 있다. 이 책에서는 양자학이 노자학에서 유래했다고 하지만 이런 주장은 한대 이후부터 철학이 유가학과 도가학(노장학)으로 정리되면서 언급되는 상투적인 표현이다. 설령 이 주장이 맞는다 해도 양주학은 노장학의 정통이 아니다. 다만 한 부분을 발전시켰다고 보면 된다.

양주학은 그 기록이 소략하여 세계관이나 국가관 등을 알아보기는 힘들고 인생관 즉 도덕론 정도를 알아볼 정도이다. 지난날에는 매도의 대상이었지만, 지금의 시각으로 보면 현대인의 개인주의 취향과 유사한 점이 많다. 흔히 '위아설爲我說'로 표현되는 양자학설은 글자 그대로 이 세상에서 각 개인은 제각각 제 자신을 위해서 살아가면 된다는 주장이다. 자신이 제 일을 하면 될 뿐인데 누구에게 의존하고 누구를 도와야 하느냐는 것이다.

흔히 말하기를 세인의 행복을 위해 일신을 소모하면, 의인이라 하여 받들고, 오래도록 기리려고 정문旌門(충신, 의인, 열녀, 효자를 기리는 비문이 있는 시설물)을 세우는 등 법석을 떤다. 그런데 이는 순박한 사람들이 얼떨결에 또 다시 그렇게 하도록 이끌어내려는 의도라는 것이다.

앞에 인용된 '역명편'에 양주와 양포楊布의 문답이 나온다. 양포가 양주에게 사람이 태어나서 수壽요夭귀貴천賤의 차별을 겪어야만 하는 까닭을 묻자 양주는 다음과 같이 말한다.

사람이 100년을 사는 건 극히 희귀하며, 100년을 산다고 해도 해포孩抱(포대기에 쌓여 아무것도 모르는 아이 때)와 혼로昏老(늙어서 판단력이 흐려졌을 때) 때를 빼고 나면 50년이 남는다. 그나마도 밤에 잠자는 시간, 낮이라도 멍청하게 있는 시간, 중병을 앓는 시간, 일을 실패하고 절망에 허덕이는 시간, 큰 슬픔에 처해 있는 시간 등을 뺀다면 고작 10여년뿐이다. 이중에 진실로 행복할 시간은 몇 년 되지 않는다.

그러므로 이 귀한 짧은 시간을 미후美厚와 성색聲色을 위해 써야 한다. 그런데 살다보면 많을 일들이 형벌과 포상에 의해서 금지되거나 권장되고, 죽은 뒤의 명예를 위해서 일해야 한다는 명분 때문에 앞을 봐야 하고 뒤를 살펴야 한다. 왜 사람들은 스스로 고통을 끌어들이려고 하는가. 도무지 그 저의를 모르겠도다. 귀로는 좋은 소리를 듣고 싶은데 이를 막고, 코로 눈으로 입으로 몸으로 뜻으로 하고 싶은 바를 세상은 모두 막으려 하는데, 이는 인생의 기쁨을 누릴 수 있는 자유를 억압하는 폐악이다. 이 폐악을 버리고 자기의 뜻대로 하고 싶은 바를 다 한다면 이것이 바로 '순명順命'인데 이 순명 속에서 살아간다면 1일도 1월이 되고, 1년도 10년이 된다.

일찍이 서양사에 이와 유사한 시대가 있었다. 로마제국이 천하를 제패하고 근심없이 지내던 칠현제七賢帝 시대에 스토아학파 철학자이며 황제였던 마루쿠스 아우렐리우스는 그의 명상록에서 대의명분을 위해서 개인의 행복을 저버리는 어리석은 무리들을 비꼰다. 명상록은 좋은 아폴리아(단상구短想句)로 구성된 저서이니, 독자들에게 일독을 권하고 싶다.

어느날 양자는 '금자禽子(금활리禽滑釐)'와 대화를 한다. 금자가 묻기를 "선생님의 머리털 한 가닥을 뽑아 세상을 건질 수 있다면 하겠는가?" 양자는 이에 대답하지 않았다.

옆에 있던 맹손양孟孫陽(양주의 문하생)이 "당신의 말은 부자의 뜻에 미치지 못한다"라고 하면서 "그대는 손바닥의 굳은살 조금을 떼어내 곡식 백 석을 얻는다고 할 때 그걸 하겠는가?"라고 되물었다.

금자는 그 질문에 즉시 "할 수 있다"라고 답하자, 맹손양은 "당신의 손가락 하나를 끊고 이 지역의 방백方伯이 된다면?"이라고 묻는다.

금자는 말을 좀 더듬다가 "할 수 있는 일"이라고 말했다. 맹손양이 "당신의 다리 하나를 자르고 나라를 얻는다면?" 하고 묻자, 금자는 드디어 손을 들고 말았고, 바로 양자설에 머리 숙이게 되었다.

우리 몸의 작은 살점들이 모여 신체의 부위가 되고, 이 부위들이 조합해 우리 몸뚱이가 된다. 몸의 작은 부위는 하찮고 큰 부위는 소중한가? 나의 몸뚱이는 거대한 우주 무한공간이라는 여건의 구성과 무한 시간의 천재일우의 연속에서 이루어진 것이 아니던가? 왜 남의 머리털을 뽑아서 어떤 이의 안녕을 도모하려 드느냐. 각각 제 머리털을 제가 보존하면서 살아가면 될 것이지 누구의 희생을 통해서 그 누구의 행복을 도모해서는 안 된다는 것이다.

아! 너무나 합리적인 생각이 아니겠는가.

나는 이 글을 쓰면서 이 분이 너무 일찍 왔었기 때문에 많은 손해를 봤다는 생각이 든다. 오늘날은 누구도 해보지 못한 말을 해야 알아준다. 이 분이 이 시대에 왔다면, 주장하는 것에 동조하는 사람들이 꽤 있었을 텐데 너무 빨리 왔다가 간 까닭에 미친 사람 취급만 받고, 후

배인 맹자의 비판을 받지 않았나 싶다. 좀 더 늦게 이 세상에 왔었더라면 그의 입론 자체도 그 장르와 방향이 달라졌을 것이고, 세상 사람들의 호응도도 그때와는 달랐을 것이다.

三. 묵적墨翟

1.

묵자墨子는 공부자보다 대략 60여년 뒤에 태어났다. 흔히 말하는 제자백가의 한 사람으로 고유하고 독특하며, 개성있는 사상체계를 내놓았다.

서한西漢(전한前漢) 대에 가장 세력 있는 학파가 유가와 묵가였고, 유가는 여덟 개 파로, 묵가는 세 개 꽤(상리씨相里氏, 상부씨相夫氏, 등릉씨鄧陵氏)로 나뉘었다.

그런데 서한의 동중서董仲舒가 이른바 "파출백가罷黜百家 표장육경表章六經(제자백가 사상을 모두 없애버리고 오직 공자 사상만을 진흥시킴)"의 진표進表(황제에게 올리는 건의문)를 한 무제武帝한테 올린 것이다. 진시황 정도되는 독재군주인 무제가 이를 채택하게 되었고, 이로 인하여 개성 있는 백가사상은 발전하지 못한 채 소멸되고 말았다.

진표문의 주장은 백가百家들이 의논을 달리하게 된다면 백성들은 방方(신하로서의 할 바)을 달리하게 되어 갈 바를 모르게 된다는 것이다. 그래서 이후부터 양주楊朱와 묵적墨翟은 '무군무부無君無父(임금과 부모를 저버리는 일이라고 맹자가 비판했다)' 사상이라 하여 매도의 대상이 되었다.

요즘 중국에서 묵자사상 연구가 활발하여 훌륭한 저작들이 나오고 있는 것은 이 속에 미묘한 이유가 있기 때문이다. 묵가철학은 박애를 전제로 한 '애국애족'이 근간인 세계관이기 때문에 지금의 글로벌 시대에서 중화사상의 우수성과 중화민족의 정체성을 내세우기에 적합하다.

사족을 달면, 중국은 기독교를 아주 싫어한다. 아마도 서양문화의 종속성이 짙다고 봐서 그런 것 같다. 묵자학은 기독교 사상과 거의 유사하지만 '부활' 사상이 없다. 중국 입장에서는 부활을 비과학적 미신이라고 치부해버리면 그만이다.

사기에서는 그를 하남의 우현인禹縣人이라 했다. 그리고 반고班固의 한서漢書에는 송국宋國의 대부라 했다. 청대의 필원畢沅은 노양魯陽의 문군文君과 문답이 있는 것을 들어 노인魯人으로 보기도 한다. 여하간 사기史記의 '선방어善防禦 위절용爲節用'이라는 표현에서 그의 사상의 단면을 볼 수 있다.

대의명분에 목숨을 바친 행위를 어떤 경우에는 옥쇄玉碎라고 하며, 묵수墨守(묵적처럼 잘 지킨다는 뜻)라고도 한다. 즉 옥玉은 부러질지언정 휘지 않는다는 속성 때문에 나온 말이고, 후자는 저 옛날 춘추시대의 묵적이 그랬듯이 임전무퇴하면서 목숨을 초개 같이 던지는 데서 비롯된 표현이다. 반대 시각으로 본다면 작전상 후퇴도 모르는, 고집스럽고 미련스런 행위가 된다. 새로운 작전으로 훗날을 도모할 생각은 하지 않고 목숨을 버리느냐는 것이다.

왜 같은 결과를 놓고 묵수, 옥쇄로 반대되는 시각이 있느냐는 것이다. 문제는 맹자서에서 묵자를 일방적으로 매도하니 후학들이 이를 그대로 따랐다는 데 있다. 그의 참뜻을 헤아리지 못하고, 묵수라는 어휘를 오직 묵적을 염두에 두고 나쁜 뜻으로 썼다는 것이 문제다. 이천년 동안 어찌 그 내용 즉 묵자서의 철학적 교의를 제대로 비판도 한번 안해 보고 지난다는 것은 혹시 미련스러운 짓은 아닐까?

회남자淮南子(회남왕 유안劉安이 소비蘇飛, 이상李尙 등과 함께 편찬한 잡가서)의 요약훈要約訓에는, 묵자가 원래는 유자지업儒者之業을 배워 공자지술孔子之術을 받들었다고 나온다. 그러나 예가 번잡해 후장厚葬으로 재산을 남용하게 되어 백성들을 궁핍하게 만든다고 비판했다는 것이다. 문제는 은성殷盛하지만 너무 허례허식에 얽매인 주례周禮를 받드는데에 있다고 보고, 소박한 하나라의 예(하례夏禮)로 돌아갔다고 했다. 즉 주대周代 후기 주례의 난숙기가 지나 문화의 말기 현상이 여기저기 드러날 수밖에 없는 시기여서 묵가학의 개혁 의지가 필요한 때였다.

2.

묵자학은 크게 세 부분으로 나눌 수 있다. 첫째는 치국안민을 위한 사회보장을 구현하는 것이다. 즉 여러 조건들의 유기적 연관성을 튼튼하게 하여 완전한 사회복지를 실현코자 하는 것이 그의 철학이었다. 둘째는 첫째 조건을 실현시키기 위한 최우선 조건인 방어학防禦學이다. '비성문편備城門篇'이 이에 해당된다. 셋째는 묵가학 즉 묵자 후학들이 발전시킨 '묵경墨經'을 중심으로 하여, 특히 논리학 중심으로 발전한 묵자 후기학이 있다.

뛰어난 군주의 선정 덕분에 경제적으로 넉넉하며 백성들이 인권을 보장 받는 이상적인 사회를 구현시켜 태평성세를 누리다가도, 오직 싸움밖에 아는 것이 없고 인권은 생각해볼 수도 없을 뿐더러 통치자의 명령이면 무슨 짓이던지 자행하는(공부자가 말한 북방지강北方之强) 집단에 의해 국가가 참혹하게 유린될 수 있다.

그래서 방어(국방)가 가장 우선적 가치이므로 '비성문'을 첫째로 내세웠다. 여기에는 공수전攻守戰, 축성역학築城力學, 기계제작機械製作 등이 나오는데 청유清儒들은 이것을 광학光學 동력학動力學의 근본으로 해석한다. 적군의 공격을 효과적으로 막아낼 수 있는 축성기술이 벌써 이때 만들어진 것이다.

이 '축성기술편'은 글이 난해하고 필자가 토목기술에 관한 지식이 없으므로 생략하고, 묵자의 세계관(철학)으로 들어가겠다. 그의 제자인 금자禽子(활리滑釐)는 "내가 대우大禹에 대해서(알고 있는 대로) 말을 하니까 묵자께서 내 말이 맞다고 하셨다"라는 구절이 있다. 후한 때의 장잠張湛은 이를 주석하여 "우적지교禹翟之敎(우왕과 묵적)는 자기가 잘났다는 마음을 버리고, 세상 만물이 모두 균등하여 중요하고 필요한 것이라는 생각(망기이제물忘己而濟物)"이라고 합당하게 풀었다.

그래서 묵자의 학설은 첫째, 우禹의 미덕인 절검(검소한 생활)의 가르침, 둘째, 번잡한 주례周禮를 버리고 소박한 하례夏禮로 되돌아가는 일로 요약할 수 있다. 특히 유가의 후장풍속厚葬風俗(주례)에 반대하여 절장節葬과 단상短喪을 한다. 회남자서에 이들 관棺(속널), 곽槨(겉널), 수의襚衣, 식食(제수)을 쓰지 않고 죽은 처소에 바로 매장(삼월상. 이에 비해 주례는 삼년상)한다고 했다. 이같은 약례約禮 주장은 진보적인 것으로 당시로선 서민들의 궁핍을 타개하는 방법으로 가장 현실적이었다.

주례가 은성하게 고착화된 당시의 여건 하에서 이처럼 파격적인 개혁을 주장할 수 있었던 데는 그의 확고한 신념의 종교관이 있었기 때문에 가능했다. 그는 현생이 끝나면 내생이 있다고 생각을 했다. 불교의 업보에 의한 삼세 윤회관과 같이 체계적이지는 못하지만 소박한 내세관이 있었다. 흔히 동북아 사상에는 내세관이 없다든지 또는 알수 없는 세계라서 언급치 않았다는 불가지론뿐이다. 이것은 사실이다.

그런데 묵자사상은 좀 다른 점이 있다. 하대와 상(은)대에는 백성들의 심성이 소박하여 하늘을 두려워하며 서로 간에 아끼고 긍휼상조했다. 그러나 주대에 들어서면서 세상이 각박해져서 남을 이겨야만 살아 갈 수 있는 시대가 되다 보니 문물제도는 완비되었으나 옛날의 열정적 의지는 약화되었다. 종교심은 의식화되어 고착화된 예만을 따르는 현실이 되었다. 즉 마음에서 우러나오는 종교심 없어진 것이다. 더욱이 살기 어려운 현실을 극복하려는 의지는 없어지고 숙명에 빠져 있었다. 묵자는 이걸 크게 개탄했던 것이다.

그가 가장 싫어하는 대상이 숙명론이었다. 지난 장에서 언급한 양주가 숙명론으로 현실에 만족하여 주어진 여건을 즐기라는 위아론爲我論인데 비해서, 묵자는 "하늘은 스스로 돕는 자(하고자 하는 자)를 도와준다"는 신조로 무지한 민중들을 숙명론에서 건져내려고 애를 썼던 것이다. 그래서 묵자는 '천지天志(천의天意)편'에서 천신天神의 전지전능全知全能을 역설했다.

3.

그는 천지편에서 신귀神鬼를 셋으로 나누었다. 신귀라는 어휘는 현대인에게 거부감을 줄 수 있으나, 신은 양용사陽用事 즉 좋은 일을 행하는 기능면을, 귀는 음용사陰用事로 벌을 주는 측면을 말한다.

1) 천신귀天神鬼(상제上帝, 조물주), 2) 산수신귀山水神鬼(국가신, 지역신), 3) 인사이위신귀人死而爲神鬼(종족신, 조상신)가 그것이다. 이 신귀는 우리가 살고 있는 현계顯界와는 다른 유계幽界로 늘 인간의 현계에 상벌로 작용하는 역할을 한다고 보았다. 이 세 종류의 유계는 각각 작용 범위가 다르고 권능도 차이가 있다.

우리 민족은 조상숭모 감정이 두드러져 기일이나 명절에 추원보본追遠報本으로 제사를 지낸다. 요즘은 그저 자손이 된 도리로 제사를 올리지만, 과거에는 지금과는 달랐을 것이다. 만약 종족신(조상신)이 능력을 행사한다면 그 범위가 자기 후예인 '겨레붙이'에만 국한될 것이다.

천신귀(상제)는 온천하가 그의 땅이 아님이 없고(보천하막비천읍普天下莫非天邑), 만백성이 그의 신민(장유귀천천지신민長幼貴賤天之臣民)이기 때문에 그의 백성에 대하여 무소불위無所不爲(무슨 짓이든 못할 것이 없는)하며 지공무사至公無私(만 백성을 대하는데 지극히 공변되어 사사로움이 없다)한 입장이다. 그래서 사람 사람에 대하여 열 손가락 깨물어 아프지 않은 손가락이 없다는 것이다.

요즘 사람들은 남들이 많이 가는 쪽으로 가는 경향이라서 종교도 기독교나 불교가 많다. 자식의 입학시험 합격을 위해 지극정성으로 기도를 드린다. 부모의 애틋한 자식사랑의 발로겠지만 내 자식을 합격시키려면 남의 자식을 떨어뜨려야 한다. 국제간 축구경기에서 한 골을 넣으면 관중은 감격하고, 골 넣은 선수는 성호를 긋거나 무릎 꿇고 기도를 한다. 퍽이나 자연스러운 행위다.

그런데 천신 측에서 보면, 난처하기 짝이 없다. 왜냐하면 상대팀도 천생지민天生之民으로 똑같이 예쁘다. 합리적인 묵자 이론대로라면 우리 팀은 '배달倍達의 겨레'이니 국가신인 단군왕검에게 기도해야 옳을 것이다. 필자가 어렸을 적만 해도 시월 상달이면 큰 시루에 떡을 해서 지게에 지고서 읍내 나가는 고갯마루 서낭당집에서 치성致誠(가정의 안녕)을 드리고 섣달엔 동네 어른들이 개울에서 목욕재계하고 당산제堂山祭를 지냈다. 이것은 마을의 안태安泰를 위한 동신제洞神祭(지역신 숭배)였다. 이 동신제도 잘사는 큰 마을과 좀 작은 마을의 차이가 심했다.

마을이나 지역은 군이나 도라는 유개념에서 볼 땐 하위 개념인 종개념이어서 상위 개념인 유개념의 가치에 복속되지 않을 수 없다. 인간 사회의 천하관은 최고의 유개념이어서 바로 아래의 종개념은 여기에 복속된다. 상제의 가호 아래서 살고 있는 만백성은 하늘의 뜻에 벗어나지 않고 서로 도우면서 살아야 하지만 두세 집만 모이면 경쟁이 붙고 가문과 가문 간, 지역과 지역 간의 우열 귀천이 생기다 보니까 천생지심天生之心이 흐려지게 되었다.

천신은 의지신義之神이요, 애지신愛之神이다. 인간 의지의 근원인 인륜지심은 천신의 의와 애만을 본받아야 한다. 다만 인간 존재는 상제의 속성인 신령한 면이 있으면서 지토地土의 속성인 탁한 면도 있다. 이 중간에서 딜레마적 갈등에서 살아가야만 한다. 여기서 인간 존재가 천심天心을 되찾기 위해서는 상제께 나아가야 한다. 이것은 매개자인 군왕(천자)을 통해서만 가능하기 때문이다. 최고 군주인 왕王자의 조자造字 원리가 하늘과 땅을 이어주는 자형이다. 즉 'I'는 천과 지의 매개행위며 가운데의 가로 '一'은 매개자 자체를 가리키는 형상이다. 그래서 하늘의 뜻을 땅에 전한다고 해서 천자(하늘의 아들)다.

그런데 전국시대의 칠웅 국가를 원친근공책으로 하나하나 병탐한 진나라의 영정嬴政은 하느님(천제)에게나 붙이던 제帝라는 용어를 가져다가 시황제라 칭하고 전무후무한 패도를 펼쳤고 이때부터 존칭어가 남용되기 시작했다. 왕(천자)이 하늘과 땅의 매개자라는 설은, 인간이 하느님과 교통하여 구원을 얻기 위해선 법왕法王만이 매개자일 수 있다는 가톨릭의 교의와 유사한 것이다.

여하간 천제(천신)는 의와 애가 본성이어서 불의를 미워하고 사랑을 좋아한다. 또한 가장 존귀하고 가장 지혜로운 존재로서 인륜 도덕의 근원이다. 그래서 인세의 환란은 천신의 존재를 의심하는 데서 비롯되며, 상제의 존재를 부인하는 죄는 인간의 죄악 중에서 가장 큰 것이라는 교의를 세웠다.

또 인간이 세상을 살아가는 데에 본받을 대상은 천신(상제)밖에는 없다는 것이다. 혹 자기 부모를 본받는다고 할 때는 부모가 불인不仁하면 문제가 될 수 있다. 인간이 세상을 살아가면서 자행한 행위는 천신이 모두 기억하여 언젠가는 상벌을 내리니 스스로 밝히는 바가 없다. 천의를 받들어 세상에 베푸는 일을 맡은 자가 왕인데, 이를 원만히 수행하는 왕을 성군이라고 일컫는다. 이들이 바로 요, 순, 우, 탕, 문왕, 무왕, 주공으로 이분들만이 천의를 바르게 지상에 펼쳤다는 것이다.

이렇게 성왕이 선정을 베풀면 상제는 상서로운 징조로 강복하여 상을 내린다. 성군이 상제를 대신한다는 천자설은 '서경書經'에 "문왕척 강文王陟降하여(문왕은 하늘에 오르내리면서) 재제좌우在帝左右(하느님 옆에서 좌지우지했다)하니라"로 기록돼 있다. 문왕이 천명을 대행한 입명자立命 者라는 걸 입증한 것이다.

4.

이와 같이 천명을 천의의 변형이나 감소없이 그대로 세상에서 구현하려면 묵자의 중심사상인 '겸애兼愛'만이 완전한 대답이 될 수 있다는 것이다. 묵자는 겸애사상을 실익 면에서 접근하고 있다. 치국자는 환란의 원인을 잘 알아서 처리해야 하는데 그 원인은 자기의 이익을 먼저 생각하는 데 있다는 것을 알아야 한다고 주장한다.

예를 들면 자식은 자기 자신을 사랑하지만(자애自愛하나) 부모는 사랑하지 않고, 아우는 자기 자신을 사랑하지만 형을 사랑하지 않는다. 신하는 자기 자신을 사랑하지만 임금을 사랑하지 않고, 도적도 자신의 가정은 사랑하지만 세상 사람을 사랑하지 않기 때문에 겸애가 이루어지지 않는다는 것이다.

자기 이익만 생각하기 때문에 겸애가 등한시되지만 겸애의 실천이야말로 궁극적으로 최상의 이익이라는 걸 알아야 한다. 먼저 내가 타인에게 사랑을 베풀면 남도 나를 사랑하지 않을 수 없게 된다. 또 사랑에도 경중후박을 두는 것은 앞에서 말한 '자애自愛'와 함께 '별애別愛'가 된다. 이 '별(차이)'이 없는 무조건적인 사랑을 '겸애'라고 했다. 겸애가 사회에서 완전하게 구현되면, 편안히 수壽를 누릴 수 있고 부모가 국가를 수호하다가 순국해도 그 고아는 부모의 사랑과 똑같은 사랑을 받으면서 성장할 수 있다는 것이다. 이래서 인류평화의 유일한 방법은 겸애밖에 없다고 했다.

이런 주장에 대하여 맹자는 묵자를 '무군무부無君無父'의 사상이라 하여 "저들은 저희 아비와 남의 아비가 똑같이 물에 빠지면, 아마 남의 아비부터 건져낼 것"이라고 비난했다. 공부자 사상과 다른 사상 중 맹자의 입심에 견뎌낼 수 있는 제가학설은 없었다. 하지만 공맹학이 근원적 인간애에서 출발한 것이라면 양자나 묵자는 이보다 진보된 합리적 사고를 제시했다고 볼 수 있다. 특히 맹자는 묵자사상이 인류애의 이상적 착상에서 비롯하여 위기에 처한 인간성 회복을 전제한 구원사상이란 것을 간파하지 못한 것이다. 물론 실현성 면에서는 맹부자보다 뒤진다고 보아야 한다.

선각자들도 전쟁은 국가의 이익과 발전을 위해 불가피할 수 있다고 보지만, 묵자에게 전쟁은 천생지민이 천생지민을 공격하는 하는 것이므로 때문에 결과적으로 최대의 죄악이다. 그러면서도 예외를 두었다. 우禹 임금의 정삼묘征三苗, 탕湯 임금의 벌걸伐桀, 무왕武王의 벌주伐紂는 형식 논리에서 무도한 침략행위일 수 있으나 독재자는 결코 용서할 수 없다는 점에서 세 왕의 행위는 정당화된다. 이와 같은 정벌 행위를 '주誅'라고 칭했다. 그러나 패자가 공벌攻伐을 일삼으면서 자기행위를 성인의 '주誅'라고 부르는 것은 더 큰 죄악이 된다고 했다.

묵자의 음악에 대한 관점이 재미있다. 음악은 생업을 나태하게 만들고 치자들이 직책을 게을리 하게 하는 원인이 되므로 금해야 한다고 주장한다.

四. 한비자韓非子

1.

송초宋初(조송趙宋)까지만 해도 한비韓非를 한자韓子라고 불렀다. 그런데 송대의 학문이 은성해지면서 문화의 황금기인 당송대를 대표하는 학자이자 문필가로 당송 팔가의 대표격인 한퇴지韓退之(유유)가 각광을 받으며 한자韓子로 불리게 되자, 한비는 한비자가 됐다. 따지고 보면 평가절하된 것이다.

한비는 당시 학덕이 높았던 순자荀子(경卿)의 문하에서 이사李斯와 함께 동문수학했다. 이사는 뒤에 전국칠웅의 패자가 된 진의 시황제를 도와 봉건제도를 폐하고 군현제도를 확립했다. 또한 제자백가학을 금지하는 협서금율挾書禁律(책을 갖고 다닐 수 없는)의 제정과 명령에 복종치 않는 유생 460명을 함양咸陽에서 생매장시킨 인물이다. 공교롭게도 순경자의 대표적인 두 제자가 모두 냉혈적인 편집광이란 사실은 묘한 감정을 불러일으킨다. 맹자나 순자가 모두 선의지를 목표로 하는데도 앞의 분은 '양선養善'을, 뒷 분은 '교화敎化'라는 방법적 차이만이 다른데 말이다.

한비는 자기 나라인 한韓이 강국들의 틈바구니에서 외교적인 노력만으로 안민에 만족하는 나머지 부국강병지책이 없음을 개탄하며 방대한 저작을 지어 상주했으나 끝내 채용되지 않았다. 진왕秦王이 이런 정황을 듣고 그를 높이 평가해 한비를 진에 보내 달라 요구하였고 군사 행위까지 한 후에 한비를 채용하여 그의 저작을 진의 패업실현대책霸業實現對策으로 삼았다.

그러나 한비는 이사의 참소로 참형되고 만다. 처형되기 전날 밤에야 간수에게 세상사의 이치가 그러함을 깨달았다고 말했다. 진왕은 한비가 특별히 예뻐서 불러들인 것이 아니었다. 이사 쪽에서는 진나라 안에 책략가가 둘일 수 없다는 것을 잘 알고 있었다. 그래서 범인은 임종시에나 철이 든다고 한다. 토사구팽이 이때 나온 말은 아니지만 알맞은 경우이다.

사기의 한비전에는 '형명법술刑名法術'의 학을 좋아한다는 기록이 있음을 보아 백가학 중에서 법가法家라 할 수 있다. '형刑' 자로 보아 급진적이고 가혹한 형법가刑法家였음을 알 수 있다. 그의 저작에도 '신불해申不害의 언술言術', '공손앙公孫鞅의 법법' 편이 있는 것으로 보아 신불해와 공손앙의 영향을 받았음을 알 수 있다. '명名'은 언술言術로 '명가名家'라고 할 수 있고 '법法'은 '법가'로 보면 된다.

한비는 신 씨와 공손 씨의 이론을 자기 것으로 지고至高시켜 '법'과 '술'이라는 효과적인 방법을 창출해냈다. 이 두 개념은 서로 이율배반적이면서 상호의존적인 양면성이 있다. 이래서 '법'은 도적圖籍(그림으로 그린 설명서)으로 만들어 만백성이 두루 알 수 있도록 했다. '술術'은 군주만의 심술心術로서 임금이 자기의 속뜻은 감추어두고 세상에서 벌어지는 온갖 실마리와 부딪혀 풀어내야 한다.

신하를 잠어潛御(은밀히 상대를 헤아려 부림)해야 하므로, '법은 현현顯現(드러남)할수록 좋고, 술術은 꼭꼭 숨길수록 좋다'라는 공식이 만들어졌다. 이 두 개념은 한 쪽으로 기울어져도 안 되고 서로 침범해도 절대로 안 된다는 것이다. 그래서 법은 백성의 의무 사항이고, 술은 이 백성을 효과적으로 부리는 노하우인 것이다.

법과 술 어떤 한쪽만으로 치국하기 어렵고, 이 둘이 갖추어져야만 완전한 치국이 가능하다는 것이다. 그래서 그 어느 한쪽만을 강조한 관자管子, 신불해申不害, 상앙商鞅의 설을 비난했다. 신불해는 신하가 직분을 수행하되 자기가 수행하는 업무의 가치는 알 필요도 없고 직분 이외 것도 절대 알아서도 안 된다고 했다. 한비는 이 설에 대해서 이런 상황에선 군주가 천하사를 알 수가 없게 된다고 비판했다. 또 상앙 설처럼 전승戰勝 제일주의로 적의 수급의 숫자로 국가의 직책을 부여한다는 것은 국가 와해를 재촉하게 된다는 것이다. 신하를 쓰는 일은 능력을 헤아려 적재를 적소에 앉혀야 한다는 것이다.

2.

그는 선배 치국 경영가들과는 차별화된, 한 차원 높은 이론을 제시했다. 군주야말로 만백성의 속마음과 행동을 빠짐없이 헤아려야 하는데, 오직 허정지심虛靜之心만이 백성의 실정과 동정의 옳고 그름을 왜곡 없이 파악할 수 있다고 말했다. 마음을 비워 놓으면 대상이 거울에 비치듯이 상대를 헤아릴 수 있다는 것이다. 이 이치를 개념화한 것이 '형명참동形名參同'이다. 말(실천 계획)이 있으면 명(결과물)이 있어야 하고 군주는 이를 은밀히 헤아려 명과 실의 일치와 불일치를 보아 상벌을 가해야 한다.

상벌 과다의 기준은 군주의 은밀한 속마음으로 결정되는 것이다. 신하나 백성은 그 속내를 결코 읽어낼 수 없도록 해야 하는데, 이를 '術術(칠술七術)'이라고 한다. 그런데 여기에 문제가 생긴다. 임금이 아무리 속내를 드러내지 않으려고 해도 숫자도 많고 자기보다 능력이 뛰어난 백성도 있을 수 있는데 어떻게 은밀히 부림(잠어潛御)을 할 수 있느냐. 군주의 지智와 용勇과 현賢은 한계가 있기 때문에 신하와 그것을 겨루어서는 승산이 없다. 그래서 군주는 지, 용, 현이 출중한 이들을 간택하여 이들로 하여금 그들의 능력을 다하게 하다면 군주의 능력은 고갈되지 않는다는 것이다. 따라서 공은 임금의 통치능력이며, 과실은 일을 맡은 신하의 몫일 수밖에 없다. 그래서 상은 때맞춰 내리는 시우時雨 같이 주고 벌은 뇌성벽력 같이 시행하는 것이 강군순민彊君順民의 요체라고 보았다.

그런데 이런 상태가 완전할지라도 시간이 흐르고 군주를 보좌하는 측근들과 가까워지고 또 측근들끼리 서로 친소가 생겨나면 국가 존립을 어렵게 하는 문제가 생기게 되는데 이를 '오옹五壅'이라 했다.

1) 신하가 똑똑해서 임금의 총명을 가리게 되는 일.

2) 신하가 재리財利를 좌지우지하는 제어권을 쥐는 일.

3) 신하가 명령을 하달하는 일.

4) 신하가 의로운 행위를 직접 하는 일.

5) 신하가 자기 뜻에 맞는 인재를 등용시키는 일 등이다. 이 오옹은 국가 구성을 무너뜨리는 원인이 된다는 것이다.

또 이것에 결코 뒤지지 않는 다섯 부류의 인간이 있다.

1) 옛날이 좋았다는 상고자尙古者.

2) 무슨 일이든 진위를 따지려드는 학자.

3) 불의가 자행되면 목숨을 던져두고 덤벼드는 유협遊俠(서부영화 '돌아온 장고'의 주인공 같은).

4) 임금의 안전을 책임지는 근어近御(독재자는 필히 측근에 살해됨).

5) 오직 이익만을 위해서 움직이고 손재주만 부려 편케 먹고 사는 상공인 등이다. 이들 또한 왕권을 일사불란하게 수행하는 데에 장애가 되는 좀벌레로 '오두五蠹'라 하여 없애야 한다고 주장했다.

이처럼 국가를 꽉 막히게 하는 오옹과 오두는 국가구성의 외형적 독소 조항이지만 이것만 단순히 없앤다고 나라가 원활하게 잘 돌아가지 않는다고 말했다. 여기엔 반드시 자극제가 때맞추어 내리는 비같이 가

해져야 한다는 것이다. 이것은 오직 군주 속마음으로만 은밀히 해야
하는 것으로, 그 낌새를 그 누구도 눈치를 채면 안 된다.

여기에 일곱 가지 술책이 있다.

1) 중단참관衆端參觀 : 하나하나 잘한 일과 잘못한 일을 두루두루 캐
물은 뒤 잘한 일을 더 길게 질문하여 질문 받는 자가 우쭐해 스스로의
판단을 흐리게 만든다.

2) 필벌명위必罰明威 : 경죄여서 용서되겠지 하는 예측과 전혀 다르
게 상상 외의 엄벌을 주어 신하의 노력을 배가시킨다.

3) 신상진능信賞盡能 : 하잘것없는 일까지도 상을 주어 능력 한계점
이상의 업적을 달성시킨다. 근래 공산권에서 자행되는 것처럼 책임량
몇 백%를 달성한 노동영웅 등의 구호로 노동력을 착취한다.

4) 일청책하一聽責下 : 아무 일도 아닌 것 같은 사소한 일을 며칠을
두고 꼬치꼬치 묻고 또 묻기를 반복하여 이 정도면 완전하겠지 하는
생각보다는 오히려 더 심문을 받고자하는 심리상태가 되도록 만든다.
그래서 신하는 심문자의 의도대로 내 잘못보다 큰 관용을 받았다는 식
으로 의식화가 된다. 첩보사찰에서도 잠 안 재우고 반복 질문이나 돌
출 질문, 엉뚱한 질문으로 진실을 캐낸다고 한다.

5) 의조궤사疑詔詭使 : 뻔한 사실을 뒤집어 말하고 아무 관련 없는 일
을 시켜 통치자의 의중을 은폐시키고 평민으론 도저히 판단치 못할 경
지로 부하 통솔자를 왜곡 인식시켜 판단력을 마비시킨다. 과거 소비
에트의 스탈린도 이렇게 했다고 한다. 그는 춘화 수집광으로 정평이
나 있었지만, 사실은 심복 부하를 살해하는 취미를 은폐하기 위한 행
동이었다고 한다. 예를 들면 적군을 섬멸하고 의기양양 들어오는 개
선장군을 적과 내통했다고 하여 끌어내려 조작된 사실의 전말서를 만
중에게 낭독하게 하고 전광석화로 참수한다. 그렇게 해서 휘하 부하

장졸들로 하여금 '우리 도원수가 이럴 수가 있나?' 하고 분노케 만든다는 것이다.

6) 협지이문挾知而問 : 이미 다 알고 있는 사실에 대해 반복 질문을 하면서 거기서 안 알려진 정보를 얻는다.

7) 도언반사倒言反事 : 말을 뒤집고 일을 거꾸로 처리하는 것인데 죽일 사람에게 상주고 칭찬받을 사람을 꾸짖는다. 이때 소심한 보통사람은 처신하기가 죽기보다 힘들다. 그런데 이런 상황에서 태연자약하게 이런 짓을 시키는 집권자에게 입속에 든 혀같이 협력하는 자가 있게 마련이다. 독재자는 이런 번견番犬 같은, 즉 "도척盜跖의 개는 공자 보고 짖는다"라는 그런 인간이 필요하다. 이런 정치 치하에선 이런 짓이 정의가 되고 숨 쉬는 일까지 은혜로 여기게 되는 것이다. 문제는 한비자의 정치철학에서는 통치가 백성과 신하를 악의 대상으로 본다는 데 있다. 따라서 이들을 다스리는 방법도 간교와 악랄의 극치를 달린다. 그러나 한비의 정책은 진나라의 시황제에 의해 채택되어 현실화되었고, 이런 짓거리가 현대에도 자행된다는 것이다.

五. 노자老子

1.

노자老子에서는 인물전보다 노자서의 서책 성립을 먼저 기술하고자 한다. 서책 '노자老子'는 상하 2권, 81장(5천여 자)으로 타 경전보다는 길지 않은 편이다. 대부분(특히 전반부)이 운문 형식을 띠고 있어서 암송하기 편리하게 돼 있다.

또한 지명이나 인명 등의 고유명사가 하나도 없다. 이 점은 인물, 시대, 지방의 특색을 초월한, 보편적인 문장인 격언格言이나 잠언箴言, 금언金言 같은 성격을 띠었다는 것을 말해준다. 노자서는 이런 초시대적 보편성과 함께 낭송자에게 리듬감을 주어 세상에 유포되기 쉽도록 했다. 이 점 때문에, 노자서는 어느 특정 시기에 저작된 것도, 특정인에 의해 저작된 것도 아니라는 평가를 받게 되었다. 즉 오랜 세월을 두고 갈고 닦아져 널리 퍼져나갔다는 것이다. 노자서 속의 구절과 유사한 격언구가 다른 서책, 전국戰國에서 진초秦初에 만들어진 여씨춘추呂氏春秋에도 기재되어 전해오는 점이 이를 뒷받침해 준다. 결국 특정인의 저작이 아니라는 것이다.

1971년 무렵 호남성 장사의 마왕퇴馬王堆(큰 무덤이란 뜻)에서 비단에 필사한 두루마리 도덕경道德經(노자서)이 두 벌이 출토됐는데 이것이 백서본帛書本 도덕경이다. 하나를 갑본甲本, 다른 하나를 을본乙本이라고 했는데, 그 형성시기가 갑본은 한고조漢高祖 유방劉邦이 패자가 되기 직전에, 을본은 패자가 된 후에 제작된 것으로 보인다. 즉 갑본에는 '방邦'자로, 을본에는 '방邦'자가 아니라 '국國'자로 기재돼 있다. '방邦'자가 인명자인데도 이를 높여서 '국國'자로 표현한 것으로 볼 때 을본이 시기적으로 몇 년 뒤(패자가 된 후)에 써졌던 것으로 보인다. 노자서의 현행본이 성립된 데는 서한 유향劉向의 교수校讐와 진晉 갈홍葛洪의 정리, 특히 위魏의 왕필王弼 등의 업적이 크다.

공맹사상이 국가사회에서 인륜의 책임 문제에 관심을 집중한 데에 비해 노장老莊(또는 장노莊老)사상은 꾸미지 않은 대자연을 인간의 진실된 본모습이라고 보고, 그것을 그대로 따르는(본받는) 마음, 즉 도道를 강조한다. 그리고 이런 생각을 갖는 이들을 도가道家라고 한다. 반면 도교道敎는 중세기 위진남북조 시대에 노자서를 견강부회해 장생불사, 기복祈福, 축재蓄財 등을 목적으로 만들어진 미신적인 중국 토착 종교이다.

유가가 참여적參與的인데 비해 도가는 비참여적이며 오히려 국가체제로부터 도피적 성격을 띤다. 노자서에 나타난 소위 '도道'에 가장 가까운 자연물은 무엇인가?

1) 물(수水), 2) 골짜기(계곡溪谷), 3) 수명을 다하여 죽은 나무토막 즉 박樸, 4) 젖먹이 아이(낯가리기 전의 영아嬰兒), 5) 사람으로는 계집(여성), 짐승으로는 암컷(자빈雌牝), 6) 사람 중에 이해득실을 잘 판단치 못하는 소위 바보 등이다. 그 많은 대자연 중에서 이 몇 가지 빼고는 도를 대신할 만한 것은 그리 많지 않다고 본다. 앞에 열거한 것들은 차서번호가 커지면 도에 조금씩 멀어진 자연물의 등급표가 되는 것이다.

2.

그러면 왜 '물(수)'이 도인가? 물은 자기의지가 없어서 어떠한 여건이라도 그곳에 자기를 내맡긴다(투여함). 그래서 뭇것들이 모두 싫어하는 낮은 데로만 흐른다. 주변의 더러운 곳, 깨끗한 곳을 안 가린다. 이래서 경문經文에 '상선약수上善若水'라고 하였다. 가장 잘하는 것은, 물과 같이 하는 것이라는 뜻이다.

그러면 '곡谷(골짜기)'은 왜 도道에 가까운가? 경문에 '곡신불사谷神不死'라 했다. 앞의 모인某人은 이를 풀기를 "골짜기의 귀신은 ……어쩌구?" 했다. 본래 노자서는 귀신을 믿지 않는다. 이런 어휘는 등장하지만, 세인이 흔히 쓰는 말이라서 사용한 것일 뿐이지 이것을 호오하든가 신봉해서가 아니다. 말이 났으니 말이지 어떤 학자는 주역경이 왕보사王輔嗣 때문에 도가화돼 버렸다고 말하기도 하지만 관管, 강姜, 공孔, 묵墨, 맹孟, 장莊, 소蘇, 장張, 손孫 등의 전공가들이 보편적 세계관의 한쪽만 뽑아서 강조하다 보니 각각의 별가別家가 생긴 것이다. 고격古格의 원 경전은 이런 여러 다양한 세계관이 두루 뒤섞여 있었다고 보아야 한다.

곡谷에는 무슨 의미가 들어있나? 이 골짜기로는 온갖 것들이 몰려든다. 물이 아래로 내리는 길이 골짜기요, 흙이 무너져도 나뭇잎 등이 제자리를 잃어도 모두 이곳으로 몰려든다. 바로 귀의처가 되는 것이다. 따라서 '곡신불사'의 신은 귀신이 아니고 '마음', '정신', '뜻(참뜻)'으로 생각하면 맞다. 그러니까 "마음을 굽혀 아래로 처하고자(겸손) 하면 영원히 죽지 않는다"가 바른 해석이다. 적이 없는데 누구에게 해를 당하겠는가?

다음은 '박樸'이다. 이 박은 인간의 발길이 못 미친 처녀림(원시림보다 격이 높은) 속에서 아무도 그 존재를 인식해주지 않은 상태에서 수백 년 또는 수천 년을 꿋꿋이 살아가던 거대노수巨大老樹가 수명을 다하고 죽은(사람으로 치면 고종명考終命한) 나무둥치를 말한다. 수천 년을 의연히 살아가는데 아무도 봐주지 않고(요새는 천연기념물 몇 호로 정해놓고 법석들을 떨지만) 좋다는 칭찬 한번 들어본 적도 없이(만일 칭찬을 들었다면 나무는 쓰기 위해 베어졌던지 약 좋아하는 한국 사람들에게 약으로 쓴다고 다 뜯겨 나갔을 것임) 그대로 수명을 다한 노거수의 〈박〉이야말로 나무 중의 군자가 아니겠는가. 공자도 "세상이 나를 알아주지 않아도 성을 내지 않는다면 군자가 아니겠는가"라고 했다. 세상에서 이렇게 살아간 군자는 비속하기만 한 세상을 말없이 교화시킨 빛과 소금의 역할을 다하고 떠난 무명씨이며 바로 박(나무토막)이다.

'영아(갓난 아이)'는 왜 도 그 자체인가. 아이가 백일 정도 지나게 되면 엄마를 알아보게 되는데, 그때가 되기 전, 즉 눈으로 사물을 식별하고 엄마를 알아보기 이전의 영아의 영靈이 바로 도라는 것이다. 이 시기의 아이에게는 영특한 힘이 있어서 육식맹수가 아이를 물어간다고 해도 먹지 않고 젖을 먹여 키운다는 것이다. 이탈리아의 예처럼 이와 같은 건국신화가 많다. 또 이 시기에 아이의 쥐는 힘(악력)이 대단해서 무엇이든지 쥐기만 하면 자기생명을 지킬 수 있어서 "확조獲鳥(사나운 맹금)도 채가지 못하며", "배가 고파 온종일 울어도 목이 쉬지 않는다"라는 점에서 볼 수 있듯이 아이에게는 원초적 근원 기력이 내재돼 있다는 것이다.

도의 현현적顯現的인 모습인 젖먹이 영아는 힘(기력)의 근원처이기 때문에 이 세상의 어떤 힘도 이를 능가할 수 없다는 것이다.

여러 해 전에 TV에서 중국영화를 본 적이 있는데, 무술의 달통지존인 사부 밑에서 많은 수련생들이 피 말리는 경쟁 속에서 연수를 해가는 상황을 설정해 놓았다. 이렇게 여러 학생이 겨루는 이유는 스승으로부터 적통제자로 낙점 받아 비장도술(무술)을 이어받기 위해서이다. 대개 이런 여건 아래선 뛰어난 수제자가 있으며, 이 수제자 중심으로 수도해 가지만 야심을 품은 제자가 있게 마련이다.

이 영화에서는 얕은 재주가 많고 음흉한 한 제자가 사부께서 임종시에 전해줄 비서를 몰래 훔쳐낸 뒤 적당한 이유를 들어 출문했고 은밀히 홀로 비서의 오의를 터득하여 강호무림계를 제패하려 마음먹는다. 야심무쌍한 주인공은 무술서의 비결을 깨쳐내고 만다. 그의 연무는 발전하여 '유약柔弱이 강고强固를 이기는' 원리에 의하여 육신이 명주 천같이 보드랍게 변하고 무예실력은 누구도 필적할 자가 없을 정도가 된다. 물론 정의는 생명존중 쪽의 손을 들어주게 돼있기 때문에 적파제자들은 화합과 협력으로 그에게 대항한다.

그런데 이 야망가의 무술 내공은 대단해서 드디어는 신체가 부드럽다 못해 여성으로 성전환을 하게 된다. 그리고 무리 중에서 변변치 못한 이를 골라 잠자리에 들어 성교열반을 경험하여 완전한 여성이 되었음을 확인한다. 도술은 천하무적으로 산은 바다로, 바다는 산으로 바꿔버리는 파괴적 개벽 속에서도 정의파들에게 지고 만다.

이런 와중에 강보에 쌓인 아이가 무너진 바위틈에서 울고 있었다. 이 난데없는 아이는 누구인가. 바로 악한 주인공이 도서를 너무 지나치게 열심히 읽은 탓에 전환 여성에서, 다시 변환 영아가 된 것이다.

스승은 살신성인하고 수제자였던 정의로운 주인공은 이 아이를 품에 안고 장가도 안가고 자식을 얻어 기뻐하는 모습이 얘기의 끝이다. 영화 시나리오 작가는 노자서를 비롯해서 도가서 전반에 대한 완전한 이해와 해박한 지식의 소유자였다. 그래서 도통의 극치가 영아임을 알게 해주었고, 여기까지 이야기 전개에 극적인 전환을 효과 있게 설정한 것이다.

그러면 왜 인류에선 '여성', 동물계에선 '빈牝(젖먹이 동물의 암컷)' 또는 '자雌(날짐승의 암컷)'가 도에 근접한 것으로 볼까? 그것은 유연함과 나약함 때문이다. 이 지구에서 생명체가 살아가기 시작한 다음부터 약육강식이 시작되었고, 이는 식물보다는 동물이, 특히 고등동물이 더 심하며 인류라는 동물에 이르러 극에 달했다. 약하고 작은 것은 강하고 큰놈의 먹이가 된 것이다.

이런 자연현상을 그냥 그런 현상으로 보지 않고 가엾고 슬픈 마음으로 봐주고 건져준 분들이 군자, 선각자, 성인, 각자, 구세주, 도통인들이다. 맞기만 하고 빼앗기기만 하고 궂은일만 하고 먹히기만 하고 함부로 짓밟혀 인권이 유린되는 그렇게도 가녀린 이들을 위로해 주는 사람들이다. 착하고, 어질고, 마땅하고, 거룩하다는 점들이 응축된 대상으로 출산의 고통을 홀로 짊어진 쪽이 인간에선 여성이요, 동물에선 빈자牝雌(암놈)다. 또한 엄마의 자애로 생명을 이어가며 커나갈 수 있는 것이 동물에선 새끼요, 인간에선 아이다. 어린 것들이야말로 진정으로 잘 보살펴야만 하는 가녀린 대상이다.

참혹한 전쟁의 소용돌이 속에 인간이란 동물들이 환장(이성을 잃고 인본을 저버린 상태)해버리는 날에 제일 먼저 희생되는 대상이 이들이다. 그래서 도가서에서는 불쌍한 이들을 연민하는 마음으로 어루만져야만 했던 것이다.

혹간의 해석 중 '곡신谷神'의 여성 생식기설은 좀 과장된 것으로 보아야 한다. 여성의 음부에서 생명체가 출산되기는 하나 남성의 정자가 우선한다. 그래서 그 모습만은 '곡谷'과 비슷하나 생명근원처설로는 설득력이 모자란다. 그러나 생명의 잉태처(텃밭)로서 정자와 난자의 병립적 가치설이 합당할 것이다.

노자서는 이토록 가녀린 영아의 생명력을 지고시켜 오히려 원초적 근원기력이라 하여 결코 끊어지지 않는 생명의 원천력으로 정립했다. 생명존중사상의 정곡만을 취한 것이어서 그 어떤 설보다 현실성 있고, 핵심 정수를 취한 교의라고 보지 않을 수 없다. 몇몇 대표적 생명존중 종교교의와 비교할 때 현학적인 장광설에 대하여 노자서 쪽이 소박한 듯 하나 오히려 가장 현실성이 있다. 교조주의적이고 독선적인 교의와 비교해 볼 때, 노자서는 그저 변죽만 울리고 마는 듯한 정도여서 어설프기 짝이 없어 보이고, 비유적인 표현 정도의 서술뿐이다. 그러나 말을 극도로 아껴 함축된 오의를 담고 있다는 점에서 동서를 통틀어 이를 능가할 경전은 없을 것이다.

불교가 중국에 들어와 거부감 없이 토착화할 수 있었던 것도 오히려 격이 높았던 노장사상이 있었기 때문이었고 본고장보다 중국에서 대승불교가 꽃을 피운 것도 이 때문이다. 그렇지 못한 다른 지역에서는 모두 소승불교가 자리 잡았다. 중국에선 불교가 토착화하는 과정에서 먼저 노장철학으로 그 교의를 설명했다. 이를 격의불교格意佛敎라고 하는데, 중국에서 불교문화가 꽃피게 되는 데에 일등공신 노릇을 했다. 그러면서도 그 자신은 조금도 변한 것도 없고 이 공로 때문에 무슨 기림을 받은 바도 없었다. 그때나 지금이나 그저 '상선은 약수'다.

노자서에서는 과장도 없고 공상도 없다. 증명할 길도 없는 미혹의 경지를 말하지 않는다. 요즘의 관점으로 소극적, 도피적이라고 평가하기도 하나 그런 평가는 문명이란 것을 긍정적으로 본다는 전제에서 나온 것이다. 도덕국가의 건설을 목표한 '문질文質이 빈빈彬彬'한 문화 지향을 이상으로 삼는 공맹학에 비해 노장학은 이 문명발전으로 인하여 사람의 본성이 뒤틀리고 욕심만 커졌고 경쟁 대상인 이웃을 미워하고 시기하고 표리부동한 짓을 하게 된다고 본다. 그래서 순박하고 가녀린 참된 심성을 가진 사람은 멍청이와 바보로 밀려 자연도태되는 지경을 만들었다고 본다.

사람 중에는 어떤 상황에 적합한 처신과 행위를 못한다든지 동작이 좀 굼뜨다든지 하는 이가 있다. 군대에서 이런 이들을 고문관이라 하여 사람 대접을 하지 않는다. 이들은 심성이 너무 착하든지 판단력이 빠르지 못한 탓에 온당한 대접도 못 받고 때론 학대도 많이 받는다. 그런데 노자서에도 이런 사람이 등장한다. 오늘날과 같이 물질가치 취득의 무한경쟁 시대에 이런 사람을 얼간이, 바보, 칠득이 등으로 비하하는 많은 비속 은유어가 있다.

3.

6.25 전쟁 후 1950년대 후기부터 1960, 70년대까지 지식계에 유행되던 사조가 실존주의 철학사상이었다. 이때는 키에르케고르나 사르트르, 또는 카뮈 등의 에세이를 읽고 토론하여 좀 더 많은 지식을 동원할 줄 알아야만 목에 힘을 주던 시대였다. 무슨 자격증 몇 개, 토플 몇 점을 따지는 이 시대와 비교하면 낭만이 넘치는 열정기였다고나 할까.

그런데 사계斯界의 전문학자 중 몇 분이 글을 통해 실존주의가 노자사상과 유사성이 많다고 말하면서도 구체적인 언급은 없었다. 또 독일에서 저 유명한 하이데거 밑에서 학위를 받고 각광을 받으며 귀국한 모 교수가 귀국 학술발표회에서 실존철학을 발표했는데 뒤에 알았지만 이 분의 학위가 노자서를 내용으로 했다고 했다. 이쪽 지식을 좀 더 많이 알고자 발표된 논문들을 애써 읽어봐도 그 당시로는 노자사상의 어떤 면이 그러한 것인가를 명확히 알 수가 없었다.

그럼 노자를 말할 때 흔히 쓰는 무위자연이란 무슨 말인가. 이건 편지봉투에 주소지를 '남대문 입납'이라고 쓴다는 속담과 꼭 같은 꼴이다. 왜 이 점을 구체적으로 말하지 않았는지 지금까지도 모른다. 저 유명한 큰스님의 선문답은 막연 모호해야 맛이 있지만 학술은 명확치 않으면 가치가 없다.

시간이 흘러 공부를 좀 하고 보니, 노자서의 제20장에서 실존주의 철학과의 관련성을 볼 수 있었다. 실존주의 문학에 묘사된 인물형의 전형이 바로 이곳에 있는 것을 알았다. 실존철학에서는 실존Existenz을 불안, 절망, 고독의 자각 존재로 본다. 즉 세기말적인 고향 상실의 고뇌를 짊어지고 태어난, 소위 내던져진 존재(내가 사는 이 세상은 내 의지로 선택한 것이 아니기 때문에)라고 인식하고, 인간은 이 속에서 늘 무언가 간절히 바라는(갈망) 현존재Dasein라는 것이다. 실존주의 문학작품의 주인공은 일상성 속에서 기계같이 경제적 틀 속에서 살아가는 무자각인이다. 속된 말로 머저리, 춘풍샌님이다. 그러나 바로 이들이 일을 낸다. 이들이 이른바 20세기의 새로운 인간형의 전형이어서 이런 인간형이 등장하는 작품들이 노벨상을 타곤 했다.

노자서 제20장 첫 구절에 작중 화자의 결론적인 말, 실은 후대 해석가가 임의로 평가한 결론이 등장하는데, 공부하는 사람들이 이런 말에 현혹되면 본래의 뜻을 파악하는데 지장을 받을 수 있다. 주역에도 이런 단구가 많이 있은데, 동서의 모든 경전 해석 연구사에서는 이것이 제일 큰 문제거리이다. 서양에선 먼저 이런 것을 정리했으나 오늘에 와서는 이를 또 다른 원형의 손괴損壞로 보기도 한다.

제20장에서 '절학무우絶學無憂'가 그것인데 이 구절은 우선 보류해놓고 본문을 풀면 해석이 쉽다. 이 글 속의 주인공(화자)은 "응(유唯)"하고 응낙하는 말과 "아니(아阿. 부否. 척가斥訶)"하고 거부하는 말의 차이는 어느 정도인가, 선과 악의 차이는 얼마인가 하고 외치다가 "사람들이 다 두려워하니 나도 두려워하지 않을 수 없다"라고 하면서 풀이 죽는다. 이 작중 화자가 똑똑해서 세상 돌아가는 현실의 시비를 판단해서 그러는 것이 아니다. 자기가 보기에는 모든 것이 다 '그것이 그것'인 것이다.

그럼 그는 왜 두려워하는가? 똑똑한 현대인이 볼 때는 등신 같은 친구다. 주인공은 옳고 그른 것도 없는 것 같다고 생각하다가도, 누구에게 혼날까 봐 이내 주눅이 든다. 주변 것들이 무섭기만 하다. 제20장 속으로 들어가 보자.

《"황혜荒兮여! 기미앙재其未央哉!로다(아! 막막하구나! 옛날부터 이렇게 이어온 풍속은 언제 그칠 것인가?)" 하고 탄식만 할 뿐 입 밖으론 아무 소리도 나오진 않았다. 그저 두려울 뿐이다. 때는 춘삼월 꽃피는 호시절이 되었고 나라 전체가 동원되는 태뢰향사太牢享祀(사직제社稷祭, 제왕제사帝王祭祀 등)에 온 나라가 축제 속에 빠져들었다. 등대登台놀이(봄 동산에 올라 상춘 조망하는 행사)로 모두들 들떠있는 분위기인데도 주인공은 이리 밀리고 저리 떠밀리며 먹을 것도 제대로 못 먹는다.

그는 사람들이 왜 이토록 즐거워하는지 알지 못한다. 이 모습이 마치 아무 낌새도 모르는 젖먹이 같다고 기록했다. 남들을 따라서 영문도 모르고 산등성이까지 올라오긴 했으나 왜 올라 왔나 싶다. 봄 햇살 아래서 나른했다. 사람들 틈에서 피곤함을 느꼈다. 그런데 저 사람들은 어인 일로 저토록 시시덕거릴까? 그러나 이들과는 함께 어울릴 줄을 모른다. 아! 따분하고 자기가 있을 곳은 아무데도 없을 것 같았다. 아무래도 자기는 홀로 내버려진 것이라고 느낀다.

아! 왜 이렇게 답답할까! 아, 저들은 저렇게 할 일을 열심히 하는데 자기만이 홀로 멍청하구나 하는 생각이 들었다. 저들은 스스로를 다잡아 저렇도록 자기에게 엄격한데 자신은 왜 이다지도 몸과 마음이 풀어져 스스로 아무 것도 할 줄을 모를까? 미리 미리 일어날 일을 예상하고 일을 하는데 자기는 왜 아무 생각도 없이 게으르기만 할까.

아! 아득하기가 큰 바다만 같고, 불안한 마음이 소용돌이치는 것이 어쩐지 끝내 그치지 않을 돌개바람일 것만 같을까? 아! 저들은 저토록 모두 알뜰히도 쓰임이 다 있는데 왜 나만은 이렇게 못났고 쓰임새가 없을까? 이토록 사람들이 눈이 번쩍번쩍하면서 제 일을 잘들 해내고, 해낸 일은 효과를 내고 칭찬을 받고 승리를 만끽하고 여유를 즐기는데 주인공은 이토록 지향할 바를 모를까? 이러니 "귀식모貴食母나 하리라".》

이렇게 제20장의 이야기가 끝난다. 모든 생명체는 안 먹으면 못산다. 그래서 식모食母는 도모道母로 참으로 허식과 꾸밈없는 도의 경지겠지만 세상 사람들은 이를 비웃기만 한다. 그런데 도를 비웃는 이들을 보면 잘생기고 똑똑하고 깨끗해서 어쩐지 하늘에서 내려온 것만 같아 보여서 자괴할 수밖에 없었다. 그러니 자신은 그들과는 도저히 어울릴 수가 없는 존재이며, 이방인일 수밖에 없다고 생각한다.

그리고 저들은 왕성하게 종족번성을 해 나가 세상을 뒤덮을 것이나 '귀식모족貴食母族'은 점점 줄어들 터인데 이런 판에 '귀식모'나 하겠다고 한다면 많은 사람들은 "그래, 너나 잘 먹고 잘 살아라" 하고 비웃을 것이다. 다른 장에서 세인이 이렇게 비웃지 않는다면 도가 아니라고 언급하기도 했다. 그래서 '귀식모'하는 자는 배(복腹)를 만족하는데 그치고 눈(안眼)의 사치는 싫어한다. 그러니 오늘의 국가 간 문명증진으로 민중들의 향락과 욕구를 증진시킨다는 생각은 눈을 씻고 봐도 없을 것이다.

노장사상을 무정부주의(아나키즘)로 알고 있는 사람이 많지만 그것은 오해일 뿐이다. '소국과민주의小國寡民主義' 즉, "아주 작은 규모에 적은 구성원의 국민으로 이루어진 나라"가 합당한 표현이다. 마치 우리의 1930, 40년대의 시골마을을 생각하면 된다. 시골의 살기 좋은 동네는 대체로 크면 5~6백 가구, 중간 정도면 2~3백 가구로 마을 한가운데에 대개 큰 우물이 있다. 이 우물은 대개 그 고유한 이름이 있다.

한낮 정오 때면 우물물의 용출 수량이 많아져 어른 허리 정도 되는 우물 난간벽을 철철 넘쳐흐른다. 이 샘물 바로 아래는 두서너 마지기 미나리꽝(밭)의 수렁논이 있고 그 다음은 한 섬지기 고래실논이 이어지는데, 그야말로 '흉년 밥그릇'이라는 신축년(시대 불명) 가뭄'에도 끄떡없었다는 문전옥답이 있다.

이런 시골 마을만한 규모가 노자서에서 말한 국가다. 원시국가론을 다룬 제80장에서 '이상국가'는 새벽에 닭 우는 소리가 가물가물 들릴 정도면 된다고 했다. 오늘의 환경에서 추산하면 시골에서 이슬비 내리는 여름철 새벽이라야 20여리 정도(저기압)겠지만, 경부선 철도가 부설되기 전인 1910년대만 해도 천안의 솥공장에서 새벽에 5~6명이 풀무질하며 부르던 노래 소리(노동요)가 35리나 떨어진 온양까지 들렸다고 한다. 소음공해로 뒤덮인 오늘의 상황에선 상상하기 힘들다.

그래서 2천 년 전의 평지 지형을 감안하면 제80장에서 제시한 거리는 대략 1000리로 잡아야 한다. 왜냐하면 이와 같은 국가들 간에는 서로 서로 통래하는 것을 금기로 하고 있기 때문이다. 서로 왕래를 하게 되면 나라와 나라들 사이에 비교가 생겨서 안 된다는 것이다. 예를 들어 이 나라에는 절구질을 해서 밥을 먹는데 저 나라는 디딜방아를 이용한다면 부러워하게 될 것이고 또 어떤 나라가 물레방아를 이용한다면 이것은 더더욱 문제가 생기게 된다.

이런 비교 관념은 문명 여명의 시발점이 되기 때문이다. 동독이 무너질 때가 그렇지 않았나? 집안의 숟가락 열 개의 숫자가 긴가민가할 정도가 알맞은 셈속으로 보았다. 그래서 탈것(주舟, 거車, 여輿)을 쓰지 않고 갑병甲兵(무장군대)으로 채진寨陣(방어 진지)하지도 않는다. 그야말로 완전한 느림의 미덕가치 속에서, 오롯한 평화주의 속에서 시간이 흘러도 변화됨이 없이 삶을 영위하겠다는 것이다.

노자서에서는 오늘날과 같은 고도의 문명발전 사회는 바람직한 것이 못되는 것으로 본다. 그것은 경쟁에 의한 약육강식의 역사적 사이클에 의해서 그 대상을 먹어치워야만 살아남을 수 있기 때문이다. 마음껏 게으르고 완전히 풀어진 상태를 이상적인 생활로 보는, 세상사를 초월하는 도인들은 오늘날 사회에선 굶어 죽기에 딱 알맞다. 세상이 영악스러운 사람이나 살아가기에 적합한 곳으로 진화된 것이다.

4.

그러면 노자나 장자의 마음속의 그 중심처가 무엇인가? 불성과 같은 것인가? 절대자인가? 아마도 오늘날의 가장 일반화된 종교들과 같이 절대 불변하는 대상을 추구하고 그것에 의탁하는 것은 아니었을 것이다. 그래서 이런 기존관념에서 보면 이해가 안 되는 수도 있다. 도는 "무위無爲(그 무엇을 하고자 함이 없음)이면서 무불위無不爲(하지 않으려는 마음도 없다)"라고 한다.

그러면 불교의 무념무상無念無想인가. 그것도 아니다. 그저 자연과 같이 살아가는 것이다. "천지天地는 불인不仁하여 이만물以萬物을 위추구爲芻狗라(우리가 살고 있는 이 우주는 착한 것이 아니어서 이 세상에 있는 것들을 풀강아지로 취급한다)." 추구芻狗는 장난감이 없던 시절 삘기풀을 뽑아 작은 개구리만하게 만든 풀강아지로, 아이들의 놀이감이다. 놀이가 끝나면 아무 생각 없이 내버린다.

세상 사람들이 어려움을 만나면 천지신명께 지성을 드리지만 헛짓거리라는 것이다. 왜냐하면 그것들도(그 자연물이나 무형적인 신 등) 다 제 할일이 바빠서 우리에게 복을 내려줄 겨를이 없기 때문이다. 즉 그것들은 인격체가 아니라는 것이다. 그래서 '무위'라고 했는데, 그러면

"이 자연이란 것이 죽은 송장 같은 것인가"라는 비판이 나올 수 있기에 이에 대비해 '무불위'라고 한 것이다.

그러면 이 세상은 그 어떤 불변적 질서도 없는 것이고 그저 칼자루 쥔 자가 휘두르는 대로 진행된다는 것인가 하는 물음을 던질 때, 도의 인식에 관한 문제가 대두된다. 즉 이 세상의 일관된 진리인 도를 터득해야만 도에 맞게 살아갈 수 있지 않겠는가? 그래서 "상무욕이관기묘常無欲以觀其妙"라고 했다. 이 구절의 풀이에는 "상무욕常無欲은 이관기묘以觀其妙라"와 "상무常無는 욕이관기묘欲以觀其妙라"의 둘이 있다. 전자는 "항상 욕심이 없으면 그 묘의 세계(진리의 세계)를 볼 수 있다"이고, 후자는 "항상된 무는 묘의 세계를 보고자 함이다"라는 의미다. 논란은 있지만 결론은 같다.

또 현실세계의 인식 문제인 "상유욕이관기요常有欲以觀其徼"도 "이 세상사에서 한결같은 하고자 함(상유욕. 의욕)이 있으면 이 우주 자연의 변화를 알 수 있다"와 "있음(유, 존재, 현실적 세상에 살고만 있다면)이 한결같다(상유)는 것은 우주자연의 변화(요?)를 보고자 함이다"로 풀이된다. 즉 생활 방법의 터득(자연운행 법칙의 인식 즉 학문적인 욕구 등)인데 그 결론은 같다.

그러면 도대체 이 도는 무엇인가? "인법지人法地(법은 본받다의 뜻), 지법천地法天, 천법도天法道, 도법자연道法自然"이라고 했다. 그런데 이 자연은 물(수)과 같은, 온갖 것이 몰려들어도 다 받아주는 골짜기 같은, 갓난아기(영아) 같은, 나약한 여성 같은, 동물의 암컷 같은, 깊은 숲 속 수명을 다하고 죽은 고목나무(박樸. 박朴) 둥치 같은 그런 자연이다.

노자서가 아나키즘이 아니라면 이 소국과민 조직을 다스리는 정치론은 무엇일까? 이를 아주 쉽게 말하여 '약팽소선若烹小鮮'이라 했다. 어둑한 며느리가 화롯불에 석쇠 놓아 김을 올려놓고 마을 샘에서 물을 길어 와서 보니 김이 없는지라 며느리는 개가 먹었다고 개를 때렸다는 속담이 있다. 치국자는 석쇠에 피라미를 한 마리 올려놓았다면 삼가서 잘 구워야 한다. 요 피라미를 태우지도 부스러뜨리지도 않을 정도로 조절한다는 것이야말로 "마치 석쇠 위에서 송사리 굽듯 한다"의 더함도 아니고 덜함도 아니다. 주어진 여건에 알맞은 정치이념이요 슬기로운 통치술일 것이다. 예를 들어 편리함만 추향趨向하는 현대문명의 버리지 못할 고질병에 감염되지 않았을 '마을 국가(소국 과민)' 사회를 노자서 속의 화자는 꿈꿨을 것이다.

5.

학술기행의 다른 조목에서는 학자의 전傳(생애)을 먼저 언급하는 것이 상례이나 노자 편에서는 사상을 먼저 다루고 생애를 뒤에 놓은 데에는 이유가 있다. 다른 사상가(철학자)들에 비해서 그 전傳이 애매모호하기 때문이다. 사마천의 사기에 그 생애가 다 기록된 사람은 단 세 사람뿐이다. 한고조 유방과 공부자, 노자인데 이런 이유로 해서 노자를 실존인물이라고 주장하는 학자들도 있다. 대표적인 인물은 호적胡適(후쓰)이다. 반면 노자서 즉 도덕경이 전하다 보니 그 저작자를 노자라고 보는데, 사실은 그저 가공인물일 뿐이라고 보는 측이 있다. 전목錢穆(첸무), 곽말약郭沫若(궈모뤄), 고힐강顧頡剛(구치강) 등이 그들이다.

사기에는 공부자가 노자에게 '예禮'를 물으러 가서 땀을 세 말이나 흘렸다고 나온다. 하지만 노자서에는 이 예와 법을 도의 최하위를 차지하는 열등가치로 보았고, 장자는 공자와 맹자가 예를 내세워 사회를 망쳐놨다고 보는데 노자가 예를 말했다는 것은 앞뒤가 안 맞는 언설일 수밖에 없다.

사기에 노자의 출생지를 초국 고현 여향 곡인리라고 구체적으로 언급했는데 이 점도 노자 실존설을 주장하는 근거로 쓰인다. 그러나 사기의 말대로 실존 인물이라면 다른 여러 기록들이 밑받침해 주어야 하지만 그렇지가 않다. 또한 그의 성은 이씨李氏, 이름은 이耳요 자는 담聃으로 주나라의 수장실守藏室 사관史官(기록물 보관소 사서)이었는데, 주나라가 쇠퇴하자 주를 떠나기로 했다. 마침내 그가 관문에 이르렀는데 수문장(관령關領)인 윤희尹喜가 말을 남겨둘 것을 권하여 노자서 상하편을 남겼다는 것이다.

그러나 비판가들은 이런 말은 노자서의 신빙성을 보태기 위해 만들어진 전설에 불과하다고 본다. 또 '노래자老萊子 전설'이 과장 변형된 것으로 보기도 한다. 공부자 사후 129년(맹자보다도 뒤) 뒤의 태사담太史儋이 노자라는 설로 그의 가계를 정리하기도 했다. 하지만 공부자설과 상이한 사상인데, 독설가인 맹자서에 양묵揚墨은 회자되고 그는 빠졌느냐 하는 문제가 제기된다. 또 왜 춘추좌씨전은 물론 논어에도 노자의 언급이 없느냐는 거다. 다만 예기에는 나오는데 이곳의 노담老儋은 맹자보다 후인이다.

사마천은 한무제(유철劉轍)를 너무나 증오했던 사람이었다. 무제는 파출백가罷黜百家하고 표창육경表彰六經한 군주로 제자백가를 모두 물리치고 유학 일변도의 정책을 써 제이의 분서갱유를 자행했다는 비난을 듣는다. 사마천은 이 미움으로 공자를 세 번 출처黜妻했다고 폄하했고 노자를 태상노군太上老君으로 신격화하기에 이르렀다. 노자를 비범화하기 위해서 귀를 강조하여 어깨까지 늘어지게 표현한 것이나 노담老聃(귀 바퀴 없을 담)으로 기록한 것이 다 그것이다.

글의 서설에서 말했듯이 노자서에 고유명사가 없고, 문장이 운문의 형식을 띤 것은 모두가 낭송하기에 알맞도록 진화된 글임을 알 수 있다. 또 여씨춘추나 안자춘추에 등장하는 구절들이 겹치는 사실들은 모두 구전형식이던 것이 문자로 정착하는 과정을 겪었음을 말해주는 예들이다.

1995년도인가 중국 안휘성의 와양渦陽(궈양)현 정점鄭店(정디엔)촌에서 노자 출생지가 발견됐다는 신문을 보고 2003년인가 여름에 그곳을 찾았던 일이 있었다. 서주徐州(쉬저우)에서 그리 멀지않은 곳이었다. 그러나 천정궁天靜宮(터가 발견됐음)이란 것도 후대의 것이고 흥조비興造碑도 북송대의 사마온공(광)의 글씨였다.

그곳에는 노자의 모친인 성모묘聖母墓도 있고(이상한 것은 도가에선 성인 모후 숭배사상이 있음), 노자서를 받아썼다는 관윤자關尹子 윤희尹喜의 묘도 있었다. 도교가 성하던 동한대 연희延熹 8년에 처음 신축됐다는 기록은 있으나 그 유적지는 모두 동진 이후로 보지 않을 수 없는 것들이다. 어쨌든 그곳은 노자와 관련된 것 모두를 집합시켜 놓았다는 감이 들었다.

중국 정부에서 대대적인 성역화 작업을 하여 기념 건물들을 거대하게 짓는다고 했다. 아무튼 중국 사람들은 역사를 왜곡해서라도 떠벌리기를 좋아하는 민족이 틀림없다. 노자의 사상과는 거꾸로 가는 걸 자행하고 있는 것이다. 그쪽 책임자는 삼년 후에 다시 오면 기가 막히게 변해 있을 거라 했는데 그 후에 가지 못했다.

六. 장자莊子

1.

장자莊子의 이름은 '주周'다. 관향貫鄕은 몽인蒙人(황하 유역)이라고 하는데, 이를 귀덕부歸德府 남쪽 소몽성小蒙城 지역이라고 보는 설이 대세다. 또 칠원漆園에서 관리 노릇을 한 것으로 나와 있다. 시대는 맹자서에 자주 등장하는 양혜왕, 제선왕과 같은 때로 보고 있다. 그는 여러 학문을 두루 공부했으나 노자학에 귀착했다.

앞에서 언급한 혜자惠子(시施)가 양혜왕의 재상이었을 때 호량濠梁에서 소요유逍遙遊하며 변론을 즐겼다. 이 호빈濠濱에서 대표작 중 하나인 '소요유'를 지었다. 외편에 있는 '지락至樂'에 장주의 처가 죽었을 때 혜자가 문상한 기록이 있고, 잡편인 '서무귀편徐無鬼篇'에 혜자묘를 찾은 그가 토론할 상대가 없어진 걸 탄식했다고 한다.

그의 사상은 공문도孔門徒를 비꼬아 비난하는 것이 중심인데 맹자는 장자를 언급치 않았다. 공부자설에 어긋나는 설이 나오면 가차 없이 심한 비난을 퍼부었던 맹자인지라 이 점이 이상하다.

장자서는 세상이 자기 성깔에 차지 않는다고 생각하는 이들에게 통쾌감을 준다. 도가를 좋아하는 이들의 공통점으로 권위주의와 화석화된 인습적 가치를 싫어하는 것인데 여기에도 세 부류가 있다.

첫째는 노자를 좋아하여 세상을 달관하는 마음으로 현실에 만족을 하며 살고자 하는 측이다. 둘째는 장자적인 관점으로, 화석화된 잘못된 세계관에서 벗어나고 싶어 하고 비판적 성향이 짙은 측이다. 셋째는 노장학의 원전적 접근보다는 거기서 파생된 아류 사상인 도교 유파에 가까운 이들이다.

'기氣'라는 관념(이들은 관념으로 보지 않고 '에너지'로 봄)을 많이 언급하며 또 건강학(일부의 의학이나 무술에 이를 응용하기도 함)으로 이론화시켜 대중들의 인기를 끌고 있다. 또 이 에너지의 영존성에 의한 풍수론을 이론화하여 우매한 민중 속으로 파고들기도 한다.

장자서는 내편內篇에는 소요유, 제물론齊物論, 양생주養生主, 인간세人間世, 덕충부德充符, 대종사大宗師, 응제왕應帝王 등 7편이 있다. 외편外篇에는 병무騈拇, 마제馬蹄, 거협胠篋, 재유在宥 등 15편이 있고 잡편雜篇에는 지락地絡, 서무귀徐無鬼 등 11편이 있다. 그러나 잡편은 한대에 장주 마니아들이 만들어 넣은(찬입) 것으로 치부되며, 외편(일부 내편도 포함됨)도 타 학문과 교류에 의해 안조贋造(가짜)된 것으로 본다.

한대에 유향劉向의 '별록別錄'과 유흠劉歆(유향의 아들)의 '칠략七略'에서 비로소 내편, 외편, 잡편의 분류가 이루어졌다. 육조시대에 와서 최선崔譔이 27편으로, 상수向秀가 26편으로, 이이李頤가 30편으로 편집했다가, 드디어 곽상郭象(서진 말 인물로 상수의 제자)에 이르러 오늘의 정착본이 완성되었다. 오늘날까지 통용되는 현본으로 정리된 것이다.

장자서가 오늘날의 모습을 갖추게 된 것은 서진 말 곽상의 '장자주莊子注'에서 비롯됐다. 물론 그의 장자주서는 상수설을 그대로 답습한 것이라는 주장이 있다. 곽상의 '장자주'가 너무 유명하기 때문이다. 곽주 이전 것은 정리가 잘 되지 못한데 비하여 '곽주본 장자'는 장자서의 정착본이 되었다. 그래서 흔히 '곽자현郭子玄(그의 자)이 장자를 주했나, 장주가 곽상을 주했나"라는 말이 나오게 되었다. 이래서 오늘의 장자학은 곽주본을 기본으로 하는 게 당연하게 되었다.

고대 경전이 다 그렇지만 소위 학설을 창도해 낸 선현들의 주장이 담긴 경전이란 것이 강설할 당시에 형성된 것이 아니라, 짧게는 수백 년 길게는 천여 년 뒤에 완성 정착된 것이다. 그러므로 이를 편찬한 후학들의 공로가 지대하다 하겠다. 어떤 학설은 후인들이 선정先正에 가탁假託하여 새로 만들어내는 일도 많다. 특히 도가, 의가, 음양오행가에 심한 편이다.

곽자현은 현학자이면서 유학자여서, 수서隋書의 경적지에는 유학 저작으로 '논어체략論語體略', '논어은論語隱'이 있다고 했다(서책명만 있고 내용은 후대에 일실됨). 아마도 이런 유가학적 업적이 유가들의 호감을 사 그의 '장자주'가 후세까지 전해지지 않았나 싶다. 현학가 즉 도가들은 본래 문자서를 기피하며 저작도 꺼리는데 비해 곽상은 친유가적인 이유 때문에 후대 유가가 그의 저작을 보존했다고 본다. 예를 들면 당나라의 한퇴지는 장자서 속에 '자하子夏'의 제자인 '전자방田子方'이 등장한다는 점을 들어 장주를 자하의 문도로 본다. 또 장주 자신도 유학에 정통하여 저작 속에 육경의 요지를 많이 논했다.)

대만의 전목錢穆(첸무) 같은 이는 장자가 노자보다 앞서는 인물로 보고 이 학문을 '장노철학莊老哲學'이라 규정하고 있다.

2.

장자서 전체가 유가와 묵가의 문도들을 비난하는 것으로 시종일관했는데 당대의 그 누구도 그의 공격을 피할 수 없었다. 특히 공자학도들에게 심했고 문장의 기교도 심하고 독선적이었다. 바로 이런 점 때문에 소위 반골들에게 인기가 높은 저작물이었지만 소견 좁은 소인배들에겐 어울리지 않을 장쾌한 언설이었다.

장자서는 쩨쩨한 구별지區別知를 뛰어넘어 호쾌한 초월지超越知를 보여준다. 요즘 여러 종교들의 포교 수단을 보면, 각자 자신의 경전을 가지고 교의를 주장하고 있는데, 자기가 믿는 종교만 진리라는 생각은 독선적일 수밖에 없다. 또는 어떤 민족은 저질이라는 고정관념, 내가 처해 있는 환경이 가장 좋고 선진된 것이다. 혹은 반대로 가장 후진된 것이라는 생각은, 바로 영국 계몽기 철학자 F. 베이컨Bacon이 지적한 4개 우상론Idola 중 '극장 우상'이다.

예를 들면, 슬픈 영화를 보며 슬픔에 잠겨 실컷 울다가 극장문 밖에서 현실과 마주친 뒤에 멋쩍어 하는 것과 비슷하다. "진왕晉王이 사냥을 나갔다가 절색의 미녀를 보았다. 왕은 그녀를 강제로 수레에 싣고 궁에 데려왔다. 그녀는 몸부림을 치며 저항했으나 궁중생활을 해보고 난 후에는 그때 운 것을 후회했다"는 얘기와 비슷하다.

모장毛嬙과 여희麗姬는 남성들이 한번 보기만 하면 상사병이 나고 만다는 미녀이다. 물가에서 놀던 물고기는 이들이 접근만 하면 깊은 물로 숨고 새들은 날아가 버린다. 그러면 이 절색이 갖고 있는 가치, 그 영향력의 한계는 어디인가?

송나라 저공狙公이 원숭이를 길렀다. 이들에게 하루치 사료로 도토리를 7개를 주기로 작정하고 아침에 3개, 저녁에 4개를 주기로 하자 원숭이들이 난리법석을 피웠다. 그래서 주인인 저공이 "좋다. 그러면 아침에 4개, 저녁에 3개를 주겠다"라고 바꿔 말하자 이놈들이 좋아라 하고 춤을 췄다는 얘기가 있다.

조삼모사朝三暮四라는 성어가 생겨나게 된 이 이야기가 장자서에 인용되고 있다. 사람들은 이 우스갯소리를 듣고 "이런 멍청이 미물 같으니라고!" 하며 크게 비웃는다. 그런데 우리가 절대적 가치인 양 생각하는 옳다(시)와 그르다(비)도 어느 한쪽의 주장일 뿐이라는 것이다. 판단자의 입장 차이에 의해 시와 비는 뒤바뀔 수 있다.

물론 좋다(호)와 나쁘다(오)도 마찬가지어서 우리는 겨울이 추워 싫다고 하지만 시베리아에서는 겨울이 여름보다 훨씬 좋다는 말을 한다.

여름에는 물것이 많고 땅에 발이 푹푹 빠져서 좋지 않다고 말한다. 세상에서 가장 예쁘다는 '서시西施'와 가장 추한 인물로 알려진 '려厲'(당시 나병에 걸린 추한 사람)의 차이가 없다는 것이다. 그래서 이 세상 가치 규정인 총명함과 아둔함, 미와 추, 1백 미터 육상경기에서 9초대의 한계를 넘은 초인과 어기적거리며 한나절에 십리가기도 어려운 사람의 차이가 무엇이냐는 것이다.

장자의 제물론에 나오는 곱사등이며 곰배팔이라서 장가보낼 엄두도 못 냈었는데 전쟁으로 모든 젊은이가 전쟁터로 끌려가게 되니까 딸 가진 이들이 서로 사위 삼으려 경쟁이 붙은 이야기나 새옹지마塞翁之馬의 이야기 등이 모두 '만물제동萬物齊同' 사상으로 귀일되는 것이다.

이런 안목으로 본다면 '분分(나눔)'과 '성成(전全)'이 같은 것이며 '완完(건建)'과 '훼毀(괴壞)'도 동일한 것이어서 만상이 일여라는 것이다. 세상에는 스스로 똑똑하다고 생각하고, 모든 것을 따지기만을 좋아하여 '유有'니 '무無'니 하는 논변이 있으나 이는 다만 말장난에 지나지 않는 것이다. 인간의 칠규七竅로써 운용하는 이 언어를 가지고는 제상諸相의 진실은 알 수가 없는 것이라는 언어의 인식적 한계를 말했다. 이렇게 해서 나온 결론이 만물제동이었다.

인생의 생사 문제도 이와 같은 식으로 접근한다. 우리가 꿈을 꿀 때 꿈이라는 생각을 못하듯이 진실로 꿈이 진실인지 현실이 진실인지는 그 판단 기준이 없다는 것이다. 그래서 꿈에 나비가 됐는데 나비가 진실인지, 꿈을 깬 지금의 내가 진실한 것인지 알 수 없다.

생사 문제도 이와 마찬가지로 지금 살아있기 때문에 현생에 애착이 있는 것으로 본다. 꿈에 맛있는 음식이나 절세미인을 내 것으로 만들려는 즈음에 꿈을 깨게 되면 아쉬움이 남는 것과 무엇이 다른가라며 꿈속이라 하더라도 애착이 남는 것을 볼 수 있다.

우리는 그 무엇인가에 의해 주어진 이 물자체物自體 속에서 내 뜻도 아니었는데 이렇게 살고 있는 것이다. 그런데 이 인간이란 벌레는 제 맘대로 만유萬有를 용用과 불용不用으로 구분했다. 그야말로 너무나 건방진 짓이 아닌가?

평생 동안 이름난 건축물을 많이 지은 어떤 대목장색大木匠色(큰지우)이 여러 수련생 제자들과 이웃 나라를 가느라 큰 고개를 넘어가다가 고갯마루에서 큰 역수櫟樹(떡갈나무)를 만났다. 평생 나무를 다룬 이 장인匠人 지우는 혀를 차며 한숨을 쉬었다. "내 평생 나무를 다루어 봤지만 이처럼 쓸모없는 나무는 처음 봤다"라고 타박을 했다. 이 나무는 이리 뒤틀리고 저리 뒤틀리고 구멍이 여기저기 뻥뻥 뚫려 바람이 불면 구멍 속에서 괴상한 소리가 나는데 꼭 귀신 우는 소리 같았으니 마음에 들 리가 없었다.

일행은 산을 내려와 여사旅舍에서 하룻밤을 묵게 되었다. 노독도 있고 해서 곤히 자는데 한밤중에 백발이 성성한 도인 같은 늙은이가 다짜고짜 들고 있던 꼬부랑 지팡이로 이마를 후려치는 것이 아닌가.

큰지우는 번갯불이 번쩍하는 순간 "이 무슨 짓이오?" 하고 외쳤다. 백발노인은 "이 어린 녀석아! 내가 삼천년을 고개 위에 서 있었는데 너같이 못난 놈은 처음 봤느니라. 너처럼 멍청한 놈 눈에 들었다면 내가 어찌 삼천년을 그 자리에 있었겠느냐?" 하고 호통을 쳤다.

큰지우는 잠에서 깨어 벌떡 일어나 앉았다. 그제야 머릿속이 열리는 듯 했다. 드디어 '무용지용無用之用'의 도를 깨칠 수 있게 되었다. 어찌 세상 만물이 나를 위해 존재한다는 말인가? 물 자체는 본래부터 용, 불용이 있지 않음을 알게 된 것이다. 드디어 나무를 잘라 인간에게 쓰임(용)만을 생각하는 어리석음에서 벗어나, '무용지대용無用之大用(쓰임새가 없는 큰 쓰임)'의 대도大道에서 살아 갈 것을 마음먹게 되었다.

3장 한대의 경학자

一. 동중서董仲舒

1.

한서漢書 본전本傳에 의하면 동중서董仲舒는 산동성 광천廣川 출신으로 공양학公羊學에 정통한 인물이다. 한무제가 즉위하고 나서 현량賢良 문학文學(학문을 뜻함)의 선비들에게 책策(계략)을 올리라고 했을 때, 중서仲舒의 책문策文이 무제에게 뽑히게(가납嘉納) 되었다. 이를 계기로 태학太學을 일으키고 인재를 양성하게 되었다.

앞에서도 학문이 멸실되는 동기를 틈틈이 언급했듯이, 함양咸陽에서 460명이 갱유坑儒된 후 한대에는 이를 회복하기 위한 노력이 활발했다. 제5대 경제景帝의 아들인 하남河南의 헌왕獻王 유덕劉德은 민간에서 소장한 책을 모집하여 이를 베낀 후 돌려주었다. 진본眞本은 궁실에 수장하고 원소유자에겐 금백으로 상을 주기도 했다. 회남왕淮南王인 유안劉安도 경적들의 회복에 힘썼는데 헌왕은 유가를 좋아했고 회남왕은 도가서(이것이 '회남자淮南子'임)를 좋아했다. 이처럼 두 번왕藩王은 멸실된 경전 회복에 큰 공을 세웠다. 학자들에게 경전을 배송케 해 멸실된 경전을 복원하기도 했다. 화를 피해 산림에 은일하던 선비 복생伏生은 서경書經을, 숙손통叔孫通은 예의禮儀를 배송해 나라에 전했다.

한나라를 세운 고조高祖 유방劉邦도 진시황 영정처럼 무식한 필부여서 무단정치로 일관했다. 그래서 2대인 혜제惠帝와 4대 효문제孝文帝에 와서 비로소 민간인의 경적 휴대를 허가했다. 6대인 무제 유철劉徹도 진시황 못지않게 잔인하기 짝이 없는 사람이었으나, 머리가 좋아 자신한테 유리한 진언은 받아들일 줄 알았다.

이런 전통은 10대 성제成帝 때까지도 이어져 알자謁者 진농陳農에게 잔존한 서책을 구하게 했고, 잔결殘缺되고 편장編章이 뒤섞인 것이나 진위가 의심스러운 것은 유향劉向으로 하여금 교정을 하게 하여 별록別錄을 만들도록 했다.

이런 상황에서 동중서의 진표進表(황제께 드리는 건의문)는 한대 학술사의 신기원을 만들어낸 계기가 되었다. "백가가 방方이 달라 스승마다 도가 다르게 되니, 백성들의 논論 또한 서로 다르게 되었다. 백성들 간의 뜻이 서로 다르게 되니 백성들은 마땅히 지켜야 할 바를 알지 못 한다"라는 문제를 제기하였다. "파출백가罷黜百家하고, 표장육경表章六經(유가를 제외한 백가를 내 쫓고 육경六經만을 드높여 밝힌다)"이라는 유학 일변도의 정책을 채택토록 했던 것이다. 이 정책은 바로 진시황의 분서갱유 이후 제2의 분서갱유였다고 근대 철학사가들은 평가하고 있다.

본래 동중서는 무제의 명에 따라 강도江都(강소성)의 재상으로 이왕易王(무왕武王의 형)을 향도하는 임무를 맡았다. 이왕은 교만하며 무협만을 좋아하고 학문을 좋아하는 선비는 싫어하는 위인이었지만, 예로써 이 끌자 마침내 동중서를 존경하게 되었다. 중서는 인간관계에서도 탁월한 능력자였다. 이런 점을 보아 동중서의 유학 일변도 정책은 무제의 정치 성향에 부합하려는 의지로 볼 수 있다.

2.

동중서의 철학사상은 인간 및 동물도 자연의 하나이기 때문에 그가 생각하는 자연법칙의 원리로 이를 해석하여 자연과 일체화했다. 그래서 인간은 대자연의 일부로 대자연을 축소시켜 놓은 '소우주'라는 설을 세웠다.

당나라 때(고종高宗, 태종太宗) 훈고학에 능했던 경학자 안사고顔師古는 중서의 학을 다음과 같이 평가했다. "중서는 춘추재이春秋災異의 변화로 치국을 하여 음양만을 추구하다 보니 어긋남이 많았다. 비가 오길 바라면 모든 양에 속하는 것들을 닫아버리고 음에 속하는 것들만 추구하여 이것을 열었다. 비를 그치게 하려면 그 반대로 행했다. 나라 안의 모든 일을 이런 방식으로 처리를 하지 않는 것이 없었다. 이를테면 비를 내리게 하려면 남문을 닫아걸고 불을 피우지 못하게 하고 사람들에게 물을 뿌리는 등의 일을 시키곤 했다." 이처럼 그 당시의 우매함을 탓했으나, 사실은 오늘에도 이런 우매한 미신은 사회 속에 깊숙이 들어온 인습이 되었음을 어떻게 하겠는가.

그의 저작으로는 '대책문對策文'과 '춘추번로春秋繁露'가 있는데 앞의 것은 지금 그대로 전하고 있으나, 뒤의 것은 '수지隋志'에 전해오는 17권이 있다. 또한 옥배玉杯, 청명淸明, 죽림竹林 등과 공양치옥公羊治獄 16편이 있는데 뒤의 것은 후대에 덧붙여진 것으로 본다.

동중서의 주장에 따르면, 사람은 우주 안의 만물지상을 구유한 소우주로 그 구조가 자연과 똑같다. 사람에게 희로애락이 있음은 자연의 사계절과 같고 오장이 있음은 오행과 같은 것이고 주야는 사람이 눈을 뜨고 감음과 같고 사람이 숨 쉬는 것은 자연의 바람과 같은 것이다. 이런 원리는 사람에게 그림자가 따르는 것과 같아서 천天(자연)과 인간은 서로 감응치 않을 수 없어서 이 감응 여하에 의해서 상벌이 수반된다고 보았다.

군주가 실도失道하면 천天은 재이災異를 내려 경고하고, 괴이怪異로 겁을 주고, 끝내는 전복시킨다고 보았다. 이렇듯이 군주가 자격을 잃으면 덕망 있는 사람에게 상서로운 기적으로 천의天意의 소재를 보이는데 이를 '수명受命의 부符'라고 한다. 이것을 준다고 하여 역성혁세易姓革世를 합리화함으로써 천인상관설天人相關說을 현실화했다.

동중서는 이런 식으로 하늘의 의지와 인륜을 음양오행설과 부합시
킴으로써 '천인상응관天人相應觀'을 체계화했다. 선과 악이라는 이분법
적 가치관에 따라 양측陽側에는 덕德, 생生, 하夏를, 음측陰側에는 형刑,
살殺, 동冬을 두었다. 사람들이 판단을 할 때 전쟁시를 기준해서 보
면 형刑과 살殺 측에 기운 듯하지만, 전체적인 역사에서 보면 오히려
덕德과 생生 측에 치우친다. 따라서 통치자는 천의의 이런 점을 본받아
왕도를 시행해야 하고 형刑은 말末로 삼아야함을 주장했다.

3.

오행설五行說인 목木(춘), 화火(하), 토土, 금金(추), 수水(동) 중 계절의
배합에서 벗어난 토를 사계에 분배하는 방법으로, 각각의 계절에 토왕
지절土旺之節을 배합하는 슬기를 발휘했다. 땅에서 구름이 일어나 비를
내리게 해서 땅의 윤택을 기機하지만 땅은 스스로의 공으로 삼지 않고
천天(부父)의 공으로 돌려 천풍천우天風天雨라고 한다는 것이다.

여기서 자효신충子孝臣忠의 도리가 생겨나게 되었고 선진시대의 인
의예지仁義禮智는 오행에 배합시키기 위하여 신信을 추가하여 오상五
常으로 삼았다. 이 오상을 중서는 덕이라고 정의했으나 동한말의 정강
성鄭康成(현玄)은 성性이라 했는데 오히려 오늘의 관점에선 덕이 옳다.

중서의 오행 재이설災異說은 후대에 많은 배척을 받았으나 송대에 와
서 오히려 명분론으로 빛을 보게 된다. 주회암朱晦庵(희熹)은 한유漢儒들
이 자구 해석 중심의 훈고학에 몰두했었기에 아주 싫어했었으나, 동
중서만은 좋아했다. 그 학문은 바르고 오직 순수하며 정도를 밝히는
데 있었을 뿐이어서 제자백가학은 말할 가치가 없다고 평가한 것이다.

동중서에서 시작된 이 음양 재이설은 중세기 송대의 합리철학으로

수렴되어 당시의 세계관과 명분론 형성에 지대한 기여를 했으나, 비합리적이며 미신적인 세계관이 동양사회에 준 폐단은 자못 크다. 특히 교육수준이 낮은 저층민들에게 벗을 수 없는 운명론에 빠져들게 하는 질곡이 되고 말았다.

二. 양웅揚雄

1.

양웅揚雄의 자는 자운子雲으로 촉蜀 출신이다. 역사적 인물 중에 揚(들양)자 성으로 인명사전에 기록된 숫자는 고작 몇 명에 불과하다. 혹 청대 만주족 중에서 양자 성을 쓰는 사람이 몇 명 등장하지만 양웅의 후손이 아니고 씨족 명칭을 한자로 바꾸는 과정에서 버들 양楊과 구별키 위해 양揚으로 표기한 것에 지나지 않기 때문에 양웅과는 상관없는 성씨다. 그러니까 양이라는 성은 오늘날에는 사라진 듯하다.

양자운은 촉의 전대 유명시인이었던 사마상여司馬相如를 흠모하였고 그의 작품이 홍려온아弘麗溫雅한 데 감동받아 그를 법표法表로 삼아 사숙私淑하여 공부했다. 그래서 양자운은 문장으로 칭찬받고 사부가辭賦家로 인정받아 성제成帝 때 궁정 문인이 되기도 했다. 양자운은 감천甘泉, 우렵羽獵, 장양長楊 등의 부를 지었는데 평자들은 그것들이 사마상여의 것과 유사하다고 평한다. 그러나 자운도 한대의 유수한 문장가임은 부인할 수 없다.

양자운은 중년부터 문예는 방편일 뿐이지 귀히 여길 것이 못됨을 깨닫고 도덕 인의에 몰두하여 유종儒宗이 될 수 있었다. 그는 주역을 모방하여 태현경太玄經을 짓고 논어를 모방하여 법언法言을 지었다. 변방에 파견되었던 사신들로부터 수집한 각 지방의 방언方言들을 모아 '방언'을 편찬했는데, 오늘의 안목에도 뒤지지 않는 것으로 평가받는다.

그러나 고루한 역사가들은 그를 '망조탁의莽操卓懿'라 하여 역사에 누를 끼친 역적으로 평가했다. 즉 서한을 엎은 왕망王莽, 동한을 빼앗은 조조曹操와 동한 말 국권을 손에 쥐고 권력을 자행하던 동탁董卓, 삼국의 위魏를 찬역篡逆한 사마의司馬懿와 같은 인물이라는 것이다.

양자운이 왕망王莽(동한을 멸하고 신新나라를 세운 사람)을 위하여 "극진미신劇秦美新(극악한 진을 대신하여 신국新國으로 이름답게 했다)"이라는 글을 지었기 때문이다. 그래서 신국을 세운 것을 찬양한 곡학아세의 아첨꾼으로 보아 망莽대부라 평가하기도 했다.

양자운이 이처럼 비난받게 된 것은 사실상 북송 때의 사마군실(광, 온국공) 때문이다. 사마광은 양자운을 좋아하여 그의 저작에 주를 달아 '태현주太玄注', '법언주法言注'를 간행했고 자신의 저작인 '속수기문涑水紀聞'에서는 사마광 자신이 양웅의 영향을 받았다고 자술하였다. 심지어는 양자운의 학문이 맹자, 순자보다 우위에 있다고까지 말했다. 양자운의 영향을 받은 사마광은 '잠허潛虛'와 '역설易說'을 지었고 나아가 '의맹疑孟'을 지어 한유(퇴지)의 '존맹尊孟'을 싸잡아 동시에 비난했다.

북송 초만 해도 존맹관尊孟觀이 아직 정립되지 않다. 하섭何涉, 유서劉恕, 조열지晁說之 등의 학자들이 맹자를 비난했던 것을 봐도 알 수 있다. 여하간 한유漢儒에 와서 맹순孟荀의 성선 성악론이 다시 불거진 것은 앞서 논한 동중서와 양웅 때문이다.

동씨董氏가 성性을 도稻(벼)라 하면서, 벼 속에는 쌀(미)이 들었으나 벼가 쌀일 수는 없듯이 성性도 선善을 만들어 내지만 성 자체가 선일 수는 없다고 주장했다. 따라서 성을 방임하여 힘쓰지 않으면 발선發善은 불가능한 것이어서 반드시 교화로 매진해야만 선을 실현시킬 수 있다고 보았다. 결과적 성선설을 내놓게 되었다.

양자운에 와서는 오히려 선악 혼재설에 이르게 된다. 즉 선을 닦으면 선인이, 악을 쌓아나가면 악인이 된다는 것이다. 이런 이유로 그는 수양의 적극성을 중시했다. 즉 시視, 청聽, 언言, 모貌, 사思를 바르게 하는 것을 수양론의 중심으로 삼았다.

태현경에서는 우주의 근원을 '현玄'이라고 하여 삼라만상이 여기서부터 발원된다고 보았고 주역이 이원론적二元論的 우주론인데 태현경에서는 삼원적三元的 계기가 있다고 말했다. 시중종始中終이 있는데, 삼변, 구변, 이십칠변, 팔십일변 식으로 변하는 우주가 모두 이 가운데 포함된다고 보았다.

국가의 모든 조직도 이런 식으로 구성해야 한다고 주장했고 사회의 계급이나 지역의 구분도 모두 이런 식으로 수리로 해석했는데 이런 현玄의 개념은 위진魏晉 시대의 현학에 흡수되었다. 우리나라에서 많이 사용되는 삼태극도三太極圖(청홍황. 우선형右旋型)의 원류인 삼원론적 우주설이 揚자운에서 비롯되었다는 주장도 가능하다.(노자서에도 음, 양, 충기沖氣의 삼원설이 있어서 이 둘의 선후문제가 뒤따른다).

2.

'방언方言'은 먼 지방에서 온 사신들의 말을 수집해 집록集錄한 책인데 총 13권이다. 원래의 제목은 '유헌사자절대어석별국방언輶軒使者絶代語釋別國方言'이란 긴 명칭이었는데 줄여서 '별국방언別國方言'이라고 했다. 오늘에는 '방언' 또는 '양자방언'으로 통용되기도 한다. 현존 본은 진대晉代의 곽박주郭璞注가 붙어 있다.

한서의 양웅전이나 예문지에는 이것이 수록되어 있지 않았고 서한의 허신許愼, 마융馬融, 정현鄭玄 등의 저술에도 나오지 않았다. 오직 서한 때 응소應邵의 '풍속통의風俗通儀' 서문에 양웅의 저작으로 기록되어 있다.

송대의 홍매洪邁는 권말에 유흠劉歆의 편지를 근거하여 한위漢魏 사이의 안조贋造(가짜)로 보았으나, 근거가 약하여 응소설을 뒤집기엔 역

부족이었다. 청대 대진戴震의 '방언소증方言疏證', 전역錢繹의 '방언전소方言箋疏', 항세준杭世駿의 '속방언續方言' 등 많은 연구로 이어졌다.

오늘날 중국에서는 양자의 방언 연구에 대해 문화인류학적 인 접근과 언어학적인 접근으로 많은 업적들이 나오고 있다. 사천 사범대학의 이서호李恕豪 교수의 '양웅방언揚雄方言'과 '방언지리학연구方言地理學研究'가 뛰어난 것인데도, 중국 정부의 '시책(동북공정)'에 억지로 끼워 맞추려고 무리수를 둔 게 한계이다.

우선 연燕과 북연北燕을 확실하게 구분하지 않고 싸잡아 기술한 점이다. 연은 현재의 하북성에서 전국시대 칠웅의 일원이었으나, 북연은 국가명 또는 부족명이 무엇인지 알지 못한 상태에서 단지 북쪽에 있었다는 이유로 의미 부여를 한 것에 지나지 않았다. 요동 이동의 국가를 그들은 북연, 산융(북융), 조선, 숙신 등의 명칭으로 불렀다.

앞에서 소개한 연구서에서는 이 지역의 언어를 중국 민족의 이민사에서 형성된 언어군으로 치부해버렸다. 중국어가 차이나 티벳어군이라는 사실을 망각하고 우랄 알타이 어군까지도 그들의 논지에 부합하는 개괄분류표에 넣어버린 것이다. 정치논리에 영합한 것이다.

그러면서도 길림대학에서 90세 중반까지 주역 연구에 몰입했던 김경방金景芳(조선족 7세) 교수의 논문 '상대적신화여무술商代的神話與巫術(연경학보 제20기)'을 인용하여, 요동의 산융인 조선 숙신은 본래 상商(은殷) 민족의 발원지이면서 화하문화華夏文化에 동화되지 않은 고유문화를 유지한 곳이라고 기술했다. 이 내용은 장개석을 따라 대만으로 가 국립대만대학 총장을 지낸 전사년傅斯年 교수도 인정한 바 있다. 그나마 다행스러운 일이다.

사마광은 제왕들이 치국의 귀감으로 삼도록 한다는 의도로 지은 '자치통감資治通鑑'에서 역사를 사실에 기준을 두고 평가하여 양웅을 높이 보고 삼국시대의 주체를 위魏로 보았다. 이에 비해 주문공(희. 회암)은 한 종실 회복의 명분론에 입각한 촉한을 정통으로 삼았다. 또한 양자운을 "망대부양웅사莽大夫揚雄死(역적 왕망의 대부 노릇하던 양웅이 죽었다)"라고 평가했다. 이를 계기로 양자는 역사 속에 묻혀버리고 말았다.

三. 유향劉向과 유흠劉歆

1.

유향劉向의 자는 자정子政이고 이름은 갱생更生이며 강소성 패현沛縣 출신이다. 초楚의 원왕元王 후예로 한유漢儒 중에도 뛰어나게 박식한 사람이었으며 선진 경학의 기본을 세웠고 성품도 청렴 강직하여 환관과 외척의 권력 남용을 없애려고 노력한 순수한 학자였다.

유흠劉歆은 유향의 둘째 아들로 자는 자준子駿이다. 아버지 향과 함께 성제成帝(10대) 때 부자가 비각秘閣의 책을 교열하고 제자諸子, 육예六藝, 전기를 두루 섭렵할 수 있었다.

이 시기에는 무제 때 사람 동중서에 의해 체계화된 음양오행설이 이미 확고하게 뿌리내리고 있었다. 그래서 당시로서는 첨단 합리설인 음양오행설로 황제를 깨우치려 했다. 성제도 옳다고 인정했지만, 외척 왕씨王氏의 세력을 꺾을 수 없었으므로 향을 끝내 등용하지는 못했다. 그러나 그의 강직함을 내심 흠모했다.

후세의 사람들은 동중서와 유향을 인격과 학문을 겸비한 인물로 서한 유가의 양 거두라 평가했다. 중서가 전국 말기의 관념론의 기반羈絆에서 벗어나지 못한데 비해 향은 사변적인 체계보다 선진 고경서의 교감과 편장의 수선에 몰두한 경학자였다. 그래서 경전의 진위서 분간에만 힘쓴 대교감가라는 말이 적합한 표현일 것이다.

동중서가 춘추공양전을 숭상한 반면 유향은 춘추곡양전을 전공하였고 유흠은 춘추좌씨전에 천착하였다. 향은 선진의 흩어져 없어진 고적을 회복하겠다는 염원으로 진농陳農을 시켜 유서遺書를 수집케 했다. 비서성秘書省에서 전적을 교감하여 목록을 만들고 조목마다 개념적 설명을 붙였다. 그래서 철학사가들은 그를 중국 최초의 목록 편찬자라고 불렀다.

그의 저작으로 '신서新書(10권)'와 '설원說苑(20권)'이 있는데 춘추시대에서 전국을 거쳐 한에 이르기까지의 어록 등을 수집한 것으로 유가儒家 부분의 전기적 기록을 망라한 것이었다. 대표적인 것으로 '열녀전'은 성제 때 궁궐의 음란과 사치를 풍자한 작품으로 현비賢妃 정부貞婦는 나라를 흥하게 하고 벽첩僻妾은 나라를 망친다는 사례를 들었다. 그런데 1권에서 7권까지만 향의 작품으로 인정한다. 청대 후기의 경학자 학의항郝懿行(하오이항)의 부인인 왕조원王照圓의 열녀전주가 학씨유서郝氏遺書 중에 들어있다.

유흠은 부친인 유향과 함께 비각의 책을 교열하여 육예, 제자, 전기 등을 수집하였고, 부친 사후엔 가업을 이어 최초의 분류도서목록인 칠략七略을 저술하여 '경적목록학經籍目錄學'이라는 학문을 열었다. 이 책은 전해지지 않고 한서 예문지에 명칭만 전하고 있는데, 한지漢志 자체가 칠략에 근거했다고 보는 것이 학자들의 견해다.

2.

왕망王莽이 서한西漢을 찬탈하자 곧 그를 섬겨 전장典章을 제정하는데 참여했고 중용되었다. 왕망이 부賦를 특히 좋아하였고 향 또한 누구에 뒤지지 않게 부에 재주가 있었으나 왕망에는 미치지 못했다고 평가받는다. 여하간 동한 경학의 종사로 손색이 없었고 고문 금문의 분별적 연구의 출발점이라고 말할 수 있다.

이때 왕망은 스스로 주공단周公旦을 본떠 모든 제도를 주관周官에 따라 만들었다. 그러나 학관도 없었던 상태라 유흠이 맡아 전적으로 주관하여 시작한 것이었다. 바로 주관이 주공단에 의하여 시작됐다는 것은 흠의 기록 때문에 그렇게 굳어진 것이지 사실 주관은 흠의 위작이란 것이 학자들의 일반적인 견해다. 청말의 강유위康有爲는 춘추좌씨전까지도 흠이 편찬한 것인데, 비판없이 그대로 고착화되어 경전이 된 것(강유위의 '신학위경고新學僞經考')으로 본다.

사실 향이나 흠의 사상이 동중서와 다른 바가 없이 음양오행의 이변을 군주의 정치반응의 결과로 본다. 이들 상소문의 본질적 근거도 여기에 근본을 두는 점이 같았다. 예를 들어 향의 저작으로 알려졌지만 전해지지는 않는 '홍범오행전洪範五行傳'은 한서오행지漢書五行志에 일부가 산견되는데 그 내용이 중서, 향, 흠 삼가의 것이 동일하다.

즉 중서의 '군주의 오사五事' 설인 모貌(목), 언言(금), 시視(화), 청聽(수), 사思(토)는 필연적인 자연반응으로 나타난다는 생각이다. 일식, 지진, 화재 등을 상서홍범尙書洪範의 오사 오행이 상응한 것으로 보고 '춘추' 242년간의 사실에서 근거를 찾고자 무리하게 유추 해석하면서 이를 진한대 자연이변과 연결시키려 했다. 여기에 한서오행지가 음양재이설에 맞추어 상기 삼가들을 동일하게 취급한 데 문제점이 있었다고 본다.

그러면서도 중서는 공양학, 향은 곡양학, 흠은 좌씨학을 전업했기에 하나의 사실을 두고 설명 방법은 조금씩 달랐다. 그러니까 공양학파 쪽에서는 명분론을, 곡양학파 쪽에서는 도덕론을, 좌씨학파 쪽에서는 어느 정도의 사실론을 중시하는 입장은 재미있는 비교가 된다. 여하간 군주의 도덕성이 천재지변과 밀접한 관계가 있다는 생각은 공통적이다.

한대 문물장전의 규범이 되었던 주관周官이 다른 문헌과 상치되는 부분은 여러 곳에서 발견되었다. 또 다른 연구가들은 주관이 선진의 고서인 것은 분명하나, 후대 연구가들이 당시의 제도를 잘못 알고 자기의 의견을 첨가시킨 데서 후인들의 불신을 받게 되었다고 한다.

여하간 동한부터 좌씨전만이 빛을 보고, 여타 학문은 파묻혔다가 청대에 들어 공양학이 재흥하게 되었다. 피지배층이 된 중국인들이 소수이면서 지배층이 된 만주족에 대한 저항의식을 국가주의로 표현한 것이다.

그렇다 하더라도 공양학이 좌씨학을 능가했다는 주장을 할 수는 없을 것 같다. 여하간 동한 이후부터 춘추 삼전三傳 중에서 좌씨전만이 명맥을 유지했을 뿐인데, 그 이유는 공양과 곡양보다 좌씨전이 사실성을 중시한 것으로 평가받고 있다.

그러나 좌씨전의 변천사도 그리 평탄한 것만은 아니었다. 당나라 때 오경정의五經正義의 찬정자였던 공영달孔穎達이 좌씨전을 의심하기 시작하여 청대 고핵考覈(고증)가들은 흠歆 당시에도 좌씨학이 학관조차 세워지지 않았던 것을 들어 비판하기 시작했다.

12대 평제平帝 때 학관이 세워졌다는 사실 등을 들어 좌씨학조차 전적으로 흠에 의해 안조贋造된 것으로 보는 시각이다. 청나라 말기 대표적인 고핵가인 강유위는 '신학위경고'에서 '모시毛詩'(순황荀況, 모형毛亨, 모장毛萇, 마융馬融, 정현鄭玄)와 '비직費直의 역易'(비직費直, 왕황王璜, 마융馬融, 정현鄭玄, 순상荀爽, 왕숙王肅, 왕필王弼)과 '주례周禮'(유흠劉歆, 두자춘杜子春, 정흥鄭興, 정중鄭衆, 정현鄭玄, 가규賈逵, 복건服虔)도 경본 자체가 의심스러운 위서로 보고 있다. 춘추삼전도 이런 맥락에서 접근한다면 살아남을 수 없을 것이다. 양파껍질 까듯 해서는 안 된다는 견해가 일반론이다.

향은 공맹을 대성, 아성으로 자리매김하는 기반을 세웠다는 평가를 듣고 있다. 그는 공부자의 뜻과 같이 음악은 인륜 교화의 무상적 가치라고 보았다. 즉 악樂은, 시대성과 인성의 본연적 욕구와 취향이 투영된 성정을 반영한 것이다. 악에는 그 지역과 시대의 정서가 고스란히 녹아들어 있어 악을 보면 그 나라, 그 시대의 수준을 평가할 수 있다고 보았다. 따라서 인성 교화에 으뜸가는 것은 바로 음악이라고 했다.

인성은 성악 성선으로 규정된 것이 아니고 사물에 감응한 뒤에 움직이는 것이라 하여 왕망과 유사한 점이 많았다. 즉 외부에 반향되는 것이 선악과 이동異同으로 나타나게 된다는 설이다. 그는 참위설讖緯說을 믿으면서도 귀신의 존재는 부정했다. 그리고 화복과 재이는 개인이 파악할 수 없는 복잡하고 특수한 양상에 의해 수반되는 것이지 귀신이 주관하는 것이 아니며 귀신에게는 상벌 능력이 전혀 없다고 보았다. 오늘의 안목으로도 매우 진보적인 사고의 소유자이었음을 짐작할 수 있는데 상호 모순점도 발견된다.

3.

흠의 '분류도서목록학'의 결산물인 '칠략'은 집략輯略, 육례학六禮學, 제자략諸子略, 시부략詩賦略, 병서략兵書略, 술수략術數略, 방기략方技略 등으로 구성돼 있다. 그리고 앞에서 언급했듯이 한서 예문지의 내용이 된 것으로 목록학의 전범이 되었다. 향이 금문학인데 비해 흠은 고문학에 몰두한 점이 다르다.

서한말 애제哀帝 때 학관에 좌씨전, 모시, 일례逸禮, 고문상서古文尙書의 설치를 상주했다가 뜻을 이루지 못하고 실의에 빠져있던 적이 있었다. 이 때 왕망이 찬탈을 하자, 곧바로 왕망을 섬기게 된 까닭도 이런 점에서 기인된 것으로 볼 수 있다.

물론 학관에는 흠의 뜻대로 금고문의 경전들이 설치되었고 활발한 연구도 이루어졌다. 고문경은 위서가 많다는 생각은 바로 고문상서 때문이다. 동한 때 흉노의 영가난永嘉亂으로 고문상서가 소실됐던 것이다. 그런데 동진 때 매색梅賾이 고문상서라고 세상에 공개하게 되었고 이때부터 금문경과 합본이 되어 세상에 전해졌고 당나라의 오경정의도 이 매색본 상서인 위고문경을 기본을 삼은 것이다.

흠이 연구했던 고문경의 전체는 아니지만 후대(진대晉代)인 매색이 안조한 위경이 우리가 연구하는 서경書經(상서尚書)의 3분의 2를 차지한다는 사실이다. 천하의 명문구라 하여 오랫동안 인구에 회자되며 명필의 손을 빌려 써서 붙인 대련 현액들이 모두 가짜 글귀라는 것이다. 동양적 세계관의 기준점이 되는 교훈구들이 이런 데서 나온 것이라 할 때, 실망감은 자못 클 것이다.

한대에도 금문경전, 고문경전이 물상과 세사를 오행에 배합하는 차서와 방법도 서로 달랐다. 그래서 오경 중에서 서경이 본 모습을 가장 많이 잃었고 고격을 거의 그대로 간직한 것은 시경 밖에 없다고 보고 있다.

그리스 초기 문명은 처음에는 일원론(수), 이원론(화수), 사원론(지수화풍) 등으로 변천을 거듭했다. 그러다가 말기에 들어 원자론atoma이 대두되었다. 이때 벌써 원자의 질적 차이가 아닌 양적 구성의 차이로 인해 차별적 만유가 형성되었다는 현대문명의 시원점을 마련한 것이다. 이런 점에서 보면 동서양의 차이가 적어도 그 시작에서는 그리 크지 않았다고 말할 수 있겠다.

四. 마융馬融과 정현鄭玄

1.

마융馬融의 자는 계장季長이며 동한의 명신 복파장군覆巴將軍인 마원馬援의 후예로 알려져 있다. 언변이 좋았고 용모가 준수했으며 재능이 뛰어났었다고 한다. 그에게 마속馬續이란 형이 있었으나 역사에 없는 것으로 보아 요사한 듯하다.

당시 지순摯恂이라는 이가 남산에 은거하면서 조정에서 징빙徵聘(예를 갖추어 초빙함)하였는데도 응하지 않아 관서關西에서 그 명예가 높았는데 마융은 그에게 집지執摯하고 문하에 들어 고문경학을 배워 많은 경적에 박통하고 제가를 능통하게 되었다. 그의 명석함을 기특하게 여긴 스승이 그의 사위로 삼았다. 당시 등태후가 국권을 전횡하자 선비의 사명감에서 글로써 금고禁錮를 풍간하여 파직되었으나 오히려 이름이 나게 되었다.

후한 영초永初 4년에 마융의 소문을 들은 대장군 등즐鄧騭이 그를 발탁하여 교서랑중校書郎中이 되었다. 마융은 동관東觀에 근무하면서 비서秘書를 교리校理하게 되어 그의 학문의 깊이는 자못 괄목상대할 정도의 대유大儒가 될 수 있었다. 곧 안제安帝가 친정을 하게 되자 다시 벼슬길에 올라 무도武都의 남군태수南郡太守와 의랑議郎에까지 올랐다.

그는 주역, 상서, 모시, 삼례, 논어 등은 물론 노자와 회남자까지 주석을 했다. 이렇게 문명을 떨치다가 등즐의 뜻을 거슬러 관직을 떠나게 되었다. 그제야 오만했음을 뉘우쳤고 후회했다.

이어서 권세가인 외척 양기梁冀에게 아부하여 다시 벼슬길에 오르게 되었다. 이때부터 그는 세인의 비난을 받기 시작했다. 그가 강학을 할 때는 강사絳紗(진홍 비단) 장막을 친 높은 대 위에서 미녀 악사들에게 시중을 들도록 했다고 한다. 그러나 이런 비난을 들으면서도 당시엔 그를 따를 학자가 없었기에 그의 문하에 수많은 준영俊穎들이 모여 들었다. 그 대표적인 사람으로 동한 최대 경학자인 정현鄭玄(강성康成)을 들 수 있고, 삼국지연의에서 동탁의 황제 폐립의 만행을 두려움 없이 규탄했던 중랑장 노식盧植(자는 간幹)도 그의 문하였다. 노식은 황건적 토벌에 출병하였고, 유비劉備(현덕玄德)가 가장 존경하면서 협력했던 인물이다.

2.

마융의 경전 주석이 완전하게 전해지지는 않았으나 후학들의 저작에 숨어들어 있는 것으로 보인다. 춘추좌씨전에 대해서도 '삼전이동설三傳異同說'을 저술했으나 모두 없어졌다. 전에 의하면 좌씨전의 주석서를 쓰려고 하다가 가규賈逵, 정중鄭衆 등의 주를 보고 덧붙일 것이 없다고 판단하여 다만 이 삼전동이설을 지었다고 되어 있다.

그러나 이 책은 뒤에 일실되어 전해지지는 않으나, '좌전정의左傳正義' 등에 인용된 것을 보아 그 편모를 알 수 있다. 좌전 소昭 12년 조의 삼분오전三分五典을 풀이하여 오전을 오행이라 했는데, 사실 오행이란 말은 고문상서 이외에는 없었던 말이었기에 오전을 오행으로 푼다면 큰 잘못이 되는 것이다.

이를 두고 남송 말 학자인 황진黃辰(호는 동발東發, 오월선생於越先生, 절강인)은 '황씨일초黃氏日抄'에서 가규나 복건服虔 등의 주석가도 일찍이 말하지 않았던 것이라고 밝힌 바 있다. 황진은 주자학의 도통인 보광輔廣의 재전제자인 왕문관王文貫의 문하로 절의파 학자이다. 그는 남송이 원에 망하자 보번산寶幡山에 들어가 아사했다.

논어에서도 마주馬注는 하안何晏의 '집해集解'에 인용되었다. 예를 들어 안연 문인장에서 마씨는 '극기'를 풀어 '약신約身'이라고 했다. 후세의 송유宋儒들은 이를 사욕을 물리치는 것으로 달리 풀었다.

그러나 오늘에 와서는 오히려 마주에 공감(청대에 들어 고주古注를 취함)한다. "자왈子曰 사불주피射不主皮는 위력불동과爲力不同科이니 고지도야古之道也이니라(활쏘기는 과녁을 뚫는 것을 중요하지 않게 한 것은 사람들의 힘이 같지 않기 때문이니, 이것이 옛날의 도였다)"에서 마융은 '위력爲力'을 사람마다 힘을 쓰는 등급이라고 보고 상중하로 구분하였다.

"위력爲力, 역역지사야力役之事也, 역유상중하亦有上中下, 설삼과언設三科焉, 고왈부동과야故曰不同科也"라고 하여 사射와 역力은 대언對言으로 보아 정비례로 풀었는데, 청대의 완원 阮元도 이를 지지했다. 시경에서도 현재는 마씨주가 일실되긴 하였으나 당나라 때의 훈고학자 육덕명陸德明도 '모시 석문釋文'에 이 마주를 몇 구절 인용하고 있다.

이런 점을 미루어보아, 마융의 적통 제자인 정현은 '정전경서鄭箋經書'의 해석학적 중심에 스승 마융의 것이 녹아들었을 것이라고 주장했는데 이를 부인할 수는 없을 것이다. 그래서 그의 석문에 이례적으로 자기주장을 상설한 곳은 아마도 스승 마융설과 이견이 있는 조목이었을 것이라고 추측을 한다. 그러나 다만 추측일 뿐이지 기천년 뒤의 오늘날 그 속내를 누가 알겠는가. 정현의 주전공이 예학인데도 그의 삼례三禮 석문釋文인 '정의正義'에 스승의 설이 인용됐음을 보면, 낭설로 보긴 어려울 듯싶다. 여하간 마융의 인물됨을 오늘에 와서 평가한다면 재승덕박이라 하면 맞을 것이다.

3.

정현鄭玄(AD127-200)은 자가 강성康成이며, 북해北海 고밀高密 출신이다. 조부가 정흥鄭興이고 부친이 정중鄭衆이어서 이들 선정과 구별하기 위해 후정이라 칭한다. 소시에 관리(향장부) 노릇을 했었으나 싫어져 그만 두고 태학太學에 들어가 수업을 받았다. 경조京兆(장안)의 제오원선第五元先을 사사하여 경방역京方易, 공양춘추, 삼통력三統曆, 구장산술九章算術 등을 배웠고 동군東郡의 경학자 장공조張恭祖한테 주관周官, 예기禮記, 좌씨춘추, 한시 등을 배운 바 있어 이때는 이미 산동지역에서는 스승을 삼을만한 이가 없었다.

그 무렵 부풍扶風 마융의 문하에 들 때 그동안의 학력이 그가 높은 학식을 배우는데 기초가 되었다. 당시 마융은 문도가 수백 명이 넘었으므로 융 자신은 고족高足 제자만을 지도했고 여타 제자들은 스승을 만나기도 힘들 정도였다. 그래서 정현도 삼년이나 수업을 받으면서도 마융을 대면조차 못할 정도였다.

그러던 어느날 융이 참위(도설)를 강론하면서 수학설數學說(도참은 수학으로 꾸민 술수)을 의기양양하게 의논하다가 젊어서는 잘 맞추던 순서였는데 착오를 일으켜 해답을 도출시키지 못한 적이 있었다. 이때 정현이 산술에 능하다는 말을 듣고 그를 불러 이 문제를 해결했다. 정현도 평생 의문을 가졌던 문제들을 스승 마융에게 질문하여 해결할 수 있었다.

이렇게 문제점을 해결한 정현은 더 머물지 않고 고향인 산동으로 떠나고자 스승께 작별을 고했다. 이 때 마융은 정현을 보내는 것이 아쉬워 "정생금거鄭生今去에 오도동의吾道東矣라(정생이 이제 떠나니, 나의 도도 동으로 가는구나!)"라고 말했다고 한다.

정현은 향리로 돌아가 문도를 모아 강학을 시작했다. 이때 '당고黨

錮의 화'에 연루되어 금고禁錮 14년에 처해졌다. 그러나 이를 계기로 더욱 학문에 정진할 수 있게 되었다. 사면된 뒤에도 벼슬길에는 발길을 끊고 주역, 상서, 모시 등을 주하여 그 양이 무려 백만여 언에 이르렀다고 한다. 그 당시는 황건적 도당들의 준동이 극심하여 백성들이 가족들과 유리되는 난국이었다. 그런데 정현의 학문이 높고 인격이 고매하여, 도적들조차 정강성이 살고 있는 현경縣境에는 침범치 않았다고 전해진다.

정현은 서동한의 학문을 아울러 집대성한 업적을 이루었다. 비록 하휴何休가 금문학에서 그와 주선周旋되는 편이었으나, 그도 고문학만을 천착한 것은 아니었다. 그래서 정현을 통양한統兩漢 경학대가經學大家라고 부르는데 모자람이 없었다.

이래서 금문학의 대가인 하휴가 공양 곡양 좌씨의 춘추삼전을 정리한 저작으로 '공양 묵수(공양학만을 오로지 지키고)', '곡양폐질穀梁廢疾(곡양학은 고질병이 들어 죽게 되었고)', '左씨고황左氏膏肓(좌씨학은 고황 즉 고치지 못할 고질병이 들었음)'이라 하여 공양학만을 위주한 저작을 짓자, 정현은 이에 대적하여 '발묵수發墨守(오로지 묵수만 할 것이 아니라 널리 확대시켜야 하고), 기폐병起廢病(고질병은 고쳐서 일으켜 세워야 하고), 침고황鍼膏肓(죽을병도 침을 놔서 살려야 한다)'의 저작을 해 하휴를 극복할 수 있었다. 하휴는 이 책을 보고 "하휴왈何休曰 강성康成은 내 방에 들어와 내 창을 갖고 나를 토벌하는구나!"라고 탄식했다고 한다.

그러나 이 삼 저작들은 뒤에 일실되어 전해지지 않고, 후대 청의 삼복三復이 산견되는 소문疏文들로부터 수집한 '정씨유서鄭氏遺書' 한 권이 있을 뿐이다. 또한 동한대 설문해자의 편자인 허신이 '오경이의五經異義'에 대해 반론을 쓴 '박오경이의駁五經異義'가 앞의 정씨유서 속에 실려 있었다.

五. 환담桓譚

환담桓譚(BC40~AD31)은 동한의 경학자로 자는 군산君山이며 안휘성 패국상현沛國相縣(현 수계현濉溪縣) 출신으로 악관 가문에서 출생했다. 고문파인 유흠, 양웅의 문하에서 유하였고 청렴하고 강직했다. 성제成帝 말에 잠깐 악부령樂府令을 지냈으나 애제哀帝 때 악부 폐지로 관직을 떠났다.

왕망이 찬탈하여 신국新國을 세우고 환담을 누차 불렀으나, 환담은 나아가지 않았다. 광무제가 다시 동한을 세워 한조를 잇자 주변의 천거로 의랑議郞, 급사시중給事侍中을 역임했다. 당시 사회 풍조가 오랫동안 전쟁과 기근으로 피폐했었고 광무제(세조世祖)도 도참에 깊이 빠져 있던 때라 정치, 군사 관련 모든 업무가 도참에 의해 수행될 정도였다. 환담은 이런 현실을 개탄하여 여러 차례 상주를 하였다.

예컨대 공양학자들은 "공부자가 후대에 한이 건국될 것을 미리 알고 대법大法(춘추대법)을 예견해 이를 내려주려고 춘추경을 지었다"라는 식이었다. 당시 공양학자들은 공자를 예언자로 보았다. 세계화된 모 종교단체가 현대의 세계사를 자기들의 경전과 똑같이 진행되는 과정으로 보는 것과 흡사하다 하겠다. 동한을 세운 광무제 유수劉秀도 서한을 세운 유방처럼 무식한 필부였다. 그러니 정치적인 모든 문제들을 도참에 의해 해결하고자 하는 풍조를 뛰어넘기 어려웠을 것이다.

중국 문화는 양한과 위진남북조 시대를 거치는 동안 이런 '오행재이설五行災異說' 같은 미신적 사고방식의 타성에 빠지게 되었다. 또 이것이 누천년 쌓여 체질화되다 보니 구조적 사상으로 뿌리를 내리게 되었고, 동양적 정체성의 원인으로 작용하게 된 것으로 보인다.

환담은 복서卜筮는 우연성이어서 결코 믿을 것이 못되며, 오경의 바른 뜻이 될 수 없다고 주장했다. 일찍이 성인(공부자)께서도 부정하셨고, 숭상할 바가 못 되는 것으로 보았다. 세조(유수)가 나라의 기틀을 잡은 뒤에 도참에 의해 영대靈臺를 만들려고 당시의 석학인 환담 불러 참에 의해 결정해 달라고 했다. 그때 환담은 "신은 참을 모른다"라고 직언했다. 영대는 신에 제사를 드리는 '시示'자 꼴의 영험처Asylum로 신성불가침 지역이다. 이는 삼국지 위지 동이전의 마한조에 나오는 소도와 같은 곳이다.

이에 세조(광무제)가 성인을 모독했다 하여 즉시 참형하라 명했다. 세조가 본 성인은 공양춘추에 나타난 왜곡된 공부자였기 때문이다. 그러나 만조백관의 진언으로 죽음은 면할 수 있었다. 환담은 올곧은 선비의 뜻을 세웠으며, 곧은 선비 정신은 존경의 대상이 되었다.

환담의 저술은 '신론新論 29편'이 있었으나 목록가들은 일실된 것으로 본다. 한대의 학자들의 저작에 '신新' 자를 붙인 이유는 한초의 육가陸賈가 '신어新語'를 지었고, 천재인 가의賈誼도 '신서新書'를 지었는데, 새 세상이 열리면서 보였던 드높았던 개혁의지가 반영된 것으로 보인다. 그러나 이후로 진부한 제도와 타성이 된 인습으로, 썩을 대로 썩은 후대에도 이 '신' 자를 계속 붙이게 되었다.

근세 청대의 손풍익孫馮翼이 다른 서적에 인용된 단문들을 수집하여 '문경당총서問經堂叢書' 일 권을 펴냈다. 이 속에 '연산팔만언連山八萬言'과 '귀장사천삼백언歸藏四千三百言'이라는 구절이 보이는데, 이토록 구체적으로 언급한 것으로 보아 동한초까지도 연산역과 귀장역이 존재했었음을 알 수 있다.

훗날 일실된 경전들의 짧은 문구만을 수합해 다섯 권의 서책으로 '옥함산방집일서玉函山房輯逸書'가 대만에서 출판된 적이 있다.

六. 왕충王充

1.

왕충(AD27~AD96 경)은 자가 중임仲任으로 동한의 절강성 상우上虞 출신이다. 어릴 적에 낙양에 상경하여 태학에 들어가 반표班彪를 사사했다. 왕부王符, 중장통仲長統과 더불어 동한의 삼재三才로 불렸다.

그는 유가의 호천昊天 상제설이나 천인감응설, 인과응보설을 부정하고 도가 계통의 귀신설, 참위설, 신선술을 공격했다. 우주 운행의 생성과 소멸은 음양이기가 이합집산된 기계적인 작용에 지나지 않는다고 주장했다. 태초에 일원기一元氣가 있었고 이것이 음양이기陰陽二氣로 분화하여 이합집산하면서 만물이 생성소멸하는 것이며, 이것을 무의식적이고 우연성에 의한 작용으로 본 것이다. 이런 점에서 인류나 만물이 동등한 존재이며 성인이나 범인 역시 본질적 차이가 없다고 보았다.

그러면서도 그는 자연으로부터 받은 기(수기지차이受氣之差異)의 과다박후過多薄厚에서 차별이 만들어진다고 보았다. 바로 이런 점이 송대 성리학의 기질지성氣質之性의 선구가 되었다고 본다.

그는 인성은 선, 악, 선악혼론善惡混論 세 가지로 나뉜다는 양웅과 같은 설을 펼쳤다. 그래서 인성은 흰 보자기 같아서 여러 가지 빛깔로 물들일 수 있는 소재일 뿐이라는 것이다. 따라서 인성을 좋게 닦을 수 있는 학문을 수양의 도구로 삼아야 한다고 했다.

인생의 길흉에는 정명正命, 수명隨命, 조명遭命이 있는데, 정명은 선천적인 길명吉命이며, 수명은 생활에서 행실을 조심하면 대개 길복에 이르고 방종하면 흉화를 맞는다는 것이고, 조명은 자기의 죄와는 상관없이 뜻하지 않은 불행이나 비명횡사를 맞는다는 것이다. 다만 이런 결과가 자기가 저지른 업보의 결과는 아니라는 것에 특징이 있다. 귀신이란, 사람의 신경작용의 환영(헛것)일 뿐이지, 죽고 나면 아무 것도 없이 사라진다는 것이다.

여기까지는 아주 합리적인 듯했는데 그 다음으로 골상론骨相論을 주장했다. 즉 사람의 골상에서 그의 운명을 대개 읽어낼 수 있다는 것이다. 그래서 그는 골상론의 시조가 되었다.

그의 대표적 저작으로 '논형論衡'이 있는데 이는 문명 비판서로서 후인들에게 감동을 주었다. 그가 33세에 저술을 착수하여 64세에 탈고한 할 정도 오랜 시간이 걸린 책이다. 논형은 주로 인물을 중심으로 하여 사람의 본성과 시대상, 사회상을 비판한 저작이다. 때로는 실소를 자아내기도 하지만, 권위에 억눌렸던 콤플렉스를 확 풀어주기도 한다.

서양의 마이어스Meyers는 왕충을 공자와 맹자, 장자 같이 독단에 빠지지 않은 중국 철학자 중에서 최초로 미신을 떨쳐낸 철학자라고 평가하면서, 중국의 볼테르Voltair라고 했다. 반면 전통사회의 중심층에서는 왕충의 저서를 심술기가 넘치는 저급한 잡문 쓰레기라고 혹독하게 비판했다.

2.

왕충의 저작 '문공편問孔篇'에 나온 주장을 한번 보자. 논어에 '부여귀시인지소욕야富與貴是人之所欲也(부와 귀는 사람들이 얻고자 하는 바)지만, 불이기도득지不以其道得之(그것이 이치에 맞지 않게 얻어진 것이라면), 불거야不去也(그곳에 나아가지 않겠다)'라는 구절이 있다.

왕충은 '불이기도득지' 구절을 '불이기도거지不以其道去之'로 바꿔야 한다고 했다. '불거야'를 앞 문장에 맞게 풀지 못하고 앞 문장을 이렇게 고쳐야 한다고 주장한 것이다. '나아가지 않겠다'로 풀면 될 것을 '떠나지 않겠다'라고 생각했기에 앞 구절을 바꾸자고 한 것으로 보인다. '부와 귀는 불법적으로 얻어진 것이라 할지라도 떠나지 않겠다'로 해석한 데서 비롯된 것이다. 왕충이 이렇게 경솔하게 주장하기 전에 조금만 더 살펴보았더라면 이런 일은 면할 수 있었을 것이다.

어느 날 부자께서 자공(사)에게 "여여회야숙유女與回也孰愈아(너와 안회 중에 누가 더 나으냐?)" 하고 물으니, "사야하감망회賜也何勘望回입니까(제가 어찌 회를 넘겨다보겠습니까)" 하고, "회回야 문일지십聞一知十이어늘, 사야賜也 문일지이聞一知二니다(안회는 하나를 들으면 열을 알지만, 저는 하나를 들으면 둘을 알 뿐입니다)"라고 답했다. 이에 부자께서 "불여여야弗如女也라, 오여여구불여야吾與女具弗如也라(너는 안 된다. 나와 네가 모두 그와 같지 못하다)"라고 말씀하셨다.

왕충은 이 문장 중 '불여야弗如也'란 말이 틀렸다고 주장했다. 안연(회)과 자공의 능력을 잘 알고 있는 터에 새삼스러이 물어볼 필요도 없는 것이고, 또 '오여여구불여야'는 무익한 언사라는 것이다. 사실 영특한 제자가 신통스러워 한 말씀으로 볼 수도 있겠으나, 가장 가깝게 지내는 제자를 옆에 두고 한 말로 보기에는 과장도 있으며 쑥스러운 이야기일 수 있다는 것이다.

또 '재아주침宰我晝寢' 장에서도 '공자가 제자를 꾸짖은 게 심하다'고 지적했다. 재아宰我(자아子我)는 어느 날 낮잠을 자다가 심하게 꾸지람을 들었다. 그는 사과四科에 들 정도의 출중한 제자였는데 부자께서 좀 지나치게 꾸짖었다는 것이다. 심했던 것은 사실이나 전후의 사연이 생략된 상황을 놓고 왕충이 그런 평가를 내리는 것도 문제가 아닐 수 없다. 자주 낮잠 자다 들켰을 수도 있을 것이고, 또는 전날 밤에 잠을 잘

수 없는 지경에 처해 있었을 수도 있다. 전자라면 당연히 꾸지람을 들어야 하겠지만 후자라면 잘못된 지청구가 아닐 수 없다. 그러니 이 부분은 왕충이 언급하지 않는 것이 옳다. 그래서 노자서에 '다언삭궁多言數窮(말이 많으면 자주 막히게 됨)'이라 했나 보다.

여하간 왕충이 '문공편'에서 '질지이심자疾之已甚者(나무람이 지나치게 심한 짓)'이라 평한데 대해, 후인들은 "미숙지평이심자未熟之評已甚者(미숙이라는 비평은 너무 심한 짓)"이라고 했다.

왕충의 '척맹편刺孟篇'을 보자. 맹자서의 첫 쪽에 나오는 양혜왕과의 문답에서 맹부자는 어찌하여 의를 말하지 않고 이利부터 거론하느냐는 척리설斥利說이 나온다. 이에 대해 "이利에도 두 가지가 있다. 이섭대천利涉大川, 이견대인利見大人과 같이 원형리정元亨利貞하는 안길지리安吉之利가 있는 반면에, 사리私利인 재화지리財貨之利가 있는 것인데 이것을 구별치 않고 싸잡아서 배척했다"라고 평했다.

혜왕이 맹자께 요구한 것이 안길지리일 수 있다는 것이다. 필자도 젊어서 맹자서를 처음 공부할 때 이 두 사람의 대화를 보면서 한 사람은 지능이 좀 떨어지는 것이 아닌가 하는 생각을 했던 때가 있었다. 왕충은 철저한 숙명론자였기 때문에 자기의 세계관으로 타의 합리적인 입명까지도 비판하는 독단론적인 잘못을 범하기도 했다.

맹부자는 '진심盡心상편'에서 '정명正命'과 '비명非命'이 있다고 했다. "지명자불립어암장지하知命者不立於巖墻之下하야 진기도이사자盡其道而死者는 위정명야爲正命也요, 질곡이사자桎梏而死者는 비정명야非正命也라". 즉 "(처신을 함부로 하지 않는) 천명을 아는 이는 위태로운 암장 밑에 서지 않음이 정명이고, 질곡에 묶여 비참히 죽는 것은 정명이 못 된다"라는 말이다.

이에 대해 왕충은 다음과 같이 비판했다. 자연에서 무의지적으로 품부한 기운의 이합집산은 하늘이 그렇게 시킨 것도 아니고, 인간의 의지로 그 수레바퀴를 돌려놓을 수 없다는 것이다. 생성설에서는 무의지설로, 세상에 내던져진 뒤에는 인간의 의지가 그 운항행로에 작용할 수 없다는 운명적인 피결정설로 일관하고 있다.

어찌 보면 원인론과 결과론이 서로 모순 관계에 있으나 원인설을 강조하다 보니 필연적 결과론으로 귀결되지 않을 수 없었던 고뇌가 엿보인다.

공부자가 그토록 천하를 주유하면서 지위를 얻고자 애를 썼으나 무위無位케 된 것이나 안회가 요절하고 자하가 실성한 것도 세상에 던져질 때 자신은 원하지 않았으나 그렇게 되도록 원인이 부여되었기 때문이라고 보았다. 백우伯牛가 문둥병에 걸리고 비간比干이 배가 갈라져 죽게 된 것이나 자로子路가 죽어 소금에 절여진 것이 모두 정명이 아닐 수 없다는 것이다. 불교의 인과응보설 같은 논리는 성립되지 않지만, 알 수 없는 그 어떤 원인의 작용으로 보고 있다.

3.

왕충은 조심하면 정명을 얻고 몸을 함부로 굴린다면 비명에 이른다는 맹자의 설을 반대했다. 인생의 수요궁통에 사람의 선악의 의지가 털끝만큼도 명에 더할 수도, 덜 수도 없다고 본 것이다.

혹자는 불교의 인과설에 비해서 논리가 정연치 못하다가 말할 수 있겠으나, 인과설을 한 단계 더 들어가 보면, 왜 어떤 사람은 평생 좋은 일만 하는 의지를 부여 받았고, 또 어떤 사람은 나쁜 짓만 하는 심성을 부여 받았느냐 하는 질문에는 설명이 막힐 수밖에 없다. 설령 전 단계를 설명해줄 수 있다 하더라도 전 단계의 원인을 어떻게 캐낼 것인가.

우리는 TV 기상뉴스에서 중부지방에 저기압이 발달해 있어서 비가 올 것이라는 예보를 듣는다. 그런데 저기압이 왜 중부지방에 발달하는지 그 원인은 알지 못한다. 언뜻 보면 한 쪽의 논리가 정밀해서 두서너 단계까지 거슬러 올라갈 수 있는 게 업보관이고, 왕충의 것은 홑 껍데기 논리인 듯 하나, 우열에 차이가 있다고 보이지는 않는다. 요순의 태평성세나 걸주의 패망이 그들의 공죄功罪 때문이 아니고 시명時命이 그렇게 돼 있어서 그렇다는 주장이다.

그런데 앞에서 본 묵가사상에서는 무명론無命論을 편다. 즉 역양歷陽이 함몰되어 호수가 될 때 백성들은 모두가 몰사할 수밖에 없었고, 진장秦將 백기白起가 항복하는 조趙의 병졸 40만 명을 장평에서 갱사시킬 때 한 사람도 살아남지 못한 것은 숙명 때문이 아니라는 것이다. 일을 그렇게 벌인 후 말을 만들어 숙명이라고 한 것이지 예정된 명이 있는 것은 아니라고 본 것이다. 이에 대하여 왕충은 이런 사건을 모두 예정된 숙명이라 보았지만 그 원인론을 세울 수는 없었다.

몇 년 전 중국 사천성 지진의 참상도 이런 논리로 설명될 수 있을까. 그렇다고 한다면 무명론이나 숙명론이 다른 점이 무엇인가. 이 두 견해의 귀결점은 불가지론不可知論이 공통분모일 수밖에 없다. 다만 차이점은 묵가는 신을 경배하는 데 비해, 왕충은 눈에 보이지 않는 신이란, 황당한 하나의 단어(어휘)일 뿐이라고 주장했다. 혼백이란 원기 작용으로 만들어져 활동하다가 생명이 끊어지면 자연의 원기가 될 뿐, 사람이 죽은 뒤에 영혼이 있다는 것은 잘못된 생각이라고 했다. 만일 혼백이 있다면 수많은 동물 중에서 사람에게만 있겠느냐는 것이다. 그래서 왕충은 생민 이래 귀신이 있다면 이 세상은 귀신에 걸려 다닐 수도 없을 것이라고 주장했다.

왕충은 인간이 자의식이 없는 상태를 3단계로 보고 있다. 1) 잠든 상태, 2) 기절한 상태, 3) 죽음으로 구분하고, 앞의 1), 2) 단계는 육체가 있으면서 무의식인데 비해 3)은 무육체의 무의식 상태라고 했다.

피곤하여 깊이 잠들거나 기절했을 때도 아무것도 모르는데, 사람이 죽고 난 뒤에 의식이 있고 혼백이 있을 수 있느냐는 것이다. 그리고 내세설이란 천재일우로 세상에 왔다가 죽고 나면 그만인 것에 대한 아쉬움에서 나온 것일 뿐이라고 봤다.

七. 왕부王符

왕부王符의 자는 절신節信이며 동한 10대 환제桓帝(AD 147~167) 때 사람이다. 저작으로 '잠부론潛夫論'이 있는데, 이는 평생 동안 세상에 나서지 않고 지냈기에 스스로 자를 '절신'으로 하고 저작명도 '잠부론'이라 했던 것이다.

그런데 범엽范曄의 후한서 문장과 전해오는 잠부론과는 다른 점이 너무 많다. 그 까닭은 왕부의 것이 산개刪改가 너무 많았던 데서 비롯된 것으로 보인다.

이 잠부론은 당시의 폐단을 통박한 것으로 학문적 가치보다는 시사적인 의미가 있다고 보이지만, 왕충의 '논형'에 미칠 바가 못 된다. 왕충과는 달리 숙명론적 입장에서 바라본 세계관을 갖고 있었기 때문이다. 즉 명은 천의라서 불가사의한 영역으로 인간의 지혜로는 헤아릴 수 없기 때문에 사람은 마땅히 해야 할 바에 힘쓸 뿐이라는 것이다.

그러나 숙명에 대해서는 수동적이기보다는 능동적 입장을 취하는 편이다. 세인들이 귀신에 관심을 많이 가져 그 힘으로 스스로의 범죄를 사면 받고 싶어 하지만, 작은 죄는 스스로 반성해 용서받을 수 있을지 몰라도 대죄는 결코 그 허물에서 벗어날 수 없을 것이라고 했다.

왕부도 골상에 관심이 많았다. 그는 세인들이 말하기를 사람의 운명은 골상에 달렸다고 믿고 있는데, 어느 정도의 가능성만을 기대해야지 그 이상의 기대치를 원한다면 당사자의 목표에 걸맞은 노력이 뒤따라야 된다고 주장을 했다. 기존 운명론자들의 생각보다는 한결 발전된 생각을 갖고 있었던 사람으로 보인다.

그는 골상은 목재와 같아서 수레를 만들고 집을 짓는데 좋은 목재가 수레의 중심을 구성하는 몸체나, 집의 기둥이나, 들보가 될 가능성은 있다. 그러나 그것을 잘 다듬어야 쓰임새에 맞는 자재가 되는 것과 같이 골상만으로는 훌륭한 인물이 될 수는 없다고 보았다.(상자相者는 능기기소극能期其所極이나, 불능사지필지不能使之必至라). 이와 같은 합리적 사고는 후대의 송학 형성에 기초가 되었다.

이후 동한조가 쇠약해진 동한 말기에는 '성선정악性善情惡'설에 반기를 든 양웅 류의 혼재설이 유행됐다. 순열荀悅은 부조가 모두 학자로 순자(경)의 후예라고 전해진다. 이 집안의 가학이 혼재설이었고 저작으로 '한기漢紀'와 '신감申鑒'이 있다. 이외에 '건안칠자建安七子'로 알려진 동한말 魏初人인 서간徐幹(자 위장偉長)은 인품이 고상하고 학문이 순정했으며 저작으로 '중론中論'이 있다. 중장통仲長統(자 공리公理)은 '창언昌言(34편)'을 지었는데 일실되었고 '낙지론樂志論'이 전해지고 있다.

중원 땅에 통일조정 시대는 끝나고 한동안 열국이 갈마드는 시대가 되는데, 이 시기는 위진남북조(AD221~588)로 양한대와는 달리, 도덕절의보다 사부문장을 중시했고 중후질직重厚質直보다 재화풍류才華風流가 유행했다. 학문적 연구도 경학보다는 노장적인 자적에 빠지던 시기였다.

죽림칠현과 하안何晏, 왕필王弼이 활약했는데 하안은 '논어집해(일실됨)'를 저술했다. 백제의 왕인 박사가 왜국에 논어를 전파했다는 기록이 있는데, 그 때의 논어는 '하안주 논어'일 것이다. 왕필은 '주역주'를 저술했다. 이 하안과 왕필의 주석서는 양한 이후의 가장 큰 업적이란 평가를 듣기도 하는 거작이었다.

당대 이후까지도 왕필주 주역은 한유漢儒의 '상수지말폐象數之末廢'와 '음양재이지미신陰陽災異之迷信'을 벗겨내는데 큰 공로를 이룩했다고 평가받는다. 다만 송대에 들어 노장학의 영향에 물든 결과물이라는 비판은 있었으나 위진시대까지만 해도 경전 해석에서 불교적 색채로 점염되지는 않았었다.

삼국 중의 오吳의 주역 주석가로는 우번虞翻과 육적陸績이 있었으나 이 양가의 것은 유실된 상태다. 다만 당나라 초 이정조李鼎祚의 '주역집해' 가운데서 산견된다. 우번과 육적 이 두 사람은 청유들로부터 한유漢儒의 설을 이어받은 마지막 근거라며 높이 평가받고 있다. 청대 유학자들은 한학漢學만이 선진대의 원형을 조금이나마 지니고 있는 유일한 잔영이라고 보았기 때문이다.

삼국 중 촉의 초주譙周가 저술한 '논어주(위의 하안주를 짐작해 볼 수 있는 근거)'가 있었다 하나 일실되었고 그의 '고사고古史考'가 남아 있는데, 후대의 위서로 보고 있다.

4장 위진남북조 시대의 경학자와 현학자들

一. 왕숙王肅

　　왕숙王肅(AD 195~256)은 위魏의 경학자로 자는 자옹子雍이며 회계인會稽人으로, 동한 말 금문학자 왕랑王郞(양사楊賜에게 금문학을 전함)의 아들이었다.

　　태수 산기상시散騎常侍 광록훈光祿勳 등의 높은 벼슬을 했으며, 조조의 뒤를 이은 문제文帝가 학관을 일으켜 유학을 융성시킬 때 박사가 되어 활약했다. 그리고 학문적으로는 가규賈逵와 마융馬融으로부터 영향을 받았다. 금고문을 절충하여 상서, 시경(모시), 춘추좌씨전, 논어, 삼례의 주를 달았는데, 이 서책이 다 학관에 채택됐다. 진대에서 양한대를 통틀어 학문은 모두 관에서 주관하던 시대였으므로 학관에 채택되면 바로 정규 국가학이 되었다.

　　왕숙은 우선 학관의 관학서이었던 정현주를 비판했고, 그 이후에 출현한 신학설까지 비판 배격하였다. 그 방법은 앞서의 정현처럼 금고문을 서로 갈마들면서 주注에 채택하는 것으로, 즉 정강성이 고문으로 주를 단 곳은 금문주로 비판하고, 금문주는 고문주로 비판하여 반박하였다.

　　왕숙이 주장하는 중심적 이론은 '공자가어孔子家語'를 근거로 한 '성증론聖證論(공부자는 이미 역사를 예언했다는)'으로 정현의 학설을 논박한 것이었다. 이 '공자가어'는 당송대에 위서임이 밝혀졌다. 이 가어서가 공자의 자손인 공맹孔猛이란 사람의 집에서 발견된 것이라고 하나, 사실은 '대대예기大戴禮記', '소대예기小戴禮記', '춘추좌씨전', '국어國語', '순자', '맹자'에서 뽑아내어 교묘하게 얽어낸 안조서였다.

　　이것 외에도 그는 공안국孔安國의 '상서전', '논어주', '공총자孔叢子',

'효경주'를 안조해냈다. 이 모든 과정이 그의 '성증론'에 근거한 것으로 당시에는 난공불락이었던 정현주를 깨뜨리려는 집요한 계획에 의한 작업의 결과였다. 특히 '예설禮說'에서는 정강성을 따를 사람이 없었으므로 왕자옹은 이 현실을 참아낼 수 없어서 경서를 안조해내는 짓까지 저지르고 만 것이다.

양한대 금문가와 고문가 사이의 쟁송거리였던 '교묘예제郊廟禮制(교외에서 올리던 천제 예제의 쟁송 문제)'도 미해결 상태였는데, 그는 자신의 설을 공부자 설이라 써놓고 정론으로 삼아 후인들의 조소와 비판을 면치 못했다.

왕숙은 대의명분보다 자구 해석에 치우쳤다. 자신의 치밀하고 박식한 실력을 과시하여 상대의 허점을 찌르려는, 문자 연구에 관한 한 타의 추종을 불허하려 했으나 진실 앞에서는 별수 없이 역사의 거짓말쟁이가 되어 웃음거리가 되고 말았다.

정현과 왕숙 양가의 논변은 문자를 세밀하게 연구하는 계기가 되었다. 후대 한학만을 천착하는 청유들은 정강성 설은 최고로 대접했지만, 왕숙 설은 자기 족속(일가붙이)의 '천명수부 天命受付' 설을 굳히기 위해 경전을 날조했다고 비판했다.

사마염司馬炎은 삼국시대 제갈량의 적수였던 사마의의 손자였다. 당시 최고로 머리가 잘 돌아가는 왕숙과, 조조의 최고 권신인 사마의가 서로 사돈을 맺은 것이다. 그러나 사마염은 조조의 손자 식솔을 모두 죽이고 위를 찬탈해 진晉(서진西晉)을 세웠다. 사마염은 할아버지 때부터 입은 은혜를 살육으로 갚은 셈이다.

왕숙이 정현을 논박하는 증전으로 삼은 성증론에서 '순탄오현지금舜彈五弦之琴' 조條를 정현은 주하여 "내용을 들어보지 못했다"고 한 데 대해, 왕숙은 가어에서 그 노랫말 내용을 기록하고 있다. 공자가어도 후

한서 예문지의 공자가어 27권 운운하는 구절을 안사고顏師古가 주하여 "비금소유가어非今所有家語(지금 있는 것은 가어가 아님)"라 한 것으로 보아 당나라 이후에 전해지는 것까지 모두 위작임이 분명하다.

숙이 현을 비판한 것은 대부분 예설禮說이다. 상례喪禮 삼년상에 관한 해석에서 정현의 설은 27개월인데 반해, 왕숙은 25개월이 옳다고 보았다. '혼례婚禮의 계절 해석'에서도 정현은 중춘월(2월)로 보았는데 대해, 왕숙은 동월(10, 11, 12월)로 보았다. 그리고 정현은 "호천제사昊天祭祀는 원구圜丘에서, 상제上帝는 교郊에서 제사 지낸다"라고 되어 있는데 대해 왕숙은 원구와 교는 동일한 것으로 천은 유일천이라 하며 정현의 '육천설六天說'을 부정했다.

참고로 우리나라 원구단圜丘壇은 옛 시청 건너편에 있는 조선호텔과 프레지던트호텔 사이에 초라하게 끼어 있어서 잘 보이지도 않는다. 그런데 중국에는 천단공원에 거대한 천단天壇이 있다.

二. 하안何晏

하안何晏의 자字는 평숙平叔이며 삼국시대에 하남성의 남양南陽에서 태어났다. 조부는 하진何進이며 부는 하함何咸이다. 아버지가 일찍 돌아간 뒤 어머니가 위魏 태조 조조曹操의 측실이 되면서 궁중에서 태조의 사랑을 받고 자랐고 거기에다 조조의 딸을 상尙(천자의 딸에게 장가 감)하여 상서부마도위尙書駙馬都尉가 되었다.

대신 조상曹爽이 권력을 잡자 그의 신임이 두터웠던 하안은 시중侍中과 이부상서에까지 올랐다. 이때 이무기가 용 모양으로 커가고 있는 사마의를 제거하려고 함께 결탁하였으나 도리어 조상의 모반으로 하안의 일족은 사마의에 의하여 살해되었다.

그는 당대의 문장가이자 청담가淸談家로서 일세를 풍미하여 소위 정시正始(연호)음音이라는 유행을 만들기도 했었다. 당시는 한 황실이 교체되는 시기여서 경학은 관심에서 멀어졌고 구재口才를 활용하는 노장가류의 청담이 유행되던 때였다. 이때 지능과 구변이 좋았던 그가 이 방면의 영수가 되었던 것이다.

청담학의 전거가 되는 경전은 논어를 위시로 하여 주역과 노자서, 장자였다. 주로 노장적 무위자연관에서 주역과 논어를 해석하는 경향으로 궁중의 궁정파宮庭派, 심산에 은거하는 은둔파隱遁派 등 각가各家의 생활 형편에 의거한 유행이 만연됐었다.

이때 출현한 것 중에 '논어집해論語集解'는 오늘날 전하는 도가적 해석의 최고본最古本(한유주漢儒注는 유일본으로 오늘에는 금과옥조가 되었다)으로 보고 있다. 하안의 이름으로 천자에게 올린 이 책은 정충鄭沖, 손옹孫邕, 조희曹羲, 순의荀顗 등의 주해와 함께 서한의 공안국孔安國, 동한의 마융, 포함包咸, 정현의 주석, 위魏의 진군陳群, 왕숙王肅, 주생렬周生烈 등 팔가의 설을 모두 모아 편찬한 것이다.

이것을 남송의 주자(희)의 '논어집주'와 구별하여 고주古注라 한다. 이것의 해설서로서는 양梁 황간皇侃의 '논어집해의소論語集解義疏', 북송 형병邢昺의 '논어주소해경論語注疏解經'이 있다. 청대 유보남劉寶楠의 '논어정의論語正義'도 하안본을 위주한 것이다.

우주론에 있어서도 선진에서 한대까지의 천명에 의해 인간 길흉화복의 상벌이 내려진다는 신앙은 미신일 뿐이라고 보았다. 노자의 무無의 개념대로 만유萬有는 근본으로 삼는다고 보았고 우주는 천명에 의한 것이 아니고 무위일 뿐으로 보았다.

노장학적 안목으로 경전을 푼 예를 보자. '선진 편'의 "자왈子曰 회야回也 기서기호루공其庶幾乎屢空(부자께서 말씀하시기를 거의로구나. 뒤주 빈 지가)"에서 '누공屢空'은 '공궤空匱'인데 이를 노장학적인 안목으로 '허중虛中'이라 풀었다.

三. 왕필王弼

1.

왕필王弼(226-249)의 자는 보사輔嗣로 하남성 산양山陽의 고평高平 출신이다. 조숙한 천재로 일찍이 그 이름이 널리 알려졌다.

부하傅嘏와 하안何晏에게서 학문을 사사받았으며 종회鍾會와 교류하였고 도가학을 좋아하여 하후夏候 현玄과 함께 청담변설을 잘하여 유명해져 세상에 청담기풍을 유행시켰으며 이를 정시지음正始之音이라 일컬었다. '세설신어世說新語'의 5권 왕필별전에 의하면 하안이 "왕필은 하늘과 사람의 관계를 논할 수 있는 사람"이라고 극찬했다고 전하고 있다.

그는 천지만물은 무에서 출발한다는 도가적 우주관을 세웠다. 이는 전국시대와 양한대의 정치적 불안과 민중들의 힘든 세상살이에서 야기된 황당한 의식구조 때문이었다. 온통 세상에 미신적인 위경僞經이 만연했고 경전 해석까지도 이런 식으로 해나가게 되니 이런 병폐를 불식시키기 위해서 과감하게 노장설을 방법론으로 채택한 것이다. 우리는 천재 왕보사의 파사현정하는 과감한 선각을 오늘날 기리지 않을 수 없다.

속설에 천재는 오래 살지 못한다는 말은 있지만 너무 아쉽게 요절했다. 어리석은 세인에게 바른 깨우침을 준 영과穎果는 '노자서해老子書解'과 '주역주周易注'만으로도 충분하다. 그래도 이 진애塵埃로 감염된 속세일지나 참고 견디며 좀 더 머물러 방향을 잡지 못하고 허둥대는 중생들을 위하여 영매한 선안仙眼으로 성인의 해타咳唾를 올바로 탁마한 그 참모습을 보여주었으면 하는 아쉬움이 남는다.

그럼에도 그가 남긴 결과물이 동방사상의 대표적 벼리 글이 되었으니, 후학들은 이것만 가지고도 지나온 천추는 물론 다가올 천추까지 성인의 충지衷志(속마음 충)를 헤아리는 지표로 삼기에 충분하다. 이 업적은 지금도 이 방면 연구의 기본 지침서 노릇을 하기에 타의 추종을 불허한다고 본다. 당나라 때 육덕명陸德明이 '오경정의五經正義 석문釋文'을 편찬할 때 왕필본을 정본으로 삼았고 노자서 주注도 송대 이후로 왕필주가 가장 보편적 주석으로 인정되었다. 왕보사는 그가 활약하던 당시에도 뛰어나다고 알려진 제가들과는 다른, 특이설을 말했다고 알려져 있었고 스승인 하안과도 의견을 달리한 게 많았다.

당대의 논객이었던 배휘裵徽를 찾았을 때 배휘는 "대저 무는 만유가 근거하는 바나 그것은 그저 무일 뿐이기 때문에 성인은 그것을 감히 말하지 않았다. 그럼에도 노자는 많이 설명하면서 그만둘 줄을 모르니 이는 무슨 까닭인가?" 하고 묻자, 왕필이 "성인은 무를 체득했기 때문입니다. 무를 말로 가르칠 수는 없는 것입니다. 말로 한다면 그것은 유가 되기 때문입니다. 그러므로 무를 자주 말함은 노장이 아직 부족한 데서 비롯된 것입니다"라고 답했다.

당시로선 탁이지인卓異之人이라고 칭송된 노자를 뛰어 넘는 언어를 할嗜했던 것이다. 이런 점은 그가 노장학자이면서 노장을 뛰어넘는 경지에 도달했음을 보여주는 대목이다. 천하 만물은 무위가 근본이어서 우리가 일상에서 의존해 살아가고 있는 유의 세계는 무에서 근원된 것이라고 보았다.

그러니까 이 세상은 무에서 비롯되었고 이 유의 세계는 유한하기 때문에 결국엔 무로 돌아가게 된다는 것이 자연의 섭리이며 우리 인간도 이 세상에 있는 동안은 유의 존재여서 앞으로 돌아가게 될 무의 세계를 형상지어 보고, 추측해본다는 것이다. 또한 세상이 귀찮다고 그곳을 그리워하여 상상해 보는 것 등은 바로 넌센스가 되고 마는 것이다.

또 성인관도 하안과는 달랐다. 하안은 희로애락이 없는 사람이 성인이라고 하였다. 그러나 왕필은, 성인은 양면을 함유하고 있어서 신명神明의 면이 있으면서도 오정五情의 면도 있다고 하였다. 후자는 범인과 똑같은 것이어서 구별이 없으나 신명의 면만은 범인이 갖지 못한 것으로 성인이 된 소이이다. 그러나 오정은 범인과 똑같이 구유한 점에서 범인과 다를 바 없다.

그래서 성인도 범인과 똑같이 희로애락을 가졌는데, 다만 성인은 사물에 응하되 이에 얽매이지 않는다고 보았다. 성인은 사물에는 응하지 않는 부동심을 유지한다는 생각은 잘못된 인식으로 보았다. 이런 점은 그가 당시의 여러 학자들의 일반적 수준을 뛰어넘는 경지에 이르렀다는 것을 보여준다.

2.

주역론에 있어서도 왕필은 한유들의 일반설과는 차별 있는 안목을 가졌었다. 한유들이 미신에 가까운 안목으로 주역을 풀어가고 점복으로 활용하는데 주안점을 둔 데에 대하여, 왕필은 "점은 치는 것이 아니다"라는 성인(공부자)의 말씀대로 '역易'에 '상象'이 있는 것은 '시경詩經'에 '비흥比興'이 있는 것과 같은 것으로 실제로 괘 속에 그런 상이 있는 것이 아니라고 보았다. 그래서 그는 여타 한유漢儒의 제설을 배제하였고, '비씨역費氏易'에 근원하여 상수설象數說을 배제하고 의리설義理說을 주창하여 '역주易注 6권'을 저작하였다.

왕필주 주역(이하 필주)은 우선으로 상象 위주의 역해易解를 반대했다. 예를 들어 '계사전繫辭傳'에 '시고역자상야是故易者象也, 상야자상야象也

者像也'라고 했는데 상像은 형(형태)인데 역의 대표적인 기호인 팔괘를 천지만물들의 상(형)으로 표현하고 있다는 것이다. 주역을 처음 배우는 사람의 안목에서 볼 때는 이 속엔 무진한 깊은 뜻이 들어 있구나 하고 감탄을 하겠으나 예리한 눈으로 살펴본다면 여기에는 견강부회로 일관됐음을 알 수 있다.

고대사회인 한대에는 통할지 몰라도 적어도 양한이 끝나면서 권위가 무너진 위진 시대에는 달라진다. 더욱이나 명철한 그의 안목에는 도저히 찰 수가 없었을 것이다. 그래서 비직費直을 출발점으로 삼아 근본적으로 길을 잘못 들어선 '역해난마易解亂麻'의 실마리를 찾아 정리하겠다는 의지를 세웠던 것이다. 이것이 당나라에 들어서면서 당태종 이세민이 천하를 뒤바꾸겠다는 의지로 오경정의를 만들 때 공영달孔穎達은 '주역정의周易正義'는 왕필주를 본으로 삼고 학관에서 선비의 필수서로 삼은 것이다.

그런데 다만 청대에 들어 한학 재흥시대를 맞게 되었는데, 이는 선성지학이 잡학(제자백가학과 불교학)에 오염된 것을 바로잡기 위해서 선진 시대로 회귀해야 한다는 관점 때문이다.(마치 서양 근세에 그리스 로마의 인본주의 사상으로 르네상스를 일으켰듯이). 이런 풍조 때문에 필주역해와 송대역해가 모두 배척된 때도 있었으나, 청 중후기엔 이 모두 제자리를 되찾을 수 있었다.

四. 두예杜預

두예杜預의 자는 원개元凱이며 경조현京兆縣(서진 때는 섬서현陝西縣, 현재는 사천성의 서안현西安縣) 출신이다.

조부와 부친은 위(조씨 조)를 섬겼다가 사마씨에 의해 찬탈되자 바로 진을 섬겨 진 무제武帝(염염)의 인정을 받아 하남윤河南尹, 진주자사秦州刺史를 거쳐 탁지상서度支尙書에 제수 되었다. 지략이 뛰어나 두무고杜武庫라 불리었다. 손씨조孫氏朝인 오吳나라을 평정키 위해 진남장군에 임명되어 오국을 멸했으며, 그 공로로 당양현후當陽縣候에 봉해졌다. 죽어서는 정남대장군에 추증됐다. 사마씨의 진(서진)에 충성을 다한 사람이었다.

그는 군인 정치가로서의 측면과 경전 해석가인 학자로서의 측면을 겸비한 인물로 평가받는다. 특히 춘추 좌씨전 주석으로는 한유漢儒인 가규賈逵, 복건服虔 등의 것이 있었으나 지금은 모두 일실된 현실에서, 현존한 것만으로 볼 때 두예의 주석은 독보적이라 칭하지 아니할 수 없는 형편이다. 따라서 오늘에 와서 좌씨전을 공부하려면 좋든 나쁘든 '두주杜注 좌전'을 공구서로 삼지 않을 수 없는 실정이 되었다.

여기서 먼저 짚고 넘어가야할 것이 춘추삼전에서 춘추좌씨전이 어떤 위치에 있는 것인가이다. 춘추는 오경 중의 하나로 최초의 편년체 역사서로서 춘추시대 노나라 은공부터 애공까지 12공(242년간)의 기록을 말하는 것인데 춘추라는 어의는 일개 년을 여름과 겨울로 양분하고 전반기를 춘으로 후반기를 추로 설정한 데서 비롯되어 1년간이란 뜻으로 쓰이다가 뒤에는 이 의미가 확대 발전되어 역사적인 '이야기'라는 뜻으로 쓰였다. 이 예가 '여씨춘추呂氏春秋'니 '오월춘추吳越春秋'

니 하는 이야기 책들이다.

다음에는 그러면 어째서 유독 노나라 사실만 기록했느냐가 문제다. 이 점에 대해서는 노나라에 유자儒者들이 많이 활약했었기 때문이라고 보는 견해가 우세하다. 이 점은 공부자께서도 인정했던 점이 논어에 보인다.

춘추 경문 속에도 공부자의 명분론적인 예절론에 의해서 사실이 평가되고 있다는 점도 그것을 말해준다. 이 점은 바로 춘추학의 주제의식이 되었다. 그래서 성인의 뜻에 훈도된 후학들이 그 속에 감춰진 미언대의를 드러내 그 뜻을 이어받고자 그 해타를 연구케 되어 춘추학이 세상에 나오게 되었는데 그 단서를 제공한 분이 맹자였다.

맹자서 등문공하에서 "세상이 쇠퇴해져 사설과 폭행이 이어지고 신하가 시군하고 자식이 살부하는 난신적자가 판을 치는 시대에 인륜을 밝혀 세태를 바로잡고자 공부자께서는 춘추를 지었다"라고 입언한 것이 춘추대의를 밝히고자 한 춘추학 성립의 효시가 되었다고 본다.

춘추경은 불과 일천오, 육백 여 자에 지나지 않지만 부자의 뜻이 고스란히 담겨져 있어서 피상적인 역사적 사실만을 기술한 것이 아닌, 대의명분을 피력하고 있다. 경문의 기사가 노나라를 중심으로 써 나갔기 때문에 노국의 임금은 공으로 표기했고 제후들의 회합을 기록할 경우에는 노국의 아무개 공을 먼저 쓴 다음에, 회합을 주최한 패권국 임금의 시호를 아무개 후侯 또는 아무개 백伯 하는 식으로 기술했다.

경문의 용어는 그 등급에 따라 엄격히 구분되어 사용했다. 천자국(주나라)의 천자가 죽었을 때는 붕崩, 제후는 훙薨, 대부는 졸卒 등으로 구분했다. 이들이 살해되었을 때는 시弑, 살殺 등으로 나뉘고 침략의 경우도 침侵, 벌伐, 입入, 취取의 구분을 두었다.

제후국의 임금 작위도 공公, 후侯, 백伯, 자子, 남男으로 등급을 두 있고 이 기준에 따라 만승지국(주나라)은 천자, 노나라는 공, 제나라는 후, 정나라는 백, 초나라는 자, 허나라는 남으로 엄격하게 구분했다.

그런데 춘추의 경문은 그 간절됨이 극했기 때문에 그 원뜻을 이해하기가 쉽지가 않다. 그래서 전국시대 들어 춘추경 연구가 세 사람(공양고公羊高, 곡양적穀梁赤, 좌구명左丘明)이 부자의 미언대의를 구명하고자 설명 또는 이야기의 뜻인 전傳을 붙였다. 지금도 이 삼전이 없이 원 경문을 이해하기는 거의 불가능하다. 위의 삼가에 의해서 전국시대에 저술된 공양춘추, 곡양춘추, 좌씨춘추라는 삼전에 의해서 공부자의 뜻을 밝혀내게 되었다. 그러나 이후에는 춘추가 오히려 주석서인 삼전의 부속된 것으로 체계가 변형되어 갔고, 후에는 원 경문과 삼전 속의 경문과 연대기 등이 여러 면에서 서로 일치하지도 않는 모습이 나타나기도 했다.

동한대에 이르러서 삼전 가운데 공양전이 가장 먼저 학관(국가기관의 관학교)에 채택되었고 얼마 후 곡량전이 채택되었지만 좌씨전은 늦게야 채택될 수 있었다. 그 채택기를 동한 후기로 보기도 한다. 고거가考據家 중에는 좌씨전을 전국말 또는 동한초의 위서로 보기까지 한다. 한편 삼전 외에도 협씨전夾氏傳, 추씨전鄒氏傳이 있었으나 동한말에 인멸됐다고 본다.

태학에서는 삼전이 우열을 다투면서 경쟁을 해갔으나 서한 후기에 와서는 좌씨전만이 성행하게 되었고 당나라 때는 태종 이세민의 칙명으로 공영달이 오경정의를 만들 때 좌씨전으로 춘추를 삼는 바람에 지금은 춘추 하면 좌씨전으로 인식하게 되고 말았다. 오경정의에서 좌씨전을 춘추로 삼게 되니까 양사훈楊士勛은 곡양전정의를, 서언徐彦은 공양전정의를 찬하였다. 뒤이어 귀숭경歸崇敬이 좌씨전을 대경大經으로, 공양과 곡양을 중경中經으로 삼았다.

송대에는 삼전에 의존치 않고 경문을 해석한 학자도 있었다. 호안국胡安國은 춘추호씨전을 지었는데, 주자(희)가 이를 삼전에 더해 춘추사전으로 삼았다. 청대에는 좌씨전이 유흠의 안조라는 주장이 제기됐고, 강유위 양계초가 이에 동조했다.

이런 우여곡절이 있었으나 춘추좌씨전이 형성되는 데에는 두예의 공로가 가장 컸다고 말할 수 있다. 그는 오를 평정한 뒤에 좌씨전두주左氏傳杜注를 완성했다. 행군진중에서도 춘추전(좌씨전) 인물의 공과를 저울질하는 생각을 머릿속에서 지워본 적이 없었다고 한다.

비록 조曹씨의 위조魏朝에서는 잠재적 반역의 DNA였겠고, 사마씨司馬氏의 진조에서는 원초적 충구신忠狗臣의 DNA였겠지만 그의 학자적 업적은 누구도 따를 수가 없다고 생각된다. 흔히들 머리가 좋아서 한 번 들으면 잊지 않는 기억력과 명석한 판단력이 있어야 학문을 할 수 있다지만, 이런 사람도 각골노력하는 자를 당해낼 수 없고, 노력하는 이도 좋아하여 거기에 빠진 자를 이겨낼 수 없다고 말한다.

위의 왕숙과 정치적 궤적을 같이하는 야심가의 견해가 반영됐다는 평가도 있을 수 있지만, 여하간 언필칭 안사고顔師古는 한서漢書의 충신이요, 두예는 좌씨전의 충신이라는 말이 있을 정도로 좌씨벽左氏癖이 있었다. 그가 이처럼 좌씨전에 심취해 살았으니 지금까지도 그를 뛰어넘는 춘추전 주석서가 없는 것이다.

五. 위진시魏晉時 경학經學의 특징

진이 삼국 통일은 이룩했으나 그 세력 범위가 강동지역과 현재의 절 강지역 정도에 미치는 약소국이 되었고, 북방은 선비족인 탁발규拓跋 珪가 세운 위魏(삼국시대의 조씨 위魏와 구별됨), 즉 북위北魏가 군림하여 천 하가 양분케 되어 학문도 이에 따라서 서로 다른 특징이 만들어지게 되었다.

이 특징을 '북사北史'의 저자인 이연수李延壽는 "남인은 간략하지만 그 정수를 다했고 북학은 깊고도 무성하나 지엽에 치우쳤다(남인약간南人約 簡 득기영화得其英華, 북학심무北學深蕪 궁기지엽窮其枝葉)"라고 평했다.

이 내용을 개괄 분류표로 정리하면, 남인으로 왕필의 주역주, 상서 (공안국의 위서), 하안의 논어집해, 두예의 좌전주, 등이 있고, 북인으로 정현의 주역주와 상서주, 논어주, 삼례주, 복건腹虔의 좌전주 등이 있 다.

북사의 평가는 남인의 손을 들어주었는데 오늘의 안목으로 판단하 여 선택한다면 오히려 북인의 편을 들지 않을 수 없다. 경학사의 발전 추세도 정치적 이념을 뛰어넘을 수는 없는 것이 현실이기 때문에 현대 인의 안목에 맞도록 진행되진 못했다.

당태종은 정관 연중(627~649)에 안사고에 명하여 주해서의 이동異 同을 바로잡아 정본을 만들도록 하고 공영달로 하여금 이른바 오경정 의 180권을 간행하고 이에 반대되는 주서들에는 일일이 변박辨駁하게 했다. 이 '오경정의'의 제작에서 중심이 됐던 주석서는 주역은 왕필, 상서는 공안국, 시는 모형과 정현, 예기는 정현, 좌전은 정현이었다.

뒤에 영징永徵 연중에 가공언賈公彦이 칙명에 따라 '주례소周禮疏' 50

권과 '의례소儀禮疏' 40권을 편찬했고, 이 둘을 더하여 '칠경정의'가 되었다. 이렇게 정의본이 간행됨에 따라 한무제가 백가를 파출하고 육경을 표장하여 제가설을 없애버린 것과 같이 결과적으론 다양한 경학의 진보를 저해한 것이 되고 말았다.

이 정의를 제작한 학자들이 주로 남인이었기에 그 의거본이 남학주서였다. 이 때문에 한학(고증학)의 지리적 여건이 북방이었던 관계로 선진학의 순수성 보존에 나쁜 영향을 주지 않을 수 없었다. 이후엔 출세를 위한 고시의 기본서가 되면서 더욱더 화석화 되고 말았다.

六. 위진시대의 도가 사상

전국 말에서부터 진대 한대의 소위 방사方士(방외지사의 준말)라는 이들이 많았다. 방은 우리가 살고 있는 이 지구 안이라는 뜻이다. 그러므로 방외지사란, 세상의 상식적인 일상성을 벗어난 지식인을 뜻한다. 이들은 밥을 먹지 않고도(벽곡) 살아갈 수도 있고, 태식법으로 심신을 안정시켜 장생불사할 수 있다고 믿는 일종의 종교 성향을 띤 수양법 연숙자라고 할 수 있다.

이들의 궁극적인 목표는 번잡한 정치적 현실에서 벗어나 탈세간의 초연한 자유를 누리는 것이었다.

이들이 행한 수행법은 1.신선양생술, 2.선단약제조술, 3.방중술로 나누어진다. 제3번 것은 육욕의 쾌락을 목표로 하면서도 남성은 정액을 사정치 않고 오르가즘에 이르러 여성의 음수를 섭취하면, 건강하여 장수를 누릴 수 있다고 믿는 양생법이다.

이 같은 행위들은 막강한 권력가이거나 제위(왕위)에 오르지 못한 친왕(대군)과 같은 움츠린 이무기들이, 존위 같은 것에는 아예 관심이 없다는 증거로 방편적인 쐐기가 될 수 있었다.

본래 노자서의 사상이 장수를 목표로 하는 것은 아니었다. 그러나 경문 중에 "선섭생자善攝生者는 육행陸行엔 불우시호不遇兕虎하고, 입군入軍엔 불피갑병不被甲兵이라(섭생을 잘 한 자는 으슥한 곳을 간다 해도 코뿔소나 범을 만나지 않고, 전쟁 속에서도 병장기를 피하지 않아도 된다)"는 비유적 표현을 문자 그대로 직역(곡해)하여 장생불사설로 이끌어간 것이 문제였다.

이 구절을 직역하였거나 혹은 과장하여 해석한 것은 민중들을 혹세무민시키고 자신들을 과포장하고자 한 의도가 표현된 결과물이라고 할 수도 있을 것이다.

노장학의 별파라 할 수 있는 황노학黃老學은 사마담과 그의 아들 사마천에 의해 꾸며진 것으로 보는 견해가 다분하다. '사기'의 저자인 이들은 황로학과 그 수행자인 방사를 싫어했다. 사마천이 그토록 헐뜯은 방사들도 동중서의 오행론을 근저로 삼는 것은 동일하다.

다만 방사란 이들은, 오행론에 의거해 단약을 만들어 장생불사할 수 있다고 우매한 이들을 속인 점이 다르다 할 수 있겠다. 사기 뒤에 나온 한서에는 신선가, 방중가의 기록이 매우 많은데 이는 당시의 사회상이 반영된 것으로 봐야 하겠다.

그러면 불교와 도가사상과의 관계는 어떻게 정립시켜야만 하는가. 개념 구분에 있어서 노자서의 사상과 도가 사상은 구분을 달리해야만 한다. 동한 영평시(명제)에 처음 불교가 전래될 때 기존 제실에서 기득권을 잡고 있었던 도사들은 불교보다 이론체계가 미비했기 때문에 저선신祗善信을 비롯한 690명이 연서로 우리 법을 저버리고 오랑캐의 법을 따르는 것은 불가하다고 항의(불조통기에 보임)했다. 그러나 결국 형이상학적 이론체계에 뒤진 방사 쪽이 판정패를 당했고, 도사나 방사의 개종이 많았다고 전한다.

동한 말 황건적이 창궐할 때 그 수령이 장각이었다. 그는 부적과 정화수로 병을 고치고 요술을 부려 민중들 사이에서 인망을 얻게 되었다.

그의 족친인 장도릉은 곡명산(사천성)에 들어가 득도했다며 스스로 도서를 만들어 민중을 현혹시켰다. 입교하려면 '쌀 닷말'(오두미)을 바치게 하였으므로, 오두미적 또는 미적이라 부르게 되었다. 그리고 그의 아들 형衡이 계승 발전시켰으며 형이 죽자 아들 노가 뒤를 이었다. 역대의 영웅들이 이곳을 손에 쥐면 천하를 얻는다고 하는 '한중(사천과 호북의 중간)'에서 스스로 사군이라 칭하게 되니, 동한실의 힘이 미칠 수 없게 된 것이다.

이리하여 장도릉은 도가의 원조가 되었다. 도가는 도교로서 중원의 3대 종교 중의 하나로 정립되기에 이르렀고, 불교를 본받아 사찰에 해당하는 도관을 건립하기 시작했다. 방사를 도사라 불렸고, 부적과 정화수로 병 고치는 혜시가 고작이었었는데, 본격적인 경전인 '노자화호경老子化胡經'을 만들어 노자가 인도에 가서 불타를 교화시켰다는 주장까지 하게 되었다.

도교의 기원은 유교나 불교에 비하여 보잘것없는 근거에서 시작되었다. 그런데 오호십육국 시대 북방의 유목민족인 선비족의 탁발규拓跋珪가 세운 북위 때 구겸지가 태상노군(신격화된 노자)으로부터 도법을 전수받았다고 해, 태무제에게 대단한 존경을 받았다.

도교는 구겸지에 의해 유·불과 더불어 3교의 정립을 이룰 수 있게 되었다. 이때부터 종교로 체계가 잡히고 민중 속에서 성행되었다.

갈홍葛洪

갈홍葛洪의 자는 치천이며 자호를 포박자라 하였다. 강소성 구용 출신으로 소시에 유학을 공부하여 구루의 영이 되었다. 욕심이 적었고 독서에만 몰두한 끝에 명리를 추구하지 않기로 결심하고 나부산에 들어가 종신토록 간련법으로 장생도양 하는 도를 깨쳤다. 그리고 자호대로 '포박자'라는 책을 저술했다.

후한 말의 좌자에서 비롯되어 갈현, 정은으로 계통을 이어받아 당시 이 방면에서 천하를 주름잡던 '장각', '장수', '장로' 소위 3장과는 다른 양생법을 창도했다고 전한다.

그는 노자서의 내용을 끌어다가 신선술에 접목시켜 이론을 공고히 하였다. '현玄'을 우주의 본체로 삼아 우주의 태초가 된다고 보았고, 만유의 대종이라 하였다.

그는 의학에도 조예가 깊었다. 현재의 부후비급법이 그의 창도라고 전한다. 동양의학이 도교에서 비롯됐다고 보는 견해는 그들이 장생불사를 이상적인 목표로 삼았기 때문에 합당한 말일 수도 있다.

한편, 동한의 위백양이 주역을 연금술에 응용하려고 시도하였으나, 갈홍은 이 둘이 유기적인 관계가 없다고 하며 취하지 않았다. 이런 점으로 미루어 보아, 다분히 합리적인 사고의 소유자였음을 알 수 있다.

포박자는 내·외 편으로 구성되었는데, 내편은 신선황백사상이 기술되어 있고 외편은 문답 형식으로 되어 있다. 천지의 근원이 '현'이며, 이는 만유의 시조요, 만수의 태종이며, 지극히 '미微'하면서도 요원하기 때문에 '묘妙'라고 했다. 이 묘의 세계는 무상에서 나왔으면서도 무하로 들어갈 수 있으니 스스로 자유자재인 존재이다.

수도자가 이 현과 묘의 세계를 지향할 때 눈에 보이지 않는 결과물 때문에 고독과 허무감에 빠지기 십상이지만, 수도과정의 만난을 극복해내고 현묘의 경지에 이르게 되면 무상의 열락과 자유를 즐길 수 있다고 생각했다.

일반 세상 사람들도 음악과 연악과 미색 속에서 열락에 빠질 수 있으나 이렇게 해서 얻어진 기쁨은 잠시뿐이어서 즐거움 뒤에 오히려 불쾌감과 허무감으로 절망에 빠질 수밖에 없다. 더욱이 이와 같은 육욕적 쾌락 뒤에는 고苦가 따라오게 되며, 수명을 단축시키는 첩경을 걸어가게 되는 것인데 이 중간에서 선택을 하는 것이라 보았다.

천지지간에 생을 부여받았기에 현과 하나가 되는 길만이 죽음이라는 절망을 극복하는 유일한 길이 될 수 있다는 것이다. 장주는 그의 장자서에서 생사일여라 하여 죽음을 두려워하는 것은 어리석은 생각이라 질타했으나, 진심은 누구든 죽음을 두려워한다는 것이다.

그래서 병을 얻으면 침구와 약을 찾지 않을 수 없는 것이 진실한 행위이다. 부모님이 돌아가시고 자식이 거세했을 때 좋아서 기뻐할 수 있겠느냐는 것이다. 그러므로 세상에 태어나 적어도 자기를 속이는 행위를 해서는 안 되기에 불로장생을 추구하는 것은 가장 진실하게 본분을 구현시키는 일이라고 보았다.

그러면 도척 같은 인간도 장생불사해야 하는가? 그것은 아니라고 본다. 그래서 장생술은 도가의 극비 기술로 정성스런 열정을 봐서 전수해야만 한다. 장생술인 신선술을 터득한 단계를 3단계로 구분한다.

첫째 '시해선'으로 약사로 죽은 것 같지만, 실은 마치 매미가 허물을 벗고 떠나는 초보 단계이다. 다음은 '지선'으로 명산을 훨훨 날아 주유하여 완전한 자유를 누리는 단계이다. 마지막은 '천선'으로 정신과 육신이 함께 우화 등천하는, 기독교에서 말하는 육신과 영혼이 함께 승천한다는 것과 같다. 시간과 공간 즉 우주를 자유로이 주유하여 완전 자유를 구사하는 것이다.

그러면 이와 같은 신선의 경지에 도달하려면 어떤 수행을 해야 하나? 선행으로 적선을 이룩하는 것이 그 방법이라고 본다. 그 적선 등급에 따라 천선, 지선(토선), 시해선에 도달할 수 있다는 것이다.

이와 같이 마음을 닦는 수행법의 부수적인 수행으로 태식법이 있고 그 다음으로 방중술이 있는데 남녀 간의 육욕의 지나친 행사에서 오는 해독을 제하기 위해서는 그 술법의 정도를 지켜야만 한다고 본다.

그리고 금단법이 있는데 이것이 방중술 피해의 해독과 함께 많은 해독을 가져왔다. 단약의 자료가 되는 수은의 해독은 친왕(대원군, 대군) 같은 최고 권력가에게나 해당하는 사례이겠으나, 많은 폐해가 있었다.

5장 당 · 송의 경학

一. 한유韓愈

1.

한유韓愈(768~824)는 당나라의 유학자로 송대 이학의 선구자며 고문 운동의 영도자로 불린다. 자는 퇴지退之며 호는 창려昌黎로 하남성 하양河陽(지금의 맹현孟縣) 출신으로 유소년부터 가학을 이어 총명함이 알려졌다. 벼슬은 국자사문박사國子四門博士, 감찰어사監察御史, 형부시랑刑部侍郎 등을 지냈다.

당시 헌종憲宗이 불골佛骨을 궁중에 안치하자 이를 불가하다고 간하다가 조주자사潮州刺史로 좌천되기도 했고 뒤엔 국자國子 좨주祭酒를 지냈다. 한창려는 당시 만연됐던 노불사상을 비판하고 유가의 인의를 드높여 침체일로를 걷던 유교 부흥의 선구자가 되었다. 스스로 삼대(하. 상. 주)와 양한의 경적이 아니면 사람의 뜻이 표현된 곳이 없다고 생각하여 고문과 고도의 연구에 힘을 다하였다.

이리하여 세상에서 그를 "오묘하고 넓고 크고 깊어(오연굉심奧衍宏深), 맹가(맹자)와 양웅으로 서로 표리가 되어 육경 발전에 크게 이바지했다 (여맹가양웅상표리與孟軻揚雄 相表裏, 이좌우육경而佐佑六經)"라고 평했다.

유학의 전성기였던 송대의 정이천 같은 도학자는 문필가를 몹시 혐오했는데도 한퇴지만은 칭찬하여 "퇴지의 만년 작문은 소득이 심다甚多라" 하면서 "자고로 문과 도는 불상리不相離한 것으로 문이 도덕과 성명에 근거치 못하면 무가치한 것이며 이런 글을 쓰는 선비(유)는 학자로 쳐주지 않았으나 퇴지만은 선진 제자 이래로 무류無類하다"라고 평했다.

그리하여 선진제자 이래 처음으로 한자韓子로 호칭되기에 이르렀다.

그 이전에는 한비를 한자라고 했으나 한유가 그 칭호를 받게 되니 한비는 그 칭호를 잃게 된 것이다.(한비자韓非子로 칭함).

한유의 사상은 원도原道, 원성原性으로 대표되는데 "널리 사랑함을 인이라 하고 행함이 마땅하면 의라고 하며 이런 까닭으로 인과 의를 도라 하는데, 이 도가 충만하여 밖으로부터 더할 것이 없을 때 덕이라 한다. 인과 의는 정定이나 도와 덕은 허위이다"라 말한다. 송대에 정형화된 성리학의 개념으로 보면 다소 설명이 거칠어 보이고 개념이 뚜렷하게 다가오지 않을 수 있겠으나 성리학의 초기 단계의 개념 정립을 짐작해 볼 수 있겠다.

한유는 육조시대의 석노釋老의 영향을 받은 학자들을 하나하나 공박함으로써 송유들로부터 유교의 용자라는 칭송은 들었으나 이론이 치밀치 못한 점으로 비난을 받기도 한다. 예를 들어 "박애지위인博愛之謂仁"에 대해서 인 가운데 박애가 포함된 것은 맞지만 인과 애를 동일시할 수는 없다는 것이다. 송대 성리학에선 인은 애의 상위개념, 애는 인의 하위개념으로 본다. 즉 인을 유개념, 애를 종개념으로 본 것으로 이것을 당시의 논리인 '체용론體用論'으로 설명을 한 것이다.

그런데 한퇴지는 후대 송인들이 치밀한 논리로 무장된 이론가들로 변할 것이란 생각은 못해봤는지 "인이란 것은 남을 사랑하는 것(인자애인仁者愛人)"이라고 설명했다. 물론 전적으로 틀린 말은 아니고 또는 모순된 명제도 아니다. 그러나 일상의 대화라면 몰라도 에세이나 논문에선 용납될 수 없다. 즉 유개념과 종개념을 구별치 못한 언설을 송인들이 그냥 넘어갈 리가 없다.

왜냐하면 인은 순수 도덕개념인 원초적 이성으로 여기에서 잡다한 종속개념인 '희로애락애오욕喜怒哀樂愛惡欲'이 감정과 행위로 발현된다고 보는 것이 송유들이기 때문이다. 그러니까 애 등의 개념은 잡다한

덕의 개념들 중의 하나라고 보는 것이다.

2.

참고로 유가사상과는 개념 자체가 다른 도가의 어의 개념분류를 해 본다면 다음과 같다. 도덕인의에서 도는 인간의 선악 관념을 뛰어넘 은 최고 유개념으로 생명체가 생명을 부여받으면 삶이 끝나는 때가 있 다는 사실, 해가 뜨면 다시 서산에 해가 지게 되는 것과 같은, 즉 회 자정리會者定離면 거자필반去者必返하는 이치 등에 순응하며 좋은 일도 없고 궂은 일도 없이 살아가는 것이다.

덕은 이타애인利他愛人이나 박애 같은 행위들을 해야만 하는 것이고, 인仁은 살신성인殺身成仁 같은 좋은 일을 실천하고자 하여 소름끼치는 짓을 해야만 하는 무섭고 떨리는 것이고, 의義는 전체주의 국가와 같 은 숨 막히는 사회구조에서 개인의 생명희생을 강요하는 집단적 폭행 으로 구분될 수 있다.

한유는 노자서의 이와 같은 도덕개념의 등급 구분이 싫었던지 그 순 서를 공맹의 중심개념인 인의仁義을 앞으로 끌어내어 인, 의, 도, 덕 으로 배열했다. 거기다가 선성先聖의 최고 도덕개념인 인을 바로 애 로 직접 연결시켜 동일 개념으로 푼 것은 치밀치 못한 개념규정이라 고 보지 않을 수 없다.

그의 배불설排佛說도 의론이 유치하여 비난을 받는 형편이다. 그는 '원성편原性篇'에서 성과 정을 구분하여 성은 태생적인 것으로 보고 정 은 대물에 접촉되는 데서 만들어지는 것으로 보았다. 그래서 성을 삼 품三品으로 구분시켰다. 상품上品은 오상五常이 두루 구비되었기 때문 에 행위는 인으로 작용된다고 보았다. 중품中品은 인의의 마음이 조금

모자랄 수 있으나 교육 여하에 따라서 상품이나 하품으로 형성된다고 보았다. 하품下品은 오상이 모두 결핍되어 교육의 힘으로 바뀔 수가 없는 품성으로 보았다. 한유의 상품은 맹자설을, 중품은 양웅의 선악혼재설을, 하품은 순자설을 모방한 것이라는 게 세간의 평이다.

한유의 저작에 '논어필해論語筆解'가 있는데 그의 문인 이고李翶와 공동저작이다. 공부자의 문인 10철에 들어가는 재여가 낮잠 자다가 꾸지람을 들은 이야기인 '재여주침장宰予晝寢章'의 주晝 자가 화畫의 오자라는 것이다. 사과四科에 들어가는 재여가 낮잠 잘 리가 없다는 것이다. 침실에 화사한 그림을 걸어났기에 지청구를 먹었다는 것인데 오히려 오늘의 안목으로 보면 낮잠 자는 것이 오히려 자연스럽다.

또 그림(화) 설은 양무제의 주장이었는데 한유가 인용했다고도 한다. 한유는 지금까지 천하의 문장가로 알려졌다. 북송대 소동파와 더불어 인구에 회자되는 명문장가로 존경을 받는 처지인데 어이된 일로 논리가 정연치 못한 글을 세상에 남겼다는 평가를 듣고 있다고 소개됐을까. 천하의 대문장가 왜 이런 평가를 들어야만 하는가?

그러나 예술적 문장과 논문의 문장은 그 성격이 다른 것이기 때문에, 송대나 청대의 대학자들 중에는 변변한 시문 하나도 없는 수가 있고 한퇴지 같이 학술 문장에서는 두각을 나타내지 못하는 수가 있다.

二. 宋ﹰ 초 경학經學 형성기의 세 선생
— 유우석劉禹錫 · 호원胡瑗 · 손부孫復

1. 유우석劉禹錫

유우석劉禹錫(772-819)은 자는 몽득夢得이며 중산中山 출신이다. 흔히 빈객賓客(나그네)을 호로 썼기에 후대에 출판된 그의 저작명도 '유빈객집劉賓客集'으로 되어 있다.

당송팔가 중 당대 한유와 함께 대표되던 유종원柳宗元과 사상적 맥락을 함께하여 인간의 선·악행에 상응하는 천의 상벌능력을 미신으로 보는 입장이어서 천을 인격적 주재자로 보지 않고 천재지변이나 우순풍조가 자연의 몰작위적 결과에 불과하다는 발전된 생각을 가졌다. 그리고 오히려 자연 자체를 인간의 선의지에 대립되는 재해 정도로 이해하는 편이었다.

이런 시각으로 그는 '천인교상승설天人交相勝說'의 이론을 세웠다. '인리승人理勝'은, 천하가 잘 다스려져 사회질서가 안정되고, 시비가 공정하고 상벌이 합당하여 법칙이 준수되면, 백성들의 선행은 복이 되고 악행은 화가 되는 사회가 되어 인세의 법칙이 효력을 발휘하는 사회가 된다는 설이다.

그러나 '천리승天理勝'에 이르게 되면 자연히 규율에 얽매이게 된다. 즉 예를 들면 벼락(낙뢰)을 맞았다고 할 때 득죄로 천벌을 받았다고 치부하는 사회풍조가 만연하는 미개사회로 시비의 불공정, 기준이 없는 상벌이 자행된다면 인간의 도덕률은 효력을 잃게 되고 미신적이고 자연적 결과물로만 선악의 기준이 되는 혼미한 사회를 벗어날 수가 어렵다고 보았다.

천지간의 화복성패는 절대자의 강복과는 아무 관련이 없는 것으로 보았고 천의 생식작용도 인간의 선의지와는 관련이 없는 것이라고 했다. 따라서 자식 두는 것이나 치부하는 것이 선악업의 결과가 아니라는 것을 민중들에게 깨우쳐주어 종교적 인습의 미신을 벗겨내려 애쓴 주체성 있는 선각자로 근대 이후에 더 각광을 받은 사상가였다.

2. 호원胡瑗

호원胡瑗(993-1059)은 자는 익지翼之, 호는 안정安定으로 강소성 여고如皐 출신이다. 당나라를 거치는 동안 분방한 기풍의 영향을 받은 사풍士風을 바로잡기 위한 송 인종 때 개혁운동에 손태산孫泰山과 석조래石徂徠와 함께 수학하다가 참여한 바 있다.

오중吳中(강소성)에서 경학을 강론할 때 범중암范仲淹(희문希文)의 천거로 호주湖州(절강성)로 가서 교수하다가 태상박사가 되어 태학을 관장하기에 이르렀다. 사법師法이 엄정했고 경의經義와 치사治事를 구분하여 '이재二齋'를 두어 경의재에선 경전 해석을 주로 했고 치사재에서는 무사武事, 수리水利, 역산曆算을 주로 했다.

그의 '주역구의周易口義'는 한유漢儒들에 의해 상수학으로 왜곡된 것을 바로잡고자 이치와 의리에 의한 해석을 하여 정이천 역전에 큰 영향을 주었다. 개봉에서 교수할 때는 정호·정이에게 "안자顔子 소호하학所好何學?" 하고 질문을 던졌듯이, 당시의 인습적 폐단인 훈고 장구 지해를 뛰어넘어 성현의 근본을 체인體人하는 태도를 송유들에게 물려주었다.

또 사물인식의 방법으로 체용으로 분석하는 태도를 강조하여 그 문하제생들은 선생을 평하여 "이명체달용지학以明體達用之學 수제생授諸

生" 하였다고들 말했다. 인간의 체는 인격이며 용은 학습 기술능력이라 할 때, 이 양면이 함께 구비되어야 완전인이 된다고 본 것이다.

호원의 이런 학문과 인격은 정호·정이에 의하여 구현되어 도학(성리학) 단절의 천재지후 이정자에 와서 새로이 되살아나 구현될 수 있었다. 남송 말 의리지사인 황동발黃東發(진震)은 "사도지립師道之立은 자선생시自先生始라"라고 했다.

호원의 저작 중에 '호씨춘추'가 있다. 공부자께서 서순시에 우매한 촌민들에 의하여 획린獲麟됨을 보시고 마지막 집필이었던 춘추경 저작을 '린麟-린麟-린麟' 석자만으로 절필하셨다고 전한다. 이후 후학들에 의한 곡양춘추, 공양춘추, 좌씨춘추의 삼전으로 부자의 미언대의를 짐작해 볼 수 있는데 여기에 호원의 '호씨춘추'를 더하여 '춘추사전'으로 삼고 있다.

그전에 대전의 박원재朴圓齋 선생님으로부터 이 호씨춘추 전권 강독을 받은 일이 있어 선생님께 감사할 따름이다.

3. 손복孫復

손복孫復(992-1057)은 자는 명복明復이며 세칭 태산泰山선생이라고 한다. 성품이 고명강건高明剛健했다. 그의 문인인 석개石介는 '태산서원기泰山書院記'에서 이르기를, "부자의 도를 다한 것은 대역大易이요, 그 용을 다한 것은 춘추다. 이 양대경은 성인의 극필이며 치세의 대법이다. 그래서 선생께서는 '역설易說' 64편과 '춘추존왕발미春秋尊王發微' 12편을 저술하셨다"라고 했다.

춘추존왕발미는 종래 선배들의 전주傳注에 구애되지 않고 춘추경에 내재하는 성인의 미의를 파악하는데 목적을 두었다고 했다. 송대의 비판적 사상가인 구양수도 손복의 묘지명에서 "태산의 춘추학은 종래의 전주에 유혹되지 않고, 곡설로 경전을 어지럽히지 않았고, 말은 간이하되 당시의 제후와 대부의 공죄를 분명히 밝혔고, 시세의 성쇠를 잘 고찰했고, 왕도에 입각하여 치란을 잘 드러냈다"라고 칭찬했다.

타설을 잘 칭찬치 않는 구양수가 손태산을 칭찬한 것도 그렇거니와, 춘추를 연구하는 후대의 춘추학자들 누구나 태산설을 인용, 거론하는 것을 주저하지 않은 것은 손복 선생의 춘추학에 대한 안목을 알았기 때문이다.

또 역학에서도 왕필과 한강백의 설만 가지고 대역을 연구한다면 충분치 못하고, 좌씨·공양·곡양지설로 춘추를 연구하는 것도 충분치 못하다고 보았다.

호안정과 손태산의 학문을 계승하여 송정학宋正學 완성의 선구자가 된 분으로 수양睢陽 초구楚丘에서 활약한 척동문戚同文(윤綸)이 있고, 노불학을 배척하여 선성지학의 순수성을 지키고 현란함에 빠진 문장학의 폐단을 배척한 석조래石徂徠(개介. 자 수도守道)가 있다.

三. 사마광司馬光

1.

사마광司馬光(AD 1019~1081)은 북송 때 유학자로 자는 군실君實, 호는 우부迂夫(우수迂叟)로 산서성(섬서설은 오기) 하현夏縣 속수향涑水鄕 출신이다. 흔히 속수 선생으로 통칭된다. 진의 황족 사마 부孚의 후예이며 조부인 현法과 부인 지池가 모두 육주의 지사를 역임한 청직인후한 북송조의 명신들이었다. 사마광 자신도 사후에 온국공溫國公에 봉해져 송조의 명신 반열로서 '사마온공'으로 존칭된다.

그의 저작은 '태현주太玄注', '법언주法言注', '잠허潛虛', '역설易說'이 있는데 결문이 많아 연구가 불가능하다. 그의 글이 후대에 '속수기문涑水紀聞'으로 전해졌는데, 번거로운 전주箋注는 뛰어넘었으나 당시 수준을 뛰어넘지 못했다. 그러나 그의 벼슬길 경력은 혁혁하여 인仁·영英·신종神宗 삼대에 걸쳐 한림학사와 간관 등을 지내면서 많은 일화를 남겼다.

당시 신종이 국가 위기를 직감하고 급진개혁파인 왕안석王安石(당송팔가)을 발탁하여 신법을 단행하자 속수 선생은 수구파의 영수로서 이를 비판하고 구법회복을 도모했으나 실패, 실각했다. 이때 사마군실은 낙향하여 저 유명한 '자치통감自治通鑑'을 저작했다. 정치적 개혁을 도모하려 고군분투하던 신종이 죽게 되었고 연소한 철종이 즉위하자, '선인태후'가 섭정하며 왕안석은 실각했고 사마군실이 발탁되어 활약하다 병사했다.

사마광은 한대의 양웅揚雄을 가장 숭배하여 맹자나 순자보다 높이 쳤고 그의 '태현경'을 본떠 상수학의 천인상관을 설한 '잠허潛虛'를 지었다. 그는 또 맹자를 싫어해서 '의맹疑孟'을 지어 비난했고 한퇴지의 저작인 '존맹'까지도 동시에 비판했다. 사족을 달자면, 북송 초기에만 해도 존맹사상이 아직 그 지위를 굳히지 못했던 상황은 당시의 하섭何涉, 유서劉恕, 조설지晁說之 등이 맹자를 비난했던 데서도 짐작할 수 있다.

양웅의 인성론은 맹자의 성선설과 순자의 성악설을 절충 결합한 것이다. 즉 사마광은 양웅의 "인지성야人之性也는 선악혼善惡混하야 수기선修己善이면 즉선인則善人이오, 수기악修己惡이면 즉악인則惡人이라"를 채택한 것이다. 그는 '잠허'를 '태현'과 비교하면서 "만물萬物 개조어허皆祖於虛 허생어기虛生於氣(만물은 허에서 비롯되나, 허는 기에서 나온다)"라고 하고서 "형연후形然後에 성性이라" 하여 유물론적 명제 같기도 한 입장을 취하나 그의 본질은 '천도관'으로 '실행'과 '유용'을 근간으로 했다. 상수학적 방법을 채택한 것은 '천인상관설'이 당시로선 첨단 학문으로 치부되던 때라서 상수만이 '천'을 표현할 수 있다고 믿었던 데서 비롯된다고 보인다. 천은 전지전능한 최고 통치자이고 군(임금)은 천심을 수행하여 베푸는 매개자이다. 따라서 군심이 천심을 거역하면 재앙이 오는 것처럼 민이 군명을 거스르면 처벌을 받는 것과 같다고 보는 '절대군권설'을 폈는데 바로 이 점이 남송 말 주희의 역사 의지로 이어진다.

그의 대표적 저작인 '자치통감'은 이와 같은 자신의 역사철학을 반영시킨 저작이다. 그가 스스로 밝히기를 "신지정력臣之精力은 진우어차서盡于於此書(이 책에서 다했다)"라고 했듯이 이 책판이 상재된 지가 거의 천년이 가까워져 가는데도 동양사회에서 학동들이 학문의 문리를 깨치고 장성해서는 백성된 자로서의 책임과 의무인 의민경계宜民境界를 터득하는 교과서가 됐었다.

자치통감이란 말은 군주가 천하를 하늘의 뜻으로 다스릴 때 "다스림의 자료로서 거울같이 꿰뚫다(통)"라는 좀 오만스러운 뜻이지만 자신감이 넘친다. 선진 전국시대부터 진 이세까지만 속수선생의 직접 저작이며, 그 이하는 철종 즉위 뒤에 재상직에 나아간 관계로 장재張載, 유반劉攽, 유서劉恕, 범조우范祖禹 등이 협력하여 삼국, 남북조, 수·당, 오대 등으로 구분하여 분담 저술하였다.

그러나 뒤에 남송 주문공 희가 비판을 했다. 주자는 온공 사마광의 '자치통감'의 안티 테제로 '통감강목通鑑綱目', 즉 꿰뚫어보는 거울의 '벼릿줄의 눈금' 또는 중심 되는 줄기의 구분점이라는 의미의 책을 저술해 냈다. 속수가 벼릿줄의 구분점을 잘못 잡았다는 것이다. 사마광이 역사를 기술할 때 세력을 중심으로 하여 사실만을 표준으로 삼는데 대하여 주희는 도덕적 의리가치를 중시하여 제목을 '강목綱目'으로 지은 것이다. 즉 도덕적 역사관의 안목으로 역사를 보아야지, 무력 즉 힘의 논리로 인류사를 규정지어서는 아니 된다는 이념이었다. 예를 들어 삼국의 주체를 위로 보느냐 촉한으로 보느냐 할 때, 사마광은 위(세력의 중심)로 보았으나 주문공 희는 촉한으로 보았다.

사마광은 맹자에 대해서 당시 학계에서 논의되는 제설을 들어 반박과 동의의 변을 밝혔다. 반맹론자로는 이구李覯의 '상어常語'와 정후鄭厚의 '예포절충藝圃折衷'이 있고, 존맹론자로는 여윤문余允文(은지隱之)의 '존맹변尊孟辨'이 있었다. 후세 남송 말기에 주희에 의하여 표창되어 직접 '속여은지續余隱之 존맹변尊盟辨'을 지었는데 앞엔 반맹론을 열거하여 조목조목 비판하여 존맹파를 칭찬(존맹변)하고 자신의 의견을 실었다. 정주학파에선 맹부자 서거 후에 도통이 단절되었다가 천여 년 뒤에 송의 정명도에게 이어졌다고 본다.

그러나 당시의 반맹파들은 속수가 맹부자를 싫어했던 것은 언사가 공부자와 같지 못하다는 것 때문이었다고 보았다. 맹자는 영특한 기상이 넘치다 보니까 언설이 극단적으로 혹 감분흥기하는 면이 있기 때문에 독실 근엄한 사마광의 안목에선 이 점이 싫었던 모양이다. 이런 점이 혹은 맹부자를 공리론자로 오인하게 했었다고 본다. 속수가 맹부자를 비난했던 점은 ① 지나치게 왕도·패도를 구별한다는 점, ② 맹자서에서 맹자가 고자告子에게 답변하면서 억지스러운 궤변을 사용한 점 등 때문에 맹자를 안 좋게 생각한 것으로 보인다.

속수는 양웅揚雄을 숭배했기에 그의 '성 선악혼재설'의 입장을 취했다. 그래서 양자의 '태현경'의 주가 있으며 또 이를 본떠 '잠허'를 저작하기도 했다. 송대 중기까지만 해도 양웅은 맹, 순 다음 가는 인물로 평가되다가, 남송 말에 주자가 "왕망의 대부 노릇 하던 양웅이 죽었다"라고 '강목'에 썼기 때문에 양자는 역사에서 매도되고 말았다.

그러나 사마광의 인격에서 흠을 찾을 수 있는 이는 역사상 아무도 없었기에 주희까지도 그를 북송 육선생 반열에 넣었고 '이理'의 절대론적 가치는 오히려 주부자의 초월론적 이설理說 확립에 영향을 미쳤다고 평가된다. 특히 '사마광'은 양자의 '수선거악修善去惡'적 입장이 바로 대학서와 중용서에서 비롯된 것이라는 주장을 하여 이 양서가 유교철학의 핵심 이데올로기라는 가치를 표창함으로써 이른바 사서 형성의 기틀이 되도록 했다. 수리론으로 본 세계관에서도 역易은 이二이며, 양웅은 삼(태현경)인데 반해 사마광은 오五를 기본수로 본 것이 재미있다.

모택동 시대 문화혁명 때 반동 역사인물들을 처단했는데 부르조아 계급 출신이나 유심주의적 세계관을 피력했던 인물의 묘소는 홍위병들에 의해 파헤쳐졌는데 '속수 선생 묘'는 아무 일도 없었다.

그런데 기철학의 창시자라는 장횡거張橫渠 선생의 묘소(섬서성)을 찾았을 때(1989년 여름)는 정말 참혹했다. 묘소 자리는 구덩이로 변했고 석물들은 모두 깨진 채로 마을 사람들이 담 쌓는 석재로 사용되었다.

속수 선생은 괜찮고 횡거 선생의 유택은 처참했던 이유는 우리도

6.25때 겪어 본 터라 지방민들의 인심의 차이에서 온다는 사실을 새삼 느꼈었다. 여하간 '속수 사마' 선생은 전생의 공업인지 편안하시니 다행으로 생각했다.

6장 선대 이학의 선구자들

一. 주돈이周敦頤

1.

염계濂溪 주돈이周敦頤 선생을 논술하기 전에 송학이 형성되는 데에 기존의 선진학이나 한학과는 다른 모습으로 변이진화된 것이었기에 그 배경을 언급하고자 한다.

본래 중국사상은 형이상학적 세계관보다는 정치윤리 및 인륜사상이 었는데, 위진 이후부터 관념적 우주론에 몰두하는 계기가 마련되었다. 이렇게 된 이유에 대해선 여러 견해가 있으나 우선 정신문화가 고도화 되기에 이르면 저 그리스 문화가 헬레니즘 시대 말기에 이르러 그랬듯 이 중세에 불교사상의 유입이 그 변화의 원인이라는 주장이 설득력이 있다. 특히 도교계열의 사상형성에는 지대한 영향을 주었다고 보는 철 학사가들이 다수를 차지한다.

중앙아시아와 티베트를 통해 들어온 관념론 체계의 최상위 단계라 고 말할 수 있는 화엄사상의 영향이 가장 컸다고 본다. 그래서 중국에 서 화엄종이 성립되어 지엄智儼 스님의 수현기'搜玄記'가 출간됐고, 그 완성된 주석서로 법장 스님의 '탐현기探玄記'(80권)가 나오고부터 화엄 학의 연구가 활발하게 이루어졌다.

북 송대에는 화엄학을 본격적으로 받아들여 중국철학에서 부족한 형이상학을 성립시키기 위한 본격적인 연구가 시작되었다. 화엄학의 대가인 종밀宗密은 우리가 겪으면서 살아가는 대자존재對自存在(현상)는 참된 것이 못되고 모두가 헛된 망상이어서 그것은 추구할 바가 못 되 는 것으로 봤다.

그러나 본래부터 우리 마음속엔 이 거짓투성이인 망상을 꿰뚫어 볼 수 있는 진심이 있어서 이 둘이 뒤섞여 있는 상태이어서 늘 고통 속에서 살아갈 수밖에 없는(아리야식阿賴耶識) 고뇌 그대로라는 것이다. 이를 그림표로 만들었는데 진심은 속이 빈 동그라미, 망상은 속이 꽉 찬 흑색 동그라미이다. 이 '흰 동그라미'와 '검은 동그라미'가 뒤섞인, 가운데의 '백원白圓(진심)'을 서로 어긋나게 두 겹으로 교차된 모습을 아리야식이라 하여 우리 중생은 참됨과 거짓됨 사이에서 번민하며 방황하는 모습을 표현해 놓았다.

인간은 다만 통치자와 피통치자 사이에서 자기의 계급적 신분에 맞는 책임과 의무 속에서 상황의 여건을 조성하면서 이상적 극대치를 구현키 위해서 인의예지(한대엔 여기에 신이 더해져 오상이 됨)를 알아야 한다. 이것은 최고 유개념인 국가(천하)를 이상적 경영으로 이끌기 위한 최대공약수였다.

본태적 중국사상이 단세포적이라 할 때, 한 말기부터 조금씩 유입되기 시작한 불교철학은 전태前態, 현태現態, 내태來態를 적절히 활용하여 한 차원 높은 심오한 정신단계를 언급한 듯이 보였다. 이런데 반하여 중국의 본래적 사상은 '사단'이라고 해도 인식 주관인 즉자존재即者存在에서 도출된 것이 아닌 조직 내지 사회구성원 간의 관계의 원만성 내지 합당성에서 나온 문제와 해결 과정을 명제로 삼고 있기 때문에 불교에서 말하는 깨우침(대오각성)과는 근본적으로 다른 것이었다.

인도에서 후기경전으로 출현한 화엄경은 중앙아시아와 티베트에서 절차탁마로 형성되어 중국의 대승경전의 중심이 되어 오호16국, 수, 당 등 긴 세월 동안 파고들었으나 저들의 사회현상과 심성세계를 지배한 사상의 굴레에서 벗어나기란 그리 쉬운 일은 아니었다. 그러나 천년에 가까운 세월 동안 쌓은 불교의 심오한 화엄학, 천태학은 중국인의 심성 저변에 있는 억누를 수 없는 욕구로 '성리불수설性理不殊說',

즉 '성즉리설性卽理說'을 낳게 만들었다.

2.

주돈이(1017~1073)의 원명은 돈실敦實, 자는 무숙茂叔, 호는 염계濂溪로 호남성 출신이다. 만년에 여산廬山을 좋아하여 연화봉蓮花峯 아래 염계서당을 세웠다. 염계서당을 개설할 당시에는 지방의 소관으로 이름이 알려지지 않은 시골의 학자였으나 날이 갈수록 그의 깊은 학문과 수양에서 오는 인품으로 소문이 자자하게 되었다.

이때 정명도와 정이천이 십여 세를 겨우 넘긴 어린 나이에 아버지의 손에 이끌리어 '염계서당'을 찾게 되었다. 하남성에서 강소성까지가 대략 이천여 리의 거리임을 감안해 볼 때 한편으론 당시의 학구열을 생각해 볼 수 있겠으며, 나아가 염계 선생의 학덕의 소문이 어느 정도였나를 짐작해 볼 수 있다.

주무숙의 벗인 반흥사潘興嗣가 쓴 묘지에는 선생의 저작으로 '태극도太極圖', '역설易說', '역통易通' 10편, 시 10권으로 기록되어 있으나 현존하는 것은 태극도, 태극도설, 통서通書와 약간의 시뿐이다. 주진朱震의 '한상역괘도漢上易卦圖'와 '진주역표進周易表', 송초의 상수역학의 계보도에 나타난 계보에 의하면 그 시조는 진단陳摶(도남圖南. 희이希夷)이고, 이는 충방种放으로 이어지고, 다시 (1) 이개李漑와 (2) 목수穆修로 갈라진다.

(1) 계열은 허견許堅, 범중암范仲淹, 유목劉牧(하도낙서河圖洛書)으로, (2) 계열은 목수로 이어지고 이 목수의 학은 또 두 파로 나뉘어 (1) 이지재李之才, 소옹邵雍(선천도), 왕예王豫(선천도 완성), (2) 주돈이(태극도), 정호, 정이(이정에서 송학이 완성됨)의 양계열로 송대 도학의 대표로 발전했다.

주렴계의 태극도는 "무극이태극无極而太極(무극이면서 태극)"이라는 명제를 전제해 놓았는데, 태극은 시공을 뛰어넘은 서양 관념철학에서 말하는 이데아(idea)와 같은 것이었다. 태극도는 '흰 동그라미'로 무극을 설정해 '무극이태극'이라고 했고, 다음에 음양이 뒤섞이는 '수화광곽도水火匡廓圖(이 그림은 오대五代인 팽효彭曉가 처음이라 전함)'가 들어 있다. 그 다음에는 '참오지정도參五至精圖'로 구성되어 있다.

도가(노장학)에서는 이 그림을 '현빈지문玄牝之門'이라 한다. 내단학內丹學에서 만물화생의 근본으로 보아 정신수련의 도식圖式으로 삼았던 것이다. 후외려候外廬는 태극도를 상수학의 영향으로 봤고 풍우란馮友蘭도 도교의 연단에서 유래된 것으로 봤으며, 일찍이 청초의 모기령毛奇齡도 불가의 원인론原人論과 관계된 것으로 보았다. 그의 수화광곽도를 개조시켜 '기신론起信論'을 설한 것이 있는데 이 도해가 주자周子에게 영향을 끼쳤다고 봤다.

'무극이태극론'에는 양설이 있었다. (1) 무극이면서 태극이다(무극은 바로 태극이다). (2) "태극본무극야太極本无極也"에 근거해 "유무이생유由无而生有", 재언하면 "자무극이위태극自无極而爲太極"이다. 남송말 주희가 전자의 입장이었고 육구연은 후자를 주장하여 이 논쟁은 명대를 거쳐 청초까지 이어졌다.

우리나라에서도 조선조 중전기에 회재晦齋 이언적李彦迪과 망기당忘機堂 조한보曺漢輔가 이 명제를 가지고 쟁론한 것으로 유명하다. 이 논쟁은 한국학술사의 최초 쟁론으로 일컬어진다. (1)번의 주장은 '이理는 형태가 없음'을 말하는 것이고 (2)의 주장은 '무无에서 유有가 생한다'는 것으로 이치에 안 맞는 것이며 이런 주장은 불가의 주장이라는 것이다. 여하간 이와 같은 형이상학적 명제를 입언하는 것 자체가 중국학술사에서는 없었던 것이었다.

1992년도 여름철엔가 염계서당을 찾은 적이 있었다. 그의 글인 '애련설愛蓮說'과 관련지을 수 있는 '연지蓮池'는 있는데 이것이 그때 것인지 근년에 만든 것인지 분간이 안 되는 연못이 하나 있었다. 서당은 어느 곳에 있었는지 현지 가이드에게 물어봐도 모른다는 대답뿐이었다. 그것도 그럴 것이 주렴계 묘소 뒤편은 저층 아파트가 아마 천여 채도 넘는 대단위 주택단지가 조성되어 있었기 때문이다. 그래서 뒤를 보면 세월의 무상함을 느끼게 된다. 그러나 앞을 보면 이야기가 달라진다. 묘소도 괜찮은 편이며 전술한 반흥사의 묘비도 완전한 모습으로서 있고 봉분 구성은 특이하게 염계 선생 내외분 중앙에 선생 내외분 봉분보다 약 서너 배는 더 크게 조성되어 있었다.

　　참으로 유례를 볼 수 없는 모습이었다. 묘를 둘러싼 선익蟬翼도 좌우가 모두 갖추어져 있으며 좌청룡 우백호도 완전하고 자좌오향子坐午向에 을진파乙辰破로 아주 명당이었다. 필자 왈 "중국 사람들도 산을 볼 줄 알았네" 했더니 모두들 웃었다. 더욱이 앞의 내안산內案山과 외안산外案山은 명품이었다. 멀리 구름 사이에 보이는 외안산은 서울의 관악산 연주봉을 여남은 개 합쳐놓은 듯이 기괴장관이었다. 그래서 필자는 장중을 웃기려고 "이러니 영웅해타英雄咳唾는 만고를 꿰뚫었으나, 내룡來龍이 없으니 절손될 수밖에" 하고 일갈을 하니까 "에이 그분의 내력을 아니까 하는 소리지" 하기도 하고, "어허! 제법이네" 하기도 했다.

二. 소강절邵康節

1

소자邵子의 이름은 옹雍이며 사는 요부堯夫, 자호는 안락安樂, 또는 백천百泉이라고도 했으며, 강절康節은 공의 시호였다. 택호는 안락와安樂臥였는데 사실은 토굴이었으며 하북성 공성(지금의 범양현) 출신이다.

청년 시절에는 잠도 자지 않고 방황하였으나 천하주유 끝에 북해(현 산동성 청주의 동래현 서쪽)에서 천재일우로 이지재李之才를 만나 선천상수학先天象數學을 전수받았다. 후대에 와서 위학緯學(정학正學 즉, 경학經學은 될 수 없는 차하적次下的 가치로 자리 매김 되는 세속학)으로 치부되는 목수穆修나 유목劉牧, 주렴계周濂溪 유의 도상학圖象學과 수리론數理論인 수학이 소강절에 이르러 통합되어 이른바 도상수학이 형성된다.

이 계보를 따져 본다면 북송 때의 진단陳摶을 그 시원으로 잡는 것이 통설이다. 그는 유·불·도를 넘나들어, 좋게 말하면 조화론자요, 달리 말하면 편의대로 당시의 유행설을 뒤섞어놓은 혼잡설의 응용론자로 볼 수도 있다. 일부 추종자들은 그를 창도가昌道家로 부르기도 했으며 그에게 많은 전설이 따라붙기도 했다. 그의 자는 도남圖南, 호는 희이希夷, 부요자扶搖子, 청허처사淸虛處士, 목암도인木巖道人 등이다.

그의 전대 도통이라 전하는 계보에는, 동한대의 위백양魏伯陽에서 진대晉代의 종리鍾離, 여동빈呂洞賓을 거쳐 진희이陳希夷는 충방种放으로 이어지고, 이는 ①이개李漑와 ②목수穆修로 나뉜다. 이개는 허견許堅→범중암范仲菴→유목劉牧(하도낙서)으로 이어졌다. 목수穆修는 이지재李之才→소옹→왕예王豫→주돈이周敦頤(태극도)→이정자로 이어져 도학이 완성되었다.

2

소강절의 생애를 보면, 중국 문화의 황금기였던 당·송대 후기의 농숙된 문화 속에서 생겨난 한 천재성이 이질적 학술문명을 접해보지 못한 고립적 사유체계에서 만들어진 것이라고 말할 수 있다. '프란시스 베이컨'의 용어인 우상idola론을 빌려 표현해 본다면 '동굴 우상'이나 '종족 우상' 속에서의 자기구현이라고 설명할 수 있겠다.

강절공은 노로에도 어머니를 봉양하였다. 밥 짓는 일을 늘 손수 하였고 어머니가 진지를 다 잡수신 뒤에 출타를 고하고 나귀가 끄는 수레에 오르면, 그 전과 같이 종자가 수레를 몰았다. 수레의 삐걱거리는 소리가 울려 퍼지며 마을 어귀를 들어설 때면 수레바퀴 소리를 들은 마을 사람들이 길가 양편으로 선생을 보고자 몇 겹씩 줄지어 서 있었다. 그것은 선생이 수레 위에 앉아서 지나다가 어느 순간인가 눈을 번쩍 뜨고 손으로 그 누구를 가리키며 일갈을 한다면 이 말은 그의 운명을 바꿀 수 있는 계시일 수 있기 때문이었다.

강절공은 전에 천진교天津橋를 지나면서 뻐꾸기 울음소리를 듣고 "장차 남인南人이 조정에 들어가 재상이 되어 천하에 큰 해를 끼치리라"하고 점사를 말했는데, 이것이 그대로 들어맞았다고 전한다. 이 남인은 당송 팔대가의 한 사람인 급진 개혁파 왕안석을 가리킨다.

왕안석은 강서성 임천 출신으로 조정에 '만언서'를 올려 청묘青苗, 균수均輸, 시역市易, 면역免役, 농전農田, 수리水利 등에서 대관료 지주와 호상豪商의 특권을 줄여 계층 간의 갈등을 줄이고 부국강병을 도모코자 한 것이었으나 기득권층의 저항으로 실패하고 말았다. 물론 강절공도 급진개혁을 싫어하는 입장이었으므로 그의 점사는 이에 대한 우려 경계사였던 것이다.

한편 공의 간고한 생활을 딱하게 여긴 은퇴 지식인 부필富弼, 사마광司馬光, 문언박文彦博, 여공저呂公著 등이 성금을 갹출하여 공의 원택을 잘 지어주었다. 당시 최고 엘리트 계열이라 할 수 있는 은퇴한 고위 정객이나 최고 지식계급인 학자들까지도 선생을 존경했다. 그는 상상을 초월한 경세의 비법에 관한 입언을 할喝 것이라는 기대감을 늘 갖도록 만드는 카리스마가 철철 넘치는 인물이었다.

누항에서 초근목피로 겨우 끼니만 이어가는 처지이면서도 결코 기죽지 않고 꿋꿋한 기품을 지켰으며 늘 즐거워하는 풍모를 지니고 있었다. 실로 범인들로서는 그의 속마음을 엿볼 수 없는 깊이를 지녔던 도인이었다.

강절공이 여러 날 자리에 누워 회춘키 어려울 것이란 소식에 정이천이 공을 찾아뵀다. 이때가 임종 직전이었다. 이천이 "이제 영결에 한 말씀 해주십시오" 하고 청했을 때 공은 또렷한 목소리로 "앞에 놓인 길을 넓혀야만 하오. 길이 좁으면 자기 몸도 둘 곳이 없는 법이오. 하물며 남들을 가도록 할 수 있겠는가(면전로경수관面前路徑須寬이니, 노착즉자무저신처路窄則自無著身處리니, 항능사인행야況能使人行也리오)."라고 했다고 한다.

형님 되는 정명도가 광풍제월처럼 탁 터져 막힘이 없는 혼연한 기상과 같다면, 이천은 학술 논변에서 깎아지른 절벽과 같고 찌를 듯한 봉우리와 같았다. 천하의 그 누구도 감히 논변을 붙어보겠다는 마음을 갖지 못할 만큼 서릿발 같은 자신감으로 뭉쳐진 정이천의 기상을 누그러뜨리려는 강절공의 마지막 당부였으리라 생각된다.

성품이 너무 팍팍하면 주변 사람이 따라올 수가 없도록 만드는 것이요, 노로老路에는 주변에 사람이 없어진다고 말하지 않는가. 과연 강절공답게 마지막 교훈을 준 것으로 보인다.

3

소자의 대물 인식론은 특이하다. 인식 주관에 의해서 대상을 포용한다는 입장이 아니라, 오히려 인식 주체를 종래의 주관론적 입장에서 벗어난 무아에 의존한다고 보았다.

그러니 아我를 부정한다고 해서, 객체인 물만을 내세우는 것도 아니다. 그러면 마음(심)이냐? 그것도 아니다. 물이 없는 심은 신기루나 무지개 같은 것이어서 손이나 마음 바탕에 잡히는 것이 아무것도 없다.

그러면 별 수 없이 물일 수밖에? 역시 아니다. 물은 눈에 보이거나, 보이지 않거나 사람의 인식 속에서만 존재하는 즉, 용用이 성립되는 것이다. 그렇기 때문에 만물만은 '유체무용有體無用'이며, 인식의 주체인 인人(사람)은 용用(인식 능력)은 있으나 체體(물)를 창조해 낼 수는 없는 것이어서 사람의 개념적 명제는 '무체유용無體有用'이다.

그러나 인간은 세상 속에서 부딪히고 생식하며 살아야 하므로 '체물용인體物用人'이라야 용공用功이 성립되는 것이고 나아가 '내성외왕지도內聖外王之道'를 구현할 수 있다.

그러면 혹 소강절의 철학이 유물론이 아니냐고 할 수도 있겠으나, 그의 세계관에서는 '물物' 그 자체는 심성에 의한 인식이 비로소 성립되는 점에서 생명력을 갖게 되고 극복될 수 있다.

그러므로 사람의 인식을 떠난 물 그 자체는 존재할 수 없다. 이리하여 '물체인용物體人用'은 '물즉심物卽心'이 성립될 수 있는 것이다 그리고 여기서 '물'이 생명력이 들어있는 전지전능한 물이 아니듯이, '심'도 역시 물이 없어서는 인식이 성립될 수 없기 때문에 존재가 성립될 수 없는 점은 마찬가지이다.

반면에 '심'만 있고 '물'이 없다면 이것도 물론 용공이 성립될 수 없는 것이어서 존재할 수 없다. 그래서 소강절의 세계관은 '심'을 문제로 삼든 '물'을 문제로 삼든 '체물용인體物用人'이 전제되어야만 가능한 논리이다.

그러므로 '이물관물以物觀物'이라는 격물지도가 가능할 수 있는 것이고, 나아가 논리적으로 '이심관심以心觀心'라는 심용지도心用之道가 가능하게 되는 것이다.

그리고 가장 많이 사용되는 용어들을 정리하여 "태극은 도의 극이며, 태현太玄은 도의 현이며, 태일은 수의 시요, 태초는 사의 초다"라고 정리했다.

우리가 살고 있는 우주는 주기적으로 소멸과 생성이 반복된다고 보았다. 우주의 시간을 구분하여 30년을 일세, 12세를 1운運, 30운을 1회會, 12회를 1원元으로 정하였다. 그러면 1원은 12회, 1회는 30운, 1운은 12세, 1세는 30년으로 계산할 수 있으므로 1원은 12만 9,600년, 1회는 1만 8백년, 1운은 360년, 1세는 30년으로 계산된다.

이 1원의 수는 우주가 끝나고 다시 시작되는 시간이다. 이것을 현대적 안목으로 본다면 이해가 안 되는 숫자들이지만 당시의 자연과학적 수준이 반영된 것이라 하겠다. 천재도 시대의 소산이어서 수준을 뛰어넘지 못한다는 것을 보여주고 있다.

三. 장재張載

1.

장재張載(횡거橫渠 1020-1077)는 북송 때의 성리학자로 관학關學(옛 장안 지역인 섬서학陝西學)파의 창시자며 이른바 북송 오자五子의 한 사람으로, 자는 자후子厚다. 봉상鳳翔(현 섬서성 미현郿縣)의 횡거진橫渠鎭 출신으로 이곳에서 오래 동안 강학을 했으므로 횡거 선생으로 통칭되었다.

어려서 고아가 되어 고생을 하며 성장하였고 이때는 병서에 몰두하여 입만 열면 병법 구절을 중얼거릴 정도였으나 당시 개혁론자인 왕안석에 협력하여 선도적 역할을 하던 범중엄范仲淹을 만나는 천재일우로 이견대인利見大人의 때를 맞아 중용서中庸書 한 질을 얻었고 명교名敎에 힘쓰라는 가르침을 받았다.

이때부터 장횡거는 학문에 뜻을 두고 경서는 물론, 제자백가서까지 두루 공부하기에 이르렀다. 그의 학문적 경력이 쌓여가면서 그 소문은 경향으로 알려졌고 30세 후반에 경사京師가 되어 정명도와 정이천를 만날 수 있었다. 본래 장재는 이 정자의 표숙表叔(7촌 외삼촌) 뻘인데 서로 간의 대면은 처음이었다.

이때 장횡거는 큰 생질인 정명도가 자기보다 12살, 작은 생질 정이천이 13살이나 연하인데도 학문의 깊이나 수양 면에서 여러 단계 앞서 있다고 판단했다. 횡거는 이때 두 생질을 만난 뒤부터 걸음을 걸어도 발이 땅에서 뜬 듯하고 경상經床 앞에 앉아도 엉덩이가 떠있는 듯했다고 표현했을 정도다. 이때부터 두 생질의 권유로 잡학(제자백가서)을 멀리하고 정학에만 몰두할 수 있었다. 이어서 진사가 된 후 이어서 승문원교서承文院校書 등을 역임했다.

당시에 왕안석의 신법이 확대 실시되었으나 횡거는 많은 선비들과 함께 반대하는 입장에 가담했다. 횡거는 범중엄 선생의 따뜻한 보살 핌을 받았던 것도 생각했었으나 '신법'에 반대하는 생각을 굳히고 병을 핑계로 관직을 사직하고 종남산에 은거하여 독서와 저술에 전념하였다.

그는 학문의 목적을 '중용서'에 두었고 그곳에 나아가는 종주宗主는 '역경'으로 삼았으며 세상사에 처할 때는 항상 공맹부자의 '어맹서語 孟書'를 의지의 준칙으로 했고 항상 행위가 행해질 때는 '예기'를 거울로 삼았다.

이로부터 횡거는 소시부터 영향을 받았고 정신의 기저에 자리 잡고 있던 노불의 우주관을 씻어내기에 이르게 되었고 주돈이의 태극도설과 소옹의 선천설까지도 배척하였다. 그의 어록에 의하면 그의 천품이 각고노력하는 선비로서 정명도 같이 천자고명天資高明한 빠른 직관력에 의존키보다는 궁구 숙고 끝에 나오는 노력형으로 정이천에 가깝다고 평가를 받는다.

남송 때 이 모든 학문적 공업을 기술한 주자는 이들을 비교 평가하면서 "명도지학은 종용從容(고요하고) 함영涵泳(무르녹은)한 맛으로 흡洽(만족함)하다"라고 할 때 "횡거지학은 고심하고 역색力索(힘들여 찾는)하여 공심功深(공이 깊음)하다"라고 했는데, 적합한 평가라고 본다.

횡거의 저술로는 '동명東銘', '서명西銘', '정몽正蒙', '경학리굴經學理窟', '역설易說', '문집文集', '어록語錄'이 있는데 여기서 그의 학문에 직접 뛰어 들어가는 첩경으로 '서명西銘'과 '정몽正蒙'을 들 수 있다. 특히 서명은 장재학도의 필독서인데 이는 횡거가 처음엔 책명을 '정완訂頑'으로 했던 것인데 정이천의 충고로 개명한 것이다. 그리고 정명도는 "맹부자 이후에 한자(퇴지)의 '원도原道'가 있는데 서명은 원도의 조격祖

格이다"라는 평가를 했기 때문에 많은 성리설 서책 중에서 유명한 저작으로 굳어졌고, 뒤에 주희가 '서명주西銘注'를 달았기 때문에 후학들이 '장자학張子學'을 공부하는 데는 필수적 공구서('성리대전性理大全'에 서명주자주가 채택됨)가 되었다.

2.

장재에 의해 창도된 '관학關學'에는 기라성 같은 준영들이 모여들어 당시로는 최대의 학파군을 형성하기에 이르렀다. 관학파의 구성원으로 동년배에서는 여대균呂大鈞, 이복李復, 유사웅游師雄이 있고 연하로 여대임呂大臨, 소병蘇昺, 반극潘極, 소청邵淸, 범육范育, 전앙田昹, 설창조薛昌朝, 유공언劉公彦이 있었다.

당시에 관학은 낙학洛學, 촉학蜀學과 더불어 정립鼎立을 유지하면서 이어갔으나 관학은 북송기가 끝나면서 쇠퇴하고 말았다. 다만 이 세 학파가 왕안석의 신정에 대해선 모두 반대한 점은 공통적이다.

당시 천하의 모든 학파가 종자법宗子法을 주장하여 혁신적인 신법을 반대한 데는 이유가 있었다. 횡거의 '경학이굴'에 "종자법이 없어지면 조정 세신과 공경이 하루아침에 없어지고 종법宗法이 없음으로 공상公相의 가족은 이산되어 인재를 등용한다고 해도 그 내력을 알 수 없다"라는 논리가 제시돼 있다.

요새 안목으론 어불성설이라 하겠지만 당시의 천하정세는 장백산 동쪽에서 굴기한 생여진(금국)이 세력을 크게 팽창시켜 황하 이북을 차지하고 있는 때라서, 국가 존망지제를 맞은 송조는 타성에 젖고 문약(중국 문화의 황금기를 당송대라지만 실제로 그 농숙기는 송대다)에 빠져 노쇠국가의 양태를 띠자 이를 극복하고자 국가 구조와 사회제도 등을 급진적으로 혁파시켜 중흥을 도모하여 중원의 적통임을 내세우지 않을 수 없었다.

따라서 개혁파는 급진적 개혁으로 국가의 중흥을 도모하려는 것이고 보수파는 국가의 정통성을 지켜 송국만이 중원의 적통임을 내세워 북방 야만족인 여진족과는 차별화된 국가 위상을 지키려는 의지의 발현이었던 것이다. 그래서 중국 5천년사에서 4, 5대 충신을 일컫을 때 북송조에만 '문천상文天祥'과 '악비岳飛'라는 두 열사를 거론하게 된 것도 이 때문이다.

이제 장재의 관학의 특색에 대해 알아보자. 남송의 장식張栻(남헌南軒)은 관학의 특색을 "실용을 귀히 하고 공론을 경계했다"라고 평했고, 이정자는 '이정수언二程粹言(정호, 정이의 핵심어록집)'에서 "남헌 장 씨는 학문을 하되 정치에 미치고, 예악형정에 미치니 선학善學한다고 말할만하다"라고 평했다.

관학은 치용학을 중심했기에 병법과 정전법까지도 연구대상이었다. 이 때문에 당시의 중심적인 학풍인 사변적인 이정자 학도들과는 구별되는 기풍을 띠고 있었다. 우주론에서는 기본 원전이 주역학 속에 위진남북조 때 찬입된 도상학적 위서 때문에, 역설에서는 '천원즉수동전天圓則須動轉, 지방즉수안정地方則須安靜'이라는 전통적 지식을 넘지 못했으나, 그의 주저로 평가되는 '정몽'에서는 '천원지방(천동지정)'설을 뛰어넘을 수 있는 요소도 있었다.

'정몽 참량편參兩篇'에서 "지는 순음으로 엉키여 모였고, 천은 부양浮陽이라서 동선動旋함이 천지의 상체常體다. 항성은 하늘에 달려있어 부동不動하는 듯하지만 실은 동하여 움직임이 무궁하다"라는 관점으로 당시의 미신적 학설을 극력 배격했다.

이때 혜성 같은 젊은이가 나타났는데 횡거보다 32세나 젊은 이복李復이었다. 그는 "사계와 주야는 자연의 이치로 일월의 영축盈縮과 진퇴進退가 호리지차가 없을 수는 없으나, 그 동動의 근원은 물物이다"라고 하여 자연변화를 '물지리物之理'라고 언급했다. 장재는 이 젊은 학도의 설을 취하여 당시에 유행하던 참위설과 상수역학을 배격하면서 한대漢代의 유물주의자인 환담桓譚을 취하여 유행되던 세설을 공박했다. 당시의 우주관의 3대 주류를 보면 ① 유목劉牧은 수 → 상 → 형, ② 이복(장재도 같은 입장)은 물 → 상 → 수, ③ 정이는 이 → 상→ 수로 도형화시켜 볼 수 있는데 ② 설과 ③ 설의 '물'과 '이'를 같은 카테고리(물즉리物卽理, 이즉물理卽物)로 분류하여 동의어로 볼 수도 있다.

그러나 이복과 장재설의 '물'을 '매터리얼'로, '이'를 플라톤의 '이데아(idea:절대적 이념)' 설로 본다면 전혀 다른 문제가 될 수 있다.

장자의 제자 소병蘇昞 등 관중학자들에게는 '정몽'과 '횡거역설', '어록' 등은 논어 정도의 성전聖典으로 존신尊信되었다. 그러면 횡거가 말하는 물은 무엇인가? 정몽에서 '기氣'라고 정의했다. 우주의 근원을 '태허太虛(알 수 없는 최초의 무형적 존재)'라 가정할 때 여기서 우주의 실재인 '기'가 출현했다는 것이다.

그러면 태허가 태초의 실재자인가 하겠지만 그렇지 않다. 기를 말하게 되었고 그것의 전제자로 제시하다 보니 출현한 어휘에 지나지 않는다. 태허를 달리 말하면 기를 설명하는 다른 이름이다. 이 기(태허)의 승강취산升降聚散이 역易에서 인온氤氳(인온絪縕)이요, 장자의 야마野馬다. 주역경에 남송말 찬입竄入된 계사전의 태극이 또 다른 이름의 일기一氣라는 것이다.

사물계란 일기一氣가 잠깐 동안 알지 못할 어떤 이유로 해서 임시로 모인 모습으로 '객형客形'이라고 한다. 그래서 '가유假有'라고 했다. 이렇게 알지 못할 어떤 이유로 감응하여 합함을 참양參兩이라고 했다. 이것을 장자의 '참양설(성인의 이도감민以道感民은 동감同感. 남녀상열은 이응異

應)'이라고 한다. '참參'의 뜻은 "일중지량一中之兩이며 교감만화交感萬化하여 감이수통感以遂通"하는데 이렇게 되는 데는 "막혹사지莫或使之(누가 시켜서 된 것이 아님)이며 동비자외야動非自外也(동이 밖에서 비롯됨이 아님)"라고 했다.

이 횡거의 '참천양지參天兩地'설은 이정자에 영향을 주이 정호는 '불양즉무용不兩則無用'(하남정씨유서. 제11권)이라 했고 정이는 "기왈기旣曰氣면 즉편유이卽便有二니 언컨대, 개합開闔(여는 것과 닫는 것)은, 이시감已是感이니 기이즉旣二卽 편유감便有感이라(동상)"하여 '양단兩端'이란 것은 '감感'에 의하여 합하게 된다는 일원론이다.

이렇게 우주론은 일원론으로 귀결되었으나 인성론에서는 '천지지성天地之性'과 '기질지성氣質之性'이라는 이원론이 그것인데 인간이란 본래 선한 것(천지지성)인데 살아가면서 욕심이 생겨나 악한 행위(기질지성)가 발생한다는 것이다. 이 논리를 바닷물로 예를 들어 "바닷물이 얼면 얼음이 되고 뜬 것은 거품(구漚)이 되지만 얼음과 거품은 바다에서 생기기도 하고 없어지기도 하는 것이어서 해부득이여언海不得而與焉(바다도 어찌할 수 없음이라)"이라고 설명했다.

장재의 "해부득이여언"의 '여與'자를 '유有'자로 바꾸면 좋겠다고 '정명도'가 권하여 그렇게 했다. 장자의 대표적 저작 '서명'도 본래는 '정완'이었는데 정이천의 권유로 바꾸었다. 횡거학을 평가하여 서명은 '이理'라는 개념을 최초로 설정하여 그 '의'를 세워서 성인께서 발견치 못한 바를 확대했으니, 맹부자의 성선설이나 양기론과 같은 공로가 있다고 극찬했다.

四. 정호程顥

1.

　정호程顥(1032~1085)는 자는 백순伯淳이며 세칭 '명도明道 선생'으로 통칭된다. 하남 출신으로 그 지역에서 학문과 품격으로 널리 알려진 정향程珦의 맏아들로 태어났다. 소년 시절 범상치 않은 천재성을 발견한 부친이 현재의 양자강 하류의 구강시九江市 근처인 여산廬山까지 기천 리길을 15, 16세의 두 아들 호顥와 이頤를 이끌고 원정 유학길에 올랐음을 주렴계 편에서 언급한 바가 있다.

　이렇게 두 형제는 두 몸이지만 한 사람 같이 소년기와 청년기를 함께 한 처지라서 그 성향이나 취미가 같아서 이체일신으로 보이기도 하지만 중년 이후의 학문적 경향은 많은 차이가 난다. 이정二程은 구도에 뜻을 두어 과거공부 같은 것에는 뜻이 없었다. 제가를 공부하고 나서 석노지학釋老之學에 기십 년을 몰두했어도 마음속에 얻어진 바가 없었고, 그들의 높은 뜻을 채워줄 수가 없다는 것을 깨달은 뒤에야 육경六經으로 돌아갔다. 정백자程伯子는 이 육경이란 광맥에서 학문적 보석광휘를 찾아낼 수 있었기에 송대 성리학의 사상적 요체, 그 기초를 세울 수 있었던 것이다.

　주돈이에게 배웠지만, 학도學道하는 마음 자세와 방법론만 배웠고 학문은 이어받지는 않았다. 염계의 태극도설은 잘 인용치 않는 것이 그것을 말해준다. 명도와 이천은 손님을 접대할 때나 도반들과 학문을 토론할 때 늘 함께 했다고 기록돼 있는 것으로 보아 두 분은 형제 이상의 도반이었고 한 살밖에 차이가 안 났지만 서로 존경하는 관계였다. 그래서 이 두 사람을 칭할 때는 흔히 이정자(문집도 이정자집임)라고 부른다.

염계 선생의 학덕을 일컬어 '광풍제월光風霽月'이라고 하는데 '정명도' 선생에게도 이 칭호(중국의 2천5백년 문화사에서 5명뿐임)가 붙여졌다. 티 없이 맑고 거리낌 없는 천품을 표현해주는 말이다. 반면 아우인 '이천 선생'은 엄격하고 강직하면서 빈틈이 없고 문리文理가 칼날같이 명석하여 '초벽고봉峭壁孤峰'이라고 불렸다.

정명도는 늦게야 아들 각慤을 얻었는데 불세출의 천재여서 말을 익히기 시작하면서 부친에게 '우지내宇之內와 우지외宇之外', '우지전宇之前과 우지후宇之後'에 대해 질문했다고 한다. 틈만 나면 수리에 관한 질문을 해대곤 하여 선생을 근심에 빠지게 했다.(이야기로는 아들 각의 수리의 질문 이야기를 선생이 소강절을 자주 만나면서도 그에게 아들의 질문에 대해서 언급함이 없었다고 한다). 그런데 이 아들이 10세를 겨우 넘기고 요사하고 말았고 정백순은 간장을 에는 제문(현전함)을 지었다. 이래서 천재는 단명한다는 말이 나왔나 보다.

현 중국 하남성 '정주鄭州'에 사는 하남 정씨 종손(이천파)의 말에 의하면 역대로 여섯 번 이천 선생 집에서 명도 선생집에 양자를 입적했는데도 현재 천육백여 명뿐이라고 했다. 이대로 가다가는 하나밖에 못 낳는 현재의 인구정책에선 곧 없어지고 말 것이라고 말했다.

우리나라 전북 무주에 하남 정씨들이 제법 많이 살고 있는데 모두 이천파 후손이다. 칼날같이 까칠한 공격적인 이천 선생의 자손들은 잘 되는데 "바람에 구름을 헤치고 나타난 맑은 달"과 같은 인격의 소유자인 명도 선생의 자손들은 이다지도 외롭단 말인가. 정백순은 이런 쓰라린 생애의 굴곡 속에서도 인생사에 흐트러짐 없는 마음가짐을 엿볼 수 있는 이른바 '도통시道通詩'라는 칠언율시를 남겼다.

"한래무사부종용閑來無事不從容한대, 수교동창일이홍睡覺東窓日已紅이

라. 만물정관개자득萬物靜觀皆自得하니 사시가흥여인동四時佳興與人同이라. 도통천지道通天地는 유형외有形外요. 사입풍운思入風雲은 변태중變態中하니, 부귀불음富貴不淫으로 빈천낙貧賤樂이요. 남아도차男兒到此라면 시호웅是豪雄이라."

세상사의 희노애락을 달관한 마음 자세를 엿볼 수 있는 시였다. 우리나라에서 이와 견줄 수 있는 도통시로는 임란 직전의 송익필宋翼弼의 시 정도일까.

2.

하남성 등봉登封의 숭산崇山(중악) 북쪽에 '정문입운처程門立雪處'로 유명한 숭산서원嵩山書院이 있다. 이곳은 정명도, 정이천 양 선생이 강학하던 서원으로 오대 서원으로 꼽히며 전통과 풍광 좋기로 유명한 곳이다. 서원 안마당에는 거대한 측백나무(백수栢樹) 두 그루가 서 있다. 나무의 키는 그리 크진 않지만 굵기는 어마어마하여 칠팔 명이 팔 붙들고 서야 맞다을 수 있고 나무에는 병든 곳이 한군데도 없이 굳건히 서 있으며 안내판에는 그 수령이 4천몇백 년으로 기록된 중국 최고령 거대수이다. 그중 한 나무가 더 크다.

서원 방에 앉으면 문 밖으로 이 영수靈樹 아래둥치가 보인다. 예부터 사찰이나 서원을 건립할 때는 산수가 빼어난 곳 선호했다. 이곳도 유구한 세월 동안 천지신명이 천장지비天藏地秘로 놔두었다가 바야흐로 문화적 난숙기에 들어 금계포란金鷄抱卵 형세라는 이 알 자리에 숭산숙당嵩山塾堂이 건립된 것이라고 보아야 하겠다. 숭산서원은 이정자가 강학을 하고부터 아주 유명해지기 시작했다.

눈발이 날리는 겨울날 점심 시간이 지날 무렵 이 방문 앞에 두 젊은 이가 찾아왔다. 이들은 바로 양시楊時(구산龜山)와 유조游酢(광평廣平)였다. 그때 명도 선생은 방안에서 낙양에서 찾아온 지기들과 담론 중이었다. 문하에 서있는 젊은이들이 독경을 원하여 찾아왔다는 뜻을 알고, 명도 선생은 조금 기다리라는 말을 이르고 담론을 계속했다. 담론이 끝났을 때는 이미 시간은 흘러 날이 어두워 졌고 눈은 퍼부어 온 세상이 눈 천지가 되고 말았다. 그런데 이 어둑어둑한 시간까지 두 젊은이들이 그대로 서있었던 것이다. 기록에는 무릎까지 눈에 파묻혔다고 나와 있다.

이곳에서 그리 멀지 않은 곳에 선불교의 시원지라는 저 유명한 달마 대사의 소림사가 있다. 달마의 제자가 되고자 팔둑을 잘라 자신의 간절한 의지를 보여 주었다고 전해지는 불가의 영향을 받았는지는 몰라도 당송대 이후부터는 이런 유의 득도욕(학구욕)이 표현된 기록들이 많이 나온다.

중국에는 '백록동서원白鹿洞書院', '악록서원岳麓書院' 등 거대한 서원들이 아주 많지만 거의 옛적의 문화재 건물로 먼지 쌓인 채 그저 보존되고만 있을 뿐이지 활용되는 곳은 아무데도 없다. 악록서원 같이 대학 속에 편입되어 대학건물의 구색 맞추기로 남아있는 것도 있지만 거의가 산골짜기나 숲속에 덩그렇게 서있을 뿐이다.

1982년도인가? 초여름에 이정자 선생의 고택을 처음 방문했을 때 대형 전세버스가 고택까지 접근할 수 없어서 차에서 내려 1킬로미터 정도 채소밭 사이로 걸어갔다. 모든 농작물이 인분으로 뒤덮여 있어서 그 지독한 냄새를 맡느라 고역이었는데, 옷에 밴 냄새가 낙양의 호텔까지 이어져 문제가 되기도 했었다.

이정자 선생의 고택은 본채와 사랑채, 곳집, 행랑채 등이 잘 짜진 특상은 못 돼도 우리나라로 치면 경상도의 명문 종가의 규모 정도인데 주변에 2킬로미터 이내는 다른 민가가 없는 것이 장점이고, 또 두 선생의 묘소와 사당도 집 옆에 함께 있었다. 필자는 여기서도 숭산서원에 못지않은 감동을 받았다.

버스가 주차돼 있는 길 건너편은 많은 시인들의 입에 회자되던 이강伊江(정이의 아호 이천도 여기서 딴 것이다)이 흐르고 강의 수량 조절을 위한 보洑를 막아 그 위에 인도를 만들고 강 건너의 백거이白居易(낙천樂天)의 묘소까지 갈 수 있도록 해놓았다. 여기서 십여 킬로미터 상류에 있는 용문석굴龍門石窟까지 제대로 된 길은 나 있고, 2차선 콩크리트 다리가 놓여 있다.

백낙천의 묘소는 벚나무가 줄줄이 심어져 있고 묘 앞의 좌우로 사람 키 정도의 비석 대여섯 개가 줄줄이 서 있었다. 본래 있던 두 개의 비석을 제외한 모두가 일본인들이 기금회에 돈을 내고 세운 것이라고 했다. 한국에서는 백낙천의 시를 야하다고 하여 그렇게 좋아하지 않지만 일본인들은 그의 시라면 죽고 못산다고 했다. 그때만 해도 중국인들은 달러가 많은 일본인들에 사족을 못쓸 정도였다.

용문석굴은 삼천불이라고 하는데, 대충 큰 불상만 그렇고 손가락만 한 것들이 아주 많아서 모두 합하면 삼만이 될지 얼마가 될지 짐작하기도 어렵다. 거대한 산이 반으로 쪼개진 듯한 절벽 전체를 불상으로 꽉 채웠다. 10여 미터 높이의 큰 불상부터 새끼 손가락 정도의 작은 불상까지 온통 불상으로 가득 차 있다.

이정자의 장원에서 낙양이나 숭산서원까지는 버스로 4시간이 걸렸다. 우리나라로 치면 가깝게 봐도 서울에서 대전거리인데 어떻게 해서 그렇게 무시로 출입을 했는지 짐작이 가질 않는다. 그렇다고 가마를 탄다든지 말을 타고 길을 나선 일은 결코 없었다. 이정자가 숭산서원 다음으로 자주 들른 곳은 소강절邵康節 선생의 '안락와安樂臥'였다.

소강절(자는 요부堯夫)의 임종을 지켜볼 정도로 가깝게 지냈다고 할 수 있다. 황극경세皇極經世나 그의 도통시도 이정자가 아니었으면 세상에 전해지지 않았을 수도 있었다.

　필자가 두 번째(모두 3차례 방문) 숭산서원과 안락와를 방문 했을 때 쓴 '사詞'다. 졸작이란 걸 감안하기 바란다. 당시, 송사宋詞라 히어 송대는 사가 중심이었다.

　숭산사嵩山詞
　중악제광中岳霽光 삽상신청颯爽新晴 구제의연舊第依然
　낙성여숭洛聖如崇 정문입설程門立雪 경모만강景慕滿腔.

　양유계흥楊游繼興 천재유훈天載遺薰 정정노백廷停老伯
　만강정정萬康亭亭 석과갑탁碩果甲拆 동파등임東播登稔.
　제방題訪 숭양서원嵩陽書院 기념紀念

　숭양서원에서 이정자를 기리며

　숭산은 변함없이 광풍제월하도다.
　바람 상쾌하여 맑은 기상 오늘 다시 새로우니
　옛 자취 그대로
　두 성인을 우러르는 듯 하구나.
　배움을 열정 쌓인 눈인 들 어찌 막으리.
　후학들 가슴 속에 흠모의 정 절로 이네.

　배움의 열기 대대로 이어져 홍하니

천고의 후에도 그 향기 그윽하도다.
뜰 앞의 노거수 두 성인인 양
만고의 세월 속에 우뚝 솟아 있도다.
남겨놓으신 열매 마침내 터져서
동방에 싹을 틔어 큰 열매 맺으리라.

- 숭양서원 방문 기념으로 짓다

문화 코드라는 게 있다. 한시나 송사 등, 시를 감상하려면 당대의 문화 코드를 이해해야 한다. 글자 그대로만 해석하면 시인의 의도를 읽어낼 수 없다. 즉 함축과 은유를 읽어내야 한다는 말이다.

'중악제광中岳霽光'을 '중악(숭산)에 구름 개인 풍광'이라고 자구대로만 해석하면 시인의 의도를 전혀 읽어낼 수 없다. '제광'은 명도 선생의 기상을 나타내는 '광풍제월'이라는 의미이다.

따라서 "명도 선생께서 가신 지 800년이 지났지만, 강학하시던 숭산에는 그 기상 여전히 서려있는 것 같구나"라는 뜻을 내포하고 있다.

이렇게 이해해야 '삽상신청颯爽新晴'의 의미가 분명해진다. 상쾌한 그 기운, 맑은 그 기상이 오늘 다시 새로워지는 것이다.

'낙성여숭洛聖如崇'도 '낙양(하남)의 두 성인 받드는 듯하다'는 물론 또 다른 의미를 생각해 볼 수 있다. 이정자께서 강학하시던 곳이 숭산이다. 따라서 '두 성인의 정신이 천고의연한 숭산과도 같구나'라고도 해석할 수 있다.

'양유계흥楊游繼興'도 '양'과 '유' 두 사람을 뜻하는 게 아니다. 양유처럼 배움의 열정을 가진 후학들이라는 의미이다.

'석과갑탁碩果甲拆 동파등임東播登稔'의 표현은 참으로 절묘하다. 명도 선생께서 훗날을 예견하셨던가. '석과갑탁碩果甲拆'은 '남겨놓은 열매 마침내 터져'라는 자구 이상의 의미를 내포하고 있다. '훗날 만주족(청나라)의 지배로 사학斯學의 맥이 끊길 것을 예견했음인가? 그래서 앞날을 대비해 큰 과일 하나 남겨 두셨네'라는 해석도 가능하다.

'동파등임東播登稔' 역시 마찬가지이다. 청나라 때 의리학으로서의 이정자의 학이 끝났다는 의미와 함께 우리 동방에서 '석과갑탁碩果甲拆'해 이정자의 학문이 새롭게 피어났다는 의미를 담고 있다. 또한 우리 동방이 학문의 종주국이 되기를 염원하는 시인의 바람이 담겨 있다고 볼 수도 있다.

3.

명도 선생으로 불리는 것은 사후의 시호에서 비롯된 것이다. 아우인 정이(이천)과 함께 동문수학했고 강학도 함께 했기에 이정자로 불리어 사후의 문집도 '이정자집二程子集'으로 나왔다. 양 선생과 그 추종 학자들을 일컬어 낙학洛學이라고 했고, 섬서성 서안의 장재를 중심으로 한 관학關學과 사천성의 소식蘇軾을 중심한 촉학蜀學과 더불어 당시의 학파를 대표했다.

정명도 선생은 소년기부터 주돈이로부터 수학하였음에도 저작이나 강론(어록)에 한번도 '태극'이란 용어를 써본 적이 없다(정이천도 마찬가지임). 그것은 그가 선성지학先聖之學의 순수성을 지키겠다는 정통성 또는 결벽성을 보여주는 것이라 하겠다. 그러니까 스승 염계 선생으로 부터는 도학하는 마음가짐과 수학하는 태도를 이어받은 것이지 학술 자체를 물려받은 것은 아니었다.

당시는 북송 말기로 문화적 난숙기이어서 제반 생활문화와 기예가

발달하였고 정신문화면에서는 농숙된 대승불교의 사변철학이 일세를
풍미하던 때라서 대개의 편집광적 지식인들이 이쪽으로 빠져들지 않
을 수 없었다. 이런 때에 '사문斯文'이라는 선성지학을 벗어나지 않겠
다고 다짐하고 석노지학을 수학했던 기십 년을 청산하고 다시 육경에
몰두하여 대유大儒가 될 수 있었다.

명도 선생이 돌아간 뒤 정이천이 찬撰한 묘표墓表에 "주공 사후에 성
인의 도가 행해지지 못하다가, 공부자가 성인의 도를 발현시켜 후세
에 전했고, 또 맹가 사후에 성인의 학이 부전不傳케 되었다. 그 후 천
사백 년 뒤에 선생에 의하여, 드디어 유경遺經(남겨져있는 경전)에서 새로
성학聖學을 일으켜 세울 수 있었다"라고 썼(표표)다.

철학사가들은 이정자를 '송유지시宋儒之始'라고 명명하면서 두 사람
을 구분치 않고 통칭하는 수도 있으나 개괄론에서는 무리가 없겠으나
구체적 각론에선 타당치 못하다. 그래서 '혼연설渾然說'에서는 '명도' 설
로 개괄하면서도, 구체적 각론에선 '이천' 설을 인용하는 것은 그 학문
적 특징을 활용한 것으로 봐야 할 것이다.

명도는 생전에 저작을 한 적이 없었다. 그의 학설은 문인들에 의한
'어록집語錄集'을 통하여 전해졌다. 그래서 채록자採錄者에 따라서 어록
들이 약간의 차이가 있게 되었다. 그러나 서로 모순되는 문구는 나타
나지 않는다. 남아있는 자료가 많지 않은데도 후학들은 그 자료가 적
다고 탓하지 않고 오히려 그 많지 않은 해타咳唾나마 그 오의奧義를 완
전히 터득치 못하는 자신의 모자라는 식견을 책할 뿐이다. 이는 아마
도 그분의 훈훈하고 포용적인 인격에 감화된 데서 오는 어떤 아쉬움
같은 정감일 것이다.

그의 시 한 수를 보자. "운담풍경근오천雲淡風輕近午天한데, 망화수류
과전천望花隨柳過前川하니, 방인불식여심락傍人不識予心樂하야, 장위투

한학소년將謂偸閑學少年터라(엷은 구름은 두둥실, 설렁 설렁 가벼운 바람 부는 한 낮에, 꽃을 바라보며 버들길 따라 앞내를 건너노라니, 주변 사람은 내 마음속의 즐거움은 알지 못하고서, 문득 하릴없어서, 소년을 흉내낸다고 말하더라)". 보통 사람들이 어찌 선생의 오도에서 오는 법열의 경지를 알 수 있겠는가.

4. 명도의 우주론宇宙論과 인성론人性論

명도의 사상에서 자연과 인식주관인 나我의 구별이 없어서 천지만물을 아와 일체一體로 보기 때문에 "아심我心이 곧 천지심天地心이요, 아지리我之理가 곧 천지지리天地之理"라고 하였다. 이는 맹자서의 "만물개비어아萬物皆備於我"에 근거하여 논리를 전개해 간 것이다. 즉 만물(자연)은 인간과 근원을 같이 하지만 만물 자체는 만물지리萬物之理를 추리할 능력이 없기 때문에 천지만물 중에 사람을 최귀한 존재로 본 것이다.

그러면 최귀한 존재인 인간, 그 인간 구성체 중에서도 가장 값진 요소인 심(마음)에 의하여 객관적 대상을 생산해 내는 것(일체유심소조一切唯心所造)이냐 하는 질문에 부딪히게 된다. 정명도의 사상은 그럴 것 같은데 그렇지 않다고 했다. 즉 요임금은 군주지도를 다했어도 '이理' 자체는 요에 의하여 조금도 변한 것이 없고, 순이 아들의 도리를 다했어도 '이' 자체는 순에 의하여 조금도 보태진 것이 없으며, 마찬가지로 걸주에 의해서도 그것이 덜어지고 바뀐 것이 없다는 것이다.

그러면 '도가의 가르침'대로 괜히 그런 것들을 옳다 그르다 따지고 들 것이 아니라 그냥 놔두고 살아가면 될 것이 아니냐고 하겠지만 정명도는 그렇지 않다고 보았다. 우리가 학구 노력으로 사물지리를 터득하고 인지도리를 인식해 내게 된다면 "내 마음이 밝아지며, 만물지리

또한 밝혀져 우매함과 고루함에서 벗어나 마음의 희열과 낙樂을 맛본다"라고 하였다. 정명도는 이를 '자득自得' 또는 '신오神悟'라고 하였다.

성론性論에 있어서는 어떤 문장에서 혹 선악이 있는 듯이 생각될 수 있는 면이 없지 않지만 다른 글귀를 미루어 보건대 이는 기품의 탓이지 '성'과 관련된 것이 아님을 간파할 수가 있다. 정명도 설의 취지는 성 자체는 '물(수)'과 같은 것이어서 이것이 흘러서 해양으로 가는 도중에 더러워지기도 하고 혹은 깨끗한 채로 바다로 흘러가기도 하지만 흐르는 그 '물' 자체가 변한 것은 아니라고 본 것이다.

이 '물'의 원 개념인 '성(자연에서는 이)'을 조절하여 천명(중용 설)을 따르는 것이 인간으로서의 무상명령(도)이며 이곳에 지향토록 이끌어 주는 것을 '교敎'라 했다. 즉 선천적으로 내 안에 갖추어져 있던 것을 내 의지意志에 의하여 끌어내는 것이기에 '자득'이라고 했고 '신오'라고도 했다.

정명도는 신종神宗에게 올리는 상소문에서 "선성과 후성이 부절符節을 합한 듯이 같음은 성인의 도를 전한 것이 아니고, 또 성인의 마음을 전한 것도 아니며, 바로 내 '마음'을 전한 것이기 때문이다"라고 했는데, 마음은 광대무변하여 만선萬善을 갖추고 있어서 성인의 학문이 다른 데 있는 것이 아니고 마음에 있는 것이라고 했다. 송학을 '이기심성학理氣心性學'이라고 정의를 내린 것이다.

이와 같은 유심론적唯心論的 입장은 육구연, 왕수인으로 이어졌다. 이에 대하여 주희는 정명도의 학설을 이어받아 객관적인 입장인 '관물론(관물리觀物理)'을 중시했다.

식인론識仁論

정명도의 어록에 수록되어 있는 것을 보면, '인'은 의, 예, 지와 신을 포함한 도덕 개념들의 상위 유개념이다. 그러니까 '인'을 도덕개념의 최고 유개념으로 설정한 것인데 이는 선진 한당을 거치면서 최초로 정립된 포괄적인 개념으로 그에 의하여 처음 시도된 것이다.

정명도에 의하면 인간은 수양과 학문적 탁마를 통해서 '인'을 인식하게 되며 인을 내 것으로 만들고 나면 비로소 '천지'와 '아'가 둘이 아닌 '한 몸'임을 인식하게 된다는 것이다. 인이란 중심이란 뜻이기 때문에 의서醫書에서 팔과 다리가 중추신경의 통제대로 움직이지 않고 따로 노는 병증세인 중풍을 '불인不仁'이라 기록한 것은 적절한 표현이라고 했다.

마찬가지로 학문과 도덕적 수양으로 완성된 인자仁者라면 나를 천지와 한 몸(아여천지我與天地로 동同)으로 여기게 된다고 보았다. 그러나 불인자不仁者는 자타를 구분하여 자기의 이익을 위하여 타에 폐해를 끼치게 되기 때문에 인간관계의 유기체적 관계를 저해하는 요소가 된다는 것이다. 마치 중추신경계의 통제를 벗어난 팔, 다리와 같은 존재를 불인자라고 정의했다. 그러므로 개인, 가족, 사회, 국가에서 내외 자타가 합일할 때 각각 그곳에서 '인'을 구현해 낼 수 있다고 하였다.

그러면 이 '인'이란 것을 몸으로써 구현해 낼 수 있는 경지에 도달했다고 할 때, 이것으로 다 된 것인가? 한번 대오각성하면 영원한 부동의 각자가 되어 초월자적 복락福樂을 삼계三界를 뛰어넘어 누릴 수 있는가? 그렇지 않다고 보는 것이 정명도의 입장이다. 참되게 인을 체득하는 것을 '식인識仁'이라고 할 때 주관과 객관이 일체一體(아여만물로 일체)가 되는데 이 성경誠敬의 경지에 이르게 되면 무한한 '희열'을 얻게 된다고 보았다. 그리고 그 경지를 지속시키기 위해서는 백 가지 시시경우時時境遇마다, 물물처처物物處處로, 체득體得을 일삼아야 하며 결과를 각인해야 한다는 것이다.

정명도가 자득과 신오라는 용어를 써서 남겼는데 이는 '진실지眞實知'를 말하는 것으로 '성경체득誠敬體得'이란 말로 대신할 수 있다. 이렇게 체득한 신오의 경지는 항상 살얼음판을 건너 듯 하면서 부단히 성경을 굳혀가는 것을 '정성定性'이라고 했다. 그러면서 이 성경을 유지하려는 집착 때문에 '방검防檢(속박)'에 빠져서도 안 되고 궁색할 필요도 없는 것이다. 오직 "아여만물이 일체"가 되는 경지에만 들면 희열을 보게 될 것이라 했다.

이렇게 되면 "정역정靜亦定, 동역정動亦定"이요, 무장영無將迎, 무내외無內外"하여 "기역도器亦道, 도역기道亦器, 기역리器亦理 이역기理亦器"가 되어 무애无碍의 세계를 전개해 낼 수 있다. 후대에 이 경지에 가까운 학자로는 중국에서는 정암整菴 나흠순羅欽順이 있었고 조선에서는 율곡栗谷 이이李珥가 있었다고 하겠다.

5. 정성론定性論

명도 선생은 학구적 수도에 의하여 안정된 마음바탕이 외물에 의하여 흔들릴 수가 있기 때문에 반석 같이 흔들리지 않는 마음가짐을 논술한 것인데 혹 선가禪家의 참선으로 오해할까봐서 마지막 장에 정리했다.

'정定' 자의 뜻을 풀어 말하기를 "정定이란 것은 동動이면서 정靜이요, 내보내는 것도 없으면서 맞이하는 것도 없는 것(정자定者 동역정動亦定 정역정靜亦定 무장영無將迎)이며 안팎도 없는 것(無內外)"이라 했다. 그러면서 "성인께서는 마음으로 굳히고 나면 일단 마음을 쓰던 일이라 해도 이것을 뒤쫓지 않고 일을 끝내며 영迎할 때도 미리 계교計較를 만들어 대비하지 않고(無將迎) 속을 텅 비워놓는 허심탄회의 경지인 역易에서 말하는 '이허수인以虛受人'하기에 이른다"라고 하였다.

이렇게 된다면 비속한 세상의 부귀영화로 그 마음을 흔들거나 끌어 낼 수 없게 되고(간기배艮其背면 불획기신不獲其身하며), 혹 뜰에 나가 어슬 렁어슬렁 거닐어도 범인들의 눈에는 띄지도 않아 아무 탈이 없을 것 (행기정行其庭하여도 불견기인不見其人하여 무구无咎다)이라고 주역경의 '중산 간괘重山艮卦'의 탁절사卓絶辭를 들어 자신의 도통의 경지를 표현했다.

마치 불교의 이심전심과 비슷하다. 부처님이 마지막 법문인 법화열 반경을 설법할 때 언어의 한계를 뛰어넘는 오의를 이심전심으로 전 코자 연꽃 한 송이를 들고 빙그레 미소를 지었을 때(염화미소:염화시중) 법석의 대중들은 누구나 다 꿀 먹은 벙어리 같았다고 한다. 대중들은 "손가락으로 달을 가리키니까 달은 안보고 손가락만 본다"는 말처럼 부처님의 뜻을 헤아리지 못하는데, 오직 가섭존자迦葉尊者(대승경전에서 만들어진 인물)만이 미소를 지어 화답했다는 예화가 있다.

명도 선생은 유교학적 도통 경지의 묵시적 증험을 유경(주역경)으로 보여 준 것으로, 마치 유학도 불학과 진배없는 형이상학적인 구조적 사유체계가 선진경전 속에는 이미 있었다는 것을 입언立言했다고 평 가할 수 있다.

중산간괘에 "간기배艮其背(우주의 이치를 터득한 분이 어느 날 잡다한 속사가 마땅찮아 어떤 특수한 일에서 등을 돌렸다면 그분을 손으로도 붙잡을 수도 없으며, 혹 그분이 행기정行其庭(정원에 어슬렁거리며 노닌다) 해도 不見其人(그 분을 볼 수조 차 없을 것이니) 无咎(아무 탈이 없다)하다"라고 쓰여 있다.

이와 같은 초월적인 경지가 현실적으로 있을 수 있단 말인가 하고 비판적인 질문을 하는 사람이 있다고 하자. 그러면 그런 의심을 제기 하는 이에게 인류가 원시적 야만시대를 뛰어넘고 문명사회를 누리면 서 대의명분과 정의감으로 목숨을 초개같이 던진 의사, 열사를 우리는 숭모하는데 어떤 사람이 그 명분이란 것과 정의라는 것을 가져다가 이 책상 위에 올려놔 보라고 한다면 어떤 대응을 할 수 있겠는가?

지금까지 이어온 우주의 역사는, 물과 흙과 초목과 동물들의 단순한 집합체가 아니라 그 관계 속에서 만들어진 것이며 이것은 다시 유기적이면서 구조적 의미의 가치 구성체로 진화하게 된 것이다. 그렇기 때문에 지금 오히려 불가시적 가치에 짓눌리는 시대에까지 이르게 되었다.

필자가 젊어서 김아산 선생께 주역경을 처음 배울 때 이 택산함괘澤山咸卦의 단사象辭에 큰 감동을 받았다. 그 감개하는 것을 보셨는지 필자를 보고 웃어 주셨다. 소정의 과정이 끝났을 때 과필당호를 선생님의 아호 아산亞山의 산 자를 넣어 필과증과 함께 주셨다. 말하자면 'ㅇ산' 하는 식의 당호를 주셨다.

그런데 필자에겐 필과증만 주시면서 호는 다음 주에 주겠다고 하셨고 그때 받은 것이 '허인許人'이었다. 이는 주역 하경의 첫째 괘인 택산함괘의 대상전大象傳 '이허수인以虛受人(텅 빔, 텅 빈 것을 받았다)'의 '허虛' 자 대신 '허許' 자를 넣어서 '허인'이란 당호를 주신 것이다. 당시만 해도 뜻을 알 것도 같고 모를 것도 같은 상태에서 그저 송구스런 마음뿐이었다. 뒤에 알았지만 대구의 붓글씨 쓰는 이모 씨에게도 똑같은 호(이씨는 되려 '허許' 자를 안 쓰고, 스스로 '허인虛人'을 예명으로 썼다)를 주셨음을 알았다.

명도 선생은 '정'의 뜻을 풀어 동역정動亦定이며 정역정靜亦定으로 안팎이 없고(無內外) 나아가는 것도 없고 맞이하는 것도 없어서(無將迎) 지극히 마음 쓰이던 것이라도 그것을 뒤쫓지 않고 깨끗이 끝내고 말며 또 영迎할 때도 미리 작전을 짜서 계교를 만들어 대비치 않고 '이허수인'의 마음바탕으로 집착하는 마음 없을 때 '정성定性'을 이룩해 낼 수 있다고 했다.

기론氣論

명도 선생은 우주와 인생의 근본을 주역경과 중용서에 근거하여 만물의 '생생지원리生生之原理'는 기氣에 의한 것으로 보았다. 즉 이기교감二氣交感에 의한 만화생성萬化生成은 기의 편정偏正 때문에 천차만차의 차별이 발생하는 것으로 음양의 편차가 주어지면 초목이나 조수가 되고 중정中正을 얻으면 인생을 부여받는다는 것이다. 이와 같은 우주인 기의 감흥작용은 자기원인에 의한 것이지 외부적 힘의 작용에 의한 것이 아니라고 보았다.

이 자기원인을 바로 '이理(서양철학의 '로고스')'라고 하였다. "형이상자形而上者는 위지도謂之道요, 형이하자形而下者는 위지기謂之器"라고 할 때 명도 선생의 입장은 "기역도器亦道 도역기道亦器"라고 할 수 있다. 이를 바꿔보면 "기역리氣亦理 이역기理亦氣"가 될 수 있는 것이다. 즉 불교 화엄학의 '이사무애법계理事無碍法界'와 같은 개념으로, 명도 선생은 이를 '정기이격물正己而格物'이라고 정의했다. 다시 말하면 '이역기 기역리'인 '이기무애理氣無碍'로 이념과 현실의 혼연일체설로 묶을 수 있는 주관적 관념론이었다.

이 설을 그대로 계승한 학자로는 명대의 나정암羅整菴 흠순欽順을 들 수 있다. 원칙적인 우주론만을 본다면 조선조의 율곡 이이 선생이 영향받은 학자로 칠 수가 있겠다.

五. 정이천程伊川

1.

정이천程伊川(1033~1107)은 북송 때의 성리학자로 앞장에서 거론한 명도 선생의 아우로 자는 정숙正叔으로 이천백伊川伯에 봉해졌기 때문에 이천 선생으로 불리었다. 명도 선생과 더불어 오랫동안 낙양에서 강학을 해서 낙학洛學을 관학關學, 촉학蜀學과 함께 당시의 3대 학파로 이룩해냈다.

정이천은 북송기를 대표하는 성리지학의 중심 기축을 이루어냈다. 인격 완성을 위한 수양론이나 사회적 책임론에 머물러 있던 유학의 한계를 뛰어넘어 우주론적 당위성에서 야기되는 '소아小我'와 '대아大我' 간의 실존론적 연대성의 이론적 근거를 제시했다. 그래서 중국 철학사에서 선진수사학洙泗學, 중세 성리학, 근현세 청대 고핵학이라는 학술사의 삼개 정점 중 하나를 이룩해 낸 것이다.

당나라 때 무르녹은 문학적 낭만기를 겪으면서 심성적 유희의 과정 속에서 난숙된 정신계는 고답적 철학사상인 화엄학과 천태학이라는 심성적 궁전을 건축해냈으며, 그 여력으로 북송대에 들어서 '정학正學' 도 외래학에 뒤지지 않는다는 분발이 일어날 수 있었다. 그런 사상적 축적이 마침내 주돈이, 소옹, 정명도로 나타나게 되었고, 정이천에 이르러서는 골격적인 체계가 만들어지기에 이르렀다.

정이천은 18세 때 인종仁宗께 왕도정치에 대한 상주를 올리기도 했고 개봉(변량卞梁. 변주卞州)의 태학에 있을 때는 호원胡瑗(안정安定. 자는 익지翼之) 선생에게 '안자顔子 소호하학所好何學'을 지어 올려 크게 칭찬을 들었다. 호익지胡翼之 선생의 천거로 학관에 올랐으며, 호익지의 '명체

달용明體達用'의 교육이념에 영향을 받아 그의 도학수업에 체용논리를 고조시킨 것도 이때부터였다.

그 뒤에 장횡거(이천보다 13세 위인 7촌 표숙. 관학파 중심학자)와 함께 진사시에 합격하여 태학에도 함께 강의하게 되었다. 이때 개봉의 태학에는 저 유명한 소동파도 있었다. 당시 소동파는 한림원에 있었고 주변에는 많은 문사가 운집해 있었다. 그런데 정이천과 소동파의 관계는 그다지 좋은 편이 아니었다. 소동파가 낙학과 대립, 반목하는 촉학파라는 점도 있었겠지만, 그의 성격이 둥글지 못하고 까슬까슬하여 주변의 학반學伴들과 원만치 못한 점도 작용했을 것이다. 소동파는 정이천이 지나치게 도덕 제일주의로 일관하는 것에 대하여 늘 그를 우원迂遠(융통성 없고 고집이 셈)하다고 비판했었다.

묵묵하고 한결 같았던 정숙자에 비해 소동파는 재기가 넘치지만 경박했고 말이 많고 참을성이 모자랐다. 후에는 그가 좀 불미스런 행위 때문에 아주 먼 부주涪州(배주)로 좌천되기에 이르렀다. 소동파는 이때 찬배竄配(귀양) 가서 몇 해 동안 풀리지 못하다가 소강절의 부음을 당하여 풀리게 된 재미있는 얘기가 있다.

정이천은 묵묵히 강의에 임하면서 학업에 매진하였고 영종英宗, 신종神宗 때에 누차 부름을 받았으나 나가지 않다가 사마광의 추천으로 철종哲宗의 시강侍講이 되어서 이름을 떨쳤다. 형인 명도 선생이 광풍제월 같은 도통경지의 혼연한 너그러움이라면 아우인 정이천을 엄격하고 강직하여 어긋난 것은 조금도 용납하지 않았다.

시강이 되어 황제께 진강할 때는 반드시 미리부터 재계하고 임금의 뜻을 감동시킬 수 있는 주제를 정리하고 숙고 끝에 요점들을 기술하고 수진첩袖珍帖에 기록하여 강의 내용을 살지게 만들었다. 강의에 임해서는 용모를 엄격히 하여 재계하듯 했고, 언제나 문자 밖의 뜻을 반복하여 밝혔고, 수강하는 중에는 지존한 황제라도 자세가 흐트러지면 조금도 가차假借를 두는 바가 없었다고 한다.

이렇게 되어 이천 선생의 시강으로서의 명성은 天下에 자자하여 혹 임금이 치세지요를 물으면 늘 직언으로 임했으며 선성지도를 논함에서는 학설은 항상 엄격경건으로 일이관지하는 도덕 제일주의였다. 그래서 정이천의 시강으로서의 행적은 뒷세상에서 훈도薰陶의 표상적 예화로서 인구에 회자되어 감동을 자아냈다. 시골 글방의 지루한 분위기에서 훈장들이 사탕 한 개를 입에 물려주는 듯한 이러한 예화들이 무수히 전해져 오는 것은 동북아 교육에 남북 송대의 문화적 영향이 지극히 컸었음을 말해주는 것이리라.

2.

그러나 정이천의 올곧은 주장이 계속 먹혀들어가는 호기는 끝나가고 있었다. 북방의 성국盛國이었던 요국遼國이 생여진(백두산 동쪽)이 세운 금국金國에 의하여 교체되어 북송을 위협하게 되었고 이에 북송조도 문약에 빠져 국세가 나약하게 된 데에 대한 자각이 일어나게 되어 국가유신 운동이 일어났다.

왕개보王介甫 안석安石이 구당(수구파)을 몰아내자는 '만언서萬言書'를 올리면서 국가와 사회의 급진개혁을 주장하는 '신법新法'을 채택해야 한다는 요구가 받아들여질 계기가 도래하게 되었다. 그러나 수구 보수파 층은 반대하는 입장이었다. 이때의 왕안석의 개혁파를 사가들은 신당으로, 수구파를 구당으로 불렀다.

왕개보는 개혁의 제창자였으나 당시 이름깨나 있다는 문학가, 도학가(철학), 사가들 소위 지식인들의 거개가 수구파였고 지식인들의 개혁파 참여는 극소수였다. 정이천도 신당파와 반목하다가 참소로 귀양살이를 했으나 곧 풀려났다. 휘종徽宗 때는 복직도 되었지만 신당에 반대하다가 사설邪說로써 혹란惑亂케 한다는 죄목으로 하남부에 검찰되고 문하생들이 방축되는 탄압을 받았다.

학문하는 목적은 스승인 주렴계처럼 성인을 목표한다는 점에서는 형인 명도 선생과 같았으나 '태극도설太極圖說'과 '통서通書'에 대한 견해는 좀 달랐다. 명도는 태극도설과 통서가 선성지학이 아니기 때문에 싫어하여 한번도 언급한 바가 없었지만, 이천은 이것이 성인(공부자와 맹부자)의 소작所作은 아니지만 아성亞聖이나 준영俊穎들에 의하여 범인들이 쉽게 알아내지는 못하지만 성인께서 미처 말씀하지 못했던 오의미어奧義微語를 밝혀주는데 크게 도움이 된다고 여겼다.

이와 같은 정이천의 학문을 적통으로 이어받은 남송말 주희인데 이런 관점에 있는 학문적 입장은 학자의 장점일 수도 있고 단점이 될 수도 있는 양날의 칼과 같은 것이다. 청대 학문에서 평가한다면 말도 안되는 소리인 것이다.

의아해 하는 독자를 위해 사족을 붙인다면 청대학에서는 선진사상 말고는 순수 중화사상이 될 수 없다는 전제에서 출발한다. 첫째는 기존 전적류까지도 과반 이상이 안조贋造(위조僞造)된 것이고, 둘째는 경적 중간에 부분적으로 끼워 넣어진, 이른바 찬입竄入된 것이고, 셋째는 유가 경적 중에 타 잡가 전적이 끼어든 사례이다. 넷째는 유가서 외에 예를 들면 노자 도덕경도 많은 부분이 타 잡가서와 유사한 곳이 많이 있다는 증거가 있고, 장자서는 '제물론'을 빼고는 모두 타 잡가서와 유사한 것들 이어서 이런 것들을 몽당 털어내고 나면 도대체 남는 것이란 무엇이 있겠는가 하여 청대 중기에는 고해학考麑學 무용론까지 들고 나왔다.

사족 하나 더 붙이면 흔히들 동양사상(중국사상)의 기본적 논리라는 '오행五行' 사상과 '십간십이지十干十二支' 사상을 우주론의 사실관계와 의미론적 관계의 저변적 이론으로 삼고 있는데 이 이론의 근거가 동진 때 꾸며진 고문상서에 의한 것인데 이 이론까지 모두 가짜 전적에 의한 것이라면 어느 독자도 믿으려 들지 않을 것이다. 본래 선진시대에는 중국에 십이진법과 오방사상이 없었다. 12진법은 페르시아 문명에서 시작된 것으로 본다.

3. 이천의 체용론 응용

체용體用의 논리는 본래 노불학에서 비롯됐던 것인데 안정 호원胡瑗(호원은 송대 의리철학 형성에 가장 큰 역할을 한 성리학자로 주저 '호씨춘추胡氏春秋'가 유명함)에 의해서 유학이론에 처음 응용됐던 것이다. 필자는 20여년 전 대전 박원재 선생에게 수 년에 걸쳐 전질全帙 강독을 통해 '호씨춘추'를 배운 바 있다.

개봉(변량)의 태학에서 호원이 "성인의 도학은 체體가 있고 문文이 있으며 용用이 있다. 즉 군신 부자와 인의 예악은 영원불변한 '체'요, 시詩, 서書, 사史, 전傳, 자子, 집集은 후세의 법이 되므로 '문文'이며, 천하를 거조擧措(천하경영)하여 윤택케 하며, 황극皇極으로 귀일케 하니 '용用'이다"라는 강학을 할 때 '이정자'가 듣고 크게 감동하였다.

정이천은 "이로 말미암아 후세학자들로 하여금 성인의 체용을 밝힐 수 있도록 하여 정교政敎의 근본을 생각토록 한 것은 스승의 공이시니 왕안석(개혁 신파)과는 비교가 안 된다"라고 입언하게 됐다. 이때 호원으로부터 전수받은 체용의 체계(근원을 찾아서 말할 때 논의되는 것이며 체용, 미발이발설未發已發說은 정이천에서 비롯됐다고 보아야 한다)를 본다면 '체體

(미微)=미발未發=성性'이며 '용用(현顯)=이발已發=정情'이다.

우리가 보통 사용하는 '마음(심心)'이라는 뜻은 '성'과 '정'을 합하여 말하는 개념이다. 그러니까 희로애락이 마음 바탕에 드러나지 않은 경지를 성이라 한 것이다. 송대에 비로소 대두된 성리학에서 도교나 불교와 마찬가지로 당시의 고답주의적 정신철학에서는 공통적인 과제였던 만큼 마음의 밑바탕을 찾다보니까 '미발'이란 말과 '이발'이란 말을 사용치 않을 수가 없었다. 이 이론이 남송 때 주자학에서는 "체용일원體用一源, 현미무간顯微無間, 주일무적主一無適"으로 나타난다.

송대 성리학에서 정이천의 학문적 업적이 이 '미발이발설'만으로도 평가받을 수 있는 경지에 다다랐다고 하겠지만 기실은 팔조목 해석에서 비롯되었다고 보아야 한다. 즉 팔조목은 "격물格物, 치지致知, 성의誠意, 정심正心, 수신修身, 제가齊家, 치국治國, 평천하平天下" 등이다. 여기에서 어휘의 첫 글자 즉 수식 어소인 "격, 치, 성, 정, 수, 제, 치, 평"은 물이하 천하까지의 요소적 종개념에서 포괄적 유개념(물에서 천하까지)까지를 무상적 가치인 이 도덕적 공약률로써 의미 한정의 공약 어소로 더도 덜도 아닌 적합어라는 것이 한대 이후의 해석이었고 북송 학자들도 이를 따랐다.

그런데 정이천은 여기에서 한걸음 나아간 발전된 해석을 내렸다. '정씨유서程氏遺書'에 의하면 대학서의 성의誠意 이하는 첫째 조목인 격물의 개념적 정의를 예를 들어 설명한 나열이라 하였고 격물의 자의만 바르게 이해한다면 천하사를 풀어낼 수 있다고 보았다. 격의 사전적 해석은 '격즉지格卽至'요, 목적어인 물은 '물즉사物卽事'라 할 때에 '격(지)'을 '궁窮'으로 '물(사)'을 '이理'로 풀어냄으로써 '대학서(사서)'를 도학의 입문적 공구서의 반열에 올려놓게 되었다.

'치지'까지도 '사물 배후지리를 궁극달통'하는 즉 달통의 뜻으로 풀어낸 것(격유궁格猶窮. 물유리物猶理)은 송대 도학이 수사학洙泗學에서 연원된다는 기초를 만드는 계기를 마련하기에 이르렀다. 격물을 '지사至事'라 풀어 놓고서도 다시 '궁리窮理'라고 풀어낸 것은 사물 배후지리를 궁극통달한다는 도학적 의욕 때문이었을 것이다.

정명도 선생이 정신적 자기수양을 위주한 "정기이격물正己以格物한다(몸을 먼저 바르게 한 뒤에 사물의 이치 터득에 이른다)"라고 한 데 대해 정이천은 "객관적 자연의 이치를 터득한 뒤에 자기를 되돌아본다(관물리이찰기觀物理以察己)"라고 정의했는데, 이는 후학들로 하여금 선정들의 예리한 혜안의 참모습에 핍진할 수 있도록 해준다.

우리가 여기서 간과해서는 안 될 것은 오늘날의 자연과학적 세계관으로만 세상을 보고 살아가자는 관점이 아니고, 물리를 터득하되 어디까지나 나(아我)가 중심이 된 즉 세계라는 것도 '모두 모두의 나(대아大我)'를 중심으로 하는 찰기察己여야 한다는 점이다. 그래서 격을 지로, 물을 사로 해석하면서도 그것을 대표하는 표제를 지사至事라고 하지 않고 궁리窮理로 한 이유가 있었던 것이다.

궁리하여 치지에 이르러 통달케 되면 눈앞의 대상과 내가 다를 바가 없고(물아일리物我一理) 또 나의 속과 겉이 똑같은(내외합일) 지경에 도달한다는 것이다. 치지가 격물에 의한다는 것은 외물로 내가 녹아들어가는 것이 아니고 아我가 외물을 고유한다는 것이다. 사물(외물)지리 즉 물리는 현대적 의미의 자연과학적인 것이 아니고 자기관찰을 위한 행위의 이치인 즉 도리를 말하는 것이므로 '합내외', '물아일리'를 전제로 한 이理라 하겠다.

이런 면에서는 명도와 같다고 볼 수도 있으나 객체인식에서는 차이가 있다. 이 점이 명도와 구별되는 점이다. 그러므로 전술한 바와 같이 자기행위의 기준이 되는 객관적 사물을 중요시해서 일사일리一事一

理를 궁구하여 얻은 '물리物理'를 찾는다는 점이 특징이다. 그래서 정명도의 철학적 입장을 '정기이격물'로 정의한 데 비해, 정이천을 객관적 관념론(관물리이찰기)'으로 정의하는 것이다.

그러니까 "유물有物이라면 반드시 칙則이 있게 마련이어서 이 세상의 어떤 일물이라도 일리一理가 있다(유물필칙有物必則, 일물수유일리一物須有一理)"라고 말했다. 즉 "풀 한 포기나 나무 한 그루에도 이理가 있다(일초일목유리一草一木有理)는 관물리이찰기(자연의 이치를 깨친 뒤에 자기를 살핀다)"라는 것으로 대학지도의 '거경궁리居敬窮理'의 풀이를 '격물(궁리)'하고서 '거경(찰기察己)'한다는 체계로 정리해냈던 것이다.

이천 선생은 주렴계의 주정설主靜說이 선학의 오도와 너무 닮았다는 판단에서 명도 선생과 함께 어쩐지 선풍 맛이 나는 '주정'보다는 '성경誠敬'을 내세워 그것을 대신하면서 '체용이 일원'하면서도 '현미顯微가 무간無間'한 '주일무적主一無適'이라고 표현하였다. 바로 이 '주일'이 흩어짐이 없는(무적) 경지는 '거성경居誠敬'으로만 가능한 것이라고 보았다.

'성경'에만 머문다면 소위 '허정虛靜'에 머물 수는 있겠지만 '주정' 자체가 바로 '경敬'이 될 수는 없다고 보았다. 즉 주정 자체는 마음이 수양된 경지일 수는 있겠으나 경의 경지에는 미칠 수 없다고 보았다. 그러면 경을 이룩했다고 하면 모든 것이 완성됐다는 뜻인가? 그렇지 않다.

성경이란 마음의 수련에 불과하기 때문에 '궁리'를 해야만 한다는 것이다. 궁리 없는 성경은 고루함에 빠질 수가 있다는 것이다. 즉 객관적 가치를 도외시하기 때문에 야기되는 광신적인 모습인데 일찍이 근대 영국의 계몽철학자 프란시스·베이컨의 우상론의 '동굴우상'이나 '극장우상'의 모습 같은, 요즘의 예를 들면 종교적 신앙에 몰입하여 광신적 행태에 빠지는 것이 그런 예가 될 수 있겠다.

그러므로 '합내외合內外'가 되어야 하는 궁리와 격물의 양자가 만나서 사랑으로써 개념의 결혼이 이룩되어야만 행위의 이치인 도리를 터득하게 된다. 이것이 바로 "경이직내敬以直內, 의이방외義以方外"다.

정명도의 심즉리心卽理 설에 대해 정이천은 '심'과 '이'를 나누어 보아 '이'에 대해서는 객관적 독립성을 인정하였기 때문에 '궁리'를 '심'만으로 볼 수는 없는 객관적 연구가 뒤따라야만 통할 수 있는 것이라고 보았다.

4. 이기론理氣論

정이천은 이와 기를 독립적이고 이원적인 것으로 보았고 이런 이기론은 주희에게 계승했기 때문에 이 둘의 이기설은 거의 유사하다고 평가되고 있다. 정이천의 '이일理一' 사상의 연원을 찾아본다면 서경의 '황극기유극皇極其有極'을 비롯하여 주돈이의 '태극'과 소옹의 '황극' 등이 있겠는데 정이천은 '이무형理無形'으로 표현하고 있다.

그의 '유서 권삼'에서 "태허太虛는 있을 수 없다. 태허가 어찌 있을 수 있는가? 천하에는 다만 '이理'로서 실재할 뿐이다(천하지유일개리天下只有一個理)"라고 하여 무형적인 것은 이理뿐으로 이것만이 영원한 실재라고 하면서, 이 이理 자체는 무의지적 자연법칙일 뿐이라 보았다.

그러니까 명도 선생과 같이 '기즉도器卽道 도즉기道卽氣'라고 하지 않고, "음양지소이연지고陰陽之所以然之故"를 '도'라고 하였다. "이료음양離了陰陽하면 갱무도更無道하여(음양을 떼어 놓으면 다시 도가 없어져) 소이음양자所以陰陽者(음양을 있게 하는 것)가 바로 도(시도是道)다. 음양시기야陰陽是氣也(음양은 바로 기이어서)하여, 기시형이하자氣是形而下者(기는 형이하자)하고 도시형이상자道是形而上者(도는 형이상자)여서 온 우주에 꽉 찬 존재(是

密)다"라고 한 것이다.

그러면서 장횡거의 '태허설'은 부정하면서 스스로는 '형이상자' 즉 우주적 질서인 '도'를 내세우지 않을 수밖에 없었는가?

그것은 그리스 철학자들이 우주적 질서의 최종적 유개념으로 '로고스'를 설정했듯이 송대 철학자들도 완전한 물질주의적인 유물론을 내세우지 않는 한 논리적 한계에 부딪히지 않을 수 없었을 것이다. 그래서 명석한 정이천은 "음양은 기이며 이 음양을 있도록 하는 까닭은 도다. 그러나 "이 도道 이理의 도다"라고 입언하여 '이기이원론'이라는 논리를 정립시켰던 것이다.

여기서 이와 기의 개념적 이해를 돕기 위해 사족을 좀 붙여야 하겠다. 예를 들어 기를 언급할 때 질료적質料的인 뜻으로 쓸 때가 있는가 하면 비질료적인 뜻으로 쓸 때가 있기 때문이다. 풍우란馮友蘭 교수의 입장에서 설명한다면 '기화氣化'라는 어휘는 물질적인 뜻으로 사용한 것이며 단음절어로 기를 쓸 때는 성性과 대비적으로 사용했고, 음양오행이라는 뜻으로 쓸 때는 물질적인 의미로 사용한 것이다.

비물질적인 뜻으로 사용된 예는 '원기元氣'라고 하든지 '정력精力' 또는 '정력적精力的'이란 어휘가 그것이다. 또 기를 에너지라는 의미로 철학서적에서 사용될 때가 있는데 이때의 기도 비질료적인 의미로 봐야 한다. 현대물리학적 지식에 의한 개념적 오류에 빠져서는 안 되기 때문이다. 그래서 "기운이 세다"라고 말할 때 이때의 기운도 풍우란 박사는 성리철학에서 말하는 비물질적인 '진원지기眞元之氣'라고 정의했다.

정이천은 철학사가들이 '이기이원론'으로 평가하는데, 이것은 '역해易解'와 '역상易象(역수易數)구은도鉤隱圖'의 저자인 팽성인彭城人인 장민長民 유목劉牧의 영향 아닌가 하는 철학사가들의 말이 있다. 그것은 정이천이 그토록 싫어하는 상수역론이건만 역시 읽어보지 않을 수 없었구나 하는 생각이 들었다. "유목의 일음일양一陰一陽은 독음독양獨陰獨陽에 지나지 않아 만물이 생성될 수 없다. 이 둘이 합한 뒤라야 묘용이 운용되어 생성변화가 완성된다"라는 논리가 정이천의 논지였다.

그러고는 인간의 생물적 속성 측면과 가치관으로서의 도덕적 속성 측면이라는 양 측면을 설정하여 앞의 것을 '소이연지고所以然之故', 뒤의 것을 '소당연지칙所當然之則'이라고 했다. 인간(인지생애)이란 자연적인 측면이 있으면서 '간間'의 자의대로 사람틈새에서 살아가려면 도리적인 다른 한쪽면도 있어야만 하기에 '소당연지칙'을 대비시키지 않을 수 없었다.

이 양면은 표리의 관계로 근대 실존주의 철학에서 앞의 것을 "내던져진 존재"라고 입언했다면 뒤의 것을 나 자신이 나를 다시 한 번 더 "내던지는 존재"로 표현했던 명제와 같은 것이다.

남송 말에 주희로 하여금 이 정칙을 규정토록 한 스승이 바로 정이천이었다고 하겠다. 그래서 동양(중국)철학의 큰 분수령을 형성시켰다는 이 걸출한 쌍벽이 대두하기에 이르렀던 것이다. 또 정이천에 영향을 준 이는 장횡거를 들 수 있다. 그러나 장자의 순환론적 기론에 대해서는 "기에는 성쇠가 있다"라는 입장이어서 반대하였다.

5.

정이천이 자연의 이치와 인간의 본성이 근본적으로 동일한 것이라는 가설에서 출발하여 자연에서의 이가 인간에서는 성으로 표현된 것으로 정리했다. 일찍이 맹부자에서부터 한대 이후까지 이어지던 말 많던 논변이 드디어 정이천에 이르러 결론을 보게 된 것이다.

성과 이의 그 근원 즉 원기소자原其所自을 찾고자 하는 의욕은 희로애락이 마음에 일어나기 전의 즉 '미발지심未發之心'은 선善치 않은 것이 없다는 '성즉리性卽理'의 결론이었다. 이것을 본연지성本然之性(본성)이라 했고 '이理'가 바로 미발지심이며 '체體' 또는 '미微'라고 했다.

'성즉리'와 같은 식의 논리가 현미무간顯微無間(숨어있는 양심과 나타난 행위가 서로 차이 없다) 체용일원, 주일무적으로 표현되었다. 그러니까 성과 기를 서로 떼놓고는 생각조차 할 수 없는 불가분의 관계로 본 것이었다. 기 속의 내재자가 성(이)이란 것이다.

이렇게 해서 굳어진 성즉리설은 남송 때에 주희에게 이어져 천수백여 년 간의 이기논쟁이 정착되기에 이르렀던 것이다. 선성께서 해타하신 "성상근야性相近也 습상원야習相遠也"에서 성을 사람에게서는 똑같다고 표현치 않고 '근近'이라고 표현한 것은 잘못된 것이 아니냐는 질문에 주희는 정이천의 본연지성과 기질지성의 구분을 채택하여 차근하게 이 이론을 명확히 했던 것이다.

그러나 현실 속에서 생활하고 있는 개개인을 놓고 성과 질을 논할 때는 기질지성이 선지향성과 이기지향의 양면성으로 구분된다는 단순논리로는 현실적 여건을 개념화하기에는 부족한 면이 너무 많았다. 성과 기는 불가분의 관계이면서도 이 둘을 서로 떼놓는 논급이 될 수밖에 없기 때문에 갑지성, 을지성, 병지성 등으로 표현하는 현실적 구조가 그것을 말해준다고 보았다.

본래 성의 본연과 기질의 구분은 선진 때(공맹 당시)에는 없었던 용어였으나 선악의지의 본연지근을 찾다보니까 생겨난 것이지만 사실 공맹께서 사용한 성의 개념도 정주程朱 철학에서는 기질지성일 수밖에 없다. 선진시대에는 형이상학적 사유가 없었기 때문에 인간의 성품을 말하는데 '성性' 자로도 충분했었다.

이것이 정신문화의 난숙기인 송대에 들어서서 도덕률의 최고 덕목인 '인의예지仁義禮智'를 천부적 소여所與(주어짐) 개념으로 '성性'의 미발체未發體로 삼았고, '측은惻隱, 수오羞惡, 사양辭讓, 시비是非'는 '정情'의 '이발용已發用'으로 정리한 것이었다.

그래서 이때 어떤 제자가 "애인시인부愛人是仁否잇가(애인이 인입니까, 아닙니까?)" 하는 질문을 했을 때 "애인은 인지단仁之端이지 인은 못된다"라고 답했던 것이다. 그러니까 이미 활동에 들어간 단계여서 애인은 '인지단'이지 '인' 그 자체는 아니라고 했다. 즉 이미 활동에 속하는 단계로 들어섰기 때문에 정이어서 다만 단端일 뿐이라는 것이다.

정은 '이발已發'이어서 저급한 것이고 성은 '미발未發'한 순수도덕(이데아적)이어서 고등한 것이라는 생각은 마치 그리스 시대 플라톤 철학을 보는 것 같고, 중세유럽 교권 절대시대의 논리를 생각하게 만든다.(개인시성야蓋仁是性也, 효제시용야孝悌是用也). 그러면 미발한 성을 구할 수 없는 것인가? 구선求善하면 이미 발(이발)한 것이기 때문이다.

이에 대하여 정이천은 "이발후已發後 거경궁리居敬窮理"로 마음을 함양하다면 정이 절도에 맞게 되어 지선에 이를 수 있다고 보았다. 이런저런 구절들은 그의 이른바 '절욕節慾 명절주의名節主義'을 강조한 일련의 표현이다.

정이천 철학의 양대지주는 이와 함께 '경敬'이다. 일찍이 주렴계는 '정즉무욕靜則無慾'이라고 했던 것을 "정靜으로는 미진함을 알고서 정을 경敬으로 바꾸고, 경敬은 스스로 허정虛靜하나 허정은 스스로 경할 수는 없다"라고 보아 경을 상위에 놓음으로써 송대 이후의 철학이 경 철학이 되게 되었고, 고려와 조선 시대의 성리학도 경을 덕행의 수덕으로 삼게 되었다. 이른바 경은 '주일主一'인데 이 일자는 '무적無適'이다. 이 무적은 흔들림이 없는 것이어서 무욕과 같은 것이다.

그러니까 유학 덕목의 무상적 가치인 인을 구현시키는 바른 길은 경으로 함양하는 것을 근본으로 삼았던 것이다. "거경居敬으로 마음을 곧게 하면(거경이직내居敬以直內)" 이른바 희로애락의 미발지중(감정이 일기 전의 마음 바탕)에 도달케 되는데 이것을 바로 '경즉중敬卽中, 중즉경中卽敬'이라고 했다.

정이천은 경전 주석에도 큰 업적을 이룩하여 대학, 중용, 논어, 맹자의 주석을 남겨 청대 이전 주석서의 기본이 되었다. 이를 '사서四書'라고 최초로 명명한 이도 그였다. 주희도 사서주에 정주程注를 인용했고 오경보다도 사서를 높이 받드는 입장도 정이천에서 비롯된 것이었다.

일찍이 동한 말에 왕필이 음양 상수역을 노장적 '순도리역順道理易'으로 혁파한 후에, 또다시 위진남북조 시기의 음양 술수점역으로 타락한 주역을 다시 의리적 합리역으로 경장更張시킨 역주을 평생토록 보완해 임종 직전에야 상재(출판)를 허락했다. 왕필의 미진함을 열매 맺는 '역전易傳' 10권을 세상에 내놓게 되는 업적을 남긴 것이다.

六. 정문程門의 제자들

1. 사량좌謝良佐

사량좌謝良佐(1050~1103)는 자는 현도顯道지만, 고향 지명에서 따온 호칭인 사상채謝上蔡로 통칭되었다. 소시부터 총명 박식하여 이름을 날렸고 정명도에게 사사 받았다.

그는 기억력이 아주 뛰어나 서경, 사기 등에 박식한데, 정명도가 이런 지식은 덕성에 아무런 도움이 될 수 없다고 지적하자 명도 선생으로부터 정좌靜坐를 배워 '안심입명安心立命'에 큰 도움을 받았다. 이 사상채의 계보는 뒤에 왕양명학으로 이어진다.

명도 사후에 다시 이천에게 배웠고 그의 일상생활에서 검소한 생활을 실천하여 '단표누항簞瓢陋巷'으로 만족해 하던 어느날 스승 이천의 질문에 "단거득但去得 일긍자一矜字(다만 하나의 '긍(으시댐)'을 제거할 뿐이다)"라고 답해 좌중을 감탄케 했다. 즉 성경誠敬을 일관할 뿐이란 것이다.

그는 '인'을 '각覺'으로 풀이했는데, 이에 대해 주자는 "상채설의 인시각仁是覺은 분명시선分明是禪"이라 하여 "각의 결말이 모두 인이 아닐진대 '인'을 '각'으로 풂은 어긋난 것이 아닌가?"라며 비판했다.

육상산과 이정자의 학문, 주희와 왕양명의 학문을 두고 수세기에 걸쳐 후학들이 쟁론을 벌이게 된 시원이 이때 비롯됐음을 알 수 있다.

2. 양시楊時

양시楊時(1053~1135)는 자는 중립中立이며, 구산龜山 선생으로 통칭된다. 명도에게 유광평遊廣平과 함께 소시에 입문하여 큰 사랑을 받다가

명도 선생 사후에 이천을 사사하여 대성한 학자로 정문하의 적통으로 평가된다.

'사도지정률師道之定律'도 사실은 이때부터였다고 세상에서 평가받는다. 평생 동안 사설師說(이천 학설)을 바꾸지 않았고 노불의 영향을 받지 않은 것은 아니지만, 사상채에 비하면 순수한 편이다.

문하에 '나종언羅從彦'이라는 제자가 있는데, 주자가 소년 시절에 나종언의 성리학 강론을 청강할 수 있는 천재일우의 기회를 만날 수 있게 됨으로써 '주부자 희'가 탄생될 수 있었다는 말이 철학사가들의 입에 회자된다.

3. 유조游酢

유조游酢(1045~1115. 酢酢의 음이 '초' 또는 '작'이나 인명이나 지명에서는 '조'가 됨)는 자가 정부定夫이며, 세칭 '광평廣平 선생'이라고 불린다.

구산과 함께 '유양游楊'으로 병칭되며 역시 '정문입설程門立雪'의 학구욕으로 정문에 들었던 사람으로 그의 문하에 '여동래呂東萊'가 있다. 정문도 중에서 불학에 가장 깊히 몰입한 학자로 평가된다. 불학에 너무 심취했다는 세간의 비난에 대해 그는 "세유世儒들은 그곳을 밝혀 보지도 못했으면서 구설로써만 시끄럽게 한다"라고 응대했다.

그러나 주자는 그의 학문과 인격의 깊이를 높이 평가하여 "정부定夫 청덕중망淸德衆望, 교여일성皎如日星, 가이탈세범속可以脫世凡俗(정부께선 인격이 맑으셔서 뭇사람들이 우러르고, 밝은 해와 별빛 같아서 범속함을 벗어났다)"이라고 할 정도로 존경해 마지 않았다.

4. 윤돈尹焞(1061~1132)

윤돈尹焞(1061~1132)의 자는 언명彦明으로, 화정和靖 선생으로 통칭된다. 재기가 넘치진 못했지만 정이천은 그가 대성할 것을 예견했다. 그래서 세상에 전하길 그가 둔탁하여 하루에 경전을 한 구절도 터득하지 못했다고 한다. 혹설에는 경구 '일자'란 말도 있다. 드디어는 윤화정尹和靖은 고종 황제의 시독이 되기에 이르렀고 학설에 따라서는 이정자의 적통이 양구산이 아니고 윤화정으로 보는 이도 있다.

그래서 주희도 평하길 "화정직시십분둔저和靖直是十分鈍底하나, 파타지취일개경자破他只就一個敬字로 주공부做工夫하야 종주득성終做得成이라(화정은 아주 우둔했으나, 그는 자못 하나의 '경' 자만 가지고 골몰한 노력을 기울여 끝내 목표를 이룩하고 말았다)"라고 했다. 끝까지 스승 이천설을 고수했고, 철학사가들은 선학이 섞이지 않은 학설로 일관했다고 평가한다.

7장 송대 이학의 집대성 주희朱熹

一. 주희朱熹의 학통 계보

1.

주부자朱夫子 문공文公 희熹(1130~1200)의 학술 사상은 감안치 않고, 학통의 계보만을 엮어 설명해 본다면 양구산楊龜山 때로 거슬러 올라간 다. 당시 양구산의 문하에 나예장羅豫章 종언從彦이란 사람이 있었다. 자가 중소仲素인 남검인南劍人이 바로 주희의 스승이었다.

'송원학안宋元學安'(권39)에 의하면, "나종언이 논강할 때면 늘 양구산 선생은 스승 정이천 선생을 칭송하신다"라는 말을 듣고서, "나는 이 러다가는 인생을 헛되이 보내게 될 수 있겠다는 생각이 들어 직접 낙 양으로 가 숭양서원에서 양구산 선생을 배알하고 돌아와 나예장을 따 랐다"라고 전한다.

나종언의 저작으로 '의논요의議論要語', '준요록遵堯錄'이 있었으나 뒷 사람들의 관심을 끌지 못했다. 청조의 은현인鄞縣人으로, 당시 대학자 황종희黃宗羲와 황백가黃百家 부자도 완성치 못한 '송원학안'의 '수정증 보 완성판'을 출간한 전사산全謝山 조망祖望이 앞의 '학안'에서 다음과 같이 말했다. "예장지재양문豫章之在楊門, 소학수순所學雖醇, 이소득실 천而所得實踐(나예장이 양구산 문하에 있을 때, 배운 바가 비록 진실했으나 실천을 중 심으로 했기에)"이라고 쓴 것은 실천을 중심으로 한 것이어서 내용은 별 볼일 없다는 투였다. 그런데 나종언이 후에 높이 평가받은 데에는 바 로 그의 제자 '주부자 희'라는 거목의 그림자 때문이라는 것이다.

주부자가 다른 이단학에 방황치 않고 곧바로 도학(성리학)에 입문할 수 있었던 것은 아버지인 주교년朱喬年 송松(위재韋齋)의 손에 이끌려 10 여세 때 나예장의 강론을 듣게 되었기 때문이다.

사실 아버지인 주위재는 중회仲晦(회암의 자)가 총명했기에 자랑도 할 겸 예장 선생 강론에 임했던 것인데 뛰어난 중회는 말귀를 잘 알아듣는 편인데다가 강론듣기를 퍽이나 좋아했다고 한다. 주위재는 그런 천성을 발견하고서는 처음엔 좋아하였다가 오히려 두려워했다고 한다.

그러나 주희가 정식으로 본격적인 학문수업을 받기 시작한 것은 위재공의 유언에 따라 유백수 면지에게서 학문의 기초를 튼튼히 할 수 있었고 유면지의 사위가 된 뒤에 이연평李延平(동何. 1088~1158)의 문하에 들어가 대성할 수 있었다. 본래 주송과 이동은 나종언을 통해 도학을 배웠고 여기서 도학의 정수를 꿰뚫은 정자학을 배울 수 있었다. 안심입명을 통한 정좌를 중시하여 '미발지중未發之中'을 터득하는 방법을 삼았다.

주문공은 문집에 '유백수 면지', '유병산劉屛山 자휘子翬', '호적계胡籍溪 헌憲'에게 평생토록 감사한다는 글을 실은 것으로 보아 '주문공 희'라는 준영이 만들어지기까지는 많은 영걸들이 꽃을 피우는 전 단계가 필요했던 것이다.

세상에서 주부자를 '성리학의 집대성자'로 평가하는 데에는, 이와 같은 성장기의 환경과 함께 그의 학통 자체를 빼놓을 수 없다. 즉 그렇게 규정짓게 되는 여건을 갖추었기 때문이다. 그는 학문적 중심에서는 주돈이, 소강절, 장횡거, 정명도, 정이천으로 이어지는 성리학 정맥正脈의 적통을 이었으며 측면으로는 불가학의 묵조선黙照禪, 도가학道家學, 문장학文章學(문학)의 초사楚辭, 병법, 산술算術(수학)을 깊이 섭렵하여 학문사상을 융통성 있도록 탁마하였다. 게다가 소강절 유의 상수학象數學과 천문지리학까지 두루 편력하여 젊었을 때의 그의 학문적 욕구는 편답遍踏치 않는 영역이 없을 정도였다고 한다.

이와 같이 다방면의 학문들을 섭렵할 수 있었던 것은 호헌, 유면지,

유자휘의 젊은 영재에 대한 촉망囑望 때문이었을 것이다. 이런 고답적 학문의 절차탁마가 어느 정도의 단계에 도달했을 때, 주변 사람들의 등과登科에 대한 기망을 모른 체 할 수가 없어서 19세 때 등과하였고, 24세 때에는 천주泉州의 동안현同安縣 주부로 임명되었다.

2.

천주로 가는 노정 중에 양구산을 찾아 뵙고 집지執贄(집지執質)하여 예를 갖추고 제자되었다. 바로 이것이 젊은 주희가 소위 '염낙관민지학濂洛關閩之學'의 계보(주돈이, 정호, 정이, 장재, 주희를 일컫는 성리학의 적파 계보)에 들어갈 수 있는 인연의 동기가 되었다. 주희는 남검南劍의 사현沙縣(현재의 복건성 남평시)의 '도남학파道南學派'에서 나종언에게 10년간 수학을 한다. 도남학파(남검南劍의 삼 선생. 양시, 이동, 나종언)는 양구산에서 나종언으로 이어지는 정자학의 적통이다.

이때 주희는 예장豫章의 문하 이연평(동)에게서 직접 수강했다. 이 기회는 주부자의 학문 완성에서 천재일우의 계기가 될 수 있었는데 이때 그동안의 여러 잡학의 방황에서 벗어나 '정학'의 바른 길을 찾을 수 있었다.

이연평이 강학하는 도학은 "일용인륜지사日用人倫之事'가 중절中節이 됐든 부중절不中節이 됐든 모두 미발시의 수양공부에 귀착시켜 미발시의 기상(사람이 타고난 성정)을 체인토록 해야 한다. 그렇게 함으로써 이발시의 접물행사接物行事가 자연스럽게 중절되도록 만들어야 한다"라는 것이었다. 이른바 '미발기상체인설未發氣象體認說'을 으뜸으로 삼는 학문적 방법인데 이 가르침에 주희가 몰두하게 되었다.

주희는 고향의 유면지, 유자휘, 호헌 세 선생의 은혜로 학문의 눈을 폈으나, 그들의 학문적 기조는 대혜종고大慧宗杲(임제종)의 '묵조선'에 근거하고 있었다.

선불교는 인간사회의 구체적인 인륜문제를 등한시하는, 즉 현실과 괴리가 있다는 점이 그 한계이다. 그런데 이연평 선생의 강학을 듣고 그 단점을 메울 수 있었다. 이를 계기로 '일용인륜'이야말로 그 어떤 고답적 이론보다도 값진 것임을 깨닫게 되었다.

3.

28세 때 천주 동안현 주부의 임기도 만료되어 다시 고향으로 돌아왔다. 이후 20여년은 벼슬길에 나서지 않고 퇴직 관료의 사록司祿(연금)만 받으면서 학문에만 몰두하였다. 바로 이 때가 그의 학문체계의 정초를 다지는 중요한 시기가 될 수 있었다.

그러나 이 시기는 누란지세와도 같던 국가 안위 때문에 위기를 타개할 경세 이상을 모색해야 했다. 당시 남송조의 효종孝宗이 새로 즉위하면서 북방의 신흥 강국인 금국에 대해 적극 대항한다는 북방정책 조칙을 내려 '만인직언'을 구했다.

이에 주희는 그의 국가경세관이 잘 들어난 '봉사封事' 상소를 올렸다. 그 내용인즉 1)도교와 불교를 배척하고 '대학大學'의 격물치지로 제왕학을 강습시킬 것, 2)한漢민족의 주체성을 확립시켜 이적과 화의는 결코 배척하며, 내치에 힘써 이적을 물리칠 것, 3) 조정이 바른 기강을 세우고, 천자의 사은에 의한 관리임용은 금하고, 공론에 의한 군신관계를 세울 것 등의 정책이었다.

이처럼 대금국 강경책을 표방한 데에는 대금 주전론파였던 아버지 교년공의 의지가 반영된 것이었다. 그러나 정치 참여의 연조가 점점 깊어지고 국제 정세의 현실적인 한계에 부딪치게 되자, 고토 수복이라는 한민족의 자존심은 꺾지 않으면서 무모한 도전보다 유교적 도덕론에 입각한 경세론적, 이념적 내실을 기하자는 추세로 굳어지게 되었다.

주희는 북방고토 수복이라는 급진책이 차선책으로 변해가고 있는 중심 이념의 전환기에서 오는 허전함을 못내겨워할 즈음에 호남학파의 적전嫡傳인 장식張栻 남헌南軒을 만났다. 이 만남은 젊어서 남검의 사현에서 나예장과 이연평을 해후한 것과 같은 의미를 갖는 것으로 평가할 수 있는 중요한 사건이다.

장식은 당시 주희, 여동래呂東萊 조겸祖謙과 더불어 '남송 삼현'으로 회자되던 학자이다. 그의 부친은 대금 전쟁에서 악비에 버금갈 정도의 공훈을 세운 승상으로, 위국공魏國公 장덕원張德遠 준浚'의 아들이다.

이정자를 정종으로 삼는 호남학파의 적전인 장식과의 만남은 주희의 수양론에 변화를 주는 계기가 되었고 이동의 학설을 되짚어 보는 계기를 삼을 수 있었다. 이때에 이동 선생이 돌아가셨다. 그야말로 정학인 정자학이라는 생명수를 처음으로 맛볼 수 있도록 이끌어 주었던 스승을 여읜 허전함을 채울 수가 없었을 즈음에 장식과의 조우가 이루어진 것이다.

그래서 철학사가들은 주희의 학문 성숙 과정은 단계마다 그에 적합한 스승이든, 친구든 만남이 이루어지는 그야말로 '이견대인'의 인연이 있었다고 평한다. 그러면서 사가들은 나종언, 이동과 주자를 '남검 삼 선생'으로 통칭한다. 이 두 분의 학설은 제자인 주희의 학문에 숨어들어 전할 정도라 말할 수 있으며 주희와 오간 편지들은 '연평문답延平問答'으로, 강학문은 '연평집'으로 전한다.

장식과의 만남으로, 당시 사회에서 만인이 존경해 마지않는 진골적인 가계의 엘리트였던 그는, 그 시대가 요구하는 성리학적 세계관, 가치관 확립이라는 사명감을 짊어지게 되었다. 즉 국가적, 사회적 책임을 짊어지게 됐다는 것이다. 당시 사학마련斯學磨鍊에 골몰무가汨沒無暇하던 강남학계에서는 이 두 준영의 해후상봉은 서로간의 이견대인이 되지 않을 수 없었다.

이때부터 주희는 '정부자 이'의 성리학을 학습하고 정리하는 데 있어 '이동' 선생의 방법론에서 벗어나고자 하는 의지를 보였고 수양론에서 변화가 일어나게 되었다.

장식은 이동 선생과는 달리, 천리의 진체는 인생이 세상에 태어나면서 가지고 온 본래의 마음바탕(천리의 진수)을 닦아 나가는 것이 아니라고 봤다. 천리의 진체는 일상적으로 나타나는 마음, 또는 행위의 실마리에 나타난 현상을 다잡는, 즉 노정된 생각을 '찰식察識(살펴 깨닫고)' 하고 이것을 '존양存養(발전시켜 이끌어감)'시켜 나가야 하는 것이다. 주희는 이때 불가적佛家的인 정적 수양관에서 벗어난 동적인 수양관을 접하게 되었다.

천리의 진체는 각고의 노력이 있어야만 도달할 수 있는 오묘한 그 무엇이 아니다. 우리가 생활하는 중에 여기저기서 일어나는 일상사에서 천리를 찾아 그 단서를 찰식하고 이것 중에서 가치가 있는 '마음 움직임의 실마리'나 '행위의 낌새'를 반드시 '존양'하고 '확충'시켜 나가야 한다. 이것이 장식의 '이발찰식단예설已發察識端倪說'이다.

이 학설을 접한 주희는 여기에 매료되고 말았다. 이 설은 정적인 선가禪家의 냄새가 나는 이동의 그것과는 아주 다른 동적인 것이었다. 이때의 감동은 대단한 것이었다. 당시 주희는 37세로였다. 그의 학설이 정착되는가 싶었다. 이때를 학자들은 주자학 변천과정에서 말하는 '중화구설기中和舊說期'라고 말한다. 달포 이상을 '장식'과 함께 기거하면서 지역의 명승지를 구경했고 이 지방에서 가장 높은 산(필자도 등산했었음)을 파산爬山하며 여러 수의 시들을 남겼다.

그후 주희는 두어해 동안의 각고연학 끝에 장식의 학문에 '함양공부涵養工夫'를 소홀히 하는 단점을 읽어낼 수 있었다. 만약 '함양'을 소홀히 한다면 타고난 천품대로만 살아가야만 하는 것이 되고 대학大學의 '팔조목八條目(수신조修身條)'도 무용케 되는 것이다.

4.

이즈음에 해후하게 된 사람이 채원정蔡元定(1135~1198))이었다. 자는 계통季通, 호는 서산西山으로 그의 아버지 채발蔡發은 정자 후학도로 역학설 계통의 황극경세, 정몽 등과 '이정어록' 등을 남겼다. 아들인 채계통에게 강학한 목당노인牧堂老人으로 통했던 이다. 채원정의 아들은 저 유명한 불세출의 주석가 채침蔡沈(구봉九峯 선생. 청대 이전까지 '사서오경'의 표준 주注로 통함)이다. 삼대에 걸친 걸출한 가학가계로, 남송대 대표적 학자 가문 출신이다.

채원정은 주희보다 다섯 살 아래다. 그래서 주희는 채원정이 처음에 집지執贄할 때 같은 도반으로 지내자고 했으나, 채원정은 문하를 고집했다. 채원정의 학문도 박학을 위주한 가학의 영향으로 천문, 지리, 악률, 역수, 병진 등 두루 통해서 '율려신서律呂新書', '연악원변燕樂原辨', '황극경세서皇極經世書', '태현잠허지남요太玄潛虛指南要', '홍범해洪範解' 등을 저술했다.

주희와 채원정은 취미가 같아서 서로 잘 통했다. 이 둘의 만남은 장식과의 교유에서 당착에 빠져 미해결로 남아 문제가 됐던 '함양'의 문제를 해결할 수 있었다. 이 채원정과의 만남도 주희으로서는 또 하나의 '이견대인'이었다.

이때 채원정은 가학으로 수학한 정부자 이천의 학설을 판변하여 "인격 함양에는 '경敬'을 사용하고 학문의 진학은 '격물치지格物致知'에 달렸다"라는 명제로 정리했다. 주희는 이동이나 장식에서 막혔던 당착을 종합, 지양하는 실마리를 채원정에게서 찾아낼 수 있었고 '이발미발已發未發'설의 문제를 해결해 낼 수 있었다.

'미발이발'은 마음이 작용을 하지 않은 상태냐, 이미 작용을 했느냐를 구분하는 용어로 송대에 많이 사용됐다. 대학의 '희로애락喜怒哀樂 미발未發'과 '발이개중절發而皆中節'에서 비롯된 용어로 공맹사상이 단순한 생활윤리인 도덕지표로만 남아 있지 않고 철학적 이념으로 재탄생되어 발전될 수 있게 한 유학 용어의 백미라고 할 수 있다. 이 용어가 사상의 변천발전에서 핵심적 역할을 해낼 개념어라는 것을 동한대東漢代나 오대인五代人들은 미처 알지 못했다.

주희는 40세 때 채원정과의 문답을 계기로 해서 "정이천의 함양은 경敬을 써야만 가능하고 진학은 치지致知로만이 가능하다"라는 명제를 내놓고 이동과 장식의 학설까지도 종합 지양할 수 있었다.

이 미발과 이발은 우리의 마음바탕과 그것의 운용되는 양상을 표현한 말로 체용설로도 달리 표현될 수 있다. 이와 같은 논리구조는 본래 중국철학에 없었던 것인데 불교가 전파될 때 유입된 것이다. 이것은 중국의 사유구조에 지대한 영향을 불러오게 되어 왕필을 비롯한 위진 남북조 시대의 준영들의 사유체계의 근간이 될 수 있었다.

체體를 거경居敬으로 삼고 나서 그곳으로 나아가는 방법론은 무엇인가? 그것은 '궁리窮理'였다. 한편으로 이발已發 시의 공부는 치지로 설정하여 격물치지설을 완성시켰다. 주부자의 40세 경부터 50세 중반까지가 가장 왕성한 학문적 연구가 있었던 시기였다고 평가된다. 이발

미발설에서 제시된 본성의 진실무망함을 밝혀내고 이 명제의 학술적 근원을 밝힌 '이락연원록伊洛淵源錄'이 완성된 것도 이 시기였고, 이발미발설, 정자 양관설養觀說, 중용수장설中庸首章說, 악기동정설樂記動靜說, 원형리정元亨利貞, 진심설盡心說 등의 대다수의 논문들이 이때에 출간된 것들이었다.

"심에도 체와 용이 있으며, 성性은 심의 체요, 정情은 심의 용이 된다"라고 설한 '지언의의知言疑義'도 이때 간행된 것이고 인의예지에 측은지심惻隱之心, 수오지심羞惡之心, 사양지심辭讓之心, 시비지심是非之心을 배속시켜 사단을 성에, 네 개의 용심用心을 정에 분속시켰다.

이 인의예지에 '원형리정元亨利貞'을 배속시켰고 또 이를 춘하추동이란 자연 순환론으로 풀어내기에 이르렀다. 이렇게 함으로써 자연순환 현상을 심성의 발전추이에 대입시켰고, 도덕률적 의지까지도 기계론적 톱니바퀴를 벗어날 수 없는 정형률로 묶어 놓았다.

물론 자연지도를 정이천이 '소이연지도所以然之道'로 풀어낸 것을 주부자가 받아 이은 것이지만, 분명한 의지 그 자체로서 자리매김됐어야 할 것을 합목적성으로 우주 자체를 인식하고 있는 송대인들은 그렇게 연결될 수가 없는 자연 자체를 의지 속으로 끌어들였던 것이다.

이 점은 그리스의 플라톤이나 아리스토텔레스가 그랬고 동북아에서도 선진의 공부자와 맹부자가 그랬듯이 우주관은 역시 합목적주의 세계관이었고, 송대에 들어서서는 이것이 체계화되어 난공불락의 철옹성이 돼버렸다. 이런 시대일수록 충신 열사가 많이 배출된다.

앞에서 서술한 이발 미발설은 우리 조선조에서는 아주 첨예하게 천착된 명제들이었기 때문에 좀 더 언급해 본다. 이 설은 마음속에서 행위의 실마리가 될 수 있는 '마음 실마리(미세심의微細心意)'가 아직 발동치 않았느냐(미발동), 그 실마리가 움직였느냐(이발동)를 따지는 것이다.

이 이론의 근거는 중용서의 "희로애락의 미발을 위지중이요, 발이개 중절을 위지화라" 한 소위 '중화설中和說'이다. 주희에 의하여 이 시기에 정리된 이론을 근거로 남송대부터 좀 더 구체화되는 과정에서 필요 이상으로 천착된 성리학의 중심 이론이다.

주부자는 희로애락을 정이라 했고, 이것이 아직 발하지 않은 상태(미발)를 성이라고 논술했다. 이를 더 구체화하면 "계신호기소부도戒愼乎其所不睹하고 공구호기소불문恐懼乎其所不聞하야 막현호은莫見乎隱하고 막현호미莫見護微하니 고故 군자신기독君子愼其獨하니라"에서 전반의 '계신戒愼 공구恐懼' 구절은 미발이며, 뒷귀절의 '신기독愼其獨'은 이발이라고 정의를 내렸다. 계신 공구는 심의가 아직 미발한 상태지만 신기독 단계에 들어가게 되면 혹 겉으로는 표가 나지 않을 수도 있지만 이미 심의가 발한 것이어서 자신을 성찰하는 단계라고 본 것이다. 주자가 이 미발 이발설을 완성시키는 데는 이동의 '미발기상체인설'과 장식의 '이발찰식단예설'의 영향을 받았음은 물론이고 근본적으로는 정이천의 학설에 큰 영향을 받은 것으로 평가되고 있다.

앞에서도 언급했듯이 '미발기상체인설'은 이 우주의 만수만변의 사리를 정좌를 통해 융석관통하려는 논리인 까닭에 이론적으론 호화찬란하지만 일상적 인륜지사를 망각하는 종일정좌라는 선학에 지나지 않는 것이란 것을 깨달았다. 반면 장식의 '이발찰식단예설'은 남송 당시의 피폐한 민중들의 고난을 구제하려는 도덕적 의지와 북방의 금국에게 당한 굴욕적 수모를 극복하려는 애국적 의지가 반영된 명제로 볼 수 있다.

5.

이 양편의 제시된 명제 사이에서 주자는 일생일대에 가장 크고 힘든 사유의 고뇌를 겪으면서 선택의 기로에 서게 되었다. 그러나 주부자는 쇠심줄 같은 의지와 명석한 판단력으로 좌절치 않고 집기양단하야 택선타일擇善他—하는 결과를 이루어 내었다.

'미발지성未發之性'은 인생사 이전의 형이상적인 태극과도 같은 존재로 인간의지의 존양이나 함양의 노력이 파고들 수 없는 세계이며, '이발已發'의 세계는 반성지나 찰식지가 끼어들 수 있는, 즉 공부의 대상이 될 수 있는 경지로 일찍이 후성께서 성경聖經 속의 '경敬' 그 일자—字를 택일하여 '친괘서벽親掛書壁'하지 않았는가? 그러니까 장식이 '이발찰식단예'라고 한 말은 '경' 자의 뜻풀이에 지나지 않는 것이 드러나게 되었다.

이렇게 되어 주희는 "'주경主敬'으로 근본을 삼고, '궁리窮理'로 '지知'에 나아간다"라는 명제로 대학의 학문적 방법론을 정립시켜 '거경궁리居敬窮理'라는 대명제의 뜻풀이를 완성하기에 이르렀다. 이 때가 바로 앞에서 열거했던 논문들을 펴낸, 왕성한 저작활동을 하던 시기였다. 또 주돈이의 태극을 정이의 '소이연지리所以然之理'로 해석하였고, 기존의 '태극해의太極解義(태극도해太極圖解와 태극도설해太極圖說解를 합친 것)'도 이 시기에 간행된 것이고, 태극도설을 성리학의 체계 속에 포함시킨 시기도 이 때다. '격물보전格物補傳'과 '대학장구大學章句'의 초고본礎稿本'이 나온 것도 이 무렵이었다. 앞의 격물보전은 뒤에 대학장구속에 포함되었다.

세상에 알려진 대로 주부자는 학문적 에너지만큼은 청대 이전까지는 그 누구의 추종을 불허하는 불세출의 정력가였다. 그래서 기존의 역대의 사설史說이나 사상적 학설을 그냥 놔두고 지나치는 일은 결코 없었다. 이미 역사적 사실로 굳어진 것일지라도 주부자가 보아 '춘추대의春

秋大義'에 어긋난다고 판단되면 그의 예봉을 피할 수 있는 것이 없었다.

또한 춘추대의를 선양할 수 있는 마땅한 방법론이 있다고 한다면 그 것은 과감하게 채용한다. 그 가까운 예가 태극도설이다. 현존 주역 계사전에 "역유태극시생양의易有太極是生兩儀"라고 한 것에서 본격적인 태극론이 시작된다. 후한말 정현鄭玄은 태극을 관념직 명제(이데아)로 본 것이 아니라 천체계의 군성群星 중에서 부동의 북극성을 지칭하는 말로 해석했다. 그런데 주돈이에 이르러 관념론적 실체(이데아)로 발전 정리된 것이다.

이것은 다시 도교의 우주론으로 발전되었고, 태극도 및 도설은 도가(도교)의 양생법으로 진화되면서 우주 생성단계를 설명하는 기계론적 세계관으로 발전되어 우주관의 도상圖象으로 굳어지기에 이르렀다.

주자가 도상 역설에 대한 집착이 컸었던 것은 자신의 학통적 정맥인 이정부자와는 사뭇 대조적이다. 한 예를 들면 이정부자는 하룻길을 걸어서 소강절의 집 안락와를 찾았을 때의 일다. 출구 앞에 황토 무더기가 있는 것을 보고 정이천은 그냥 되돌아 갈려고 했으나, 정명도는 강절공을 호통쳐 불러내어 불가한 짓이라고 꾸짖었다는 고사(강절공은 그날 점을 쳐보니까 사람을 피해야 길하다고 점괘가 나왔다고 함. 소식의 점을 쳐준 얘기도 유명함)도 있듯이 일체의 사설을 배격했던 이정부자와 주문공 사이에도 관념적 취향에서 차이 나는 바가 컸었다고 전한다.

6.

주희가 46세 때, 지기지우로 금화인인 여동래呂東萊(백공伯恭) 조겸祖 謙과 공동으로 '근사록'을 편찬하게 되었다. 두 사람은 정문 후학으로 학문적 성향을 함께 하였다. 기독교로 친다면 '신약전서'에 해당하는 위치의 저작으로, '어맹語孟'에서 공맹의 말씀의 근거를 삼경에 연결하는 작업을 담당한 것이다. 근사록은 경과 전의 위치 획정을 감당한 유학에서는 삼경사서의 다음 서열을 차지하는 중요한 저작이었다.

당시 천하의 수사지정학洙泗之正學(공맹학)은 이정부자에 의하여 일신되었으나 이정학을 계승하는 후학들이 '정명도의 학을 좇느냐, 정이천의 학을 좇느냐' 하는 경향에 따라 학파를 달리하게 되어 공통분모를 찾지 못하는 데에서 비롯된 것이 나중에는 주자학파냐 비주자학파냐가 나뉘어졌던 것이다.

이러한 때 온건적 성향의 여동래는 학파적 행향이 이렇게 흘러서는 안 된다고 생각하여 주자와 육씨陸氏의 삼육三陸(구소九韶, 구령九齡, 구연九淵 삼 형제)과 회합을 주선하게 되었다.(육씨는 육 형제로 모두 사학에 매진하였으나 그 중에도 뛰어난 이들이 삼육이다. 세상에 출판되는 중국철학사에는 구소가 빠지고 구령과 구연이 인용되며 일반적 논술에서는 구연으로 대표된다).

육씨 형제들은 학문은 심오한 사변적 이론을 전개하기보다는 일상적인 생활에서 야기되는 문제점을 중심으로 하는 실천윤리여야 한다고 보았다. 육씨 형제들은 선성지학은 이해하기 어려운 형이상학적 이론체계로 접근하는 것은 잘못이라고 보았다. 그렇게 난해한 것이 아닌데 시원찮은 친구들이 공연스레 어렵도록 만들어 놓았다는 것이다.

그도 그럴 것이 남송기에 정점에 달한 선학의 이론체계와 차별화된 논리 구축을 위해 현학적 용어를 사용하게 된 것이 나중에는 그 논리가 구조로 자리 잡게 돼 송대 성리설로 굳어진 것이다.

예를 들면 주자의 형이상학적 논리의 최상위 체계인 태극도설은 주돈이의 저작도 아니고 선성지학도 아니어서 학문적 근거를 여기서 출발시키는 것은 잘못된 것(사산일기梭山日記)이라고 보고 있다. 또 당시에 주자의 사변적 학문경향과 세계관에 대하여 찬동을 못하고 반기를 든

이들이 지속적으로 나왔다.

이즈음 여동래가 주선한 '아호지회鵝湖之會'에서 주희는 '체인體認'과 '궁리窮理'를 모두 중시해야 한다고 주장했다. 이에 대해 불학에 다분히 감염된 육구연(상산)을 비롯한 육씨가 형제들은 양심에 의한 주체적 체인(대오각성)이면 됐지, 그 외의 것이 무슨 소용이 있냐고 '할(선승이 깨우침을 외침)'하는 바람에 회합은 끝나고 말았다.

그 후 이 육씨가의 가학은 뒤에 왕양명王陽明(수인守仁)이라는 명조의 구국 영웅을 만남으로써 일세를 풍미하는 위세를 떨치게 되는 흥성기를 맞게 된다. 또 한편 공리주의를 표방한 절강의 영강永康 출신 진동보陳同甫(용천龍川. 양량亮)도 그 대표적인 인물이다.

7.

진량은 당시 유가들이 의와 이를 엄격히 나누며 북방의 금과 화의를 주장하는 세태를 개탄했다. 치도란 그 시대 상황에 따라 종요宗要로움이 달라지는 것이어서, 당시 도학자들의 고루한 왕도패도관을 비판한 것이다.

진량은 백척간두에 선 남송조를 중흥시키기 위해서 왕도 의리정신으로 실물역사實物力事만이 필요하다는 사공학事功學을 강조했다. 이에 대해 누구도 반론을 제기치 못했다. 진량의 주장에 전적으로 협력하는 이도 드물었다. 그래서 그가 어떤 자리에서 국리민복을 논변한다면 진량과 쟁론코자 하는 이는 없었다. 그러면서도 의리쌍용義利雙用이니 왕패잡용王覇雜用이니 하는 말로 평가절하했다. 다만 주자가 진량을 정중히 외우畏友로 대했으나 진량은 주희를 스승으로 존경하여 대했다.

일찍이 공부자께서 세상에서 패자로 치부되던 제의 관중을 평하여 만약 그가 없었다면 피발좌임被髮左衽(야만 : 머리카락을 흐트러뜨리고 왼쪽으로 옷깃을 여밈)을 면하기 어려웠을 것이다고 말했 듯이, 국리민복이라는 명분은 춘추대의 바로 그것이기에 왕도로 언명했다. 그러나 이에 대해 송유들의 의견은 달랐다. 공부자께서 관중에게 인을 허여한 것은 그 공용을 말씀한 것이지 인 그 자체를 달성했다고 평가를 내린 것이 아니라는 게 송유들의 주장이다. 패자들의 목적을 성사시킨 뒤에 이루어지는 인은 언뜻 생각하면 인으로 보일 수도 있지만 앞뒤의 상황으로 살펴보면 인 자체를 목표로 삼아 이룩한 그것과는 구분될 수밖에 없다는 것이다. 즉 그 동기가 인이 될 수 없다는 것이다.

그러나 그 반론에선 그 가치문제를 따지면서 동기와 결과를 구분하여 점수를 매길 수는 없는 것으로 보았다. 즉 지선至善을 목표로 해서 나아갈 때 과정이 비교적 용이할 수도 있고 지난한 경우도 있는 것이지만 그 결과적 선은 똑같이 국리민복을 가져오는 것이기 때문에 동기와 결과를 구별하여 흑백논리로 삼는 것은 소아병적 착상이며 왕패를 서로 이율배반으로 보는 데서 온 잘못이라고 하였다.

주자는 자신과 생각을 달리하는 학자의 이론에 부딪히면서 미진했던 이념적 체계를 더 가다듬어 가면서 구세보민의 이상을 실현하고자 하는 희망을 놓지 않았다. 또한 향당의 자제들에게 인륜지도의 요체를 일깨워 주기를 게을리 하지 않았다.

8.

50세에 남강군南康軍 지사로 출사하여 충신 효자를 표창하였고 백록동白鹿洞 서원을 재건하는 역사를 완성해내 중심을 잡지 못하던 당시의 지식인들의 호국의지를 일깨워 주었다. 민정을 쇄신시켜 국가의식을 고취시키면서 휼민恤民, 생부省賦, 군치軍治 등의 정책을 조정에 건의하였다.

60세가 되어서는 장주지사漳州知事로 나갔으며, 민생안정을 우선으로 하는 성책, 이른바 경계안經界案을 상소했다. 이는 호족들의 은닉 토지를 색출하여 농민들의 조세부담을 경감시키는 정책이었다. 그러나 지방호족들의 극렬한 저항에 부딪혀 조정에서도 그 시행을 연기하지 않을 수 없었다.

63세까지의 이 시기가 문하의 제자가 가장 많았고 많은 저술을 저작하기도 했다. '태극해의太極解義'와 '중용장구中庸章句'가 출간되었고 제자들과 이기, 태극, 음양 등의 문제를 집중적으로 토론한 시기였으며 '본원(실체)과 품부(객체)'의 관계를 논강하였다.

남강군 지사로 부임한 뒤에도 격물치지에 의존할 뿐이라 하여 의리를 내세우는 의를 굽힐 줄 몰랐다. 금국과의 강화설에 반대하는 입장에서 발을 뺐으나 사실 마음속으로는 내키지 않는 굽힘이 아닐 수 없었다.

주자는 백척간두에 선 남송조의 중흥을 위해서 심사를 거듭해보았다. 일찍이 채택을 주저했던 진량의 사공학이 세간의 우려와 같이 패도에 빠질 수 있다는 염려는 잘못된 판단이 아니었을까 하는 상념들이 뇌리를 떠나지 않았다. 주문공은 밤이면 잠을 이루지 못하고 어떤 때는 심야에 혼자서 뜰을 거닐곤 할 때가 한두 번이 아니었다.

이런 상념들과 씨름을 하다가 결국에 가서는 번뜩하고 머리를 스치는 말씀이 있었다. '온고지신溫故知新'이라는 선성 공부자의 말씀이었다. 한고조 유방이나 당태종 이세민을 역사에서 찬역篡逆으로 보지 않고 '법고창신法古創新'으로 평가한 것을 본다면 북쪽 오랑캐인 금국을 상대하여 북방강토에 대한 권토중래를 도모하려면 진량의 사공학이 이념 상 패도의 냄새가 좀 난다고 하더라도 현실적으로 배척만 할 수는 없지 않은가? 섣불리 동기부여가 안 된다고 뇌리 속에서 치솟는 상념들을 뭉개버릴 수만은 없음을 알았다.

주희는 '역易', '시詩', '서書' 삼경해三經解에서 누구에게도 뒤지지 않는다는 자존심이 있었고, 그 결과물인 '사서집주四書集注'에서 자타가 공히 주문공을 쳐주고 있지만 시경 주해에서만은 큰소리를 칠 수 없는 상대가 있었다. 여동래가 바로 그 사람이었다.

그런데 주희는 가학으로 전수된 여동래의 '시해詩解'를 대하고는 스스로 자신의 설을 낮추어 구설舊說이었다고 밝혔다. 후대의 학자들은 이런 점을 들어 과연 대가의 도량이라며 흠모한다고 평했다. 주부자는 여러 차례 여동래의 강학소에 들렀었고 드디어 맏아들을 그 문하에 넣었다. 그러나 학문 공부를 좋아하지 않던 큰아들은 여동래의 큰딸과 눈이 맞았고 드디어는 양가가 사돈관계를 맺지 않을 수 없었다.

신안 주씨 족보에는 주부자께서 3형제를 둔 것으로 기록됐지만 몽골(元)에 의하여 남송의 수도였던 임안(현재의 항주)이 함락되었을 때 주문공의 3자가 탈출하여 우리나라의 전라도의 능주綾州(현재는 화순군에 속한 시골 면이나 고려대에는 주州였음)에 정착했다가 뒤에 경상도 경주로 이주했다.(신안이란 지명도 현재 전라남도의 행정구역의 명칭이 신안군으로 되어 있어서 혹 저쪽 것을 모방해서 그렇게 이름을 만들었는지는 알 수 없으나 주부자의 역사적 사실과는 관련이 없다고 보아야 한다.)

주부자 선대의 고향인 신안은 중국 안휘성의 휘주로 양한대 및 당송대, 청대까지 가장 많은 학자를 배출해 냄으로써 휘주徽州학파라는 문벌의 명성을 드날렸다. 기타 양주학파揚州學派(오파吳派) 등 몇 군데를 치고 있지만 휘주학파 같이 후세까지 이어지지는 못했다. 직하학파를 드는 분이 있겠으나 직하학은 춘추시대가 끝났고 서한시대에는 소멸되고 말았지만 휘주학은 근세대까지 이어졌다.

9. 결론

주희는 오경五經, 사서四書, 사서史書 등 손대지 않은 것이 없을 정도로 방대한 학문 영역에 정력을 쏟았다. 그는 존재하는 모든 것에는 '이理'가 내재해 있어 인식론이란 이미 주어진 '이理'를 참답게 알아내어 그것에 맞추어 인간을 이끌어 나아가는 것으로 보았다. 즉 거경과 궁리를 통하여 성심으로 매진한다면 활연관통할 수 있다고 보았다.

주역에 대해서는 복서卜筮를 우선시하는 양길 음흉의 대대론待對論이 마음에 든다는 입장이었다. 서경書經에 대해선 의심의 눈초리를 보내지 않을 수 없었다. 고문상서라면 고문이라서 이해하기가 난삽해야할 터인데 오히려 그 반대인 것을 기이하게 여기는 상식 선에서 접근하여 사고택금捨古擇今을 취取했다.

시경詩經에서는 그 서序가 수준에 미달된다는 것은 이제 상식이지만, 송대에는 의심을 품는 이가 많아지다가 정어중鄭漁仲에 이르러서는 어떤 엉터리 시골뜨기가 끄적거린 유치하기 짝이 없는 졸필이라고 평했는데, 주희도 이를 따랐다. 그러나 춘추春秋에서는 삼전三傳을 모조리 취하지 않는 과감성을 발휘했다. 그러면서 후대에 제작된 '좌씨전'만은 성인의 뜻인 춘추대의가 오롯이 반영된 것으로 보아 취했다.

예禮에서는 성인이 지었다고 믿을만한 것이 하나도 없다고 보았다. 다만 주례는 주공이 지은 것도 아니고 또 왕망 때 유흠이 위작했다고 하나 이것을 떠나 주공의 뜻이 이상적으로 표현되었기 때문에 취했다고 했다.

二. 무이산 백록동 서원

　주희의 고향인 복건성福建省 무이구곡武夷九曲을 두 번 찾았다. 중국의 타 지역보다 필자가 훨씬 뒤에 탐방하게 된 데는 여러 요인 중 교통편도 한몫했다. 맨 첫 번째 방문이 1991년도인데, 북경에서 학회를 마치고 다음날 전세버스로 복건성 우계尤溪까지 하루가 걸렸다.

　여관에서 묵고 다음날 10시부터 통대나무 뗏목으로 무이구곡을 향했다. 그런데 선유船遊가 아닌, 굵은 맹종죽 통대나무를 엮은 뗏목을 타고 골짜기를 들락날락 하는 것이다. 그 골짜기는 예사로 볼 수 있는 골짜기가 아니었다. 우리 북한산 인수봉보다 훨씬 높았고, 정상을 제외하고는 나무도 없는 봉우리가 구봉(사실은 열 개가 넘지만 구봉으로 대표됨)이었다. 강물이 화강석을 깎아내 산봉 아래가 침식되어 있는데, 뗏목은 산봉우리 속 물길을 따라 저어 나갔다.

　물론 암흑 속이지만 칸델라 불을 휘황하게 밝혀놓았다. 관광객은 뗏목 위에 튼튼히 고정시킨 의자 벨트에 묶인 채 몇 시간을 구경하게 된다. 이 코스가 끝나면 무이산 최고봉을 등반하는데, 필자는 그때 한참 등산에 빠져있을 때라 할만 했지만 노교수님들은 두 사람이 어깨에 메는 들것 의자에 앉아 올라갔다. 이처럼 험한 곳에 꼭 가야 하나 하겠지만 여기 주자의 독서당이 두 군데나 있다.

　이 독서당을 오르내리는 길은, 둘이 걷는다면 두 손을 잡고 몸을 붙이고 걸어야 할 정도로 좁은 화강암을 쪼아 만든 돌계단이다. 돌계단 주변의 길섶에는 풀과 관목대가 형성되어 있는데 이곳에 문제가 있었다. 현지인 도유導遊(안내인)가 뱀이나 전갈 같은 것이 눈에 띄면 조심하라고 외쳐댄다.

의자형倚子形 '들것'을 멘 짐꾼들은 이 가파른 바윗길을 땀을 뻘뻘 흘리면서도 잘도 올랐다. 이렇게 힘든 파산爬山(등산) 길이지만 이곳의 조망권은 그야말로 장관이었다. 햇빛을 받아 희디희게 빛나는 화강암 봉우리들이 이어져 있는 모습이 참으로 아름다웠다.

　주자의 독서당은 거대암석 틈에 기둥을 세워, 겨우 비집고 의지해 세운 암자였지만 옛 성현의 기개를 보여주기에 충분했다. 저녁에 숙소에 돌아왔더니 일행이 오 미터 간격으로 뱀을 봤다고 했다. 필자는 '저기 뱀~~' 하는 소리가 날 적마다 의식적으로 눈을 다른 곳으로 돌린 탓인지 뱀은 한 마리도 못 봤다.

　무이산을 하산하고 강변도로를 달리다가 낮게는 10여 미터에서 30~50미터, 높게는 100여 미터 높이에 인공 또는 자연 암혈에 관을 매달아 놓은 것을 보게 되었다. 그 작은 암혈 속에 시신을 넣은 관이 바닥에 닿지 않도록 매달아 놓는 현관장懸棺葬(시신을 넣은 관을 높은 절벽 위에 매달아 놓는 장례법) 풍속이 옛날에 있었는데 이 습속이 없어진 지 얼마나 되었는지 정확히는 알 수 없다고 했다. 이런 유품이 이곳 복건성에만 남아 있다고 하는 현지 가이드의 설명이 있었지만, 양자강과 더 북쪽인 황하 중류에도 그 유물이 잔존하고 있다.

　주자의 족보에 의하면 선생께선 세 분의 아드님을 두신 것으로 기록되어 있는데 남송이 몽골(원)에 멸망한 뒤 막내아들이 고려에 망명했다고 기록되어 있다. 중국 쪽 기록에는 살아남은 두 아들이 모두 망명했다는 기록이 있다는 말(필자는 미확인)을 들었다. 여하 간에 '주부자 회암' 선생의 직손이 동국 고려조에 망명한 것만은 역사적 사실이어서 우리나라의 신안 주 씨 가문에서는 그 자긍심이 대단하다.

　그런데 재미있는 것은 중국의 주 씨 중에는 주문공 후예만 있는 것이 아니어서 같은 주 씨라도 본관이 많아 서로 다를 터인데 우리나라의 주 씨는 모두 신안 주 씨라고 말한다. 그러면 '명조'를 조국한 '주원장朱元璋'의 후예는 한 사람도 들어오지 않았다는 것이 된다.

재미있는 사실을 덧붙여 본다. 청조의 건국 영웅인 만주족 '노이합제弩爾哈齊'의 성씨는 '애신각라愛新覺羅'인데, 이는 김金 씨의 건주여진建州女眞 향토어이다. 청태조의 이름이 '노아합적奴兒哈赤(만주어의 '누얼아치'의 음차), 또는 '노이합제弩爾哈齊(누루아치의 음차)라고 표기하는데 그의 성씨가 애신각라다.

애신(아이신:아신)은 '황금(골드)'이란 말로 원래 우리 배달겨레의 옛말이었으나 한자어에 밀려 조선조 초에 없어졌으나 생여진(금국)이나 숙여진(건주여진 뒤에 청국이 됨)에서는 이때까지 잔존했었다. 또 애신각라의 각覺의 음은 제3성으로 '지아오', 제4성으로는 '주에' 또는 '지아오'나 만주어에서는 '교', '기어'로 읽히며, '라羅' 음은 '루오'나, 만어음은 '리'여서 바꿔 쓴다면 '금金겨리'가 되며, 우리 발음으로는 '금金겨레'여서 우리말로 '배달(광명. 밝은 메(산) 겨레)'과 똑같은 음이 된다. 즉 우리가 말하는 '배달겨레'가 된다. 그러니까 '애신각라 노이합제'라는 청국의 시조는 '아신(금)겨레 누루하치'이다. '누루'도 우리말의 '노랗다(황색)'의 뜻으로 그가 어릴 적에 머리카락이 노랬기 때문이었다고 한다.

여하튼 명대나 명말 후 명국의 황족이었던 주 씨는 우리나라에 한 명도 도래한 사람이 없고, 모두 주부자의 후예로 되어 있다는 것에 실소를 금할 수 없게 만든다.

백록동 서원은 주부자께서 창립하진 않았지만 크게 중흥 발전시켰기 때문에 마치 주회암 선생께서 만든 것으로 알고 있을 정도다. 당나라 초 이발李渤이란 학자가 이곳에서 백록을 기르면서 유유자적했다는 전설에서 '백록白鹿'이란 이름이 붙여졌다고 한다. 남당대에는 이곳에 '여산국학廬山國學'이라는 학교가 세워졌었다. 그 위치는 현 강서성 성자현 북쪽의 여산 오로봉 밑에 있다. 대개 중국이나 우리나라는 풍광이 수려한 곳을 택해서 서원(현 학교와 제도가 비슷하면서도 다른 점은 서원에는 교육이념의 근간이 되는 공맹과 제현들을 제사지낸다는 점이다)을 건립했기 때문이다. 조신 중기의 송강松江 정철은 강원도의 풍광을 찬미하면서 "어와 여산廬山 진면목이 여기에 다 보인다"라고 읊조렸는데 바로 그 여산을 특별히 택지해 터를 잡았다.

오대시대에는 여산국학이라고 명명했는데 송대에 들어서 백록동 서원으로 현액(간판을 달고)하고 이 지방자제들의 교육이 시작되었다. 그 계기가 된 것은 주문공께서 남강군의 지사가 되어 서원을 크게 개창하고 스스로 원장이 되어 사서를 강의하고 이름 있는 학자들을 초빙하여 많은 학생들을 모으면서 전국의 사대四大 서원書院으로 발전했다. 이때부터 유명해지기 시작하여 청대에 이르기까지 천하제일의 서원으로 자리매김했다.

현재는 악록서원岳麓書院이 더 유명한데 그것은 모택동이 공부했다는 연고 때문에 그리 된 것으로 안다. 또 이 지역은 벼룻돌 산지로 중국의 '4대연四大硯' 또는 '5대연五大硯'을 언급할 적에 거론되는 곳이다. '단계연端溪硯', '흡주연歙州硯', '역수연易水硯', '송화연松花硯' 등이 인구에 회자되는데 그 중에서 일찍부터 가장 잘 알려진 곳이 단계연이다.

벼루의 분류법 및 제반 용어가 여기 단계 벼루에서 비롯되었기 때문에 타 지역의 것도 이곳의 용어를 사용하는 편이다. 광동성 단주가 그 산지인데 휘록색 응회암이라고 소개하지만, 내용은 흑색, 청색, 녹색, 자주색, 갈색 두서너 가지 색이 뒤엉킨 얼룩이 등이 있다. 그 중에서 맑은 자주색을 정자正紫'라 하여 중국인들은 상품으로 친다. 혹 자색이 특이하게 짙은 것이 나타나기도 하는데, 이것을 '멧돼지 간'과 같다 하여 '저간석猪肝石(연硯)'이라고 하여 특상품으로 친다.

또 벼루의 원석에 동글동글한 반문斑紋을 돌눈(석안石眼)이라고 하여 이것이 많을수록 상품으로 친다. 최근에는 주변의 강 속의 수암을 채취해내 만든 벼룻돌이 석질이 치밀하다고 하여 극상품으로 친다. 이 돌눈 무늬 중에는 고양이 눈(묘안), 앵무안鸚鵡眼 등이 자색을 띠었다면 이것은 극상 호사품이 되는 것이다.

또 여기 못지않게 유명한 곳이 안휘성 휘주의 고명인 흡현歙縣이다. 이곳의 벼루를 흡연歙硯이라고 하는데 돌 빛은 흑회색이 중심이나 석질의 치밀함은 다른 지역이 따라갈 수 없이 단단하고 치밀해서 석질의 밀도가 유리나 자기와 같은 수준이어서 '벼룻돌'에 부은 물은 증발해서 없어질지라도 물이 결코 숨어들 수 없는 석질이라는 설명이다. 따라서 흡주석歙州石으로 벼루를 만드는 데 다른 곳보다 그 소요시간이 배가된다는 설명이다. 그래서 학자나 시인 묵객이 전용하는 벼루라는 흡주연歙州硯은 값이 비싸다.

중국 산악의 웅대함과 수려함의 제일로 치는 황산 등정을 끝내면 흡연 판매소에 들르게 된다. 그 판매소가 너무 거대해서 놀라고 그 내부에 호두알만한 벼루부터 4인승 승용차만한 '벼룻돌'을 보고 놀랐다. 벼룻돌의 형상도 무척 다양해서 또 놀랐다.

역수연易水硯이 나오는 하북성의 역수는 일찍이 '춘추제국'을 멸망시킨 냉혈패황 진시황을 암살하려는 자객 형가가 연국燕國의 태자 단丹과 작별한 강이다. 이곳 강바닥의 질좋은 암석이 역수연으로 쓰인다. 돌의 빛깔은 회흑색 또는 흑색, 흑록색으로 전통있는 벼룻돌로 알아주는 명품연이다. 또 휘주 상인 하면 중국에서 가장 먼저 근대 상업자본을 형성시켜 '은행' 제도를 도입한 곳으로 현 중국정부가 자랑하는 지역이다.

이 '휘상'들은 예를 들면 유럽에서 중세말부터 조직되어 운영되던

'길드guild' 같은 상업조직이 형성되었다고 주장한다. 이런 이유로 해서 우리나라에서 고려 때부터 인구에 회자되던 '개성 상단'이란 것도 이 안휘상단에서 비롯된, 직접 이민설과 또는 학습설이 있는데 이 휘상을 신안 상인이라고 하는 것은 휘주의 고명을 사용한 데서 온 명칭 변경인 것이며 이런 상업문화에서 만들어진 금전 출납의 기술적 기록의 하나로 자리잡은 것으로 '복식부기'가 그 대표적인 예라고 주장하고 있다. 사족을 더 붙여본다면 이 '휘상'들은 이미 북송 때부터 해로로는 인도양을 거쳐 아랍(사라센)지역까지, 육로로는 대상단이 중앙아시아를 거쳐 '유럽'까지 진출 했다고 한다.

'주문공 회암 희'의 조부는 송나라의 수도가 생여진 금국에 의하여 함락되자 남천하여 복건성에 자리 잡게 된 것도 휘주인들의 진취적 기상에서 비롯된 것이다. 주문공의 선고께서 과감히 저 복건성까지 이주를 단행할 수 있게 되었고 이 지역에서 선성지학을 다시 부흥시켜 '주자학'이 비롯될 줄을 그 누가 알았으랴?

三. 주부자의 문도들

주문공이 한참 활약할 때 당시의 집정관들에게 위학偽學이라는 이름으로 박해를 받았으나 사후에는 당금黨禁이 풀리게 되었고, 이종理宗 3년에 와서는 태사太師로 추증되고 휘국공徽國公으로 추봉되었다.

주부자 활약 당시에도 연하 세대에 육구연, 진량, 섭적葉適의 학이 있었으나 주자학에는 미칠 바가 못 되었다. 남송 말에 들어 크게 활약한 주부자의 후학들로는 황진黃震(동발東發), 문천상文天祥(문산文山), 사병득謝枋得(첩산疊山)이 있었다.

황간

황간黃榦은 민현閩縣 출신으로 자는 직경直卿이며, 면재勉齋선생이라고 불렸다. 주부자의 사위이며, 가장 촉망받은 제자였다.

주부자가 외우 장남헌(식)을 사별한 뒤에 너무나 허전한 마음에서 황간에게 편지를 보내어 "오도익고의吾道益孤矣라. 소망어현자所望於賢者하니 불경不輕하라(나의 학문이 더욱 외롭게 됐으니 그대를 바라는 바일 뿐이다. 가벼이 여기지 말길 바란다)"라고 할 정도로 기대가 컸다.

주부자가 임종 시에도 심야에 자신의 모든 저작을 황간에게 내주면서 "오도지탁吾道之託 재차在此하니 오무감의吾無憾矣로다(내가 부탁할 도가 여기 있다! 이제 나에게는 아무런 유감, 섭섭함도 없다)" 하고 고요히 눈을 감았다.

황간은 평생토록 '주자학'을 펼치는 데 온힘을 다했고 혹 문인 중에 주학설朱學說과 견해가 다른 사람이 있을 때는 하나하나 지적해주면서 이해를 도와주었다. '인심人心'과 '도심道心'에 대해 '희로애락'은 이 양쪽에 두루 존재한다는 설을 변별하여, 오궁五官에 의한 것과 도심道心에 의한 것을 구분해 설명하였다.

즉 인심은 신身의 속성이며 도심은 그 속성이 이理임을 분명히 설명해준 것이다. 그래서 '신'에서 발한 '희로애락'을 인심이라 말하고, '이'에서 발한 것을 '인의예지'라고 설명했다. 마치 주역에서 '形而上者를 謂之道'라고 하고, '형이하자形而下者를 위지기謂之器'라고 말하는 것과 같고 맹부자가 지志와 기氣를 비교한 것과 같은 것이다.

황간은 주부자의 학문 오의를 후학에 전하는 사명을 다했다. 당시 중원의 중심적 사조는 농축된 고답적인 대승불법의 선문답 같은 관념적 언어유희를 즐기고, 눈앞에 펼쳐지는 현실 세계는 도외시했다. 세론으로 대두되는 현실 문제의 명제들은 오히려 백안시하는 풍조에 젖어 있었던 것이다.

그러다 보니 주부자의 격물궁리에 대해 객관적 사물의 이치만을 추구한다는 비난이 있었을 때 주부자는 격물궁리는 지식욕만을 채우기 위한 것만은 결코 아니고 행위의 의리를 바로 세우는 것에 있다는 입언을 세웠고 학문은 심과 신을 제외하고는 불필요한 것이라고 단정했다. 그러면서도 시종일관 마음(심)만을 유일 명제로 하여 이것만을 분석하고, 그것만이 강론의 대상이 된다면 드디어는 존심양성存心養性과 성찰省察에 힘쓰지 못하는 폐단이 초래되고야 만다고 역설했다.

학문이란 난관에 봉착했을 때 마음이 흔들리지 않아야 그것을 지속할 수 있으며 또 그런 학자만이 참된 가치를 구현할 수 있다고 했다. 인간으로서 가장 힘 드는 일은 이욕인데 공부자 문하에서도 이것에서 자유로울 수 있는 분은 오직 안연顔淵과 자로子路뿐이었다고 강조했다.

보광

보광輔廣은 자는 한경漢卿 또는 잠암潛庵으로 여동래에게 배우다가 뒤에 주부자에게 배웠다. '주부자학'이 위학僞學이라며 금해졌을 때도 그는 동요치 않았고 그로 인해 문도들이 오히려 더 많아졌다. 저작도 많아서 '어맹학용문답語孟學庸問答(일실)', '사서찬소四書纂疏(일실), 시동자문詩童子問(주부자와의 문답) 등이 있다.

채원정

채원정의 자는 계통季通(1135-1198)으로 서산 선생으로 통칭된다. 주부자보다 5세 연하로서 입문했을 때 주부자가 외우로 대하려 했으나 계통은 극구 제자반열을 원해서 문하가 되었다.

그러나 주부자는 노우이지 문도의 열에 설 수가 없다고 하여 각처에서 경문의經文義나 구절의 바른 뜻을 질문해올 때면 채원정으로 하여금 답하도록 하였다.

주부자의 학이 한때 위학僞學으로 당금이 내려졌을 때 이를 탄원타가 귀양을 가게 되었고, 귀양지에서 객사했다. 서산은 천문, 지리, 악률, 역수, 병진 등의 잡학에 통하지 못한 것이 없을 정도의 박식했는데, 주부자를 만나고 난 후부터는 다 그만 두고 오직 선성지학에만 몰두하였다.

고서 중에 독해가 지난한 구절로 문제가 발생할 때면 늘 채계통 몫이 되었는데, 그때마다 거침없이 풀어냈다. 주부자는 강론에서 이런 경우가 있을 때면 "인독역서난人讀易書難이나, 계통季通은 독난서이讀難書易라(다른 사람들은 쉬운 글도 어렵다고 하는데, 계통은 어려운 글을 오히려 쉽게 푼다)"로 그를 평가할 정도였다.(어록 중에서).

그는 '율려신서律呂新書', '황극경세지요皇極經世指要', '팔진도설八陣圖說' 등을 서술했다. 특히 '세학론世學論'에서 소강절의 역학설을 별파학別派學으로 도외시하는 경향이 있었지만 그는 '강절역설康節易說'로 역론을 세웠다. 이와 같은 상황에서 채씨가 주문공 문하에 자리 잡게 되었고 특히 채원정은 주회암의 신임과 촉망을 받게 되었다.

채원정의 '위진도가도상역魏晉道家圖象易'의 실력에 매료됐던 주부자는 오히려 그로부터 도상역의 영향을 받아, 이른바 익교습逆敎習에 의하여 '주역본의周易本義'를 상재할 때 '위진도상역'을 찬입(끼워넣음)하지 않았나 하는 추측도 낳게 만들었다.

채심

채심蔡沈은 자는 중묵仲默이며 구봉九峯 선생으로 불린다. 아버지인 서산 선생으로부터 사사받았고 뒤에 주문공 문하에 부자가 동시 입문한 것으로 유명하다.

성실한 채구봉은 주부자의 학문 전체를 오롯이 받아 이어준 업적을 이룩했기 때문에 오늘날까지도 '주부자학'을 가장 완전하게 계승했다고 평가받는다. '주자학'을 공부하는 사람이면 누구든 '채심주蔡沈注'에 근거해서 사서삼경에 접근하는 것도 여기에 있는 것이다. 특히 주부자의 명에 따라 심혈을 기울여 저작한 서경書經 해解인 '서전書傳'은 여러 전작 중에서도 압권으로 꼽힌다.

그 외의 저작으로 채씨 가학인 상수학 계열의 '채심주蔡沈注'가 있는데 이는 서경 속에 있는 '홍범洪範'을 수리로 풀어낸 것으로 선인들 중에서는 소강절이 소략한 주를 냈을 뿐인데 채심이 '해解'를 달았다. 그러나 소옹지학을 넘어서진 못했다고 평가된다.

채중묵의 상수지학은 '구구지수九九之數'에 의한 '팔십일八十一'이라는 결과를 '황극범수皇極範數'라고 거창하게 이름을 붙이고 여기에 '사辭'까지 달았다. 그리고 그것의 길흉을 말했는데 이 상수의 길흉 근거는 채씨 자신은 물론 그 후학들도 말한 바가 없었다. 이후에도 혹자들은 이것을 평가하여 "채씨범수蔡氏範數, 여삼성지역與三聖之易 동공同功(채침의 홍범지수는 그 업적이 문왕, 주공, 공자 등 삼성과 더불어 그 공로가 같다)"이라고 평가하기도 했으나 이런 평가平價는 그 시대적 사조가 반영된 것일 뿐 주역학사에서 볼 때는 실소만을 불러일으킬 뿐이다.

그런데 주부자가 주역을 보는 안목은 앞에서 좀 언급했듯이 이 '채씨 가학'과 닮은 면이 많다는 데에 문제가 있다.(필자는 주문공 역해관과 채씨가 상수지역의 관계에 대해 논문을 써보려고 했으나 게을러서 아직 못하고 있다).

진순

진순陳淳은 자는 안경이며, 북계北溪 선생으로 통했다. 주부자학의 진수를 가장 잘 터득한 학자라는 평가를 받는 주문도로, 시대가 바뀔 때마다 진북계의 '주자학'은 재평가되어 왔다. 그래서 근대 청유들은 그를 주문도의 으뜸이라고 평가를 한다.

진북계는 선성지학의 요체인 인에 대한 안목부터가 달라서 "천리생생天理生生이 바로 '인仁'이다(생명이 생명을 낳는 것이 바로 인仁이다)"라고 정의했다. 인仁은 글자 자체가 인人+인人으로 돼 있다. 자의意義가 인人의 사회성과, 인人과 인人이 인人을 낳는 창조성을 함유하고 있다는 것을 명제화해 낸 것이다.

인생이 생을 영유해나가면서 그 마음속에서 촉발되어 나오는 표리表裏, 동정動靜, 현은顯隱, 정조精粗의 간격이 없어질 때 인은 구현될 수 있으며 이곳에 털끝만큼이라도 사의私意가 개재될 수 없다고 보았다.

한유들은 은애恩愛로 인을 풀었고 한퇴지는 박애로 인을 말했으나 정이천은 이를 비난하여 "인성야仁性也요 애정야愛情也니, 이애위인以愛爲仁인댄, 시이정是以情으로 위성야爲性也라" 했다. 진북계는 이를 취하면서도 '인'을 너무 고원한 데서 구한다고 말하면서 애愛를 인이라고 할 수는 없으나 그렇다고 애를 떠나서는 인은 존재할 수가 없다고 보았다.

그래서 인은 "심지덕心之德이며 애지리愛之理"라는 명제로 스승 주부자의 인지본의를 짚어내 명제화해냈다. 그는 또 사서의 자의를 이십육문二十六門으로 분류하여 한 글자씩 뜻을 설명해낸 사서 학습서의 백미라고 할 수 있는 저작을 남겼다. 후에 문인들이 집록하여 상재시킨 것이 저 유명한 '북계자의北溪字義(이권)'다.

진덕수

진덕수眞德秀는 서산 선생으로 통칭(고향 명)되며 자는 경원景元으로 방대한 저작을 많이 남겼다. 그중 '대학연의大學衍義(43권)'가 유명하다. 대학서를 부연시켜 제왕의 치국과 교화의 덕을 설한 것이다.

본래는 이종理宗께 올린 글로, 조정에서 실제로 일어날 수 있는 사례를 대학서와 연관시켜 설명해 낸 것인데 후세 송학이 융성해졌을 때 이를 제왕들의 수신 교과서로 삼기에 이르렀다. '심경心經'은 유학의 선비들이라면 몸에 항상 지니고 다녀야만 할 정도의 필수 수진본서책袖珍本書冊이다. '정경政經'과 '독서기讀書記'도 우리 조선조 때에 많은 독자층이 있었다. 앞의 진북계와 진서산은 우리나라 학자들에게 낯설지 않은 인물들이다.

8장 유학의 새로운 흐름

一. 여동래

여동래呂東萊 조겸祖謙(1137~1181)은 자는 백공伯恭, 호는 동래東萊로 절강성 금화今華 출신이다.

태상박사 국사원편수관 등을 지냈고 휘종실록을 개수했고 황조문 감皇朝文鑑을 간행했다. 인격과 학식으로 당시 학자들의 존경을 받았고 주부자와 장식, 육구연과 서로 밀접한 교유 관계를 가졌다. 일찍이 '이정부자'의 문하생들로부터 성리정학을 접하게 되었다. 그러면서도 타학을 광범위하게 접하면서 사학史學에도 관심을 쏟았다.

성리학을 수학하면서도 늘 학설들이 공활하기만 하다고 불만을 가졌었다. 치용역행致用力行을 우선해야 한다는 생각 때문이었다. 이기理 氣 심성心性에 치밀하게 접근해 본 뒤에는 이런 이론보다는 효제충신이 더 마음에 핍진히 다가온다고 생각했다. 이런 이유 등으로 해서 경학보다는 사학에 뛰어났고 박식했다

그러나 주부자는 그의 실력과 인격을 인정했기에 '근사록近思錄'을 공저하기도 했다. 또한 주부자 자신은 불필요한 것이라고 치부해버릴 박학주의(당시의 박학은 사학이 중심이었음)를 우선하는 여백공과 함께 신유학의 핵심적 요결서라고 할 수 있는 중요 저작들을 힘을 합하여 발행했다. 그의 사회적 위치와 영향력이 어느 정도였는지 미루어 짐작할 수 있는 점이다.

여백공의 강학소를 여러 번 들르기도 했고 그래서 그때 심경을 주부자는 어록에서 "백공사학伯恭史學 분외자세分外仔細 어경각리회於經却理 會(여백공께서는 사학에 쓸데없이 몰두하는데, 이보다는 경전 공부에 나아가야만 한다)"라고 언급한 바도 있다. 오늘날에 와서는 오히려 백공은 자기의 개

성을 살려 그 나름의 학문관을 세웠다고 평가받는다.

주부자의 맏 영식이 여백공의 문도였을 때 백공의 영애와 서로 눈이 맞아 양가가 사돈관계가 됐다. 여백공은 특히 '춘추좌씨전'을 좋아해 그 사적 기술의 오류를 바로잡기도 하고 '육경六經'의 가치관으로 사적 기술의 잘못을 바로잡는데 힘썼다.

또 '사기'의 저자 사마천을 '황노黃老'를 숭상하여 '육경을 물리쳤다'고 비판하고, 이를 시정한 명저작 '동래박의東萊博儀'를 찬술했고 또 송조 일대의 명문장을 망라한 '송문감宋文鑑'을 편찬해냈다.

이렇게 두 사돈 간에 친밀한 지기가 도타워 가는 중에 여백공은 '모시毛詩'를 읽을 때 느꼈던 바를 모아 '여씨독시기呂氏讀詩記'를 짓게 되었다. 이 책에 주부자가 서序를 존存(서를 붙임)하게 되었다. 모시는 현존하는 시경의 최고의 경전이라고는 하나 고증학적으로 많은 문제를 안고 있다. 그 최초 수록자를 모형毛亨으로 삼고는 있으나 확인할 수가 없는 전설일 뿐인데 이런 미확인설을 내용으로 한 저작에 서를 붙인 데 문제가 생겨난 것이다. 모형을 이은 자가 모장毛萇으로 되었다. 이렇게 주부자가 모시 서를 달아 칭찬을 하게 되자 "주희는 모장과 정현(한말에 모시에 주를 달았던 학자)에게 아첨했다"라고 세상에서 비웃게 되었다.

이렇게 되자 주부자는 '서'를 곧바로 삭제하였다. 여하튼간에 뒷시대 '원사元史'가 편찬됐을 때 여백공은 도학전에서 빠지게 되었다.

二. 남송대의 절의파節義派 학자들

1. 황진

황진黃震(동발東發)은 흔히 황동발 선생으로 불리는 절의파의 대표적인 학자로서 우리나라 고려조, 조선조에서는 절의파 선비의 사표師表였다. 남송조가 망하자 그는 두문불출하고 식음을 끊은 지 열흘 만에 아사한 절륜지사였다. 경經, 사史, 자子, 집集 및 제가지문집諸家之文集에 자기의 의견을 붙인 '일초日抄(96권)'가 있는데 주부자를 주注하면서도 그가 잘못됐다고 판단됐을 때는 결코 변호치 않고 지기 의견을 달았다.

2. 진양

진양陳亮은 자는 동보同甫이며 용천龍川 선생으로 불렸다. 의논議論과 문장에 뛰어났고 의기가 넘치는 절의파 학자로 맹부자와 왕통王通을 존경했다. 주부자와 교유하면서도 결코 고개를 숙이지 않았다. 송조 중흥론을 여러 번 상소하였고 천하를 주유하였다.

주부자는 용천을 평하여 "재고才高나 기조氣粗(기질은 거칠다)"라고 평하였다. 그는 성격상 공명에 너무 서둔 편이어서 수양은 좀 부족했다는 평가를 듣는 듯했다. 저서로는 '용천집' 24권이 있으며 '작고론酌古論'은 역대 인물평으로 착안이 기발하고 필력이 웅건하다고 평했다.

그는 "세론에서 의리 왕패는 맹순(맹자와 순자)이 제창했는데 한당제 유들은 이를 밝혀내지 못한 것을 송조에 들어서야 이정부자에 의해서 의리와 인욕을 왕패의리王覇義利로 구분해 낼 수 있었다"라고 하면서 "삼대 때는 천리(도道)로 정치를 했고 이하 시대는 지력(인욕)으로 정치를 했다고 평했다고 말하나, 역사를 이런 관점으로만 봐서는 안 된다"라고 주장했다.

따라서 삼대시대의 성인들에 비해 한당대의 영주들이 수적으로는 뒤지나, 효과적인 국리민복을 도모한 점에서는 앞선다는 견해다. 우리로 비유한다면 박통 군사독재가 민주주의보다는 국민들을 기아에서 벗어날 수 있게 만들었다는 주장과 상통되며 오늘의 중국정부 입장도 이쪽 입장에 서있다고 볼 수 있겠다.

이런 진용천의 주장은 '왕패의리지차王覇義利之差'를 타파한 단순한 결과주의론에서 도출된 것으로, 동기주의의 입장에 서있는 이정부자나 주부자의 역사관과는 의미를 달리하는 것이다. 오늘의 공산주의 중국의 국시는 바로 이 입장이라 하겠다. 정주학파의 입장에서는 이 입장을 '의리쌍용義利雙用', '왕패잡용王覇雜用'이라는 명제로 규정하였다. 부언하면 서로 존립될 수 없는 모순율 두 개를 병립하는 이차적 모순을 범한 오류라는 것이다.

3. 섭적

섭적葉適은 영가永嘉 출신으로 자는 정칙正則, 호는 수심水心이어서 보통 수심 선생으로 통칭되었다. 저서로는 '수심집(29권)'이 있다.

태상박사太常博士, 연강제치사沿江制置使를 지냈고 금나라의 침략에 대항하여 종군했다. 후에 보문각학사寶文閣學士, 통의대부通議大夫를 지냈다. '영가학파永嘉學派'의 집대성자로 공리를 위주로 했고 성리학(주육학朱陸學)이 우원해지고 무용한 곳으로 흘러갔기 때문에 실질을 숭상하기에 이르렀다.

도통관에 있어서 주부자에 의해 굳어진 '요, 순, 우, 탕, 문, 무, 공자, 증자, 자사, 맹자'라는 설에 반기를 들었다. 즉 "증참曾參은 노로魯(어리석음)하여 객색사기客色辭氣(손님의 눈치나 말뜻을 알아채는 정도) 수준이지 대도를 의논할 정도는 못되기 때문에 도통으론 의심스럽다"라는 견해다. 그래서 '중용'을 저작했다는 설도 의심스럽다는 것이다. 그래서 "안회나 민자건閔子騫 같은 고제자가 전하지 않았겠느냐" 하고 주장하는 입장이다.

맹부자에 대해서도 너무 감정에 치우치는 성벽이 있어 때로는 공리공론으로 흐르는 경향이 있다고 평했다. 또한 새로운 설이나 신기한 설만 찾게 된다고 비판하면서 자만심이 너무 넘쳤고 도량이 모자랐으며 선성인 공부자에 비하여 너무 손색이 많다고 평가했다.

섭수심은 이정부자와 같은 사변을 좋아하지 않았다. 그래서 역易이 시작될 때는 태복관太卜官이 점서하던 것이었지만 공부자에 이르러 미신을 없애고 여러 이설들을 정리시키기 위해 '단彖'과 '상象'을 지어서 망령된 혹설들을 없애버리려 했다고 보았다. 본래 '단彖'이란 글자는 멧돼지의 이빨(어금니)의 상형문자로서 '끊다(단절)'의 의미였다. 이와 같은 글자가 채택된 데에는 아마도 백가의 이설들이 난무했던 난맥상을 일도양단하겠다는 의지를 보여준 증거라고 했다. 마치 작두로 잘라내듯 하겠다는 의지를 읽을 수 있는 증거가 되는 것이다.

단사彖辭 다음에 상사象辭가 있다. 이 '상' 자는 잘 알려진 글자로 '코끼리 상' 자다 코끼리는 지상동물 중에선 가장 큰 동물이어서 오늘날에도 먹이사슬 순위에서 초연히 벗어난 초월적 독존을 누린다. 전설에는 주역 이전에 '연산역連山易'과 '귀장역歸藏易'이 있었다고 하는데 이때의 '상'은 지금은 없어진 맘모스(털 코끼리)인지 오늘의 것과 같은 품종인지는 몰라도 초월적 포유동물임에는 틀림이 없다.

그러니까 범상한 제반 잡설들과 미신들을 파사현정하기 위해서 '단' 이나 '상' 같은 권위적 존재로 위세를 떨쳐야만 했던 것이다. 그러나 역사라는 것은 소수의 천재들에 의하여 약간의 영향은 끼칠 수는 있어도 그들의 뜻대로 전개되는 것은 아니다.

문언전文言傳, 계사전繫辭傳, 설괘說卦傳 등이 붙어 들어왔고 이것들에 '십익十翼'이란 이름이 붙여지기에 이르렀다. 송대의 명석한 선각들까지도 무엇인가 의심은 가지만 증거가 불충분해 일도양단 식의 파사현정은 불가능하다는 것을 인식했던 것이다.

그러면 최상책은 무엇인가? 논급을 회피하는 것 외에는 다른 수가 없었다. 송대의 이정부자의 초연한 자세는 송대학의 골격을 만드는 데에 지대한 역할을 해냈다. 그러나 이정도 당시의 문헌고증학적 수준을 뛰어넘는다는 것은 불가능한 일이었다.

더욱이 당시는 노불이 고도의 형이상학적 체계를 구축해가는 극성기여서 유학 속에 무엇인가 희미하나마 들어 있는 근거조차도 어떤 실마리가 될 수도 있다고 생각된 때였다. 따라서 태극이니 무극이니 하는 매력적인 어휘들을 떨쳐내기에는 마음이 독하지 못했다고 생각된다. 이미 선진 제자백가에 끼어 쟁론하던 '음양가'가 태극론을 첨부하면서 이야기는 달라지기 시작했다.

이와 같은 문화사학적 여건에서 섭수심은 "태극을 천지의 원인론으로 규정한다는 것은 공부자로서는 생각지도 못했던 일이다"라고 단언하면서 공부자 설과 노불지설의 차이를 모르는 자들의 오해일 뿐이라고 말했다.

즉 "태극이 우주의 원인이라면 왜 공부자의 말씀 모음집(어록)에 언급이 없느냐"라는 것이다. 섭수심은 공부자는 요순 이래로 대경대법大經大法을 전한 분으로 이론을 위주치 않고 실천을 위주한 분이다. 그러나 후대 맹부자부터 공론에 빠져들어 '공노孔老'니 '유불儒佛'이니 하는 용어가 만들어지기에 이르렀다고 보았다. 이와 같은 모든 것이 맹자로부터 비롯되었다고 보고 있는 것이다.

섭수심은 공적 공리주의를 제창하여, 공익을 위한 치천하治天下에 힘쓴다는 오늘의 사회주의와도 비슷한 이념을 가졌다. 정주학과도 다른, 툭 튀어나온 사회 이념가였다. 그래서 극기복례에서 예를 극기보다도 앞세웠다. '내관內觀(극기)'을 위주로 하는 정주에 비해 '외적 제약'을 위주한 '존례尊禮' 우선주의였기에 '거경'을 차선에 두었던 것이다.

이렇듯이 순자의 예치 쪽을 택했던 까닭에 거경보다는 존례였으나, 순자와 같은 성악설이 아닌 내관적 엄격주의여서 성악설도 배척한다. 그는 관자, 노자, 증자, 유향, 한유 등을 비판했고 '중용'의 저자가 자사라는 것과 '국어'의 저자가 좌구명이라는 설들이 모두 거짓이라 했고 유가의 도통설도 모두 거짓으로 안조된 것으로 보았다.

三. 육구연

1.

육구연陸九淵(1139~1192)은 남송의 심학자心學者로 자는 자정子靜, 호는 존재存齋인데 세상에서는 상산이라고 부른다. 강서성 금계 출신으로 당대의 대유 육하陸賀의 아들 육형제 중 셋째로 태어났다.

이 형제들이 모두 호학하여 남송대에 유행한 소위 심학心學에 매진했던 가문이다. 특히 육형제 중의 첫째 구소九韶(자가 자미사子美梭)와 둘째 구령九齡(복재復齋), 구연 삼형제가 청대 전기에 발흥된 심학의 선각자였다고 평가받는다.

이들 삼 형제는 매우 뛰어나 각각의 학파를 형성하여 당시엔 '삼육자'의 학문이라고 일컬어질 정도였다. 이 시기에 주부자와 서간으로 이루어진 학술 논쟁으로 더욱 유명해질 수 있었다.

육구연은 여동래의 추천으로 관직에 나갔으나 오래 견디지 못하고 고향으로 돌아와 상산象山(지금의 강서성 귀계현貴溪縣)에서 강학을 시작하게 되었다. 이로 인해 '상산 선생'으로 불렸다.

육구연은 어려서부터 총명이 과인하여 4세 때 "천지에 끝이 있는가" 하고 질문해 주변을 놀라게 하였고 십여세 때에는 사방상하는 우宇요, 왕래고금은 주宙임을 알고서 우주 내의 일은 자기내분自己內分이요, 그 밖의 일은 미지의 세계로 오로지 내분지사內分之事에만 힘을 쓸 뿐이라는 걸 깨달았다고 한다. 또한 이로 미루어 동해지성인, 서해지성인과 천세 전, 천세 후의 성인은 그 심과 이가 같다고 말하여 선생의 양친들께서는 어린 아들이 총명이 과인함을 크게 걱정할 수밖에 없었다 한다.

상산이 30여 세에 상산초당에서 강학할 때면 청강도가 천여 명에 이르렀다고 했다. "진리란 무엇인가"라는 대명제를 앞에 걸고 '궁구진리窮究眞理'를 위하여 기수백 근 천 명이 모여 들었다고 하니 격세지감이 크게 느껴졌다.

우리나라에서는 50년대 후반에서 70년대까지 이른바 중국학(철학)을 공부하고자 대만으로 유학들을 많이 갔었는데 이때 대만에서 작성된 논문들이 거의가 양명학을 소재로 한 것들이었다. 그 때문인지 80년대까지도 양명학 계통의 논문들이 태반을 넘는 실정이었다. 여하튼 양명학 전공 교수들이 피난을 많이 왔던지(사실이 아님) 한국 학생들이 이쪽을 선호했다.

2.

주부자가 인식론에 있어서 사변적 접근을 통한 변증법적 논리체계를 택했는데, 육구연은 행行을 우선한다는 논리적 귀결로 인해 인식론적 우주론의 필요성을 느끼지 못한 것이다. 오직 직관적 행위의 선택이 있을 뿐이었다. 쉽게 말하면 마음(심)의 본체만 밝히면 만유는 재심在心하는 것이어서 효제충신을 따로 궁구할 필요가 없다는 것이다.

1175년 여동래의 주선으로 구소, 구령, 구연이 '아호에서의 모임(아호지회鵝湖之會)'을 갖게 되었다. 이 회합이 성사될 수 있었던 것은 전술했듯이 육구연이 여동래의 추천으로 벼슬길에 나갔던 일도 있었고 육씨 형제들로서는 지역에서는 제법 이름을 떨쳤으나, 당대에 정학으로 문명을 떨치고 있던 주부자와 만남을 마다할 이유는 없었을 것이다. 이 모임을 일컬어 철학사에서 아호지회라 불렀다.

이 회합은 처음부터 어떤 학문 이론의 합일점을 시도하려고 한 것이 아니었다. 세상에는 육씨가 형제들의 문명이 자자하다 보니 주부자도 관심을 갖게 되었고 또 친밀한 도반이었던 여동래는 이미 밀접한 교류가 있었던 터이어서 모임을 주선했던 것이다.

여동래는 선성지학의 귀일점에는 도달하지 못했지만 이때부터 선성지학에 대한 해석 상의 이견이 명약관화하게 드러나게 되었고 이 뒤에도 육구연은 싫거나 좋거나 주부자와 여러 차례 만나지 않을 수 없었다.

주부자는 정부자 이천에서 비롯되어 양구산의 맥을 이은 적통으로, 귀납적 논리를 이어받았기 때문에 격물궁리를 방법론으로 채택한 것이다. 정명도의 '일이관지' 풍의 육가학과는 학문 분위기 자체가 달랐다.

주부자도 일찍이 "명도 선생의 말씀은 '혼륜초매渾淪超邁'하여 배우려고 해도 그 의지할 바가 없지만, 이천 선생의 말씀은 적확정밀하여 학자들이 곱씹어 볼 수 있는 것이다(명도어휘明道語彙, 혼륜초매渾淪超邁, 학지무가의거學之無可依據, 불여不如 이천어적확정밀伊川語的確情密 내학자저작야耐學者詛嚼也)"라고 하였다.

이에 대하여 육구연은 정이천의 학문을 공맹의 뜻과는 어울리지 않는 학설로 저평가하였다. 청대 학자 전사산全謝山(조망祖望)은 사상채謝上蔡(양좌良佐)의 학문은 선미禪味를 띠었으며 육구연도 오도吾道를 자주 말하는 것으로 봐서 학문의 유사점이 많다고 평가했다. 오늘날에도 전사산의 예리한 식견을 여러 곳에서 보여주고 있다.

그러니까 주부자는 정이천의 학문을 양구산을 거쳐 이어받았고, 육씨가학은 정명도의 학문을 사상채를 거쳐서 형성했다고 평가하게 되었다. 이와 같은 학문적 연원을 갖고 있는 육씨가학은 학문적 명제를 '일언이폐지'로 마치 선가의 '할喝'과 같은 방법을 택하기도 했다. 육구연의 학문 연구는 논리 추구의 방법보다는 돈오득도의 방법을 택하는 식이어서 선가와 비슷하다고 평한 전사산의 지적은 그 모습을 잘 말해준다고 본다.

이에 비해 주부자는 우주를 '이기이원론'으로 설정하였기 때문에 수많은 논리적 추리 추구가 필요했었다. 따라서 많은 지(지식)를 필요로 했었고 그 때문에 '선지후행先知後行'의 논리에 귀착되지 않을 수 없었다. 격물궁리가 인생의 궁극적 목표인 성聖에 도달하는 유일한 방법론일 수밖에 없었다. 반면 육구연은 지보다 행을 우선으로 한다.

동서양의 철학자들이 고대 철학 태동기부터 우주론을 정립시켜야만 학문의 길로 나아가는 것으로 알았던 상식을 허물기 시작한 것이다. 물론 이런 상식을 벗어났던 사람들을 수양가나 수도자라고 부를 수 있겠지만, 정확한 학문적 정의는 아니다. 고대 서양의 그리스 로마시대에도 은둔 철학자들이 '돈세무민遯世毋悶'하며 살았다고 하지만 이들은 '철인哲人'일지는 몰라도 '철학가'일 수는 없었다. 중국에도 고대 선진시대에는 이런 '철인'들이 있었다. 그렇다고 육왕학(남송조의 육가학과 명조의 왕수인을 이른 말)이 학문적 기초가 미약하다는 말이 결코 아니다. 양명학은 남송말에 대두되어 성리학과 맞서 청대 초기까지는 의연한 세력을 유지했다고 보아야 한다.

3.

아호지회 이후 양측의 만남이 잦아졌고 교분도 돈독해졌다. 육구연은, '심'을 '성'과 '정'으로 나누고 '인심'을 '도심'과 '인욕'으로 구분한 주부자의 학설에 반기를 들고 나섰다. 육왕학의 학문적 근거는 맹자서의 진심장 상의 "만물개비어아萬物皆備於我"에 두고 있는데 황하문화의 사변논리가 인도문화와 상통되는 점을 찾았다고 할 수 있다.

불교사상이 천산남로를 통해 북중국으로 전파될 때 중국 노장사상의 영향이 가미된 대승불교의 '일체유심소조一切唯心所造'라는 철학적 요지와 일치하는 명제가 유가 경전 속에 들어있다는 것을 발견한 것이다. 선진 경전에 들어 있어서 수용하게 된 것으로 보인다.

선성지학에도 심학적 요소가 엄연히 존재한다는 사실은 육왕학의 존재 근거를 마련해 주었다. 이렇게 되니 육구연은 청천벽력 같은 '심외무리心外無理'를 주장하기에 이른다. 천하의 이론가 주부자도 이 거대한 암벽 같은 거대물체 앞에서 심신을 가다듬고 정신을 차리지 않을 수 없었다.

맹자서 '등문공 상'에 "차일인지신이且一人之身而 백공지소위비百工之所爲備(한 사람의 몸 속에는 백공의 하는 바가 갖추어져 있다)"를 풀이할 때 '일인지신(한 사람의 몸)'의 신은 마음으로 풀어내어 '개비어아'의 아를 신과 일치시킨, 즉 아와 신을 모두 심(마음)으로 해석하고 나니 좀 건너 뛴 듯하지만, 이런 자질구레한 것들을 물고 늘어진다면 좀 쩨쩨하다는 말을 들을 수도 있으므로 대인답게 상대편의 마음이 시원해지도록 너그러움을 보여준 것으로 보인다.

이런 심리적 상황을 육상산이 종손자에게 보낸 편지(여질손與侄孫준濬. 상산집 권일)에도 잘 나타나 있다. 즉 "마음의 이치를 내가 본래부터 갖추고 있다"라며 자기주장을 확실히 했다. 이 '심외무리설心外無理說'은 주부자도 수용치 않을 수 없는 것이었다. 정이천의 주리적 세계관에서는 조금 벗어나야만 하는 타협을 해야 했다.

그러나 육구연과 같이 '심외무리'가 아닌 '심(마음) 속에는 만유의 인식능력이 구유되어 있는, 즉 중리를 알아낼 수 있는 기능이 있다는 '심구중리心具衆理'를 주장했다.

한편 태극론에 있어서 주부자가 수세에 몰릴 수밖에 없는 처지였다. 육구연은 주부자의 태극론에 대해서도 집요하게 물고 늘어졌다. 일찍이 이정부자가 주렴계에서 수학했으나 일찍이 무극을 말한 적이 없었고, 주렴계까지도 그의 저작 '통사通書'에서도 이를 언급치 않았는데 이 무극이란 것이 주렴계의 설이라고 전하는 것은 안조된 것이든지 아니면 소시의 미확정설일 것이다.

더욱이 무극이란 말은 연단 법술가들의 체기단전 수련법에서 나온 것으로 선성지학이 아닌 잡학일 수밖에 없다. 주부자는 지금까지 주역을 공부하는 학생들이 금과옥조로 여길 수밖에 없는 '원본주역原本周易'의 하도와 낙서는 물론이고 이하 오찬五贊, 계사전, 설괘전, 서괘전, 잡괘전, 위진 남북조 때에 안조되어 연단술가들에 의해 어렵게 전해져온 역전 자료를 정리했다.

주부자에 의해 채집 수록된 '남송본南宋本'을 중심으로 우리나라에 전해진 것이 조선조 중초기에 언해되어 우리가 금과옥조로 삼던 것이 원본 주역이다. 그러나 이것은 명대부터 부연된 잡설들이 신뢰를 잃기 시작해 청대에 들어 파사현정하는 가혹한 고증학적 대수술기를 맞기에 이른다.

四. 요遼 · 금金 · 원대元代의 철학(916~1366)

요遼, 금金, 원대元代에는 상무 기풍을 숭상하였기에 문화나 학문 부문에 미개했던 요국의 연원을 단정하기는 어렵다.

통구스족이라고 추정되는 추장 '야율아보기耶律阿保機'가 부족들을 규합하였다. 그가 힘을 축적했을 무렵 발해(옛 고구려 강토인 발해가 백두산의 화산 분출로 인하여 완전히 국가 기능을 상실했을 때, 당시 동북 일본에 쌓인 화산재 두께가 1미터가 넘었다고 한다.)는 물론, 화북과 회골回鶻(위글)과 실위여진實韋女眞을 치고 서쪽으로는 돌궐회흘突厥回紇(회흘)을 복속시켜 동북아의 패자가 되었다.

이 거란契丹(글안)의 추장 야율아보기가 역사상 미증유의 북방 대제국을 세웠으나, 문화 · 학술 부문에는 미개한 상태였다. 그러나 중 · 후기에는 북방 불교의 영향을 깊이 받아 6대 성종聖宗 이후에는 찬란한 불교문화의 꽃을 피웠다. 그리고 북중국과 만주 지역에 찬란한 목조 불교 문화재들을 남겨놓았다. 그러나 기록 문화재는 소수의 시가詩歌를 제외하고는 전해지고 있지 않아서 철학사상에 관한 언급은 불가능하다.

금대에도 상무기풍尙武氣風을 숭상했기 때문에 초기에는 문화적인 방면을 등한시하다가 변경汴京으로 수도를 정한 뒤에(장제章帝 대정년간大定年間 이후) 나타난 조병문趙秉文, 원호문元好問의 시문들은 오히려 남송 제가들보다 뛰어나다는 말을 들을 정도였다.

또한 조병문(자 주신周臣, 호는 한한노인閑閑老人)의 시대에 소가류蘇家流의 경經 해석이긴 하지만 경학 연구 업적이 없다고 할 수 없으며 아직 정주학은 미보급 상태였다고 본다.

이어서 원에 들어서서 태종太宗이 태자 시절 덕안德安 정벌 때 포로인 '조복趙復'으로 부터 정주학이 '양유중楊惟中'과 '요추姚樞'에게 전해졌다. 그리고 '양'과 '요'에 의해 '태극서원'이 세워질 수 있었고 주렴계周濂溪, 이정부자二程夫子, 장횡거張橫渠, 양시楊時 등을 배향했다.

이때 조복은 요, 순, 우, 탕, 문, 무, 주공, 공, 맹, 주, 장, 이정, 주의 도통도道統圖를 만들고, '이락발휘伊洛發揮 사우도師友圖'를 만들고, '희현록希賢錄'을 지었다고 했지만 전해지지 않고 있다.

허형許衡(1209~1281)

원대의 정주학자로 자는 중평仲平, 호는 노재魯齋이다. 하남성河南省 하내河內 출신으로 어릴 때 소문蘇門에서 수학할 때 요추를 방문했는데 그로부터 '정주의 유서遺書를 얻는 것을 계기로 어두웠던 눈이 빛을 얻은 것 같은 감동을 받고 정주학에 매진할 수 있었다고 한다.

원나라가 들어선 후 쿠빌라이칸(세조) 때의 안정기에, 학술 부문도 융성하게 되면서 '요추姚樞'는 끝까지 출사치 않았으나, 원 세조의 인문정책에 동화되어 '국자감國子監 좨주祭酒(오늘의 문교부 장관)가 되었다.

허형은 '노재유서魯齋遺書'를 남겼는데, 뒤에 '정의당전서正誼堂全書'로 채택되어 현재 '허노재집許魯齋集' 6권이 전해지고 있다.

또 후대에 편집된 것으로 추정되는 '노재심법魯齋心法'도 전해지고 있다. 그의 학설은 '주부자 문공' 설을 전적으로 답습하고 있는 경향이어서 실천 중심의 '거居 · 경敬 · 궁리窮 · 리理'를 중심으로 한 '주자학가朱子學家'로 평가되고 있다. '마음(심)이 천지만유'여서 이 '심법'만 밝혀내면 천지만유는 광명 관통되는 것인데, 예禮를 외면적 속박이라고 보는 속설을 잘못된 것으로 본 것이다.

그는 심법을 중시하면서도 '육상산 구연陸象山 九淵'의 설과는 달리

'심즉리心則理'라 하지 않았다. 대신 '이理는 객관적 사물의 것(이치)이고 인심지본연은 성性이다'라고 했다.

'이理'도 '소이연지고所以然之故'와 '소당연지칙所當然之則'으로 나누어 전자에서 후자가 출한 것으로 보았다. 또 인간이 다만 후자를 따라야만 하는 이유는 사람 된 도리를 다하는 것이 중하기 때문이며, 전자는 개개인의 청탁후박의 차이가 있고 그 이해의 차이가 있으므로, 될 수 있다면 후자는 전자(자연법칙)에서 출현했다는 것으로 이해하면 된다는 것이었다.

그래서 전자前者를 '명命'이라 한다면 후자는 '의義'라고 정의했다. 생민生民은 주어진 세상에서 의를 다하여 생업을 이어가면서 안으로 양심에 부끄러움이 없을 때, 그 결과는 명命에 맡겨야만 하는 것이다.

사군자는 어느 때나 생계를 게을리 할 수는 없는 것이나 또 그렇다고 해서 이록利祿에 눈이 어두워 모진冒進한다면 잘못하는 것이다. 가장은 상업을 해서라도 가정생활이 충족할 수 있도록 도모하는 것이 기본 도리라 보았다. 그리고 가장 바람직한 생계유지의 업으로 농사가 바람직한 것이라고 했다. 또 학자는 '안빈낙도安貧樂道'를 실천할 수 없다면 학문은 해낼 수가 없는 것이라 했다.

五. 금대와 원대의 성리학(1277~1367)

금나라 때는 상무기풍이 성했는데 변경汴京에 수도를 정한 후(장제章帝 대정大定 년간)에는 조병문趙秉文(자는 주신周臣. 한한노인閑閑老人)과 원호문元好問이 유학 분야에서 많은 활약을 했다.

원호문의 시문은 남송 제가보다 오히려 높은 수준이라고 알려졌고, 조병문은 경학 연구에서 많은 업적을 남겼지만, 대체로 '소가蘇家(삼소三蘇)'에 흘러 정학인 정주학에는 미치지 못했다고 평가받는다.

원대에 들어서는 송유학을 이어가는 정도였고 특별한 학술적 진흥은 없었다. 관리들은 몽고인 아니면 색목인이 맡았고 중국인은 계급 수준이 구등급(십등급은 노예)이어서 문서기록과 물품정리 같은 잡역들을 도맡았었다. 오직 문학에서 희곡이 발달됐었다.

국가 기강이 정리되면서 과거시험이 회복되면서 대학, 논어, 맹자, 중용이 시험과목으로 채택되어 전국을 '주자장구집주朱子章句集註'로 통일시켰다. 시경은 주자주, 서경은 채침주, 주역은 정전程傳, 주본의朱本義와 고주소古注疏를 병용했다. 춘추삼전과 호씨전은 고주소를 썼다.

원 태종인 쿠빌라이 칸이 덕안을 정벌할 때 포로였던 조복趙復이 양유중楊惟中과 요추姚樞에게 정주학을 전하게 되어 양씨와 요씨에 의하여 태극서원이 세워졌다. 이 태극서원에 주렴계 이정자 장횡거 양구산 유천산을 배향케 되었다.

유인

유인劉因(1249~1293)은 자는 몽길夢吉, 호는 정수靜修로 하북 객성현容城縣 출신으로 소시엔 훈고소석訓詁疏釋에 힘쓰다가 조복趙復을 만나고서 주돈이, 이정부자, 장재, 주부자의 학문을 공부하게 되었다.

유인은 송조의 학자들에 대해 1) 소자邵子는 지극히 대하고, 2) 주자周子는 지극히 정밀하고, 3) 이정자는 지극히 정正하고, 4) 주자朱子는 지극히 대하고 정밀하고 정으로 관통했다고 평했다.

계모를 지극하게 모신 효자로 인구에 회자되었으며 평생을 불사하여 벼슬을 마다했고 최상의 즐거움을 제자 교육으로 삼았다. 인생의 지표를 "무후정이수신武候靜以修身"으로 하여 제갈량의 충을 일관된 의지로 지키며 살았다.

유인의 '광풍제월光風霽月(바람에 구름이 걷히고 나타난 달)'의 풍모를 두고 세인들은 '정수靜修 선생'으로 부르게 되었다. 저서로는 '사서집의정요四書集議精要(28권)', '서학敍學', '문집(30권)'이 있다.

오징

오징吳澄(1249~1333)은 원대의 정주학자로 자는 유청幼清, 호는 초려草廬이다. 강서성 숭인 출신으로 국자감승과 한림학사, 경연강관을 지냈으며 학통은 ① 주부자 ② 황간 ③ 요로饒魯 ④ 정약용程若庸으로 이어지는 계보다. 주부자의 4전 제자였다.

오초려는 정주학맥을 잇는 학파이면서도 육왕학파陸王學派와의 조화를 시도하여 문파의 다툼은 사전師傳을 위반하는 것이라고 말했다. 주문공의 도문학과 육구연의 존덕성의 결합을 위주로 했는데 청聽과 시視는 그 대상을 밖에서 취하지만 그것을 판단하는 이理는 심에서 나오기 때문에 내지內知는 심心이다. 고로 외물을 격格하면 내지가 이르게 되기 때문에 모름지기 유학은 내외합일지학이 되어야 한다고 역설한 것이 초기 학설이었다.

후에 '바깥의 격물'과 '안(속)의 지치'가 동시에 행해지는 것이어서 이 결과가 양지良志와 일치하면 진지眞知가 생긴다고 수정 발전시켰다. 유자가 이 진지를 움켜쥐게 된다면 이를 일러 '유자 내외합일지학'에 도달했다고 말하는 것이라고 했다. 당시에 북에는 허형許衡이 있고, 남에는 오징이 있다는 말이 있었다.

'역찬언易纂言', '서찬언書纂言', '예기찬언禮記纂言', '춘추찬언春秋纂言'의 역작을 남겼으며 명대 말까지만 해도 개인적 의견만으로 경서들을 뜯어 고쳤다고 비난을 듣던 그의 고증학적 업적은 청대에 들어서서야 빛을 보게 되었다.

예를 들면 주역 계사전의 십육괘, 십팔효를 설한 부분은 후대의 편집과정에서 만들어진 착간으로 보아 문언전에 넣었는데, 세인들은 이를 두고 참람된 짓을 했다고 비난을 했다. 그런데 지금은 오히려 찬동하는 학자들이 많아졌다.

그의 저작들 중에 '서찬언書纂言'이 제일이라는 평가를 받고 있다. 일찍이 주부자에 의해 '고문상서'가 안조된 위서로 의심을 했던 바였는데 오징은 이를 단정했다. 채구봉(심沈)이 '서경주'를 상재할 때 '고문상서'와 '금문상서'를 모두 주를 달아 출간했지만, 오징은 '금문상서'에만 주를 하는 강직을 보여 주었다. 그의 저작으로 '사경삼례서록四經三禮敍錄', '도덕진경주道德眞經注' 4권이 있다.

六. 명대明代의 철학(1368~1643)

북방 민족에 밀려 피지배족이 되었던 중국 민족이 주도권을 되찾은 시기가 명대다. 그러니 만큼 학술까지도 크게 진작되었을 법하지만 실은 그렇지 못했다. 오히려 원대와 별 차이가 없는 정도였다. 원대의 오징吳澄 같은 이는 경학자로서 업적을 크게 남겼다고 볼 때 오히려 명조에서는 이런 학자가 배출되지 않았다.

그래도 명대 중기에 왕양명王陽明 수인守仁이 있었기에 겨우 '중화족'의 체면을 지킬 정도였다. 원명대에 들어서서는 사회적인 정서가 송대 같이 고답적인 학술이론의 집요한 천착보다는 선성들의 가르침을 오직 실천에 옮겨 그 발자취를 답습한다는 겸양의 미덕을 우선으로 삼고 '실천궁행'을 제일의 가치로 삼았다.

이러한 시대 풍조가 만연한 때였기 때문에 난해한 학술이론에 빠져들어 간다는 것은 오히려 선성들에 대한 외람된 누(쓸데없는 군더더기)를 더한다는 생각이 지배적이었다.

당시에는 여러 지역별로 학덕이 높은 스승 밑에 모인 학도들을 모모학도·모모학파라 불렀지만 남북송대와 같이 이념을 달리하여 치열한 학술 쟁론이 있었던 것은 아니었다. 스승의 인격과 지역성이 감안된, 말하자면 학파라기보다는 모모학도라고 하는 표현이 적당할 것 같다.

당시 지식인들 사이에서 유행되던 학문적인 것이라고 해봐야 평생토록 잠언이 될 수 있는 구절을 경전이나 백가서에서 찾아내는 수준이었다. 소위 금언이라는 경구로 처세의 좌우명으로 삼는 정도였다는 것이다. 나쁘게 말하면 문맹을 겨우 모면한 지식 사회에서나 통용되는 수준이었으며, 좋게 말한다면 현학적이고 고답적인 공리공론을 배척하는 실용실사적인 사회풍조를 보여 준다고 할 수 있겠다. 이 양면성이 해석학적 선택에 따라 갈리겠지만 지금까지의 철학사가들은 전자 쪽에 줄을 서는 이가 더 많다고 볼 수 있겠다.

여하간에 명대에는 학문적으로 문제점이 들어있는 오의를 천착하는데에는 소홀했다. 명대철학이 이렇게 진행되면서 홍무洪武 연간에 들어서면서 송대 경의해석에 근거하여 제예制藝와 시문의 격식을 설명하는 '팔고문八股文'이 발달하게 된다.

이는 마치 여덟 개의 기둥 같은 단락이 있고 다시 각 단락 별로 대구가 있어서 '팔고'라고 하는데, 이것은 모든 의제儀制나 공문서의 표준문적에 쓰였다. 특히 과거시험 문장은 이것으로만 써야만 했다.

이리 되다 보니, 모든 문필문은 이것으로 정형화되었고 문장능력과그 속의 사상까지도 정형화되었으며 학술과 문예는 '매너리즘'에 빠져퇴보하는 지경이 되었다. 이 폐단이 커지자 청대에 들어서서 문학운동이 일어나게 되었다.

일부 고루한 학자들이나 지방관리들 사이에 이런 폐단이 청말까지도잔존했는데 흥미로운 점은 우리 조선조 공문서에도 이런 흔적들이 발견된다는 사실이다. 이런 연유로 청초 대학자 고염무顧炎武는 팔고문이야말로 학술발달을 저해시킨 진시황의 분서갱유와 같은 것이라 혹평을 가하기도 했던 것이다.

사서와 오경대전이 원대에도 정주학파의 전주로 편찬되었고 이는정주학 연구에 큰 기여를 했지만, 명대의 '사서오경'은 내용도 저것만못하지만 그것의 활용 상황도 전대만 못해서 그저 과거시험용 교과서정도에 머물렀다.

명대 중기에는 '왕양명 수인' 학파가 성했으나 이 학파의 학문적 성향이 소위 '마음 밝힘'을 중시했기에, 독서 궁리는 이미 시대에 뒤처지는 경향으로 치부되었다. 학자는 오로지 학구에만 몰두한다는 것이 공소해지기에 이르렀다. 초기에 원의 유민으로서 유기劉基와 송렴宋濂이 유명했으나 송렴은 문학이었으며 선성지학 즉 성리학(철학) 분야에는 절강성 청전 출신 유백온劉伯溫 기基가 있었다.

그는 명태조 주원장을 도와 명조 조국에 크게 이바지한 일등공신으로 은퇴하고 지은 저작이 '욱리자郁離子'다. 필자는 한창 때 책 욕심이 많아서 기이한 책들을 마구 사들였다. 마침 이 책이 눈에 띄기에 사놓고 훑어 봤더니 예상했던 것과는 다르게 내용은 옛날의 기이한 '이야기 모음집'이라서 실망한 적이 있었다.

오여필

오여필吳與弼(1391~1469)은 호는 강재康齋로 강서성 무주 숭인 출신이다. 이곳은 원대 초 오초려 징의 출생지로 이후부터 초려 선생의 음덕이 적잖게 후학들에게 미치어 청대까지 훈향을 끼치고 있었다.

오강재는 소년시절 '이락연원록'을 읽고 크게 감동을 받고서 마음을 굳혀 구도의 뜻을 세우고 작은 누각인 초려('누' 자로 보아 우리나라 원두막 같았던 듯함)를 짓고 두 해가 넘도록 이 누각에서 내려오지 않았다 한다. 오강재는 자기가 성격이 강포한 면이 있다는 판단을 하고 이 강경한 기질을 환골탈태치 않고는 사람 노릇을 할 수 없을 것이라고 단정하고서 스스로 극기하여 수양코자 했다.

그는 스스로 밭을 갈고 농사 지어 왕겨만 벗겨낸 현미식과 산야초로 끼니를 잇고, 주경야독을 했다. 이와 같은 과욕절검의 생활이 원근으로 널리 알려지게 되었고 이와 같은 오강재의 극기복례를 본받고자 문도들이 모여들기를 구름 같았다고 했다.

이렇게 소문이 나 이름이 둥둥 뜨게 되면 '마魔'가 끼게 되는 법이어서 당시 조정의 실권을 쥐고 좌지우지하던 간신 석형石亨이 오강재를 조정으로 끌어 들이려 여러 방법으로 회유와 위협까지도 자행했으나 굽히지 않고 처사로서 평생을 지냈다.

오강재는 경전의 전주는 선성들께서 이미 완성시켜 놓았기에 천학으로 그곳에 가필한다는 것은 참람된 짓이라 말하고 오늘의 후학된 도리는 '실천궁행'이 있을 뿐이라고 하였다.

청초 대유 절동학파의 창시자 황이주黃梨洲 종희宗羲는 오강재에 대해 "학문은 각고노력으로 오경야五更夜에 베갯머리에서 눈물로 얻어 낸 것이라 하였다. 뜻에 맞는 글이 써지게 되면 스스로 즐거워하며 수무족도手舞足蹈하면서 흐느껴 울었다. 칠십여 평생을 하루 같이 분함과 낙함이 뒤섞이면서 성인지심의 정(정수)을 홀로 터득해 낸 분"이라고 평(찬양)했다.

오강재의 학문을 요약하면, (1)우주론에서는 천리와 인욕을 구분하여 인간은 이 양면성의 가능성을 모두 지니고 있기 때문에 '제인욕除人慾 존천리存天理'해야 하고 (2)인성론에서는 성향을 동과 정으로 나누어 동시에는 성찰을 위주로 하고, 정시에는 존양을 위주로 한다고 일목요연하게 정리했다.

오강재는 평생을 철저한 정주학의 원칙적 묵수론자로서 학리적 논리 전개보다는 몸소 실천하는 원시유학, 즉 공부자 심성 속으로 직접 달려 들어가 그 정수를 터득한 성인이라 해도 과언이 아닐 것이다.

설선

설선薛瑄(1389~1464)은 자는 덕온德溫, 호는 경헌敬軒으로 산서성 하진 사람이다. 오강재와 동시대에 정주학을 제창했고 문도들도 오강재와 같이 문전성시를 이룬 당대의 학자로서 하나의 학파를 이룩해냈는데,

이것이 바로 '하동학파河東學派'였다.

벼슬은 예부우시랑 겸 한림학사에 이르렀다. 설경헌의 학설도 역시 정주학파의 중심사상대로 이기동정론과 천리와 인욕을 말했고 결론은 복성復性을 귀착점으로 삼았다. 설경헌의 학설을 보자. 동정이 떳떳하고 맞으면 이것은 바로 천리요, 그렇지 못하고 어긋나면 바로 인욕을 떨쳐내지 못한 것이다. 사물 그 자체의 천부된 법칙이 이것이며 그 이를 마땅히 따름을 의義(재물위리在物爲理. 처물위의處物爲義)라고 한다. 따라서 인간된 도리는 이 '이'와 '의'를 '경'으로써 성을 다할 때 인이 성취되는 것이라 하였다.

아무리 좋은 성현의 말씀이라도 이것이 서책 속에만 들어 있다면 이와 같은 도리는 명名일 뿐이나, 이것을 우리가 마음속으로 받아들여 실천으로 옮길 때, 이 천지만물의 도리는 의가 된다. 이 명과 의가 명실상부할 때 진眞이 되는 것이고 이 진실된 마음을 오롯이 간직하여 사심없이 베풀게 될 때 성誠이 완성되는 것이다. 이것이 만백성들로 하여금 교화를 이루게 한다면 인은 완성된다고 하였다.

七. 왕수인

1.

왕수인王守仁(1472~1528)의 자는 백안伯安이며 호는 양명陽明이어서 소위 '양명학陽明學'이란 말도 생겨난 것이다. 절강성 소흥의 여요 출신으로 관직은 남경 이부상서에 이르렀다. 그는 소년시기에 아버지의 관직 근무지를 따라 북경에서 성장하게 되었다.

28세 때 진사시에 합격하였으나 관직에는 나가진 않았다. 정주학에 몰입했었으나 만족을 얻지 못하고 선학과 노장학에도 심취해 봤으나 역시 만족을 얻지 못하다가 도우인 잠감천湛甘泉 약수若水(湛은 본음이 담 또는 침이나 성씨로서의 음은 평성인 잠임)를 만나 크게 자극을 받게 되어 성현을 지향하는 학문을 하겠다는 목표를 세울 수 있었다.

사실 명대철학을 논하게 되면 잠감천을 필연적으로 언급하지 않을 수 없다. 그래서 전 단락에서 다루었어야 했는데 하는 후회도 된다. 잠감천의 스승 진공보陳公甫 헌장獻章(호는 백사白沙 또는 석재石齋)은 광동성 백사 태생으로 오강재의 제자였다. 진헌장이 '정좌징심靜坐澄心'을 중심하는 학풍이었기에 이것이 잠감천으로 이어졌고, 이 점이 왕수인학을 형성하는 연원의 한 가닥이 될 수 있었던 것이다.

잠감천은 진헌장의 문하를 떠난 뒤 사관(벼슬살이)에 뜻을 두었는데 어머니가 크게 꾸짖자, 벼슬길을 단념하고 남경 국자감에 들어가 40세까지 학업에 매진하다가 진사시에 급제하여 서길사庶吉士로 뽑혀 한림원 편수가 되었다. 이때 왕양명을 만나 교유케 되었다.

이때부터 그의 학문과 덕망이 알려지기 시작했고 국자감國子監 좨주祭酒, 이부예부시랑吏部禮部侍郎을 거쳐 '시독侍讀'이 되었다. 이 때(70

세) 천하의 학파는 잠·왕 양파라는 말이 생겨났던 것이다. 또 그는 이르는 곳마다 서원을 세워 스승 진백사를 모셨기에 그의 문하생은 결코 왕양명에 뒤지지 않았다. 저작으로 '심성도설心性圖說', '격물통格物通', '존도론尊道論'이 있으며 사후에 '감천집甘泉集'이 상재되었다.

왕·잠 이자는 이렇듯 서로 거울로 삼음으로써 반목질시의 피나는 경쟁이 아니라 서로 존경하고 자기의 부족함을 상대의 장점으로 보완해 메우는 관포지교를 근세에 다시 보여주는 본보기라 하겠다.

2.

다시 본설로 돌아와 왕양명은 벼슬 운수가 없어서 출세길이 잘 열리지 않는다고 늘 고뇌하면서 조부와 부친을 생각하면서 새벽까지 잠 못 이루는 때가 많았다. 조부와 부친의 너무 큰 기대에 젊은 왕백안은 밤잠을 못 이루고 전전반측하기가 일수였다.

이런 젊은 베르테르, 아니 햄릿의 슬픔을 그 완고한 조부나 부친은 결코 몰랐으리라. '아! 인생길이 이다지도 괴로운 것이란 말이더냐?' 그는 열일곱 나이에 장가를 들어야만 했다. 필자가 짐작해 보건대 잠 못 이루고 전전반측하는 그를 어른들이 왜 몰랐겠는가? 당연히 감지했겠지만, 과연 옳은 감지였을까?

젊은 왕백안은 '장가가고 싶은 병'에 든 것으로 치부되어, 17세에 결혼을 해야만 했다. 고타마 싯다르타 태자 같이 출가는 못했으나 첫날 밤 새 신랑은 신방을 뛰쳐나가 멀지않은 곳에 있는 도교 사찰인 철주鐵柱로 가 도사와 담론을 하면서 꼬박 밤을 지새웠다고 전한다. 도사와의 담화 내용이 무엇이었는지는 몰라도 석가여래의 번민과 크게 다르지 않았으리라 생각된다.

어려서부터 영특했던 터라 많은 일화들이 전해지고 있다. 예를 들면 역사상의 위인들은 어머니 태내 과월이 통상 열 달을 넘는다. 열두 달은 보통이고 열일곱 여덟 달, 20개월, 30개월에 이른다. 심지어 태상노군 즉 노자는 80개월만에 출생했다고 한다. 지혜가 초월한 까닭은 어머니 태중 수도가 길었기 때문으로 보았다. 그래서 태상노군은 탄생했을 때 머리칼이 백발이었다 한다. 왕수인도 14개월만에 출생한 것으로 되어 있다. 즉 범인이 아니라는 징표이다.

왕수인의 태몽은 조모가 꾸었다고 한다. 조모가 신인이 나타나 구름 속에서 아이를 건네주는 꿈을 꾼 다음에 며느리가 애기를 가졌다고 한다. 그래서 왕수인은 아명이 운雲이었는데 5세 때까지 말을 못했었고, 이즈음 지나던 스님의 운雲 자가 아주 나쁘다는 충고를 받아들여 조부祖父가 수인으로 바꿨다고 한다.

11세 때 할아버지를 따라 도중의 대찰 금산사金山寺에 갔을 때 아이가 없어져 찾아보니 군중 속에 둘러싸여 있었고 아이는 어떤 객과 시를 화답하고 있었다. "금산일점대여권金山一點大如拳(금산은 한 점 주먹만 하여)한데, 타파유양수저천打破維揚水底天(양주의 물밑에서 하늘을 이지러뜨리네)이라. 취의묘대상월醉倚妙臺上月(술에 취하여 묘고대 위 달에 기대어)하니, 옥소취철동용안玉簫吹徹洞龍眼(옥퉁소를 부니 굴 속의 용이 잠을 깨도다)이로다"라고 하니 객은 크게 탄복을 하였다.

이 객이 아이 왕수인에게 '폐월산방蔽月山房'이란 시제를 내 시를 지어보라 하니, 입속으로 조금씩 몇 번을 읊조리더니 또 한 번 칠언절구를 읊었다. "산근월원월각소山近月遠月覺小(산은 가깝고 달은 멀어 오히려 달이 적은 듯하여)하니, 변도차산대여월便道此山大如月(문득 이 산이 크기가 달만하다고 말하네)이라. 약인유안대여천若人有眼大如天(만약 하늘 같은 큰 눈을 가진 사람이 있다면)인댄, 환견산소월경활還見山小月更闊(산은 도리어 작다하고 달이 오히려 크다 하리라)이리라"라고 지었다. 그 조숙한 천재성을 드러냈던 왕수인은 조부모, 부모 등 모든 주변 사람들의 촉망을 한 몸에 받았다.

이렇게 되면 이상하게 난관들이 앞을 막는 일이 많게 된다. 열 살 때부터 서당에서 공부했는데, 글방 스승은 글을 읽어 성현의 말씀을 공부하는 것은 과거 급제가 그 목적이라고 말했다. 그 말을 듣고 지내던 어느 날 어린 왕백안은 평소 말대꾸를 않다가 그날은 참지 못하고 "그렇지 않습니다. 성인이 되는 것을 목표로 삼아야 옳습니다"라고 말했다는 일화가 있다. 이 말을 들은 조부는 손자의 영특함에 감격하여 덩실덩실 춤을 추었다고 한다.

그가 열일곱 살 때 결혼을 했는데, 혼례식 첫날밤에 신랑이 어디론가 사라졌다. 그야말로 난리가 났었을 것이다. 첫날밤 온다 간다 말도 없이 신방을 빠져나간 백안은 가까운 곳에 있는 도교 사찰인 철주궁으로 가서 그곳의 책임자인 도사와 담론을 하여 하룻밤을 꼬박 지새우고 아침에도 돌아올 줄을 몰랐다고 한다.

여하간 젊고 영특한 왕백안은 아마도 어여쁘고 젊은 육체적 탐닉 속에만 빠져들기에는 너무나 억울하였으리라. 영특 과인한 그의 판단으로 이대로 범속한 인간으로 지내기에는 너무 아쉬웠으리라. 그래서 인도 가비라성의 고타마 싯다르타 태자는 네 대문을 나서면서 깨달음을 얻은 바도 같은 유의 깨우침이 아니었나 싶다.

이때 도가의 신선술을 배워 범속한 세간을 초탈해 보고자 하는 생각도 없지 않았으나 조부의 기대감이 눈에 어른거리고 엄한 아버지의 모습이 뇌리 속에 박혀있는 낙인 같은 것이어서, 속인 속에서 속인으로 살되 더렵혀지지 않는 속인으로 살아가리라고 결심하고서 벼슬길로 나아가게 되었다. 이때 받은 벼슬은 병부주사였다. 당시 조정은 무사안일에 빠져 관리들은 타성에 젖었고 고위층 관리들은 독직으로 매관매직을 일삼는 지경에 이르렀으니, 충언하고 직언하면 그 자리를 유지치 못하는 지경이었다.

3.

젊은 왕백안이 35세 때 병부주사로 있을 때 충직한 언관의 면책을 주장하다가, 무소불위의 실력자로서 당시 환관이던 유근劉瑾의 노여움을 사 귀주용장貴州龍場의 역승驛丞으로 조칙을 고치기까지 해서 좌천되기에 이르렀다. 이 용장이란 곳은 고산심곡으로 알려진 레저코스인데 아마도 당시엔 발붙이기 어려운 곳이었을 것이다.

그런데 환관 유근은 비밀리에 자객을 보내, 용장에서도 가시나무와 독사, 독충이 많아 행인이 다니지 않는 행로를 정해서 가도록 하여 험악한 곳에서 죽이도록 계책을 꾸며 놓았다. 그러나 왕백안의 운명이 쇠심줄 같이 질겼든지 부모와 조부모의 간절한 정성이 감천을 해서인지 그 자객은 이곳을 못 빠져 나왔지만 왕백안은 온전한 몸으로 다친데 없이 살아나올 수 있었다.

그는 용장의 험곡에서 자객에 쫓기어 헤맬 때, 덤불 속에서 빈 석관 하나를 발견하였는데 그 속에 들어가 그만 잠이 들고 말았다. 그때 꿈에 '만물일체萬物一體, 심즉리心卽理'의 철리를 깨달을 수 있었다고 전한다. 마치 신라의 원효(새베) 스님이 입당코자 의상 스님과 함께 지금의 경기도 발안 안중 지역 고구려식 고분 속에서 잠자다가 머리맡에 놓인 쪽박의 물을 맛있게 마셨다. 아침에 일어나 이것이 해골바가지의 물이었음을 알고 역겨워 모두 토해낸 후 '촉루髑髏가 불이배不異盃로다' 하고 대오각성하여 입당을 그만두고 의상 스님만 입당 유학했다는 일화는 유명하다.

중국 학술 답사 관련 사진

중국 송학과 동방문명 국제학술토론회

산동성

한국유불선관계연구토론회

중국 송학과 동방문명 국제학술토론회

육조당 국학논문상 시상식, 대우빌딩에서

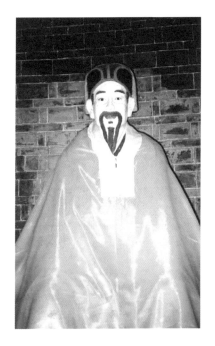

베이징 자금성 이락전 안의 편액

허난성 뤄양시에 있는 정이천이 만든 정원

허난성 푸양시 자로사당

허난성 뤄양시에 있는 백거이가 만든 정원

321

저장성 항저우시에 있는 운계간

허난성 덩펑시 숭양서원

322

지린성 퉁화시 퉁화사범학원

허난성 신미시에 있는 타호정 한나라 묘

허난성 덩펑시 숭양서원

허난성 뤄양시에 있는 정이천 정원 내의 정백
온 묘

산둥성 취푸시 공림 안에 있는 자공이 심은 나
무 유적

허난성 뤄양시에 있는 백마사

허난성 뤄양시에 있는 소강절 고택

허난성 창위안현에 있는 자로의 묘

329

베이징 이화원에 있는 인수문

2부 산고일편

1장 중국 편

一. 주역 해석의 변천 소사

1999년은 정이程顥의 '역전' 출판 900주년이 되는 해였다. '한국주역학회'에서는 그 의미를 되새기기 위하여 국제학술대회를 개최(1999년 7월 1일~7월 2일 동국대학교)하였다. 우리 '휴복역경학회보'에서도 정역程易을 특집으로 다루었다. '이천역전'의 가치가 선양될 수 있는 계기를 마련했다고 생각한다.

하나의 저작이 문명 발달에 지대한 영향을 준 예는 많다. 정신문명상에서 이와 같이 빛을 열어 준 저작에 '경經' 자를 붙인다. 이 '경' 자 다음에 '서書' 자, 그 다음에 '전傳' 자를 붙인다. 공부자 이전의 성인 (요, 순, 우, 탕, 문, 무, 주공)의 것은 성경이며 공맹과 그 제자들의 것은 '서書' 자(사서)를 붙였다. 이 '경'과 '서'를 재해석(정자, 주자 등)한 것은 '전傳' 자를 붙인다. 불학에서는 '전' 대신 '얼레 빗'이라는 뜻의 '소疏'를 붙이기도 한다. 공맹은 사후에 성인으로 평가되었기 때문에 '성경'이라 부른다.

'경'자가 붙는 오경 경전 중에서도 주역은 동양 문명에 가장 큰 영향을 미쳤다. 이의 해석본 중에서 왕필, 정이, 주희 등의 저작을 들 수 있는데, 그 중에서 1999년에 출판 구백주년을 맞는 '이천역전'이 관심을 끌며 대두되었다. 주역 해석 사상에 지대한 영향을 미친 것인 만큼 그 의의도 자못 크다 하겠다.

1.
주역의 괘효사가 적어도 주대 전반기에 형성된 것으로 믿는 데에는 사설에 주초의 역사적 사실이 등재되어 있기 때문이다. 그러나 이것이 보편적인 철학적 이념화가 되었느냐에 대해서는 문제점이 없는 것이 아니다.

다시 말하면 십익이 첨부되어 있었느냐 그렇지 않느냐에 대한 이설이 있을 수 있으나 진시황의 분서갱유시에 주역이 그 화를 면할 수 있었던 것은 몰이념서로서 단순한 점서라는 이유였다.

만약 이 사실로서만 유추해 본다면 십익의 성립기는 전국 말 이후 한초까지 끌어내릴 수밖에 없을 것이다. 괘효사를 순수한 점사로 본다고 할 때 십익이 첨부된 시기를 더 늦추어 본다면 일차적인 문제점은 제거될 수 있겠으나 찬입竄入된 것으로 본다면 이 문제 역시 해결될 수 있는 것이다.

여하 간에 십익이 어떤 한 사람에 의하여 전체적으로 저작된 작품이 아니라고 전제한다면 괘효사에 십익의 제반 단계적 성격은 주역경이 형성되기까지의 발전사로 보면 된다.(십익이 구양수의 '역동자문' 이후에 각각의 전마다 그 성립 시기가 다른 것이라는 인식은 일반화된 정설로 되어가고 있기 때문이다.)

'단사'는 가장 이른 시기에 만들어진 것으로 여겨지는데 그 괘사의 해석이 다른 전에 비하여 뛰어나며 괘사의 의미를 한층 발전시켜 놓은 것으로 여긴다. 대체로 전국시대로 잡는다. 이에 대하여 '상사'는 '단象'에 비하여 그 수준이 좀 미흡한 문장으로 되어 있다. 또 어떤 때는 '단' 해석과 일치하지 않는 부분도 있으며 '단사'의 것을 다시 한 번 반복, 인용하는 경우도 있다.

'문언전'은 좌전의 것을 인용한 것이 있는데 물론 좌전과 문언전의 선후문제가 제기되어야만 하겠지만 문언전의 문장은 퍽이나 유려하고 세련되어 있다. 따라서 빨라야 전국 말을 벗어나지 못하는 것으로 인정되고 있다.

'계사전繫辭傳'에는 육가의 '신어', 동중서董仲舒의 '대책문', '한시외전', '회남자'와 서로 대동소이한 구절들이 실려 있다. 따라서 계사전繫辭傳이 서한 초에 만들어졌다는 주장이 있게 되었고 설괘전, 서괘전, 잡괘전은 더욱 뒤지는 것으로 인정되고 있다. 이상은 괘효사가 십익으로 발전하면서 여러 사상적 요소가 가미됨으로 인해 순수한 점사로서의 괘효사가 의리적 의미를 띤 모습으로 바뀌어 갔음을 말해주는 단편적 예를 들어 보았다.

이상과 같은 예만을 참고해 본다면 선진역학에서의 공부자의 역할은 무엇이었나 하는 문제가 남는다. 역경 형성에 선태용변의 업적은 어떻게 되었나. 물론 그 업적이 사라져 버릴 수 있는 관점도 성립될 수 있다.

그러나 그가 위편삼절할 정도로 역에 몰입했던 면학렬과 '점은 쳐서는 안 된다'는 주역 연구의 결실을 단적으로 보여주는 진솔한 명제는 어떻게 되는가.

점서적이며 주술적인 수준에서 역을 차원 높은 경지로 끌어올린 '십익'이 공자의 손에 의해서 착수되었다는 설과 더 나아가 저급한 수준의 것을 그에 의하여 구곡을 벗어날 수 있었던 것만은 인정하지 않을 수 없다. 물론 십익이 시대 변천에 따라 발전을 거듭했다는 설도 인정해야만 할 것이다.

그러나 주역은 다시 수렁 속으로 빠져들게 되었다. 양한, 위, 진, 남북조 시대는 상수도상역에 심취하던 시기였고 따라서 주술적 서법이 득세하던 때였다. '괘기설', '분괘직일법', '십이소식괘', '승강설', '납갑납음법' 등이 유행되었기 때문에 주역에는 십천간 십이지지인 '선갑삼일 후갑삼일'과 '선경삼일 후경삼일'이 찬입된 것은 이 시기일 것이라는 가정을 낳게 했다. 또한 '오행설'의 영향으로 볼 수 있는 구절들도 여러곳 발견되는 점도 간지설에서와 같은 설명이 가능할 것으로 본다.

이와 같이 역리가 다양한 여러 이론들에 의하여 변형될 때에 심도 있는 발전을 이룰 수도 있으면서 한편으로 주역의 고유한 우주론인 대대법적인 논리가 희석될 수 있는 소지가 있는 것도 사실이다.

한마디로 말해서 한대 역학은 점서적 기능의 심화된 다양성이라고 정의내릴 수 있겠다. 그러면서 그 점복 규칙은 각양각색이라서 종잡을 수도 없는 실정이었다. 상술한 한역의 방법들이 모두 점복과 관련이 있는 것이었다.

이와 같은 여건 속에서 동한 말에 등장한 인물이 왕필이었다. 그는 후대 북송시의 정두와 함께 주역을 유학의 대표적 사상서로 끌어올린 학자로 평가받는다. 그는 복잡 다양한 한역의 난맥상을 획기적으로 뜯어 고쳐 '상'을 주안점으로 한 상수역 즉 점서역을 괘의를 중심으로 한 의리로 끌어올렸다.

그러므로 왕보사의 업적을 '득의망상', '사상지리'를 이룩했다고 평한다. 그러나 왕필, 한강백의 역도 진, 남북조, 수, 당, 5대를 겪는 동안 그의 취지는 희석되어 버리고 다시 도가류의 양생술 위주의 도상역이 득세하기에 이르렀다.

2.

한, 위에서 수당에 이르기까지 타 경서와 주역과의 관계는 서로 마주보는 입장이었다면 송대부터 주역의 위치는 달라지게 된다. 송대는 사변적인 경향이 두드러지던 시기였기 때문에 주역의 위상은 한층 높아졌다. 따라서 역경이 제경서를 주도하는 위치에 서게 되었다.

왕필, 한강백에 의한 의리역의 중흥은 북송대 들어 방심권, 호원을 거쳐 정이천의 '역전'으로 이어지며, '이천역전' 저자가 평생 동안 추고를 거듭했던 역작으로서 문인들이 이를 공포할 것을 간청했을 때 아직 기력이 쇠잔치 않았으니 부족한 곳을 더 손질해야 한다고 하여 임종 전해인 74세에 병상에서 전한 것이었다.

그는 역에서 수를 중시하는 것은 술사들이 행하는 일이지 유가가 할 바가 못 되는 것으로 보고 주역의 본원은 이理를 찾았다. 이理 이후에 수라고 하여 수나 상이란 역에서 말에 지나지 않음을 역설했다. 이는 당시 역학 연구의 유행인 수리 및 도상에 몰두하는 풍조를 시정하려 했던 의지를 보여 준 것이었다.

그는 64개의 괘는 '사事'요, 384개의 효는 '시時'라고 하여 적절한 괘효의 정의를 세우기도 했다. 왕필역해의 '의意'가 이천에 이르러 '이理'로 변천한 것은 송대 이기철학의 영향이 주역해에 미쳤음을 말해주는 것이다. 또 '사'와 '시'로 해석하게 되니까 괘효도 고정된 것이 아니고 주어진 여건과 시간에 따라 변화해가는 '수시변역'하는 상황설로 발전했다고 하겠다.

공부자에 의하여 제기된 의리적 합리설은 동한 말 왕필에 의하여 의리역으로 중흥을 보기도 했으나 또 다시 도상역의 수렁 속으로 빠져들게 되었고 송대에 들어서 사변적 사회 풍조에 편승하여 의리역이 재발흥기에 이르렀고 그 결과 정이천의 '역전'으로 그 열매를 맺기에 이르렀다.

독자가 '역전'을 읽고 나면 과연 주역이 이래서 경서로서의 가치가 있으며 경전 중의 으뜸이 되는 까닭을 이해할 수가 있을 것이다. 이는 바로 인간의 저변적 선 의지에 의한 도리와 명분에 입각한 역해였기 때문이다.

역전 이후에 출발한 것이 주희의 '역본의'이다. 주희는 역이 만들어질 때는 점서로서 시작한 것이기 때문에 의리역에서 점복을 도외시하는 것은 잘못된 것으로 보아 점법을 중시하면서 의리면을 절충하였다. 또 소옹을 믿고 그가 정리한 하도락서를 역경수권에 실었다. 이로 인하여 도서를 정설화시켰다는 비난을 면하기 어렵게 되었고 희·문·주·공의 역을 미신적인 것으로 만들었다는 청대학자들의 비판을 받게 된 것이다. 역경수권의 도서와 방위도 및 차서도 모두가 진한 이후 도가들의 양생술과 관련된 위작이라는 것이 청초 절동학파에 의하여 밝혀졌다.

3.

주역은 중근세를 겪는 동안 다양하게 변천되었고 많은 부분의 해석상의 갈래들은 정합성을 잃게 되기도 했다. 이것이 명 말에서 청대를 겪는 동안 정리되어 옥석이 가려지게 되었다. 이 시기에 와서 비로소 도가역과 유가역의 영역에 관한 획정이 이루어지기에 이르렀다.

청대 역은 청대 이전의 2500여년의 역학사를 모두 반성하고 비판해 본 시기라고 하면 적합할 것이다. 예를 들면 고염무는 역이란 의리를 밝히는 그 이상의 것이 아니라고 하여 정이천 역의 재발견을 주장했고, 역에서 점서란 다만 선을 권장하는 하나의 경고와 같은 것에 지나지 않는다고 하였다. 그러면서 그는 박학역의 선구자였다.

황종희는 '상수론'에서 하도낙서, 선후천괘위, 납갑납음법, 월건법, 괘기법, 괘변법, 호괘법, 서점법 등을 전면적으로 부정했다. 그는 경방류의 '오행재이론'을 비판하였고 주역에서 진박, 종방, 목수, 이지재, 소옹, 주돈이 등의 도가에서 부가된 요소를 불식시켜 일목요연하게 했다.

황종희의 아우인 종염과 종회도 백형의 소설을 발전시켜갔다. 종염은 '주역상사', '도서변혹'에서 복희가 하도를, 우가 낙서를 지었고 팔괘생, 홍범생했다는 설은 진단의 위작이며 태극설도 하상공의 '무극도'가 위백양의 '참동계'로 되고 여기에 '수화광랑도'와 '삼오지정도'가 첨가된 것이어서 주돈이가 깨진 기와조각을 주워 모아둔 것에 지나지 않는다고 보았다.

모기령은 순상, 우번, 간보, 후영 등의 한역을 밝히면서도 이것의 발전이라 할 수 있는 하도낙서 등은 변증 공격했다. 청대 박학역의 대표적인 학자라 할 수 있는 그는 광범위한 고증을 통하여 대연수와 도서의 관계를 파헤쳤고 주무숙, 주한상, 주회암이 도가학을 송학으로 변형시켜 유가의 도통을 흐려놓았다고 보았다. 그는 그 중형 석령의 이름을 빌어 만든 '중씨역'에서 오역법을 주장하여 변역, 교역, 반역, 이역, 대역의 규칙을 제시했다.

호위는 '역도명변'에서 도서를 주역의 처음에 놓는 것은 주희의 '본의'에서 비롯된 것으로 역학에 큰 잘못을 저질렀다고 본다. 하도를 정현의 대연수주를 근거하여 진단이 만들어 낸 것으로 모기령은 보았는데 이러한 주장은 모씨가 송유를 미워하고 한유를 좋아한 데서 온 결과라고 보았다. 즉 하·낙의 수는 오행과도 관련이 없는 점법에서 온 수일 뿐이고 대연수도 강성에서부터 잘못 인식되어 주역의 것인 줄 알았으나 이것은 바로 점복지수에 지나지 않는 것이다.

이러한 잘못된 자료의 찬입은 강성에서부터 시작된 것이다. 복의차서도 및 방위도도 소옹이 안조贗造한 것으로 보고 주역은 결코 도상수로서는 성립될 수 없는 것이기 때문에 궁극적으로 '왕필주'와 '이천역전'이 그 궁극적인 목표가 될 수밖에 없다고 보았다. 호위에 와서 도서

상수학은 완전히 부정되고 말았다.

혜동은 '주역술'과 '역한학'에서 정현, 순상, 간보, 맹희, 경방의 잔존한 한역설을 수합하여 한역을 회복하기 위하여 송역을 깎아 내렸다. 박학역을 대표하는 그는 존고에 치우쳤고 한역의 부정적인 면, 즉 비합리적이며 미신적인 면까지도 지키려 했기 때문에 역학의 수준을 떨어뜨렸다는 평을 듣는다.

초순은 '역학삼서'와 '주역보소' 등에서 박학역가들의 독창성이 결여된 면을 뛰어넘는 상수학의 창신을 이룩했다고 하겠다. 그는 역에서 대수학인 천원술을 이용하였고 문자 형성 체계인 가차와 전주를 활용하여 주역을 해석했고 팔괘상착법을 응용하였다. 이와 같은 방법으로 주역을 재해석하다 보니 기발하고 신기한 해석이 가능할 수 있었다. 본래의 괘효사나 괘상은 완전히 흐트러져서 가차식 해석이나 또는 전주에 의한 변화가 무쌍하기 이를 데 없는 것으로 되었다. 또 방통으로 보면 비슷하지 않을 것 없고 서로 다르지 않은 것이 없을 정도다. 모든 것을 억지로 통하게 만드는 방법이었다. 그의 역학관은 창신성이 있는 반면, 견강부회한 현학이라 아니할 수 없다.

청대의 박학역은 연구대상의 국한성, 즉 한역의 편협성 때문에 발전의 한계가 드러났는데 그것은 혜동, 장혜언 등에서 그 한계성이 드러나고 만 것이다. 따라서 청대 박학역은 과거의 주역사를 반성해 보고 그것을 정리하는 단계에 들어선 시기의 산물이었다고 본다. 기윤紀昀 등에 의해서 이루어진 '사고전서총목제요四庫全書總目提要'에 의한 주역사의 총정리가 있었다. 대체적으로는 총찬관總纂官이 박학역의 입장에 있었기 때문에 송역보다는 한역을 높이는 경향이 있었다. 그러나 참여학자들 중에는 의리역을 중심으로 하고 상수역을 전자의 보충으로 하는 수도 있었다. 요내姚鼐 같은 이가 그 대표가 된다.

역易을 도圖와 상象과 수數로 발전시켜 나아간다고 할 때 그 결과에서 얻을 수 있는 것이 무엇일까. 특히 현대 과학으로 도서상수역의 세계관을 인정할 수 있을까. 만다라曼陀羅를 연상시키는 도형상과 허황된 수자들이 과연 우주를 설명할 수 있는 방법이라 할 수 있단 말인가?

정백자의 말대로 사상누각이 아니고 무엇일까? 역의 의리적 해석이야말로 인류의 도덕적 욕구의 충족에 부합할 수 있고 시대를 초월할 수 있는 정법이라고 아니할 수 없다. 역의 의리적 해석에 만족할 수 없는 역학자가 있다고 한다면 아마도 그는 비정상적인 방법으로 세계를 정의하려고 하든지 세계관을 세우려는 변태적인 안목의 소유자라 할 수밖에 없을 것이다.

二. 정이程頥 철학의 위치와「역전易傳」출판의 의의

1.

올해가 이천 정두의『역전易傳』이 상재된 지 구백 주년이 되는 해다. 『역전』이 철학사에 끼친 의미는 자못 크다. 예를 들면 우리 조선조의 국가이념 철학이었던 성리학을 정주학 또는 주자학이라 하는데 이기론을 중요한 내용으로 삼고 있다.

바로 이 성리학의 학리적 체계를 세운 이가 주희라 할 때, 그도 이동李侗, 장식張栻 등의 영향을 받았다가, 뒤에는 정주설을 귀착점으로 하여 학설을 굳히게 되었다.

이천은 사서四書라는 이름을 처음 붙였고 이것을 이어서 회암은 사서주四書注를 붙이게 되었으며, 오경보다도 사서를 더 받드는 입장도 이천에서 비롯되어 회암에서 정착을 보게 된 것이다. 대학의 실천과정인 팔조목八條目 중의 '격물치지格物致知'를 중시하여 '대학의 성의이하誠意以下는 그 뜻을 궁구하여 설명한 것이기 때문에 문물지물을 격한 뒤에 '지에 이른다致知'고 했다. 이어서 "격물'의 격은 궁窮이며, 물은 이理(격유궁格猶窮 물유리物猶理)"라고 했다. 그는 격물의 '격'을 '지至'로, '물'을 '사事'로 일반적 해석을 하면서도 그것을 대표하는 표제로서는 '지사'라 하지 않고 '궁리'라고 하게 된 것은 사물의 배후지리를 '궁극통달'한다는 의욕이라 생각한다.

이천의 격물, 즉 궁리는 그의 철학의 기본적 입장인 '물아일리', '내외합일'의 입장으로 보아 '물리지통찰物理之通察'뿐만이 아니고 자기의 행위와 사리가 합치함을 목적으로 삼는 '관물리이찰기觀物理以察己'라 하는 것이다.

다시 말하면 치지致知가 격물에 의한다고 함은 외물에 의하여 자기가 주관(좌우되는)되는 것이 아니고 아가 외물을 고유한다는 것이다. 여기서 말하는 '사물(외물)지리'인 물리는 자연과학적인 이치 이상으로 자기관찰을 위한 행위의 이치 즉 '도리'를 목표로 삼는 것임은 물론이다. '합내외合內外', '물아일리物我一理'를 전제로 한 합목적적 이치를 말하는 것이다.

그러면서도 이천학의 특징은 자기 행위의 기준을 순수관념에서만 찾으려 하지 않고 객관적 사물을 중요시하는 데서 그의 백형인 명도 정호의 철학과 구별된다. 이천은 '일사일리'를 궁구하여 물리를 찾는 데에 중점을 두는 것이 그의 특징이라 하겠다.

이에 대하여 명도(정호) 선생은 '정기이격물正己以格物'의 입장이었다. 그러나 이천은 객관적 물리까지도 중시하기 때문에 '객관적 관념론'이라고 평가 받고 있고 명도는 '주관적 관념론'이라고 명제화하고 있는 것이다. 이리하여 이 두 학자의 철학이 후대에 미친 영향을 평가하여 청대의 대학자 전조망(사산)은 '명도학'은 뒤에 육구연(상산)과 왕수인(양명)학을 낳게 되었고, '이천학'은 유가의 정학인 주자(회암)학을 낳게 됐다고 했다.

또 그는 학문하는 방법론으로 주돈이의 '주정설'이 선학에 가깝다고 하여 '거경설(거성경)'을 세웠다. 자기를 살피는(찰기察己) 방법인 거경으로 주객적 진리를 궁리해야 한다고 하여 '거경궁리'설을 세웠다. 즉 '관물리이찰기'가 이룩됨에 의하여 행위의 이치인 도리를 터득하게 된다는 것이다. 이와 같이 정자의 철학은 공부자의 수사학(원시 유학)을 새로운 철학적 이론 즉 형이상학적 이론체계로 확립함으로써, 소위 신유가학(성리학)의 근본을 마련했고 주회암은 이것을 세상에 펴서 공론화, 정학화를 이룩했던 것이다.

한편, '이천역전'의 의의는 무엇인가? 흔히들 공부자역으로 알고 있는 '십익'이 생겨나면서, 이른바 인지가 미개한 시절에 만들어진 역이 순수한 복서역에서 도덕론적 의리론으로 발전하여 드디어 합리성을 띨 수 있게 되었다.

'십익' 중에서도 특히 '단전'이 가장 먼저 된 것으로 인정되고 수준이 높은 것이며 그 다음이 '상전'인데 이것은 '단전'을 많은 부분에서 재인용하고 있다. 그밖의 것들은 훨씬 후대에 끼어 들어간 것으로 인정되며 그 내용 또한 유치한 것들이다.

한대에 들어서도 주역에 '음양오행재이설陰陽五行災異說', '천인감응설天人感應說', '효진설爻辰說', '방통설旁通說' 등이 만들어졌고, 금고문분리今古文分離로 인하여 혼란이 초래되었으며, 또 간지설이 끼어들어 이것들과 팔괘가 배합되어 복잡한 규칙들(납갑설納甲說 및 비복설飛伏說 등)이 만들어졌고 이 이론들은 점복에 이용되었고 또 역법에 응용되었다.

다시 말하면 한대역은 오늘의 안목으로 본다면 자연을 연구하는 자연과학적 입장에 있었던 것이다. 그러나 이것들은 오늘의 과학에서는 아무 의미 없는 것이 되고 말았다. 현대적 가치기준으로 본다면 단지 현학적術學的이고 그 이론의 복잡성으로 인하여 무슨 진리가 내재되었거니 하는 기만성에 지나지 않는다.

2.

이와 같은 난맥상을 뜯어고쳐 파사현정破邪顯正한 천재적 학자가 바로 삼국시대 위의 왕필輔嗣이었다.

한대역이 점서占筮를 위한 상수학이었기 때문에 위에서 인용된 제설들이 뒤섞인 너무나 복잡한 난맥상으로 종잡을 수 없는 모습이 되었을 때 그는 역에서 상이란 시에서 '흥'과 비교되는 것이어서 본 뜻은 괘의에 있는 것이지 상에 있는 것이 아니라는 '득의망상得意忘象' 설로서 취의설과 효위설을 주장했다. 또 대연수 '오십' 중에서 '일'을 물용하고 '사십구'를 사용하는 데 '일'은 무(허虛)요 '사십구'는 유(실實)이라고 했다.

즉 무로 말미암아 유가 있게 된다는 것이며 '일' 수불용은 단사 '잠룡물용'이 그것이라 했다. 역을 '상'으로 보는 안목에는 두 가지가 있는데 하나는 '괘' 구성의 모양으로 상을 붙이는 것으로 간상진하艮上震下는 이괘頤卦, 진상간하震上艮下는 조익지상鳥翼之象이라 한다든지 이상진하離上震下의 구사효를 구중유물로 씹는(서합噬嗑) 대상으로 삼는 등에 주로 괘명 괘사의 것을 취상하는 것이 그 하나다.

다른 하나는 건괘는 마馬, 곤괘는 우牛, 진괘는 용龍으로 취상하는 것이 그것인데 이것을 방통설로 보면 몰라도 어느 쪽이든 간에 합리적 설정으로는 볼 수 없다. 수준 낮은 한대역을 천재 왕필의 안목이 그냥 지나칠 리가 없었다. 그의 효위설은 어떤 괘의 해석에 그 괘에는 괘의 중심 효가 있다는 것이다. 지수사괘地水師卦는 구이효, 택수곤괘澤水困卦는 九二爻, 산지박괘山地剝卦는 상구효 등이 그것이다.

괘의 해석을 총체적 보편원리로 해석하기 위해서는 중심 효를 택하지 않을 수 없는 것이었다. 십익에서 시도되었던 '경서'로서의 참 모습을 찾는 데 왕필은 지대한 역할을 해낼 수 있었기 때문에 의리역의 창시자라는 표현에 손색없는 업적을 이룩했던 것이다. 오늘날의 주역의 구조가 이때 형성되었으며 이것이 나오고부터 다른 주석본은 모두 파출(공영달의 오경정의)되었다.

'십익'의 출현 이후에 주역이 다시 한번 새로운 가치기준에 의하여 재정리되기에 이르렀던 것이다. 『사고전서 총목』에서 평하기를 역으로 하여금 술수에 물들지 않게 한 것은 왕필과 한강백의 공이 깊다고 했고 명말 청초의 황종의는 "큰비가 거친 뒤에 차가운 호수가 더욱 맑아졌다(요수진이潦水盡而 한담청의寒潭淸矣)"라고 했고 "잘못된 것을 떨쳐버린 공은 없어지지 않는다(낭청지공廊淸之功 불가민야不可泯也)"라고 했다.

보사의 업적이 이다지도 크면서도 그는 주역을 노장철학으로 풀었다는 데에서 비난을 듣는다. 그는 우주宇宙의 존재론적 근거를 노자의 '무'에서 찾고 있다. 의리 면에서 보면 유가학이든 도가학이든 상관이 없겠지만 유가경전을 도가화시켰다는 것이다.

주역은 위진남북조, 수당, 오대를 겪는 동안 다시 혼란스럽게 되었고 주역에 잡학이 섞였는데, 도가학이 유행되던 때였기 때문에 도가 양생법(수화광랑도, 참오지정도, 무극도, 태극도)이 끼어들었다.

3.

한대부터 내려오던 상수론은 '주역참동계'를 거쳐 소옹의 '선천역'으로 열매를 맺게 되었고 '십익'과 '왕필역전'으로 대표되는 의리역은 송대에 들어 성리철학이 대두하면서 고등한 사변적인 경전인 주역이 중시되기에 이르렀고 주역 해석의 황금기를 맞게 되었다. 호원(익지안정)의 '주역구의'를 거쳐 정이(이천)의 '역전'으로 의리역의 열매를 맺기에 이르렀다. 그는 왕필의 '무無' 대신 '이理'를 내세웠다.

송대 이기론 형성에 주역해가 큰 영향을 끼쳤음을 보여주는 것이다. 이는 역시 무형적인 것으로 '상象'을 빌려서 표현할 수밖에 없다. 즉 보조 개념을 빌려서 '의義'를 상징적으로 표현한다는 것이다. 따라서 모든 존재는 '이'의 구체화, 현실화이기 때문에 이가 있은 뒤에 상이요, 상 이후에 수가 있게 되는 것이었다.

따라서 주역의 본원은 이를 찾는데 있는 것이지 상이나 수는 술가들이나 찾는 역의 말末에 지나지 않음을 역설했다. 이는 당시 일파의 역학 연구의 유행이 수리 및 도상에 흘렀던 풍조를 시정하려 했던 의지를 보여주는 것이었다.

그는 왕필이 '상' 대신에 내세운 '의意'를 '사事'로 대신했다. 물론 사의 내용은 의이겠지만 구체적인 사례와 경험을 중시하는 이천역의 특징이 표현된 것이다. 그는 육십사괘를 '사'라 하면서 역사적 사실을 예로 들어 괘효사를 풀어 간 것도 이천이 최초였다. 이것이 남송말 양만리로, 청초의 왕부지로 이어졌다. 괘를 이의 구체화, 현실화로 보았던 것이다. 그러니까 이가 가장 이상적으로 구현된 것이 주역이라는 경전으로 보았던 것이다.

왕보사가 괘를 시時로, 효를 시의 변화로 보았는데 '시'와 '시의 변화'를 구분하는데 문제가 있게 된다. 이는 본체와 현상이라는 사고에서 비롯된 것으로 '유무생유由無生有'라는 노장설을 달리 표현한 것에 지나지 않는다. 무의 위치에 시를, 유의 자리에 시의 변화를 놓았지만 시와 시의 변화를 어떻게 다르게 볼 수 있을까. 이에 대하여 이천은 괘를 사事로, 삼백팔십사효를 시時라 하여 적절한 괘효의 정의를 세웠던 것이다. 그러니까 이천의 '시'는 '사'의 사태 해결을 하기 위한 변화 진전이라고 할 수 있겠다.

보사가 한역을 배척하면서도 순상의 건승곤강설乾升坤降說을 이용했고 효위에서도 '중위', '당위', '응위', '초상불론위설' 등을 채택했으나 이에 대하여 이천은 '이중위귀以中爲貴'의 중위 존숭론으로 '중중우정中重于正'이라 하여 천하지리는 중정보다 더한 것이 없다고 하였다.

또 수시취의설을 주장하여 하나의 사실이 경우에 따라서 상호 모순관계가 되는 점을 해결하기 위하여 하나의 물사라도 여건에 따라 그

가치가 바뀔 수 있는 것이라는 융통성 있는 해석을 함으로써 영활성을 주게 되었다.

이외에도 소장상인(동정상인)설, 선미실도先迷失道 후순득상설後順得常說, 물극필반설物極必反說 등은 많은 이천적 특징을 나타내는 주장이 있겠으나 끝으로 '손인욕이부천리損人欲以復天理'설은 그의 의리역의 단면을 보여주는 것이다. 산택손괘사사山澤損卦辭를 예로 들어, "두 접시의 소박한 제물이라 해도 정성만 지극하면 천리를 회복할 수 있다"라고 하는 주장이다.

이천의 '역전易傳'은 저자가 평생 동안 추고를 거듭했던 역작으로서 문인들이 이를 공포할 것을 간청했을 때 아직 기력이 쇠잔치 않았으니 부족한 곳을 더 손질해야 한다고 하여 임종 직전인 74세 때에 병상에서 전한 것이다. 주역 해석에서 부분적인 수정이나 보완(갑골학 등)이 있었을 뿐이지 '정전程傳'의 역해는 주역 해석의 종결로 보아야 한다.

4.

주희가 '본의'를 지어 주역이 본래 점법이었었다는 근거에서 소옹의 선천역과 정전을 결합시켰으나 회암의 오류는 청대 초 '절동학파'의 황씨가(황종희 형제들)와 만씨가(만사대, 만사동)에 의하여 비판되었다. 주희는 채원정으로부터 상수도서학의 영향을 받아 소옹역에 몰두했던 것이 잘못이었고 또 역의 출발이 점서였다고 해도 시대변천에 따라 변한 것(십익의 첨가)이기 때문에 점법으로서의 주역은 미개한 시대에나 통할 수 있을 것이며, 이것은 인생사를 결정론으로 보는 오류를 범한 것이기 때문에 현대적 안목으로 수긍할 수 없는 것이다.

의리론은 도덕적 가치를 제일로 치기 때문에 당위성을 강조한다. 그 결과의 좋고 나쁨을 전제해서는 안 된다는 유가의 초공리주의적 가치관의 완성이라고 하겠다. 정전은 왕필의 의리학을 계승하면서 노장적 역해에서 벗어나 유가도덕관을 세웠고, 인생사는 결정된 것이 아닌 윤리적 가치를 구현해 나아가는 데서 그 값어치가 만들어진다는 의리학을 세웠다. 따라서 '이천역전'은 송대 이기설의 '이기불상잡理氣不相雜과 불상리不相離'의 이론적 근원이 되는 전거라고 하겠다.

청대의 왕부지(선산)역학은 경서로서의 주역을 벗어나는 면이 있기는 하나 정자의 의리역의 재발양이었다. 이 대신 기를 내세워 음양의 변증법적 통일 지양으로 역을 해석하여 유물론화하면서 건곤의 변화(음양 변화)에 중점을 두었다. 또 그는 도서학(상수학)을 부정했고 한역을 믿지 않았으며 역의 노장해를 거부하면서 새로운 의리설을 세웠다.

이런 점으로 보아 선천역은 이천역이 발전한 것으로 볼 수 있다. '문이재도론文以載道論'에 입각하여 등장한 '동성파학(증공曾鞏)', 귀유광歸有光을 본받은 방포方苞, 류대괴劉大櫆, 요내姚鼐, 매증량梅曾亮, 방동수方東樹, 증국번曾國藩도 역학 면에서 그 근저에 정자역을 중심으로 깔고 있음을 본다면 이천 역전이야말로 2천년 역학사의 가장 중요한 업적이라 하지 않을 수 없다.

三. 여지명의 고자 유래 - 감여설

　제목을 설명조로 붙인 데는 감여堪輿라는 말이 요즈음엔 풍수도참설로 대용하는 경우가 많아서 이렇게 돌려서 말을 하기로 했다. 말이 나왔으니 말이지 감 자를 '견딜 감, 참을 감, 이길 감'의 뜻으로 쓰이나 본뜻은 '土+甚'으로, 흙으로 만든 굴뚝의 뜻이다. 앞의 뜻으로만 한다면 '감戡'이라야 맞지만 그렇지 않게 단어가 만들어진 것을 어떻게 하랴.

　이렇게 된 데는 전국말 좌구명左丘明이 노국의 역사를 기술한 소위 '좌씨전左氏傳'에 대하여 노 이외의 진국晉國, 초국楚國 등 팔국의 제후 사적을 기록한 서책이 '국어國語(역시 좌씨 저작. 춘추외전)'인데 여기에서 '감여堪輿(하늘과 땅의 뜻을 헤아림)'라고 기록했기에 이렇게 굳어졌다. 여기서 '여지輿地'는 땅을 가마(수레)에 실었다는 말로, 땅을 거론한다. '그림으로 그렸다' 등의 뜻으로 쓰이는 말이다.

　지난번에 지진이 심하게 일어나 많은 피해를 본 사천성에 '기주夔州'라는 곳이 있다. 이곳에 백제성지白帝城址, 공명팔진도孔明八陣圖 언덕, 와룡산 등이 있다. 이곳은 유비가 어린 아들을 공명에게 맡기면서 시원치 않으면 선생께서 천하를 맡으라고 하고 최후를 마친 백제성 등의 유서 깊은 지역인데, 이젠 모두 삼협댐 속에 묻혀 수장되고 말았다.

　이 지역 이름인 '기'는 아주 묘한 글자다. 이 글자의 상부는 짐승 뿔을 상형(꼴을 본뜸)한 것이고, 하부의 '쇠夊' 자는 갑골문에 다리를 꼬고 앉은 꼴을 본뜬 것으로 나온다. 즉 잘 걷지(나아가지) 못하는 뜻의 글자를 밑에 붙여서 진행이 더딤을 표현했다. 이 쇠夊부의 글자가 모두 사오자인데 여기에 여름 하 자가 들어있다. 요즈음 지독히 무더운데 글자가 만들어진 중국의 중원 지역은 더욱 덥다. 그래서 지긋지긋하게

도 더디다고 생각했던 모양이다. "벅차다. 크다"의 뜻도 곁들여졌다.

'기' 자로 되돌아가서 옥편에 '외발짐승 이름 기'로 나오는데 모양은 용과 같고 다리는 하나로 돼 있다. 일설에 도깨비(우리나라도 도깨비는 외다리라고 한다)라고도 한다. 그런데 이 기의 가죽(皮)으로 북을 만들면 그 소리가 500리까지 들린다는 기록도 있다. 이 점으로 보면 추상명사는 아닌 듯싶다.

그런데 서경에도 '기기제율夔夔齊慄'이라는 글귀가 있는데 한자는 같은 글자를 반복(첩어)하면 동사가 됨으로 '기기'는 이 짐승이 움직인다는 것이고, 서경의 이 구절은 '두려워서 벌벌 떤다'는 뜻이다.

기는 풀 밟기도 안쓰러워 망설인다는 지극히 선량한 동물이다. 논어에 부자께서 서순西巡할 때 나타난 기린과 같은 성수聖獸다. 중니께서 '획린절필獲麟絶筆'했듯이 서경에서는 기덕夔德으로 문왕의 성聖을 찬양했다.

필자는 중국에서 이삼일 학회가 끝나고 선정유적을 대엿새 동안 탐방할 때는 관광버스 운전기사 가까운 좌석에 앉아 앞에 가는 차 번호판의 지역명의 글자 보기를 좋아한다. 우리 발음으로는 동음인 기夔(KUI), 기冀(JI. 하북성)라든지 예豫(하남성), 오奧(절강성) 하는 식으로 중국학을 공부하는데 필요한 글자들을 익히곤 했다.

육칠십여 개나 되는 지역 표지자를 익히면서 그 지역에 얽힌 고사들을 생각해 보는 것도 괜찮은 취미였다. 우리나라엔 몇 해 전인가 차 번호판에서 지역명을 뺐다. 지역명을 보고 운전 습관을 평가하는 일도 재미있는 취미였는데 말이다.

四. 여지명의 고자 유래 – 용과 봉황

세계 4대 문명 발상지의 하나인 황하문명에서 초기 문명기부터 신성 시되던 대상물에는 많은 것이 있겠지만 가장 먼저 용龍(우리말로는 미리) 과 봉황鳳凰을 든다면 별로 큰 이론은 없을 것으로 안다.

근래에 중국에서 용이 공룡시대에 있었던 물건이라고 하여 전시되 는 화석류를 본 적이 있었으나 도저히 공감이 가지 않는 것들이었다. 이 시기에 해당되는 용의 화석이 아니어서 고고학적인 의미가 없다 고 보았다.

우리가 관심을 갖는 주역학에서는 말하고자 하는 것은 '용'이라는 대 상을 설정하여 존재론을 설명하고 있다는 것이 중요하다. 인디아의 인 더스강, 갠지스강 문명에서는 0(영), 즉 시공을 초월한 영원한 대상을 찾았고 이집트(피라미드 속의 제왕의 미라)나 수메르(메소포타미아의 티그리스 강, 유프라테스강)도 모두 이런 식이었으나 황하 유역만은 변화 그 자체 에 존재론의 근거를 두었다.

17세기까지만 해도 시간과 공간을 구분해서 생각했으나 이 뒤부터는 시간과 공간은 다른 것이 아님을 물리학의 발전으로 알게 되었는데 주 역의 '용의 용사用事'야 말로 사건과 그 흔적을 존재론으로 생각한다는 것이다. 인식론의 선각이었지 않았나 하는 생각을 해본다.

북경올림픽 개막식 행사에 주 경기장이 새 둥지(조소鳥巢. 니아오챠오) 여서 틀림없이 영상으로 봉황이 날아가 성화로에 불을 당기느니, 아 홉 마리의 용이 날아가 불을 붙이느니 하는 추측들이 난무했는데 막상 뚜껑을 열고 보니까 그렇지 않았다.

동영상으로 용이 날고 봉황이 날아 불붙이는 수준의 기술은 첨단 입체영화에서도 아직 실험 단계라는데 중국의 기술이 벌써 그 정도인가 생각했었다. 그런데 알고 보니 전형적인 중국 무협영화에서 흔히 쓰는 철사줄 놀음이었다.

약 팔구 년 전에 중국 요녕성에서 공자조孔子鳥의 화석이 발견됐다는 기사가 사진과 함께 실린 것을 보고, '공자님 새'가 무슨 말인가 하다가 뒤에 공자조가 봉황임을 알았다. 봉은 수놈이고 황은 암놈이라고 사전에 나온다. 논어의 자한편에는 "봉새가 오지 않는구나(자왈 봉조부지鳳鳥不至). 내가 그만둘 때가 되었나 보다" 하는 글귀가 나온다. 그러니까 공자님은 봉새가 안 옴을 탄식한 것이다.

그런데 여기에 봉 자는 있는데 황 자가 없다. 더욱이 우리 속담에 거저먹는 일이나 횡재를 하면 '봉잡았다'라고 하고, 속된 말로 '잡쳤다, 헛일했다'의 뜻으로는 '황그렸다'나 '황잡았다'고 한다.

먼저 장에서 언급한 '획린절필'에서도 '린麟' 자는 암놈이고 이것의 수놈은 '기麒' 자인데 오히려 암놈인 '린麟' 자가 중심이 된다. 그래서 봉 자와 황 자의 관계를 알고자 여러 사서辭書를 뒤졌으나 아무것도 얻지 못했다.

공자님도 우리 속담 말마따나 황은 그저 그런 것이라서 빼고 '봉조부지'라 하셨나? 봉황도 이 시기에 도태된 생물이었던 것인가. 알 수 없는 일이다. 그런데 또 우리 속담에 "봉을 천마리 기르면 닭 한 마리가 끼게 마련이고, 닭을 천 마리 치면 봉 한 마리가 섞인다"라는 말이 있는데 오늘날의 봉황새의 그림도 수탉 비슷하게 생겼다. 여하간 지금은 없어진 것이라서 더 아쉽다. 자연계란 약육강식이라서 착하기만 하고 어수룩하면 강한 놈에게 먹혀야만 하는 것이 조화옹의 뜻이란 말인가?

五. 여지명의 고자 유래 - 허난성

1.

중국에서 가볼만한 유적지가 가장 많은 곳을 꼽으라면 허난성(하남성)을 치지 않을 수 없다. 먼저 숭산서원을 들 수 있는데 이 숭산은 중국인들이 숭상하는 오악 중의 중악으로 많은 문화재가 모여 있는 곳이다.

숭산서원은 이정자로 칭하는 정호(명도 선생)와 정이(이천 선생)를 배향하는 곳이다. '정문립설처程門立雪處'로 유명한데, 유조游酢(광평 선생)와 양시(구산 선생)가 소시 때 정문에 입문코자 눈이 내려 발등이 덮이도록 서서 기다렸다는 일화가 얽혀있는 곳이다.

서원의 뜰에는 거대한 측백나무 두 그루가 서 있는데 안내 팻말에 그 수령이 오천수백 년으로 기록돼 있고 나무의 키는 크지 않으나 그 둘레가 대단하다. 본인이 본 바로는 미국 요세미티의 쉐코이어 삼목 중의 쇼맨장군나무에 버금가는 정도다.

불적지로는 중국 최초의 사찰이라는 백마사, 수호지의 노지심이 중 노릇을 했던 대상국사, 달마대사의 소림사, 구년 면벽面壁하여 오도悟道한 동굴 및 탑림, 도교에서 재신으로 모시는 관림(관우의 묘)이 있고, 송 인종 때 독직 탐관오리 숙청으로 이름 높아 우리나라 TV에서 방영됐던 포증의 사당도 있다.

그런데 이 하남성의 고명이 '예주豫州'여서 이 지역의 자동차 번호판에는 '예' 자가 있다. 옥편에는 '미리 예, 즐길 예, 놀 예'로 나와 있다. 노자서에 "예혜여 약외사린이라(예가 주변을 두려워하다)"는 글귀가 있는데, 사건을 처리하지 못한 채 보류하고 망설이는 것을 유예라고 한다. 예도 앞에서 말한 유猶와 같이 과감한 결정을 내리지 못하는 유약

함 그대로이다.

본래 예는 빙하시대에 살던 마스토돈mastodon, 알타이어로 매머드 mammoth인 장모상(중국어)으로 4천 년 전(신석기)까지 시베리아 북부 툰드라지대에 생존했던 거대 털코끼리다. 원시 벽서에는 석기인들이 집단으로 횃불을 들고 위협하여 깊은 절벽 아래로 떨어뜨려 사냥하는 모습이 표현돼 있다.

시베리아의 야쿠트스크(현 사하공화국. 대통령이 고려인인 장 씨임)에 매머드 털가죽은 텐트로, 매머드 상아는 텐트 지주로 쓰였던 유물이 보존돼 있다. 조부손 3대 대가족이 무리지어 다니다가 동토로 쫓기면서 생존했던 이 유순하기만 했던 생명체는 이렇게 멸종되고 말았다.

그런데 이 매머드를 그 많은 생명체 중에서 으뜸으로 잔꾀가 많고 악랄한 인류에 비유해 말한다. 그런 중에도 '닭 천 마리 치면 봉 한 마리는 낀다'라는 말처럼 이 잔악한 인류의 평균적 속성을 뛰어넘는 성인은 있게 마련이어서, 동양의 최고 경전의 하나인 주역 속에 그 흔적을 불완전하게나마 남겨 놓고 있다. '뇌지예괘雷地豫卦'가 그것인데 원재 박용재 선생이 '미수기념서책'의 서문에서 언급했듯이 '예괘번사豫卦繁辭' 속에 연산역, 귀장역의 잔영이 남아 있다고 보고 싶다.

우선 하남성 얘기부터 해야겠다. 이 지역에서는 옛날부터 땅속에서 알 수 없는 포유동물의 뼈가 많이 나와 이를 약재로 이용했다. 식은 땀이 나고 가슴 두근거리는 증세에 이용되는 용골로 불리던 한약재였는데, 이것이 바로 매머드 화석 뼈였다. 완전히 삭아 없어지지 않고 보존된 것으로 보아 석회암지대인 듯하다. 중국 본토는 대체로 석회암 지질이라서 향나무나 측백나무가 잘 자란다.

백여 년 전에 이 지역 안양에선 인플루엔자 감기가 유행됐을 때 땅속에서 출토된 작은 뼈들을 특효약으로 갈아먹었는데 이것이 바로 한자의 시원이 된 갑골문(구갑우골)이었다. 이것은 작은 거북의 배 껍질(흰 바탕이 글자 새기기에 좋음)과 쇠뼈(우골)에 새긴 점사였다. 중국인 학자들이 이 의미를 알아내기 전에 미국인 선교사 한 사람이 큰 보스턴 백두 개에 이 뼛조각을 가득 담아 배에 올랐다. 이것이 바로 현재 뉴욕 스미소니언 자연사박물관의 세계 최대 자구(갑골) 컬렉션이 된 것이다.

이 맘모스뼈(장대아방모거상長大牙尨毛巨象)는 시베리아 툰드라(동토대) 지역에서 특히 많이 출토되는데 지하 얼음층 속에서 원형 그대로 출토되는 예가 아주 많아서 영화 주라기공원 식으로 러시아와 일본 학자들이 협력하여 생명체 복원 작업을 진행하고 있다고 한다.

시베리아와 북중국 등지에서 이러한 모습으로 화석화 된 맘모스가 다량 출토되다 보니, 지진이 빈번한 지역 원주민들이 집이 무너지고 땅이 갈라지는 변고의 원인이 이 거대 물건이 땅속에서 활동하기 때문이라는 신앙을 갖게 되었다. 시베리아 샤먼(살마薩魔 : 무巫)의 가장 큰 굿이 벽진굿(지진 물림 푸닥거리)이어서 샤만의 집에는 맘모스뼈 무구巫具(북채. 몽둥이 등)를 필히 갖추어 놓고 있다.

지진을 맘모스 원인설로 믿는 원시신앙을 알타이족은 물론이고 야쿠트족, 에벵키족, 축치족, 나나이족, 코리악족 등과 만주의 대흥안령 지역의 오론춘족 등 신시베리아족(구시베리안 : 미주 인디안과 아이누족은 미확인) 대부분이 이런 신화를 갖고 있다.

2.

주역 경전의 구성 원형이 된 연산역과 귀장역의 주체인 동이 겨레가 요하 하류 지역의 홍산문화洪山文化(최근 발굴된 중국 문화보다 1500년 내지 2000년 앞서는 문명)를 만들어낸 주역이었다. 문화적 팽창 과정에서 직예直隷(하북성과 산동성 일대) 문화의 주체 역할을 한 경험의 소산이 연산 · 귀장역일 것이다.

주역의 주체인 강족羌族(소위 중화족임. 강족 별파)이 주실의 동천을 도모하며 선주민인 하夏와 상商(은)을 밀어내면서 주역경이 형성되었다. 연산 · 귀장역을 없애려고 했으나 주역 속에 끈질기게 잔존해 문화의 끈질김을 증명해준다. 문화적으로 뒤처지는 주실周室 구성원들만으로는 연산 · 귀장역 속의 이야기(계사)를 다 없앨 수는 없었으리라.

뇌지예괘는 땅이 흔들리는 지진상을 표현한 괘다. 지진은 땅속이 요동치는 것임으로 지뢰라 해야 옳다고 생각할 수도 있겠으나 지진을 감지하는 쪽은 지상에 있는 인간이므로 뇌지라고 해야 합당하다.

대상전大象傳에서도 '뇌雷가 지地에서 출하여 분분奮(떨침)하는 것이 예괘'라고 풀이하고 있다. 상전은 십익 중에서도 형성 시기가 뒤지는데 이처럼 괘를 상해象解 중심으로 풀고 있는 것이 주역이다.

그러나 주역의 단사나 단전 중에는 다행스럽게도 더러 고격인 글귀가 남아 있다. 예괘 중에는 유일한 양효인 구사효에 유예由豫가 있는데 기존의 해解는 이를 '말미암을 유'로 풀고 있으나 선진 학계에서는 '유는 전田(전렵佃獵)' 자의 착착錯으로 보아 '유렵游獵 즉 전렵田獵'으로 보았다. 원시시대라고 할까, 신석기시대에서 청동기시대로 넘어가는 시기의 북아시아에서 맘모스를 대량 사냥한 흔적을 볼 수 있다.

이 효사爻辭 '전예田豫(유예의 수정)'의 아래로 이어지는 해석 구에 있는 '합잠盍簪'의 잠簪 자는 '비녀 잠(흐트러진 머릿단을 비녀로 묶듯)'으로 후대에 만들어진 의미론적 해석이겠으나, 다섯 개 음효(여러 마리의 맘모스)를 하나의 양효로 묶는다는 뜻이다. 맘모스(털코끼리)가 수많은 천적들로부터 살아남기 위해 집단으로 몰려다니는 특징(초식동물은 집단화함)이 있었으므로 전예田豫(사냥)에서 꿰미로 꿰듯(합잠) 여러 마리가 한꺼번에 잡혀 죽는 일이 많았기 때문이다.

원시인들은 숲에 불을 질러 맘모스들을 절벽 아래로 내몰아 낙상시켜 여러 마리를 한꺼번에 잡아 축제를 벌이는 일이 많았다. 그런데 이 와중에 인간들도 도저히 발붙일 수 없는 절벽 바위 틈새에 의지하여 요행이 살아남는 놈이 있었을 것이다. 육이효사의 '개우석介于石'이 바로 그것이다. 개介는 '개砎' 즉 '굳을 개'로 푼다. 개석은 난공불락의 안전처를 뜻한다. 한편 청대의 왕인지王引之는 이와 반대로 '유여猶如(같다)'로 풀어, '굳으면 돌이 쉽게 부서진다'로 해석했다.

중화민국 장개석蔣介石 총통의 이름도 같은 글자로, 글 뜻대로라면 영원한 복락을 누려야 하나 현실은 그렇지 못했다. 다툼에서 이기지 못하고 피해 달아난 것이다.(천수송괘天水訟卦의 구이효사九二爻辭의 '귀이포歸而逋'). 권토중래할 수 있는 여건인 '기읍인삼백호其邑人三百戶'에 해당하는 대만으로 피난 가서 경제 부흥을 실천해 국가 기반을 탄탄히 했지만, 자신의 대망은 실현시키지 못한 채 천추의 한을 안고 떠났다.

그의 고향인 절강성 계구溪口(씨코우)의 옛집에는 모든 시설들이 잘 보존되어 있다. 중일전쟁 때 일본군 비행기의 폭격으로 장총통 본부인이 세상을 떠난 것을 두고, 아들인 장경국이 '피눈물이 난다'며 쓴 조시의 석비도 있다. 역사에서 이긴 모택동의 고향집보다 이곳을 찾는 방문객이 몇 곱절 더 많다고 한다.

성수기에는 큰 주차장에 대형 버스가 백 대가 넘는다. 안타까워 하는 연민의 정 때문일까? 돌아오는 버스에 오르기 전에 짙은 블랙커피 한 잔을 마시며 여러 가지 생각에 잠겼던 것이 기억난다.

六. 여지명의 고자 유래 - 연습

1.

한자의 본래의 뜻과 현재 사용되는 의미 사이가 꽤 멀어진 예가 아주 많다. 예를 들면 '연습練習하다'라고 하면 그 글자와 뜻을 모를 사람이 없을 것이다. 그런데 이 '련練' 자는 본래의 뜻이 '누이다(눕히다)'여서 '누일 련'이 사전적인 풀이이다. 이 '누이다(눕혀놓다)'의 뜻이 왜 '트레이닝'의 뜻으로 쓰였을까?

요즘 사람들은 이런 뜻을 잘 모르는데(생각해 보려고도 하지 않음) 사실 이 속에는 문화인류학적인 문명 변천사가 내재되어 있다. 옛날(농촌에서는 50년대 말까지. 현재도 전통 보존지역에서는 유지되고 있음)에는 베틀(방적기)에서 '베(무명. 삼베. 깁베 즉 명주)' 한 필을 다 짜면 햇빛 잘 드는 언덕이나 강변에 물 적신 피륙을 길게 눕혀 볕을 여러 번 쬐여 바래게(마전. 표백)해야만 때깔이 고와 상품가치가 있다.

봄 양지에 여러 번 반복해 누임질(마전)하는 것을 연소練疋(연필)라고 한 데서 연습이란 말이 나왔는데, 이 말은 단순한 도입어에 지나지 않는다. 일본인들은 연습練習을 연습鍊習으로도 쓰는 모양인데 '련鍊'은 쇠를 여러 번 불림질(담금질. 제련)의 뜻이니 오히려 이해하기 쉽다.

2.

중국인들은 주변 민족(종種)를 폄하하는 습성(일본인도 미국美國을 미국米國으로 씀)이 있어서 사방 주위의 민족을 모두 동물 부수변을 써서 오랑캐로 취급한다.(유독 동북방만 인人 자를 넣은 '이夷'로 썼다) 예를 들어 몽골은

'용감한 전사'라는 뜻인데 옛날부터 험윤獫狁(험윤), 흉노匈奴(서양사에서는 훈Hun, 헌트Hun)로 부르다가 그들이 스스로 '몽골'이라고 하니까 이를 다시 '몽고蒙古'로 표기했다.

이번 글의 중심은 이 '몽蒙' 자의 풀이에 있다. 필자가 초등학교 들어가기 전에 어른들께 들은 이야기 중에 이른바 미스터리한 것이 몽 자 풀이였다. 이 몽은 '어둑할 몽', 즉 영민치 못하다는 뜻으로 흔히 쓰이는 글자다. 아직 지혜가 미천한 아이들이나, 늘 졸기만 하고 공부에 재미를 못 붙이는 아이들을 정신이 번쩍 들도록 자극을 준다는 '격몽요결擊蒙要訣(율곡 선생 저)'도 있다.

또 '소나무 겨우살이'로 쓰이기도 하는데, 이 글자의 본래 뜻에 맞는 것은 어렸을 때 들은 이야기로 거슬러 올라가면 태고의 원시성이 그대로 보존된 멧돼지(산저山猪) 이야기가 된다. 얘기인즉 이놈의 멧돼지가 아주 오래 살면 잔등이에 소나무가 난 놈이 나온다는 것이다. 조금 겸손한 이야기로는 소나무는 몰라도 풀이 돋은 놈이 있다는 것이다.

필자가 살던 곳은 서울 남대문 밖에선 가장 포실했다던 큰 장터였는데 서울장터보다 가래와 써레가 더 낫다(상품이 진열됨)는 곳이다. 장 이튿날 새벽엔 장마당에서 놀던 형들은 주운 돈이 양손으로 부족해서 벙거지에 담았다느니(늙은 뒤의 회상), 긴밭머리에서 개오주(범 새끼)를 만났다느니, 도깨비를 봤다느니 하는 얘기 등을 쏟아냈다.

장날에는 신기료장수가 멧돼지털(목등털)로 신 깁는 것을 보다 보면 한나절이 훌쩍 지나갔다. 이 멧돼지 목등털은 길이가 대략 15~20센티쯤 되는데 뻣뻣하면서도 신축성이 있어서 신 깁는 데는 그만이다. 구두를 꿰맬 때는 가죽에 송곳으로 구멍을 뚫어놓고 멧돼지털을 마주 넣어 반대편으로 빼내 꿰매 나간다. 이 멧돼지털은 끝의 3센티 정도가 세 갈래로 갈라졌고 이것은 2~3센티 정도에서 다시 세 갈래로 갈라져 모두 아홉 갈래가 된다. 하여튼 그 구멍에 실을 넣어 비벼 꼰 뒤에 밀납으로 훑어 놓으면 돼지털과 실이 빈틈없이 접착되어 가죽 틈새를 빠져 나갈 때도 뽀드득 소리를 낸다.

이런 강모剛毛가 멧돼지 목 잔등에 밀생하는데 이 놈은 본래 산골짝 수렁을 좋아해서 늘 진흙 목욕을 한다. 잔등이의 이 억센 강모 틈새에 끼어 눌러붙은 흙은 좀처럼 떨어져 나가지 않는다. 이런 상태가 오래 지속된다면 식물의 씨앗이 싹틀 수도 있는 것이다.

몽 자의 파자해를 살펴보자. 풀 초艸 자와 덮을 멱冖 자. 하나 일一 자와 돼지 시豕 자로 구성되어 있는데 시豕 자 위의 일 자는 아마 흙 토土 자의 자획이 생략된 변형일 것이고, 덮을 멱冖 자 의미 같이 흙을 덮어쓴 멧돼지의 모습을 형상화한 것이다. 다음은 풀 초艸 자다. 왜 흙을 덮어쓴 멧돼지에 '풀'을 더했느냐다. 충분히 가능성 있는 가설이 성립될 수 있는 근거가 된다고 본다.

아! 흙을 뒤집어쓴 멧돼지의 잔등이에 풀이 난 모습. 아니 더하여 나무가 착생된 모습을 그 누가 사진으로 찍었다면 그야말로 아마 백만 불짜리는 될 것이며 틀림없이 저 '내셔널 지오그래픽'의 커버 사진이 될 것은 자명하다. 아프리카나 아마존 정글 속에 이 모습이 없을까 하는 상상도 해본다.

3.

필자가 소년 시절 왜정 말기에 물자 궁핍이 극에 달했던 때 두 바퀴 달린 달구지가 아닌 네 바퀴짜리 마차를 두 달에 한 대꼴로 제작해내던 공장이 있었다. 물자가 넉넉할 때는 일본에서 공급되던 가시나무(면저목麵橲木)를 최고로 쳤지만, 나중에 이것이 반출 금지되었다.

마차 제작의 자재난 속에서 관수官需된 목재들은 마을의 정자목, 서낭나무, 동구 밖의 풍치림 등이 마구잡이로 벌목되고 질이 좋은 것은 비행기 프로펠러용으로 쓴다며 일본으로 무상공출되었다. 그러나 느티나무(거목欅木), 홰나무(괴목槐木) 등은 일본 귀족들의 교자상을 만드는데 썼다.

이때 염씨네 공장에 관수로 공급된 것은 쓸모없는 거대한 몇 아름되는 고목이었는데 톱을 몇 개나 분질렀다. 나무가 악 마디져 옹이도 많았다. 가까스로 나무를 쪼개기는 했다. 그런데 이 속에서 인골의 상반신 일부가 나온 것이다. 지금 같으면 매스콤을 통하여 학계에 알려져 토픽 기사거리가 되겠지만 당시로선 이것이야말로 재앙 그대로였다.

이 흉측스런 나무토막을 강변에 장작을 쌓고 태웠는데 잘 타지도 않았다. 타다 남은 둥치 일부가 수년간 그대로 방치되어 있었고 8.15 해방되던 해 큰 장마에 없어졌다. 인골이 고목의 둥치 속에 들어 있는 것은 고대의 풍장(시베리아인의 장례법으로 한반도에도 조선조 말까지 유지됐다)의 유풍이었다. 나뭇가지 사이에 시신을 끼워놓았던 것이 나무가 장대해지니까 나무 속에 묻히게 됐던 것이다. 만약 이것이 오늘날에 출현했다면 그 가치야말로 대단한 것이다. 이도 역시 스미소니언 박물관 측에서 거액을 제시하여 매입 교섭이 들어왔을 것이고, 우리의 보배로운 자연사 문화유산이 유출될 수도 있었을 것이다.

그래서 몇천 년 전 몽매한 시대에 무기를 준비하지 않고 큰 산에 함부로 들어가면 위험하다는 것을 몽괘에서 계시를 주었다. "산하유천山下有泉이 몽괘"라고 하였다. 멧돼지란 놈이 산속의 물이 나오는 곳을 좋아하니, 이런 곳에서 갑자기 이런 놈과 맞닥뜨리는 것은 위험천만이다. 그래서 상구효에서 "격몽擊蒙은 불리위구不利爲寇요 이어구利禦寇"라고 하여 무모하게 달려들지 말고 막는 것이 상책이라 했다.

이것이 후대의 주역에 와서 문화적 피오염被汚染(교육 철학)으로 인하여 오늘의 모습이 된 것이다. 심지어는 '몽천蒙泉'을 고려말 몽골(몽고)군이 파서 만든 샘으로 오인한 경남 마산에서는 그 지역의 간장 상표로 둔갑한 넌센스가 만들어지기도 했다.

七. 여지명의 고자 유래 - 관자괘

우리의 고대 원시문화 중에서 다른 문화에 결코 뒤지지 않고 고유성 있는 유물을 찾는다면 고인돌(지석. Dolmen)과 빗살무늬(즐문櫛紋. Camce-ramic)토기, 비파형동검琵琶型銅劍(요녕식) 등이며, 신앙에서는 산악 숭배 신앙과 수목 숭배신앙 등일 것이다.

여기서 고인돌은 이들 양면적인 의미가 형성된 유물이 되는 중요한 대상이다. 이 거석 유적물의 지하에서 인골이 발견되는 수가 많기 때문에 고인돌이 무덤으로 인식돼 지석묘라고 불리던 때가 있었다. 이 지석인 고인돌은 신성한 것이기 때문에 인골이 출토되고 있는 것이다. 즉 신성한 지역인 고인돌 내부 또는 주변에 매장하면 망자가 좋은 곳으로 인도된다는 풍수신앙 같은 것의 영향을 받았다는 것이다.

고인돌 내부에서 발견되는 인골들의 시대적 차이가 아주 심다는 것이 바로 이런 사실을 말해주고 있다. 고인돌은 대형 덮개석(복개석覆蓋石)과 이를 삼면에서 지탱해주는 벽壁도 되면서 기둥돌인 지탱석支撑石으로 구성돼 있다. 대개 전면은 터져 있는 상태이다.

또 구조상으로 북방식과 남방식으로 구분되는데 전자는 덮개석을 받히는 벽기둥돌이 높아서 마치 집과 같이 높은 반면, 후자는 덮개석이 아주 두꺼워 큰 바위덩어리 같고 벽기둥돌은 아주 낮아 일 미터 이하의 자연석으로 떠받혀놓은 상태다. 북방식에 비해 구조미가 떨어지며 경상도와 전라도에 분포되어 있다. 특히 전남에는 수백 기가 집중화돼 있고 일본 북규슈 지역까지 퍼져나갔다.

북방식은 드높고 우람한 모습을 하고 있어서 경기, 황해, 함남, 평안과 만주의 요동 지역에 다수가 분포되어 고인돌 문화의 중심지로 알려졌고 중국의 산동 지역에도 두 기가 남아 있다.

고인돌의 분포도를 보면, 중앙아시아, 남러시아, 스칸디나비아반도에 퍼져 있다. 영국의 서남잉글랜드 새리스버리Salisbury의 스톤헨지 Stonhenge는 대표적인 거석문화 유물이다. 여기서도 다수의 인골이 출토되었다.

우리나라에서는 황해도의 은율군이 거석문화의 중심지라 할 수 있다. 그 수도 많거니와 우리나라에서 가장 큰 것도 여기에 있다. 남한에서는 강화도의 것이 제일 크다. 아시아 지역에서는 요동에 있는 것이 가장 큰데, 그 크기나 구조미가 뛰어나고 덮개석이나 벽과 기둥이 되는 받침돌 모두가 세밀하게 연마하여 만든 고인돌의 수작품이다. 천정과 벽엔 성수도星宿圖가 새겨져 있음은 물론이고 아직도 지역민의 토속신앙의 교당 역할을 담당하고 있다.

이 거석 문화 유물이 중국의 중원지역에서 형성됐다면 필히 문자화(한자)됐겠지만 그렇지 못했기에 해당하는 한자는 없다. 다만 이것과 서로 의미상으로만 상통할 수 있는 것은 '보일 시示'가 있을 뿐이다. '시示'의 꼴은 고인돌의 '⊠'와는 생김새가 좀 다르게 보이지만 그 의미가 같은 숭모의 뜻이라는 공통분모가 있다.

단을 쌓아 올려 제단을 만든 것이 '시示'라면 평면 거석巨石으로 광대복개석廣大覆蓋石을 떠받힌 모습이 고인돌로 이 둘을 종교적 숭상물로 동의하지 않을 수 없을 것이다.

혹 동의치 못하는 이유가 있다면 '시示'를 시각이란 개념으로만 접근하려는 선입견 때문일 것이다. 사실은 이 '시示'라는 글자가 신령(귀신)과 관련된 자의였기 때문에 이 '시' 자 부수의 한자는 약 백여 자 정도인데 거의가 신령의 종류 또는 이를 기리는 제사에 관한 글자다.

그랬던 것이 문명이 시각 중심의 추세로 발전하게 되면서 이 방향으로만 뜻이 왜곡되게 된 것이다. 본래는 "외경의 마음으로 숭모하는 신령을 우러러 보다"의 뜻이다. '보다(觀)'와 어소적인 뜻이 같지 않은가 할 수도 있지만, 그렇지 않다. 맛보다의 '보다'의 어소도 같은 뜻이 아니지 않은가. 즉 두렵게 우러러 숭모함이 '示'로 상형화된 제단의 상형문자이다.

이런 이유로 신라의 천문대라는 첨성대를 제단으로 봐야 한다는 주장이 설득력 있게 받아들여지고 먹혀드는 것이다. 왜 첨성대라는 높은 돌탑 위에서 위태롭게 별자리를 관찰해야만 하는가. 오히려 더 높은 토함산에서 안정되게 보는 게 낫지, 망원경이 있었던 것도 아니었는데 말이다. 아메리카의 잉카문명의 천문대라는 망루대望樓臺 같은 고탑도 요즘은 제단설로 굳어지는 추세다.

높은 곳은 장애물이 없이 넓게 볼 수 있다는 의미가 있는 것이지 하늘과의 거리가 몇백 미터 가깝다고 천체 관찰의 효과가 배가되는 것은 아니다. 그래서 시 자도 그렇지만 고인돌의 '⊓' 꼴도 우러러 보는 외경스러운 신앙의 대상이었다.

그러면 주역경의 풍지관괘風地觀卦를 보자. 그 괘재卦才가 '☴'로 앞의 고인돌 꼴이나 시 자 꼴과 서로 유사한 형상이다. 기존의 정전해程傳解는 임금이 위로는 천도를, 아래로는 민속을 잘 살펴, 백성을 위하여 하늘을 우러러 사모하는 것이라고 풀이했다. 즉 '바람이 지상의 만물을 두루 어루만져주는 것이 관괘다'라는 풀이인데 그저 괘상을 풀이한 것에 지나지 않는다.

그러나 근래의 관점은 '도禱' '체禘' '관灌'이라고 보고 모두 제사와 관련된 것으로 풀이한다. 미주의 문명인 잉카와 아즈텍은 전쟁을 하기 위한 무기발달은 원시성을 면치 못했으면서도 제사 문화는 고대의 이집트, 슈메르, 인도에 비해 국가적 제도, 규모, 의식 면에서 조금도 뒤지지 않을 정도로 성대했다.

제사에 인체 희생을 쓴 것으로 알려졌고 주신상 앞의 거대한 제기에는 늘 새로운 인혈人血로 채워졌다고 한다. 더욱이 원단 태양신제에는 만백성이 참관한 가운데서 경기에서 승리한 영웅(최종승자)의 심장을 도려내어 신께 공양했다는 소름끼치는 이야기는 유럽인들이 남북미주 대륙을 강제 침탈한 행위를 합리화하려고 꾸며낸 말이라고도 한다.

그런데 풍지관괘에서 후대에 관觀이라는 자의에 끌려 백성을 살피느니, 문틈으로 엿보느니, 나를 되돌아보느니 하는 구절은 빼놓고 백서역帛書易과도 일치하고 있다. 그런데 원형 그대로 잔존하는 '관이불천盥而不薦' 구절을 선진 해석가들은 헌혈 공양으로 보고 있다.(주酒로 보기도 함).

사실 이집트나 중동지역도 고대에는 인체공양 의식이 있었으니 몸서리쳐진다 하여 동아시아만은 아닐 거라고 하여 뭉개버릴 수는 없는 것이다. 그래서 관 자를 '구묘두응軀猫頭鷹', 즉 몸둥이는 고양이, 머리는 매라는 괴수의 상형으로 보고 이것이 체제禘祭로 변천했다고 본다.

고인돌의 상부 거대 복개석 위에 인체 희생을 썼는지는 아무도 모른다. 아무튼 그런 끔찍스러운 짓을 저질러야만 검님(신)이 굽어본다고 생각했던 시대에 살지 않았던 것이 다행이다. 그래서 문화인들은 "손을 관수盥水에 담글 때 마음가짐을 바꾸지 않음"으로 풀었으리라. 그래서 관은 '체禘'의 변형이라고 보는 것이다.

3.

일본의 갑골문 학자 백천정白川靜은 맥족貊族(동이족)이 중심 구성원이었던 은(상)대는 제사 때 강족을 인신제수의 대상으로 삼았다고 보았다. 은 주왕紂王의 학정을 비판하는 참혹한 살인에 대한 상대 측 기록은 주 왕조의 역성혁명을 정당화하려는 의도가 깔린 것일 수 있지만, 당시의 제수의 최상급인 인신人身희생의 공급처로 서방에 거주하던 강족(강羌 자의 뜻이 양 사육족임)이었다.

이토록 학대받던 이들이 드디어 상왕조을 뒤엎고 주실을 세워 문화 중심지인 동쪽으로 옮긴 것을 역사에서 '주실 동천'이라 한다. 철천지 원수를 갚는다는 일이 그리 호락호락하지 않아서 조심하고 또 조심하는 모습이 주역(소축小畜. 소과小過)에서 '밀운불우密雲不雨(거의 된 듯도 한데 아직)'라고 표현되어 '아직 멀었다(상왕야尙往也 시미행야施未行也)'라고 했다.

풍지관괘의 단사의 "관이불천盥而不薦(천遷), 유부옹약有孚顒若, 신도설교神道設敎"라는 고격의 오리지널한 모습은 도외시한 채 주대의 가치관으로 왜곡된 것은 원경原經의 멸실, 이문찬입異文竄入, 정치적 의도의 안조(거짓으로 만듦) 등의 파란에다가 시대적, 정치적 변혁을 겪으면서 체제禘祭의 체禘와 의미적 유사성을 갖는 관 자로 바꿔버리면서 단전(상전)에서는 그 시대에 영합하는 문장으로 멸실된 부분을 메워 넣기에 이르게 된 것이다.

앞의 백천정 씨는 신臣 자도 체제禘祭에 인신제수로 쓰던 대상을 표현한 글자로 본다. 그래서 관이 체라는 가설은 '시示' 자 부수의 많은 제사 관련 어휘와 관련을 맺는 것이어서 상고문화의 원형인 것이다.

八. 여지명의 고자 유래 - 이괘

소성괘에서 이괘離卦의 괘상은 '화火'며 괘덕은 '여麗'로 되어 있다. 화를 이 우주의 여덟 가지 기능(Fungtion : 팔괘를 우주의 기능설로 봄)의 하나로 본다고 할 때 그 이름을 '이離'라고 한 것인데 여기까지가 순수한 자연과학이라 한 것이다. 이것을 괘덕으로 표현할 때는 '여'인데, 덕이란 인간사회의 규범인 보편적 도덕률을 말하는 것이기 때문에 여기서부터는 인문과학이 되는 것이다.

여기서 괘명에는 그에 해당하는 구체적인 자연물을 배합시켜 괘명에 수반되는 속성을 명확히 해놓았다. 그런데 동양문화에선 자연을 자연만으로 떼어놓고 보는 것이 아니고 항상 인간의 도리와 관련지어 사유하는 것이 특징이다.

괘차서卦次序는 건곤乾坤과 태간兌艮, 리감離坎과 진손震巽의 대대적待對的 배열이었다. 부제목에 제시된 바와 같이 이번 글의 중심은 이(화)괘의 괘덕인 여와 이의 중괘인 '중화리괘'의 해의인 여 자 및 이 자와 이에서 추隹를 뺀 '이离'를 가지고 그 고의古義를 알아 보려고 한다.

소성괘 이의 자연현상이 화火라고 할 때 이 불이라는 기능을 이용하고 대처하는 방법을 '여麗'라고 했다. 이 글자는 사슴 록鹿 자 위에 여러 갈래로 갈라진 사슴뿔을 올려놓은 형상이다. 옥편에는 '곱다'의 뜻으로 되어 있는데 예쁜 자연현상이 수없이 많았을 터인데 하필 사슴뿔을 놓고 곱다(아름답다)고 표현했을까?

이 문제는 이번 글의 내용에서 벗어나는 것이어서 상세한 설명은 불가능하나 초기의 소위 한자(실은 갑골문) 출현 지역이 빙하시대 이후의 유라시아 전 지역에 미친 순록 사육 문화지대인 데서 유래된 것이다.

빙하기 이후 오늘날엔 시베리아, 스칸디나비아, 알라스카 일부에만 잔존되어 있지만 예를 들면 '추隹'는 녹 자의 삼중첩으로 구성돼 있는데 그 뜻은 '더럽다, 거칠다'이다. 왜 그 멋진 짐승에게 이런 뜻을 붙였을까? 순록의 거대 집단 수십만 마리가 해가 뜰 때부터 해질 때까지 뛰어 이동하면 티끌이 일어 하늘이 컴컴했던 현상에서 유래된 것이었다. 여하간 화를 여(불빛)로만 인식한 것은 이런 문화가 형성된 지역적인 특정, 문화적 여건의 반영이었다고 볼 수 있다.

그런데 본론의 요지가 괘명(대성괘와 소성괘)의 이離(이离) 자가 불(화)이 아니라는데 있다. 이离 자에 추隹 자를 접합시킨 것은 그 의미적 특성을 명확히 하기 위한 것, 즉 '새 잡는 그물'이라는 것을 말하기 위해서이다. 이 이离 자가 갑골문에서 '새그물 모양'인데 이离는 망冈 자와 망网 자의 발전된 모형으로 보는 것이 사학(갑골)계의 통설이다.

이 같은 유형의 것으로 창鬯(옻기장으로 만든 술)도 자형이 상부의 '＊' 꼴이 그물의 뜻과 같은 사려篩濾(술 거를 때 쓰는 용수)로 발전되었다. 특히 '새 그물'은 '십十' 자형의 깃대 같은 높은 화표주華表柱(솟대의 일종) 위에 새 그물을 쳐 포획하는 도구로 사용됐었다.

이 중화리가 마왕퇴 백서본 역서에 괘명이 '나羅(그물)괘'로 되어 있는 것을 보면 알 수 있다. 서한과 동한 간 양웅의 '양자법언揚子法言'에 '나위지리羅爲之离'라는 구절이 남아 있는 것은 나羅 자와 리离 자가 모두 새잡는 그물임을 말해주고 있다. 대성괘(중리화괘重火離卦)의 괘재卦才의 상이 '   '로 되어 있는 것이 새 그물꼴 이어서 '이즉라离卽羅' 설에 보조적으로 유추설의 일익을 담당하고 있다.

현행본 주역이 남송 대 이후 기본 경전으로 정착되고서 아무런 비판을 받아보지 못하고 전해져 온 것이기 때문에 경전 자체에 문헌적인 고증문제가 남아있는 것이다.

九. 여지명의 고자 유래 - 동인괘

고대사회의 부족 중에는 종족(겨레붙이. 씨알)의 단결과 동류의식을 끌어올리는 방법적 유형으로 결속 조직이 있다.

아프리카의 마사이족도 성년이 되기 전에 훌륭한 전사가 되기 위해서 청소년들이 십여 명씩 무리지어 위험을 무릅쓰고 오지로 수렵 여행을 떠나는데 이때 리더가 무리를 이끈다고 한다. 이들의 하루 일정이 끝날만한 지점에 대개 움막이 있게 마련인데 이는 선배들도 이용한 움막집이며 훼손된 곳이 있을 때는 여기 묵은 단체가 수리한다.

이 움막은 유목 생활을 하는 마사이가 하루를 묵어가는 곳이기도 하다. 가축의 젖으로 만든 요구르트가 표주박 속에 담겨 지붕 밑에 매달려 있어서 지나가는 전사 수련 청소년들이 이용토록 한다고 한다. 사냥을 해서 먹을거리를 해결해야 하는데 선배들의 배려로 지붕 밑에 매달려 있는 삭힌 요구르트야말로 참으로 좋은 영양식이다.

이런 풍습은 마사이의 유목 사회에서 오늘날까지 이어지고 있는 문화적 특징이어서 문화인류학 연구의 좋은 자료가 되고 있다. 동방지역에도 이런 청소년 수련단체가 존재했다. 고구려에는 조의선인皁衣仙人이 있었고 경당扃堂이란 교육기관이 있었다. 다만 구체적인 기록이 소략한 것이 흠이다.

신라에는 그 특징이 잘 드러난 기록이 있다. 화랑의 전신인 원화源花라는 단체이다. 이 수련단체의 우두머리는 여성이었다. 청소년 수련단체의 리더가 여성인 사례는 세계 어느 곳에서도 그 유래를 찾아볼 수가 없다.

이 원화는 원화도 두령의 명칭이기도 한데, 원화가 될 수 있기 위해서는 지체 높은 귀족 출신에다 출중한 미모까지 갖춰야 했다. 즉 지도자를 따르는 도중들이 아름다움과 위엄을 갖춘 두령의 매력에 끌려 결속력을 유지한다는 의미가 되기도 한다. 이런 특징은 원화제도가 남성 지도자로 바뀐 화랑제도로 개편된 뒤에도 유지되었다. 화랑(국선)은 귀족이라는 품위와 준수한 미모에 화장까지 하고 사치스런 꾸미개로 치장까지 했다고 한다.

이 시기의 화랑과 그를 따르는 낭도들은 어떤 학문적 교육 내용으로 심신을 수련했을까. 이 시기의 신라사회에는 학문이 형성되지도 못했었고 그 응결체인 서책이나 도서관 또는 문화재(문화응축체)가 있었던 때가 아니어서 유일한 도야재는 대자연밖에 없었다. 그래서 대자연이라는 교과서를 열심히 탐구하는 것이 교육 내용이었다. 그래서 '무원부지無遠不至', 즉 '아무리 멀어도 이르지 못하는 곳이 없었다'고 했다.

이 '무원부지'의 사상적 함의는 1)미적 가치 우선주의 2)과학적 탐구를 통해 추구하는 국토 애호 정신 등으로 축약될 수 있다. 미지세계에 대한 탐구에서 과학이 만들어졌고 궁벽한 오지까지 샅샅이 찾아봄으로써 국토 애호 정신을 길렀다. 바로 이 두 가지 의지적 응축체가 신라로 하여금 통일의 원동력을 기를 수 있게 했다.

주역경 속에 이런 결사의 의미가 구체화된 괘가 '천화동인天火同人'이다. 그런데 하늘 아래 불을 지펴 불길 아래서 '동인同人(결사結社)'을 하게 되는 상황을 명확히 기록한 곳은 찾아내기 힘들다.

즉 하늘 아래 야밤에 모닥불을 피워놓고 불을 중심으로 마음이 하나로 뭉치는 현상을 오늘날 같으면 문화인류학적 접근으로 해석하려 했겠지만, "하늘은 위에 있는 것이고 불길은 위로 타 오르는 것임으로 천과 인이 하나가 된다"는 풀이는 정전해程傳解가 그 전부다.

당시로서는 제법 물리학적 해석이었겠지만 오늘에 와서는 실소를 자아내게 한다. 다만 각 효사해爻辭解에는 현대적 의미로 손색이 없는 풀이가 나오기도 한다.(62효의 '종宗'을 '당黨'으로 푼 것 등).

예로부터 하늘과 교통할 때는 교외 즉 광야(빈 들)에서 제사를 지내든지, 기도를 하든지 한다. 탁 터진 벌판에서 티 없는 마음으로 뜻을 함께하는 겨레붙이나 당(패거리)이 장작과 섶을 쌓아놓고 불을 붙여 훨훨 타오를 때는 흩어졌던 마음이 하나로 뭉칠 수밖에 없다. 오늘의 캠프파이어가 그것이다.

단사에서는 허심탄회한 마음이라야 종宗과 당黨들로 더불어 하나가 될 수 있는 것이라서 이와 같은 경지에 이른 상태를 '건행乾行(천행. 하늘의 뜻)'이라고 했다. 이런 경지에 다다르려면 오직 하늘의 뜻과 마음을 함께 하는 군자만이 가능하다고 했다. 대상전에서는 같은 것 중에서도 다른 것을 변별해 낼 수 있다고 했다.

이런 경지에 도달한 예가 신라의 화랑도에서는 김유신의 용화낭도龍華香徒였고, 고구려에서는 '국강상광개토경평안호태왕國罡上廣開土境平安好太王(영락永樂대왕)'이다. 이런 인물들이 이루어낸 쾌거가 을지문덕의 살수대첩이며 양만춘의 안시성 대첩(연암 박지원은 열하일기에서 '안시安市'라는 뜻은 봉황새의 고구려 말이라고 했다)이요, 이순신의 임란 해전이다.

그러나 자기의 가까운 종宗인 친척으로 사리를 채운다면 동인同人의 순수성은 깨어져서 인도吝道(총화가 깨진)가 되고 만다. 이렇게 되면 사욕을 위해 칼을 품고 풀숲에 숨게(복융우망伏戎于莽)된다는 것이다.

많은 겨레들과 국가들이 흥망성쇠를 거듭했다. 천화동인은 그 의지를 쉽게 펼 수는 있어도 그것을 흠 없이 완성시키기란 쉽지 않다고 했다. 현재의 국제 여건 하에서 동인의 결실을 맺기 위해서는 겨레붙이가 1억 내지 1억 5천명은 되어야 할 것이다.

체첸족이나 바스크족이 발버둥치듯 해서는 희망이 없다. 오늘날 우리나라 출산율이 1.08%이라고 한다. 2100년에는 배달겨레가 조종肇宗된 지 반만년만에 소멸된다는 신문기사를 읽었다. 걱정하지 않을 수가 없다.

╀. 여지명의 고자 유래 - 이괘의 덕 '여麗'

　소성괘의 이괘離卦는 그 괘상이 화다. 그런데 이것을 사람이 사회 속에서 살아가면서 부딪쳐야만 하는 규범률인 괘덕卦德은 여麗로 돼 있다. 옥편에 리 음에는 걸리다, 붙다, 매다, 나란히 짝짓다, 나라 이름 등으로 되어 있고 려 음에는 곱다, 밝다, 빛나다, 헤아리다, 마룻대 등으로 나와 있다.

　그런데 팔괘의 괘덕으로 '밝다'의 뜻으로 쓰이는데 문제가 있는 것이다. 본래 한자는 처음 생겼을 때의 뜻과는 거리가 먼 방향으로 진화해 간 특징이 있는데 이 글자도 그런 것 중의 하나다. 팔괘의 이괘가 괘상(현실에서 작용되는 현상으론 본인은 기능function으로 봄)이 화(불)라면 그 기능이 명휘 아니면 열렬로 잡아서 배열했으면 명확했을 터이다.

　그런데 여麗를 택한 데에는 고개를 갸우뚱하지 않을 수 없는데 이렇게 된 이유가 있었으리라는 생각을 해왔다. 그러니까 불을 기능적으로 구분해서 본다면 솥 속에 안쳐 놓은 음식을 익히려는 불, 방이 추워서 때는 군불, 신당에 지성을 드리려고 켜놓은 불, 옛날에 부대기밭(화전)을 일구려고 지른 불, 고대 불을 쓰는 전쟁인 화공법의 불 등이 있다.

　이 이중절離中絶 괘는 앞의 예가 아니고 캄캄한 한밤중에 길 잃은 나그네에게 지표를 제시하는 그런 불이었다. 왜 더 큰 여러 기능들을 제쳐놓고 이 점만이 중점화되었는가 하는 문제를 이해하기 위해서는 역易이 발생한 지역에 대한 문화인류학적 접근이 필요하다.

　이 점에선 감중련坎中連 괘도 물(수)을 생명의 근원 등의 의미로 접근치 않고 유대민족이 요르단강을 피안과 차안의 경계로 보는 것과도 같이 이쪽 세계와 갈 수 없는 저쪽 세계의 벽으로 인식한 이유한 것인데,

당시 거주민의 문화의식이 그랬기 때문에 형성된 것이다.

여 자는 녹鹿 위에 잡市을 두 개 올려 놓은 것으로 멋진 순록(또는 엘크)의 뿔을 형상화한 것이다. 그럼 하필 왜 순록이 등장하느냐 하겠지만 일본의 갑골문 학자 백천정白川靜은 하 문화의 주인은 험융獫戎족(현 몽골)으로, 상(은) 문화는 예맥濊貊(동이東夷)로, 주 문화는 서강西羌족(현 중국)으로 보았다. 즉 문화인류학에서는 몽골(험융)과 예맥은 신시베리아족으로 달리 구분치 않는데, 바로 이들 후예들의 문화(대만의 부사년傅斯年 교수, 길림대학의 김경방金景芳 교수 등)라 보고 있는 것이다.

또 이보다 먼저 형성된 요하 하류의 '홍산문화紅山文化' 후예들의 문화라 할 때 이 지역의 구성원의 인종적 성향 및 자연적 여건은 오늘날 잔존하고 있는 시베리아 소수민족의 것과 다른 게 없다.

우리 겨레의 최초의 국가명인 조선이 조선朝鮮(모일 조. 이끼 선) 자 대신 조선朝鮮(선鮮과 선蘚이 통용됨)으로 번역하여, 아침이 선명한 나라라는 식으로 선전하는 것은 넌센스라는 것이다.

그러니까 조선朝蘚은 순록의 양식인 넓은 이끼 밭이어서 순록 사육 민족(문화)인 신시베리아족의 본 모습을 보여주는 것이다.

순록을 현재까지 사육하는 이 지역의 원주민인 도나카이나 유카킬 등과 북만주 대흥안령산맥의 오로촌(orochon:oroks)족들은 순록을 지칭하는 명칭이 한결같이 '오롱, 어랑, 오론'이다.

그런데 우리나라에는 어랑이란 지명이 아주 많다. 특히 북한 지역, 그중에서도 함경도에 더욱 많다. 거기에다 함경도 지방의 민요인 '어랑 타령'에 "~~~어랑 어랑 어랑 어랑 간다 뛰어라~~~"라는 후렴구가 등장한다. 그러니까 어랑(오롱. 순록) 사육 겨레들은 광활한 선태蘚苔(이끼)가 필요했다. 삼사천 년 전만해도 한반도 및 만주벌판, 시베리아 연해주의 기후는 아한대 내지 한대였기에 오롱(어랑) 사육에 적합한 이

끼 벌판인 조선朝鮮에서 순록을 몰아 뛴다는 것은 그야말로 이들의 이상향의 그림이었다.

그래서 필자는 아리랑의 어원도 여기서 찾고 싶어 한다. "아리랑 아라리요. 아리랑 고개로 넘어 간다"에서 "무한한 고향의 그리움, 잃어버린 영원한 본향에 대한 그리움"을 느낄 수 있다. 즉 떠나버린 어랑(순록)의 그리움이 "아리. 아리. 아리랑 아리랑 고개로 넘어간다~~~"로 표현된 것이라고 본다.

사슴 중에서 뿔(각)을 칠 때 암수놈이 공히 멋진 뿔을 자랑할 수 있는 놈은 어랑(순록)밖에는 없다. 그래서 불빛을 이離라고 이름한 옛 분들은 그 많은 불의 속성들을 제쳐놓고 그 멋진 놈을 택해서 불빛(화)의 덕(당위적 행위)을 '여麗(순록)'라고 한 것이다. 즉 여를 따라 옮겨 가야만 하는 지표점이 어랑(오랑)이었다.

여麗인 순록은 이들에게는 움직임의 모표였던 것이다. 현재도 이 순록 사육족은 종교적 신앙대상이 이 어랑이며 의생활도 이것의 털가죽을 이용(집도 순록의 털가죽 텐트)하며, 식품도 이것의 고기가 주식이어서 종교, 의, 식, 주거를 모두 이것에 의존한다.

十一. 여지명의 고자 유래 - 습감괘

　주역경의 64괘의 괘명 중에서 그 명칭에 쉽게 수긍이 되지 않는 것 중의 하나가 소위 '습감괘習坎卦'다. 이런 식으로 한다면 '중화리괘重火離卦'도 습자習字로 명명했어야 했고 64괘 중에 8개 괘는 모두 이런 방식을 택했어야 했을 것이다.

　여하간 이렇게 습감으로 굳어지다 보니까 습 자의 자의까지 적어도 감괘에서 만은 중감이라는 말보다 습감이 오히려 합당한 적배합자適配習字라 설명하는 학자도 있게 된 것이다. 이는 아마도 착간이나 찬입을 짐작하고도 물려받은 옛 것은 함부로 고치지 않는다는, 이어져온 관념 때문일 것이라고 생각된다.

　습 자는 합자의 구성이 우羽가 있기 때문에 새둥지의 알에서 부화된 새 새끼가 깃털이 돋고 날갯짓을 자주하며 나는 연습을 한다는 조자 원리에서 '반복하다, 되풀이하다, 이어놓다, 이어서 쓰다, 겹치다'에서 '반복하다 보니까 익숙하게'가 되었고, 이것은 또 이런 행위를 거듭해 숙련성을 도모하다 보니까 동물적인 조건반사의 단계에까지 이르게 되다 보니까 버릇으로 발전하기도 했다.

　습이 이런 과정으로 변천된 글자여서 겹친 감괘가 된 것이었다. 그런데 당대의 소주인蘇州人 곽경타郭京拖는 '가려운 곳을 알맞게 긁어주는' 고증설을 내놓았다. 즉 습감은 괘명이 아니고 주어인 괘명의 서술어라는 것이다. 즉 "감은 습감이라에서 주어 감이 탈간됐다"라는 것인데, 자기가 본 고죽간에서는 분명히 습감 앞에 감이 있었다는 것이다.

　조선 중기 학자 여헌旅軒 장현광張顯光도 그의 저작 '역학도설'에서 이 곽씨설을 인용하고 있다. 필자가 학위논문을 쓸 때 이 구절을 발견하고 '그러면 그렇지!' 하고 감탄한 적이 있었다. 아산 선생이나 원재圓齋 선생 모두 습감(중감)은 모두 '중험重險(험중險中에 복유험復有險)'이라서 오직 정성스럽게 제사 지내는 마음(유부有孚하여 유심維心으로 형행亨行함)으로 일에 임해야 하기 때문에 중천건괘의 "종일토록 살얼음 판 걷듯 살아가면서도 스스로 마음을 다잡기를 쉬지 않는다"라는 구삼효사로 가르침을 주셨는데, 이는 기천년 경해의 정수를 일러주신 거였다고 본다.

그런데 고핵가들은 습감괘의 탈간괘명의 논증은 물론이고 중감괘의 고의까지도 밝혀내고 있다. 지금까지 감을 수험水險으로만 풀어왔는데 상대, 주대, 서한대까지만 해도 감은 감옥이었다는 것이다. 당시의 감옥은 사방 벽을 통나무 말장으로 둘러막은 형태의 모습(발전된 문화 여건)이 아닌 땅을 수직으로 아래로 파내려간 수직 갱옥이었다는 것이다.

감 자가 '토土 +흠欠'으로 땅이 입을 벌린 구덩이였던 것이 동한 때부터 감수坎水로 사용하기 시작했다고 본다. 갑골에서도 감 자의 형상에 물(수)을 나타낸 획은 없다. 그러니까 산동성이나 인접 성시와 주변 지역에선 감을 감옥의 뜻으로 지금도 쓴다. 감기래坎起來(칸치라이)는 '감옥에 처넣다'(파저개인把這個人 감기래坎起來 : 이 사람 감옥에 처넣어 봤다는 뜻의 간기래看起來와는 다른 것임)로 쓴다는 것이다.

구덩이를 수직갱으로 본다고 해서, 현재 우리의 여건으로 유추하여 땅구덩이를 샘(천. 정)으로 봐서는 안 된다. 고시대는 자연적인 용출천(정)이 아니고서는 현대와 같이 땅을 깊이 파서 만든 샘은 없었다. 그러니까 고대문명이 하수를 따라 형성됐듯이 마을도 음용할 수 있는 즉 샘이 있는 여건에서만이 촌락이 형성될 수 있었다는 사실을 상하수도 문화 혜택 속에서 생활하는 현대인들 모를 수밖에 없다.(정괘井卦에 개읍改邑 불개정不改井이 있다).

이와 같은 감옥坎獄(지하 구덩이)은 당송대까지도 엄연히 존속됐었다. 옛날엔 죄짓고 감옥監獄에 간다는 것은 수직 땅구덩이에 떠밀려 처넣어진다는 뜻이었다. 고기록(중국의 고사서의 동이전東夷傳 조)의 숙신조에 이들은 겨울의 추위를 이겨내기 위해 수직갱을 파서 겨울 집으로 쓰는데 사다리로 아홉 계단을 내려간다고 나와 있다. 겨울에 동상을 막기 위해 수지방(짐승기름)을 몸에 바른다고 한 기록들은 이 지역이 우수리강 하류, 흑룡강 중상류여서 특수여건을 기록한 것들이다.

유럽을 여행하면 중세 고성 방문이 예정표에 들어있다. 이 고성들의 지하엔 그 당시의 감옥이었다는 곳을 보여주는데 빛은 거의 없는 상태며 밧줄이나 사다리를 내려주지 않고는 결코 나올 수 없는 곳이었다.

이곳을 본 사람들은 모두 '화장실은 어디 있어?' 하고 중얼거린다. 거의 침묵 아니면 중얼거림 정도이다. 대소변 문제, 식수 문제 등을 머릿속에 잠시 떠올리다가 그것을 뇌리에서 지워버리는 것이다. 쓸데없는 생각을 머릿속에 둬둘 필요가 있겠나.

우리나 중국, 일본의 사극들은 이런 장면에선 비문명족이라고 할까 봐서 최대한 멋지게 잘 꾸민다. 고대인들은 이런 땅구덩이 옥의 지상 부위에 죄수가 이런데도 탈출할 까봐서 총극叢棘(빽빽한 가시나무)을 심어 갱감坑坎(坎獄)의 중험에 더했다. 그런데 고대사회 때엔 정치적 중죄로 갱감에 빠트리는 것이 일반이나 때론 사냥 나갔다가 함정에 빠지는 불운을 당하기도 한다.

그러나 이것도 앞의 것과 다를 바가 없다. 앞의 것은 정치적 상황에 따른 변화도 기대할 수 있으나 뒷것은 더욱 절망일 수가 있다. 옛 이야기엔 "함정에 빠졌는데 먼저 빠진 멧돼지가 죽어 있었다거나 사람이 빠진 뒤 뒤따라 큰 범이 빠졌다"라는 등이 것은 모두 중감(감감)의 여건이 된다.

이런 여건에선 위로 보이는 구덩이 아가리만이 쳐다볼 수 있는 희망이다. 이렇더라도 정성에서 우러나는 제사 지내는 마음으로 오롯한 마음을 드리면 바라지(유牖 : 들창) 즉 구덩이 아가리(앙천 갱구)로부터 망마의 빛이 비춰올 것(납약納約이면 자유自牖라)이라고 것이다.

지난번 노자 사상을 말할 때도 언급했듯이 3,40년 전에 유행했던 실존철학에서 말하는 극한상황이 바로 이런 상황을 말하는 것이다. 옛 조상들의 제사 지내는 정성스러운 마음이란 바로 서양인의 절대자와의 커뮤니케이션(교통)과 같은 것이며 무신론적 실존주의를 대표하는 J.P 사르트르는 그의 소설 '벽壁'에서 인간의 굽힘 없는 강인한 의지를 강조했다.

습감은 주어(중수감)가 탈간된 서술어며 감은 수가 아닌 수갱임을 언급했다. 강호 준영의 핵변覈辨을 바라는 바이다.

十二. 여지명의 고자 유래 – 중지곤괘

'중지곤괘重地坤卦'는 백서(마왕퇴 백서본 역)에서는 '천川'으로 나와 있다. 그러니까 고대사회에선 음적인 의미를 천으로 표현한 것이 된다. 그래서 천을 규竅(구멍)으로 풀었던 것이다. 이것은 동물 암컷의 생식기를 의미하는 뜻으로 공용되던 말이었다.

이 점은 토土의 갑골문자가 마름모꼴 외랑에 복층의 선을 그어 여성의 생식기 구조를 도형화해 표현한 것도 같은 문화 원류에서 기인한 것으로 볼 수 있다. 갑골문의 천川 자, 토土 자가 모두 구멍(규)의 뜻에서 발원된 글자로서 번식의 뜻인 자생孶生(흘레해서 새끼 침)에서 가지쳐 나아간 것으로 볼 수 있다. 이와 같은 근거를 가지고 유추하여 빈牝(암컷)의 음이 곤坤과 유사하여 같은 근원으로 보기도 한다. 이런 견해를 주장하는 학자도 있으나 필자는 반신반의이다.

그런데 빈牝의 초기문자가 비匕로도 표현되었다. 앞에서 언급한 암컷의 생식기를 갑골에서 마름모꼴을 겹줄을 그은 모양(겹줄 마름모 꼴)으로 표현한 것 외에 비匕자를 뒤집어 놓은 꼴로 표현된 것이 또 있다. (많지 않은 갑골문자나 생식에 관한 글자가 4개나 된다). 이 비匕라는 생식기 문자에 우牛자를 붙여 암컷을 대표하는 글자로 삼은 것은 당시 사회의 소 수렵이나 소 중심 육축 사회였음을 말해 주는 것으로 봐야 한다.

혹 마馬의 빈모지별牝牡之別을 구분하는 접두사로 마馬 자의 부수로 된 글자를 안 쓰고 왜 우牛 부수자를 썼느냐는 질문엔 적답은 없겠으나 사실 주역경 전체를 놓고 판단한다면 빈마牝馬가 아닌 빈우지정牝牛之貞이 옳을 것이다.

그런데 이 빈우를 안 쓰고 빈마를 쓴 것에 대해서 일반설이 마모馬

母의 음이 고대어에서 동일했기 때문이라는 것이다. 이 점은 우리 음도 마찬가지로 마의 고음이 몰(명사어미의 ㄹ 음은 동북아어의 공통어미인 儿(얼)화 현상임)로 모母음이 동일하다.

우리 민속놀이 윷놀이에 다섯 번째 단계인 빠른 순서의 마지막 단계인 모(몰. 말의 고어)도 그렇다. 그러니까 빈우보다는 빈마(모母)로 된 것으로 보아야 한다는 것이다. 즉 생식 번연을 우선시하는 원칙의 도道가 밑에 깔려있는 것이다.

곤괘 육이효사의 "직방대直方大라, 불습不習이라도 무불리无不利하니라"의 해석은 기천 년의 불변적 정해로 여겨왔다. 직直 자가 치値 자의 착간임을 몰랐으니 그럴 수밖에 없다. 선정들은 성경이니까 한 글자도 믿지 않을 수 없는 독실신심으로 풀었겠으나, 현대에 와서는 죽간 백서의 출토에 의해서 생각을 바꾸지 않을 수 없게 되었다.

직直는 치値(가질 치)의 착간이며, 방方자도 어린 시절 교회당에 가서 때 "방주에 모든 생명체의 암수를 실어서……." 하는 얘기를 들을 때 방주의 뜻을 몰랐는데, 다 큰 뒤에 방方이 널조각(송판 쪽)임을 알았다.

손자들도 교회당에서 이야기를 듣고 방주를 그냥 큰 배로만 생각했다고 말했다. 사실 그때의 조선술로는 어림없다. 그것도 송판 쪽으로 만든 배로는 말이다(슈메르 신화인 홍수설이 유대족에 유입). 그러니 "널조각을 붙잡고(갖고) 물을 건넌다면 크게 (헤엄질을) 익히지 않아도 불리할 것이 없다"가 이러한 모습의 잘못된 결과로 전달된 것이다.

'함장가정含章可貞'도 그렇다. 필자는 이 구가 좋아서 30여 년 전에 명곡 선생께서 써주신 휘호(해자체)를 안방에 걸어놓고 만족하고 있다.

그런데 함含 자는 '감戡(죽일 감)'의 잘못이요, 장章 자는 '상商' 자의 착간으로 나타났다. 즉 '상商을 죽였다(은殷을 멸망시켰다)'가 정답인 것이다. 그러나 그 뜻은 함회장미含懷藏美보다 뛰어나다. 전자는 오히려 내

숭 떠는 듯한 느낌이지만, '너희들이 상(은)을 멸망시켰더라도 가히 정하다면 일은 저절로 풀릴 것이다'로 오히려 국가경영에 핍진한 경구가 될 것이다.

육오효사의 '황상黃裳'도 곤괘여서 치마(상裳)의 글자를 썼느니 황은 중앙토색이라고 말하지만 오방사상은 한대 동중서에서 시작된 것이고 그것도 고문상서와 금문상서가 서로 다르다.

상裳은 상常으로 기旗(깃발)로 풀기 때문에 큰 깃발이 된다. 황은 당시에는 중앙색이 아니고 흙빛갈로 모든 소직(바로 짜낸 옷감)은 황톳물을 들였던 것이다. 그래서 황상은 '큰 깃발을 내건다'가 정해가 된다. 이렇게 상을 물리치고 큰 깃발을 내거는 데는 그 조건이 '가히 정함'이 되는 것이다.

十三. 직관적 택괘법 - 수천수괘와 천수송괘

수천수괘水天需卦는 내건외험內健外險로 요새말로 잘 나가고 있는데 앞에 난관이 가로막는 상황을 설정한 괘다.

이 수괘의 번역反易(반 자는 거꾸로 번, 또는 뒤집을 번으로 읽어야 함으로, 번역으로 읽어야 하는데 이는 청대초, 서하西河 모기령毛奇齡의 번역反易, 교역交易, 변역變易에서 유래됨)이 천수송괘天水訟卦인데 수괘와는 반대로 내험외건內險外健으로 되어 있다. 가령 내가 상대편이 못 마땅하여 대거리를 한다면 내(정당함을 전제함)가 내건(건乾)이며 상대는 외험(감坎)으로 설정하게 된다.

인간(모든 생물이 공히)이란 개체 간의, 종간의, 국가(사회) 간의, 계층 간의 대결 속에서 살아가지 않을 수 없는 존재다. 그래서 주역은 인간이 사회 속에서 부대끼며 살아가는 양상과 일거리를 처리하는 방법들의 경위涇渭(옳고 그름)를 64개로 설정하였다.

필자는 그전 어떤 논문에서 인간사의 카테고리(범주)라고 말한 적이 있었다. 아리스토텔레스나 칸트의 것을 개념의 카테고리(최고 유개념)라고 한다면 주역에선 인생의 희노애락을 여러 경위(흑백논리)와 상황(여건) 별로 정리한 것이기 때문이다. 그러나 여기에 문제점이 없는 것은 아니다. 이유는 64괘의 결론이 완전히 개념화된 정리가 아니고 의지론에 치우쳐 있기 때문이다.

각설하고 수천수괘를 현실에서 취상해 보기로 하자. 현대를 국제경제적인 면에서 자원(원자재) 확보의 시대라고 말한다. 몇 차례에 걸친 석유파동으로 국제경제는 물론이고 국내 경제 운용에도 크나큰 어려움이 있었다. 그러나 산유국과 메이저 석유상들은 큰돈을 벌었다.

여기서 발전 지상의 선진국이나 개발도상국의 입장에서 보면 산유국이나 석유상은 외감험外坎險이며 자신들은 내건건內乾健의 입장이 된다. 또 최근에 와서 북측이 핵실험을 두 번씩이나 저지르고 계속해서 미사일을 쏘아댔다. 이래서 유엔을 비롯하여 열강들이 제재를 가하고 있다. 이 경우도 우리측은 내건건의 입장에서 저쪽을 다스려야하는 입장이기 때문에 저쪽은 외감험이 된다.

　물론 그쪽에서 택괘擇卦를 한다면 그 반대가 될 수 있음은 당연하다. 그러면 석유에너지 예에서 본다면 우선 소비성향을 감소시키기 위해선 대체에너지 개발이나 자동차 문화의 지양 모색으로 극복해야 하는데 특히 지구온난화 문제로 수소에너지, 조력 또는 태양에너지로 외감험을 극복해야 할 것이다.

　우리의 현실적 상대편인 저쪽은 모든 어려움을 그대로 덮어둔 채 오직 핵무기 개발에 전력을 기울이는 입장이며 또 그 길만이 살아남을 수 있는 유일한 방법이라고 믿고 있기 때문에 다른 선택의 여지가 없다고 생각할 것이다. 이런 판국이나 우리나라나 중국 측이 극단적인 선택은 말할 것도 없거니와 결코 서둘러서도 안 될 것이다.

　이런 극험한 상황에서의 단전보다는 아주 훨씬 뒤에 찬입(서한 말에서 동한 초까지의 경학을 끌어내리는 추세임)된 것으로 보기도 하는 상전에선 '음식연락飲食宴樂'이라 말했는데 실컷 먹고 마시고 부르며 즐기자가 아니다. 만일 그랬다가는 마치 저 소돔과 고모라 같이 불세례를 받을 수도 있는 것이다.

　음식은 괘명 수에서 온 것으로 요새말로는 모든 물품을 뜻하는 것이었는데 고대사회에선 물품의 대표격인 음식이 주인 노릇을 한 데서 온 대유법이다. 그래서 정전程傳에서 '안이대시安以待時'라고 하여 느긋하게 때가 도래함을 기다려야 한다고 일렀다.

그런데 재미있는 것은 남포(다이나마이트)에 도화선은 묶여 불은 벌써 댕겨진 상태인데 각각의 효사들은 위험 수위에 차별이 있다. 즉 초구는 교郊의 안전지대에서 느긋하게 상도를 잃지 않는 여건이고, 구이는 외감험에 가까워서 좀 시끄럽긴 하나 결국엔 일은 터지지 않는다고 말했다. 구삼은 발을 적신 상태여서 백척간두 같이 위태하나 스스로 정성을 다하여 자기를 다스리면 괜찮다고 했다.

초, 이, 삼효를 위험처와의 거리라고 생각하여 미주, 일본열도, 한반도라고 볼 수도 있겠으나 그것보다는 외감험을 대비하는 준비된 상태의 등급표라고 보아야 할 것이다. 그러면 어떤 쪽의 풀이가 설득력이 있는가? 그것이 상육효사에서 명확해진다. "입우혈入于穴이나, 유불속지객有不速之客 삼인三人이 내來하리니, 경지敬之면 종길終吉하리라" 했다. 즉 "비록 굴속으로 들어가 숨었더라도, 바라지 않던(불청不請. 원치 않던) 나그네 셋이 올 것이니 공경한다면(순응順應), 끝내는 길할 것이다"라는 말이다. 6, 7천여 년의 인류 역사에서 우리는 대세는 결코 막을 수 없다는 교훈을 얻었다. 치우蚩尤가 그랬고 하니발이 그랬고 고구려 역시 그랬지 않나. 배달겨레의 공멸을 초래해야 한다는 말인가?

우리는 위에서 수천수괘의 대對, 즉 수괘의 번역反易으로 천수송괘를 들었는데 현재 우리 측의 상대인 저들은 당연히 송괘의 처지가 되어야만 하는 것인가? 그렇지 않다. 저들 입장에서는 당연히 자기들이 수천수괘의 입장이 되면서 우리 측은 마땅히 천수송의 처지가 되어야만 하는 것이다.

그러므로 어느 쪽에선가 분란을 만들어 냈다면 그쪽은 송괘를 스스로 택한 것이고 당한 쪽은 수괘 입장에 처하게 되는 것이다. 그러므로 송은 '종흉終凶'이나, 수는 '종길終吉'로 끝나는 것이 멋지다.

최근에 모 인사가 '실증 주역'인가 하는 책을 내서 많이 팔렸다는 얘기를 들었는데 그는 모 대통령의 죽음도 점쳤다고 한다. 사실이라면 대단한 영통력이 있는 사람일 것이다. 그리고 앞으로 계속 큰 사건들을 점쳐낼 것이다. 그렇게 해서 재난을 미리 예방할 수 있다면 얼마나 좋겠는가. 먹고 살기 힘들어 자리 깔고 앉은 사람을 빗대어 말하길, 도둑질 빼놓고 무엇이든지 해서 먹고 살라는 교훈대로 한다고 한다.

지식인은 한 때의 인기에 영합하기 위해서 거짓말을 해서는 안 된다. 주역이라는 보편적 양식 위에 설 때 경전으로서의 가치를 유지할 수가 있는 것이다. 공부자께서는 2500년 전에 점은 치지 않는 것이라고 말씀을 주셨다.

十四. 사천 유감

　몇 년 전 중국 사천성 대지진의 참상을 보면서 참으로 가슴 아팠었다. 성도成都의 제갈량 사당까지도 파괴됐다는 소식을 접하여 안타까운 심사를 금할 수 없었다. 저 구한구의 오색이 찬란한 그 많은 채호彩湖들은 무사한가? 황산皇山, 아미산俄美山은 어떻게 됐는지는 통 전하지 않고 있다.

　이 파촉의 행로가 지난했음을 읊은 '촉도난蜀道難'의 시구처럼 수천 미터나 됨직한 수직 돌 절벽 중간으로 지렁이가 기어간 것처럼 멀리 보이는 가느다란 실오리 같은 선이 '촉도'라는 가이드의 설명에 '아! 저런 곳으로 군사를 행군시켜 정복의 야욕을 펼쳐야만 했었나' 하는 회포가 목구멍을 치밀었다.

　제갈공명은 한황실의 회복을 위해선 삼분천하를 선도했다. 어리고 몽매한 후주에게 두 번씩이나 출사표를 내고 분투하다가 오장원에서 서거한 그의 안타까운 충성심을 기린 두보의 칠언율시 '촉상蜀相'은 즈문 해를 쑥 넘긴 지금까지도 눈시울을 젖게 만든다. 이 사천은 소릉少陵 두자미杜子美의 고향이다. 그의 사우祠宇도 여기에 있는데 원림園林 곡윤이 잘 조화된 곳이었는데 모두 파괴됐다고 전한다.

　그런데 오늘의 본문으로 들어가자면, 사실은 우리가 한자로 사물들을 표현할 때 오늘날과 같이 지식이 해박하지 않았던 관계로 많은 오류를 빚었었다는 것이 이 글의 본래 논지이다.

　각설하고, 당대의 두보는 이곳 사천으로 피난을 가지 않을 수 없었다. 당 현종이 절색 양귀비에 빠졌을 때 안록산의 난으로 이곳으로 피난 와서 세상살이의 쓰라림 속에서 핍진한 주옥 같은 많은 걸작 시들을 남겼는데 '촉상'도 그중의 하나다.

'상사당하처심고, 금관성외박삼삼이로다'로 시작되는 시인데 번역하면 '제갈승상의 사당을 어드메서 찾는단 말인가? 금관성 밖의 측백나무 빽빽한 곳이로다'이다. 이를 조선조 세조 때 '두시언해"杜詩諺解'에서는 '잣남긔 삼열森列한 데로다'로 되어 있다. 즉 '백柏' 자를 '잣나무'로 번역했는데 이는 잘못이고 '측백側柏나무'로 해야 옳다.

중국에서는 능陵, 림林(공림孔林, 관림關林 등), 묘廟, 묘墓, 불사찰佛寺刹 등의 사묘祀廟와 사탑寺塔 등에는 반드시 백림이 조성되어 거대한 위용을 자랑하나 잣나무는 없다. '플로라(flora)' 지도의 중국 본토에는 잣나무가 없다. 잣나무의 학명은 '코리언 파인'이다. 그 플로라는 한반도의 지리산 이북 전체와 고구려 발해의 고강故疆이었던 만주의 요녕성, 흑룡강성, 연해주 시베리아가 그 분포도다.

한자가 은(상) 대에 중원지방(안양의 은허)에서 만들어지기 시작할 때는 잣나무를 못 봤기 때문에 글자를 만들지 못했다. 그래서 중세 이후부터는 조선송, 한송韓松, 고려송 또는 열매가 열린다 하여 '과송果松'이라고 했던 것이다. 그야말로 '배달倍達(음차이며 자의와는 관계가 없음) 겨레(종宗. 겨레 종 자로 씨알의 뜻)'의 수목이다. 이렇게 따지고 보니까 두시언해의 오역이 드러난다.

十五. 간지干支 변

한자의 기원은 갑골문인데 현재까지 발견된 총 글자 수는 1,606자이다. 그래서 간지干支에 해당하는 글자(문자)가 다 있다. 이 사실 때문에 오해가 생긴다. 간지설干支說은 동한대에 등장한다.

십진법을 쓰다가 동한 대에 서역 즉 페르시아의 영향으로 십이진법으로 발전하게 된 것이다. 서경의 간지설은 동진 때 매색梅賾에 의해 안조(고문상서)된 가짜이다.

근세까지 백족白族이나 민족閩族 등은 십진법을 썼다. 한대까지 십간十干에는 알봉閼逢, 유조柔兆, 강어彊圉 등이, 십이지十二支에는 곤돈困敦, 적분약赤奮若, 섭제격攝提格, 단알單閼 등이 있었는데, 이 문자가 무슨 뜻인지 모른다.

12지 동물 배합은 페르시아에서 온 것이다. 첫째가 쥐가 아니고 참새(마작麻雀)인 것을 제외한 나머지는 완전히 일치한다. 날짜(일자) 얘기를 좀더 하려고 한다.

고대 중국의 왕조가 바뀌면 우선 달력과 복식을 바꾸는데 하력, 은력, 주력이 그것이다. 대가 바뀌면 한 달이라는 차이로 날짜가 바뀐다. 어떤 때는 15일이 바뀐 때도 있다.

예를 들면 내 생일이 갑자월 갑자일이라 할 때 이 날을 찾아먹을 수 있을까. 서양도 로마 '카이자르(시저)' 황제 때에나 12개월 달력을 썼다. 달력이란 이토록 엉터리이다. 오늘이 4월 19일이지만, 그저 그렇게 정한 것뿐이다. 생년월일이란 하나의 약속일 뿐이다. 이것을 가지고 운명을 알려는 이는 스스로 지능이 낮다는 것을 자인하는 것이다.

인간의 운명을 알 수 있는 방법은 없다. 더구나 생월생시로는 도무지 알 수가 없다. 그래도 운명을 꼭 알아야 하겠다면 인간성, 지능지수, 부모의 영향력, 재산가치, 능력, 시대성, 교우관계를 먼저 따져보는 것이 옳지 않겠는가. 그러나 뜻하지 않은 사고는 아무도 모른다. 그래서 주역은 '일건석척日乾夕惕'을 말했다.

2장 한국 편

一. 화성의 융릉 · 건릉 참배 감회

지난 주 화성華城(수원성)과 융릉隆陵(사도세자 능)과 건릉健陵(정조대왕正祖大王 능)을 찾았다. 먼저 융릉에 이어 건릉을 찾고, 점심 후에는 잘 복원되고 깨끗이 수리된 행궁行宮과 화성을 둘러보았다.

이 편고片考의 중심은 바로 '융隆' 자와 '건健' 자에 있다. 융릉은 부왕인 영조에 의해 뒤주 속에서 갇혀 죽은 사도세자의 능이다. 필자가 과문한 탓인지는 몰라도 역대의 여러 왕릉 중에서 가장 완전하게 치산治山된 능침陵寢이어서 봉분封墳 주변의 수호석물守護石物들도 구성미가 뛰어나고 봉분 둘레에는 24방위를 기록한 정교한 표지석은 다른 데서 예를 찾을 수 없을 만큼 정교함을 다했다.

알려진 바와 같이 정조는 치세 기간에, 애석하게 돌아간 아버지(사도세자. 정조가 장조莊祖로 추존함)에 대한 효도를 다한 임금이다. 화성 축조는 물론, 24년 재위 기간에 13번 화성으로 행차했다.

영조는 조선조 임금 중에 가장 오래 살고(83세) 재위 기간도 52년이나 된다. 통치에 관한 한 늙은 이무기요 심산의 대탐 노호(늙은 범)이다. 그러니 혈기방장한 세자의 미숙함만 보여 성에 찰 수가 없었다.

정조는 10여 세 나이에 뒤주 속에서 죽어가는 아버지의 참상을 봐야 했으니, '융隆' 자를 택하여 동棟(들보)이 솟아야(융릉해야)만 선대의 과오를 역사적으로 인정하게 되는 것이다.

그래서 선왕 영조 치세를 주역의 '택풍대과澤風大過'로 의미를 규정했던 것이다. 단사象辭를 비롯하여 구사효九四爻만 빼고는 구삼효九三爻, 구오효九五爻 모두 '동요棟橈(들보가 아래로 휨)로 돼 있어서 단전象傳에서 흉하다고 평했다. "초효初爻는 자용백모藉用白茅"니 산祘(살필 산. 정조의 이름)이 세자로 책봉되기 전의 상황으로 보면 열댓 살 나이밖에 안 되어 모든 것이 두렵기만 한 처지였다. 그래서 보잘 것 없는 띠풀로 엮은 자리를 펴고(자용백모) 무섭기만 한 영조의 처분만 기다렸다.

구이효의 '고양생제枯楊生梯(죽어 말라가는 버들 둥치에서 새움이 돋음)'는 비록 인습에 젖은 선비들이었으나, 천품은 명석하여 이웃 청국에서 흘러 들어오는 신학문(소위 북학)을 섭렵하던 선비를 말한다. 마치 '나이 먹은 이가 젊은 아내에게서 자식을 두는 격'으로 비유했는데 뒷날 정조 치세의 기둥 역할을 했던 신하들이다.

구사효는 오만 독선 고집의 바윗덩어리가 '과섭멸정過涉滅頂(상육上六)'의 극히 잘못된 짓을 저지르고 마는 상황(구오 : 영조) 아래서 "죽어서 뒷날을 기약하는 것"이 '융릉'의 구조론적 의미이다. 정조의 지극한 효성이 아버지의 한을 풀어 줄 수 있었다.

필자는 '동릉! 동릉!' 하고 되뇌면서 건너편 능선의 건릉으로 올랐다. 융릉 같은 석물의 호사스런 치장은 전혀 없이 소박했고 능으로서의 격식만 갖췄을 뿐이었다. 사도세자가 너무 억울하게 죽었으니 묘나 잘 꾸며달라고 말한 것은 아니지만, 정조는 효도를 다했을 뿐이고 자신은 이렇게 검박하게 묻혔으니 만족하리라 생각했다.

역경의 수괘인 중천건괘重天乾卦의 '천행天行은 건健하야 자강불식自彊不息한다'라는 대명제를 설정하여 당세의 역사적 가치를 확정시켜 놓았다. 새 시대를 열어가려는 의지로 개혁 정치를 단행한 정조대왕의 치적은 조선조에서 르네상스를 연 임금으로 세종대왕과 어깨를 나란히 한다고 볼 수 있다. 그의 '홍제전서弘濟全書'는 그 방대함은 물론이요, 진보적 학문관 또한 한 시대를 앞선 거작이다.

二. 우리의 지정학적 현실 대처 방법으로 '쾌괘'

남쪽은 1960년대 중반부터 산업 발전이 독려되고 이것이 당시 위정자의 말마따나 외발 자전거(멈추면 쓰러짐)가 달려가듯 발전이 거듭해 세계 굴지의 중공업 산업국가로, 이제는 첨단 아이티 국가로 달려왔다.

드디어 경제규모 10위권을 넘나들어 일인당 이만 달러를 향해 달리고 있고, 북쪽은 분단 이후 줄곧 통일이라는 명분만을 위해 매진하여 이젠 핵무기까지 만들어 맞서고 있으나 인민들의 비참한 생활상을 드러내고 있다. 많은 동포들이 탈출을 했고 탈출을 시도하다가 희생된다고 한다.

반도의 양쪽 진영은 서로 간에 자기 쪽이 저쪽을 병탄하려는 탐심을 품고 있으면서 겉으론 안 그런 척하고 또는 그냥 이 문제는 덮어두고 경쟁하면서 살아 가야만하는 현실에 처해 있다. 또 서로간의 이해관계가 맞물려 있는 후견측이 도사리고 있어서 쉽게 도발할 수도 없는 현실이 되었다. 중학교 2학년 때 피난을 가서 삼국지연의(나관중의 서문이 들어 있고, 약 6~7권인 듯 싶다. 일본인 저작 번역본)를 읽은 적이 있다.

나씨 서문에 "천하는 합한 뒤 시간이 가면 나뉘어 싸우고 또 시간이 가면 합쳐진다"라는 논리가 나오는데, 장성한 뒤 이것이 역사 변증법이란 것을 알았지만 우리의 현실 상황도 반드시 합쳐지게는 될 터이지만 동족상잔의 희생이 뒤따라서는 안 될 것이다. 독일 같은 통일이 그냥 오는 것은 아니고 많은 산고의 노력이 있어야 할 줄로 안다.

'택천쾌괘澤天夬卦'는 태상절兌上折 괘 아래에 건삼련健三連 괘가 놓여 있는, 즉 상효 하나만 음효이고 나머지 5개 효인 초효에서 오효까지가 양효로 돼 있다(≣). 일음 오양 괘로 상효인 일음은 어떤 설정된 여건

400

의 장애 요소로서 이것이 제거되어야만 이 현실 상황을 타개해낼 수 있다는 의미가 들어있는 효인 것이다.

괘명으로 되어있는 '쾌夬' 자에 대해 역해가들은 쾌夬는 결決(터지다) 자와 함께 괘의 모양과 뜻을 중의적으로 함의하고 있다고 보고 있다. 괘의 상효가 절折(터질 절)했기 때문에 결자설決字說로 해석하기도 하면서 단사에서는 결단할 결(과감함), 물고를 트게 될 것이라 풀고 있다.

승리를 눈앞에 둔 상황이라 "승리자의 노획물인 부로俘虜들의 울부짖는 소리가 왕정王庭에 가득 차니라(양揚하다 : 거擧하다)" 하는 상황이 단사다. 승리자가 방약 무도한 짓을 자행할 수 있다. 이렇게 되면 상대측인 피정복 부족이 절치부심하고 원수를 갚고자 사생결단으로 보복을 감행하려 든다.

이와 같은 여건을 단전에서 '건健과 열悅의 관계'라고 말한다. "건健이 택澤을 대함이니 결決하면서 화和해라(과감하면서 화합으로 대해라)" 하고 입언하고 있다. 전쟁에서 이겼다고 방자하면 도리어 패배를 자초하고 궁지에 몰린 상대를 몰아붙이면 역습을 당하는 것은 자연의 이치라는 식으로 전개된다.

중국에서 홍위병 최고위 사인방의 세력이 몰락할 때, 강청 무리들을 붙잡아 이들을 범죄자로 처리했지만, 특정 지역 범위 안에서 최고급 생활을 편안히 누리도록 해주면서 정치적 자유만을 제한했다고 전해 들었다. 이들 중 어떤 자는 최근까지 생존했음이 언론에 소개되기도 했다. 지도자인 부도옹 등소평鄧小平이 쾌괘夬卦 철학에 달통한 지혜를 보여준 사례라 할 수 있겠다.

혹 상대가 아닌 밤중(구이효사에 모야유융莫夜有戎)에 소규모 도발이 있어도 과잉 대응만은 금물이다. 몇 주 전 저쪽이 군사 분계선을 넘어 불상사가 있었고 하루 뒤, 저쪽 측의 해안 포 엔진이 작동됐던 일이 있었다. 엔진 작동이 곧 정지돼서 다행이지만 이렇게 일촉즉발의 위기를 잘 넘긴 일을 구이효 상전에서 '득중도得中道'라고 풀었다. 저쪽이 사람이 살 수 없는 곳이라고 목숨을 걸고 모두들 뛰쳐나오는 판에 어떤 미련스러운 놈(장우구壯于九+頁광대뼈 구 자)은 자기가 군대 복무할 때 잘 익혀 뒀던 곳의 철조망을 끊고 넘어갔다.

구삼효사에서 "독행야우獨行夜雨(비 맞으며 밤길 가기)여서 유흉有凶이라 하고서, 군자들(건전 국민)은 이에 대해서 속으로 분통을 삭인다(약유유온若濡有慍)"라고 써 놨다. 이 쪽이 아무리 진실된 말을 보낸다 해도 저쪽이 말을 믿어 주지 않으면 대화가 성립될 수가 없는 것이다. 콩으로 메주를 쑨다고 해도 안 믿는다는 말이 그것이다.

그것은 저쪽에게 잘못하면 먹히게 된다는 두려움 때문인데 쾌괘 구사효에는 진실된 말을 불신한다는 것을 비유해서 "궁둥이에 살이 없으면 걸음걸이가 굼뜨다"고 비유하고 있다. 즉 "둔무부臀无膚하면 기행其行이 차저次且하니 견양牽羊하야 힘 있는 측에 양조차 끌어다 줄 수 없을 지경이 됐다"라는 것이다.

큰 재물을 갖다 바치면 일이 잘 되겠지만(회망悔亡하련만) 힘이 없어 양을 못 끌고 갈 정도가 된 것이다. 이 지경이 되고 나면 나를 도와주기만 하다면 이후에 후회 없을 것이라고 아무리 설득해 봐도 믿어주질 않는다.

이렇게 된 까닭의 첫째는 기직其職(국가 영도자)에 맞지 않는 자가 자리에 앉은 탓이라고 구사 상전에서 풀었다. 그리고 구사 효사에 양 자가 등장하는데 이것은 구오효의 착간문을 암시하는 자구의 증거가 된 것은 아주 재미있는 일이다.

즉 구오효의 '현육莧陸'을 한약재로 쓰는 자리공(쇠비름)으로 그동안 풀어왔는데 이는 환羱이라는 영양羚羊을 말하는 글자가 식물성 약초명

으로 바뀌고 만 것이다. 근래에 출토되는 유물들은 고핵학에 괄목할만
한 변화를 가져왔다. 상육효의 '무호无號'도 '견호犬號'의 착으로 본다.

　이 구는 묵자서 비정편非攻篇의 '견곡호시犬哭乎市(삼묘대난三苗大亂에 개
가 저자에서 울부짖는다)'의 차용구로 보는 것이 정설이다. 어느 경전도 잡
티 없는 순수한 것은 없을 것이라고 생각하면서도 쾌괘 상육효가 묵자
서에서 찬입된 것이라고 보면 지금까지의 괘효사를 정치 현실로 풀어
보다가 마치 조선조의 말기에 유행되던 무슨 비결서(정감록)를 보는 듯
한 착잡함에 말려들기도 한다.

三. 범 꼬리를 밟은 격인 우리의 상황과 이래

1.

필자가 현직에 있을 때 스트레스가 조금도 없을 때는 방학에 중국 여러 지방으로 학술답사를 가서 묵거나, 주로 북경에 교환교수로 가 있을 때였다. 그것은 첫째로 강의 부담이 없는 것이고, 둘째는 교환교수로 나가면 논문을 써야 하는데 미리 써서 제출해놓고 떠나니까 홀가분하기 때문이다.

참견할 사람도 없고 가고 싶은 곳은 가보고 먹고 싶은 것은 아주 비싸지만 않으면 먹을 수 있다. 잘 찾아가는 곳은 주로 고서점과 북경 서남쪽의 대학가에선 좀 멀리 떨어져있는 반가원阜＋番家院(중국어 발음이 판자루완)의 구화상점으로 상가의 한 건물을 뜻하는 말이 아니고 아주 넓은 장마당으로 새벽 4시부터 개설(점심 때 파장됨)되는 골동품 시장이다.

주말이 가장 흥왕해서 일찍 일어나서 싼 택시인 소위 빵차를 타고 가서 아침은 뜨끈뜨끈한 만두로 때우고 상가를 헤집고 다닌다. 반드시 중국 학생을 대동하고 다녀야 한다. 물건을 흥정할 때 외국인은 열 배는 더 주고 사야하기 때문이고 상품의 진위는 자기가 판단해야 하므로 상당한 안목을 지녀야만 한다. 예를 들면 도자기류는 거의 짝퉁(가짜)이고 유명인 서화류도 속기가 쉽다.

그래서 짝퉁을 만들려면 오히려 돈이 더 들어가는 물건들만 선택해야 한다. 서책이나 민속품, 목제품은 더러는 괜찮은 것이 눈에 띌 때도 있다.(고가 송판宋板 서책 같은 것은 중개인을 통해서 내 숙소에서 도매상과 직접 면대로 흥정해야 한다).

이렇게 해서 과거의 고대 문명국들의 문화재들은 빠져나가 영국의 대영박물관, 프랑스의 루브르 박물관, 러시아의 아르미따주 박물관을 채우고 있으며 반면에 오스만 튀르크는 이런 곳을 정복하여 그리스, 페르시아, 로마 문명지역을 아예 접수해서 자기 문화유산으로 만들기도 했다.

이렇게 세력이나 문화나 국력이 크고 센 것이, 작고 여린 것을 집어 먹는 것이 일반이지만 작고 여린 것이 도리어 크고 억센 놈을 먹기도 하는 것이다. 바로 이 작고 시원찮아 보이는 것이 야금야금 일을 저질러 가면 종래는 큰일을 내고 마는 수가 있게 된다.

이런 상황을 '천택리괘天澤履卦'의 단사 '이호미불질인履虎尾不咥人'으로 풀어보려는 것이다. 요즈음 언론에 해커들이 보안망을 뚫고 들어와 군사정보나 무기기술 정보를 빼내가는 마치 영화 같은 얘기들을 듣는데 붙잡히기도 하나 감쪽같이 튀기도 한단다.

첨단기술을 누가 먼저 개발하느냐가 경쟁력에서 앞서는 것이며 또 이 핵심기술은 국력 존폐를 좌우하는 포인트가 되니 이것을 빼내려는 보이지 않는 불꽃이 튀고 있다.

국가 원수들은 미소를 띠면서 칵테일 잔을 기울이지만 서로 간에 권총을 빼들지만 않을 뿐이지 불꽃이 튀는 상황일 것이다. 이렇게 알면서 모르면서 쥐고 있는 쪽은 당하고 갖고 있는 것이 없는 쪽은 야금야금 해나간다. 하긴 현재 있는 쪽도 과거에 그랬었고 지금도 기가 막힌 기술이라 해도 그것을 구조적으로 지켜낼 만한 능력이 미비하다면 이것을 빼내가기는 식은 죽 먹기다.

자원부국이나 거대국들은 아예 기술을 보유한 기간산업을 송두리째 샀다가, 노사관계가 나빠져 골치 아프게 되면 기술만 빼가고 만다. 지금까지의 6~7천여 년의 인류 문화사도 이런 식으로 전개되어 온 것이다. 이 글을 쓰고 있는 중에도 TV의 뉴스에서 파키스탄에서 알카에다

게릴라를 쫓는 미군의 무인 정찰기의 송신을 게릴라의 값싼 기기로 읽어내어 미군의 공격을 피한다는 소리가 들려오고 있다.

2.

주역경 천택이괘의 단사에 건상乾上, 태하兌下의 괘상을 정전程傳에서 풀이했는데, 정이천은 "이유以柔로 자강藉剛(부드러운 것으로 강한 것의 깔자리가 되다)"이라고 말했다. 주자는 주역본의에서 "화설이和說以 섭강강지후躡剛强之後 유리호미有履虎尾 이불견상지상而不見傷之象라" 하고 좀 길게 풀었다.

정답은 간략하여 길게 써 놓으면 오답이 많다는 편인데 여기서는 주자의 답이 옳다. 역의 시간적 진행은 자하지상自下至上(아래로부터 위로 올라감)이다. 정자도 다른 데서는 자하지상의 논리를 펴서 말했다.

여린(약弱) 것이 굳센(강强) 것의 깔자리가 되는 것은 상식이나 여기서는 어떤 시원찮은 녀석(밟은 놈은 분명히 사람 인人 자로 되어 있다)이 그렇게도 극강한 표미(칡범 꼬리)를 밟았는데 안 물렸다는 것에 의미를 두고 있는 것이다.

즉 범의 꼬리를 밟는다 해도 그 무지막지한 녀석에게 물리지 않는 것이 오늘을 살아가는 방법인 것이다. 그런데 흔히들 말하듯 굵게 살다가 세상에 큰 우레 소리를 남기고 죽는 것도 사나이다운 또는 옛날의 무사다운 모습일 수도 있겠지만 역사를 이끌어가는 이의 방법은 될 수는 없다. 이슬에 옷 젖듯 그렇게 해가야 그놈에게 물리지 않을 것이다.

중국 모 대학에서 체류할 때 한 가톨릭 신부님과 자별히 지냈었다. 40대 맹모 신부님은 대만에서 장자로 석사를 마치고 노자로 왕립문王立文(왕리원) 교수에게 박사 학위를 지도받을 때였다. 이 분 얘기인즉 사회봉사에서는 가톨릭교회가 제일이고 심신수양은 불교만한 곳이 없다고 했다. 이 분은 동안거, 하안거 때는 절로 가서 참선수행을 한다고 했다. 그래서 본인은 신앙만은 이슬람교일 거라고 댓구를 한 일이 있었다.

범 꼬리를 밟고서 무사하려면 밟은 친구의 의복도 무늬나 빛깔도 자극적이지 않는, 가장 자연에 가까운 것이어야 할 것이고, 쇠붙이 같은 것들이 쩔렁거려서도 안 될 것이며 그 대처하는 조심스러운 행위와 자세도 가능한 한 비위협적이어야 할 것이다.

이 분과 함께 아침 10시경엔 바로 옆의 다른 대학도서관으로 가곤 했는데 그때만 해도 군복 정장으로 출입자의 신분증을 맡아놓고 허가서를 교부할 때였다. 어찌된 건지 본인이 정문에만 가면 근무하는 공안이 늘 거수경례를 했다. 맹 신부님은 가방 하나 들고 따라 들어오면 됐다. 이곳을 지나면 우리 둘이 마주보고 배꼽을 잡고 웃었다.

그러면 이 경우는 본인이 범에게 안 물린 것인가? 아니다. 그들은 필자를 그 누구로 착각한 것일 수도 있고, 옷을 항상 잘 입었었고 아침에 샤워 뒤에 단정히 꾸민 뒤 당당히 들어가면 깍듯이 경례를 한다.

이것은 상황을 적절하게 파악한 뒤에 체득된 일종의 지능적 속임수를 쓴 경우로 볼 수도 있는데 그쪽에서도 심각한 상황이 아니니까 짐짓 속아 줄 수도 있는 것이고, 상대편에게 왠지 호감을 베풀고 싶은 심정에서 오는 일종의 배려심이었을 수도 있다.

만일 그곳이 기밀을 취급하는 곳이었다면 수위실엔 특급 정보책임자가 배치됐을 것은 물론이고, 그 사나운 범은 꼬리를 밟히는 즉시 상대에 치명타를 날렸을 것이다.

현재의 지구라는 사회는 교역이 없으면 존립이 불가능한 여건이 되었다. 그러면서 기술 선진국들은 많은 이익을 보고 있다. 자원이나 기술이 없는 후진국들은 국민들의 먹을 것조차 해결을 못하는 형편이다.

그러나 이것도 오래가지 않는다. 첨단기술은 차상위 기술국에 합법적이든 몰래 빼가든 간에 새나가고 있다. 3~40년 전만해도 세계 카메라시장은 독일이 앞선 광학기술로 석권했었다. 그런데 이를 베껴내던 일제가 이제는 DSIR로 시장의 90%를 넘어섰다. 독일은 고급 수제품으로 맞서려 했으나 수제품 회사도 몇 개가 일본으로 팔렸다. 이 일제천지에 삼성이 뛰어들었다.

3.

기술축적이란 '소리素履'(초구효)에서 독실하게 다져가야 세계시장을 뚫고 들어갈 수 있다. 목전의 이익만을 몰두하지 말고 '유인幽人'(구이효) 같이 치밀히 삼가야만 한다. 공연히 능력을 과시하려고 "묘능시眇能視하고 파능리跛能履(六三)하려다가는 질인咥人(범에게 물림)"하게 된다.

그 동안의 삼성이 세계의 톱 기업으로 커온 노하우를 잘 살려 설령 '이호미履虎尾'라 해도 석석(朔+心. 朔+心)', 즉 '일건석척日乾夕惕'하는 마음으로 성실을 다하면 일취월장할 수 있어서 세계시장도 넘볼 수 있을 것이다. 그리하여 본궤도에 올라서게 될 때는 이른바 '쾌리快履'의 경지에 도달할 것이다.

10년 전만해도 밥술이나 먹는 집은 일제 소니 TV를 놨다. 지금은 그런 집이 한 집도 없다. 삼성 DSIR 카메라가 고가품으로 시장을 석권할 날이 올 것이다.

사족으로 구오효사의 결리夬履(또는 쾌리)는 '쾌리快履'의 잘못된 글자다. 역대 주석가들이 모두 결決(찌저질 결)로 말도 안 되게 풀어냈는데 청대에 와서야 쾌快로 제대로 풀기 시작했다. 구효 상전에도 '위정당야位正當也'라고 해놨는데 왜 결決로 잘못 풀었는지 알지 못하겠다. 정자와 주자가 모두 그래놨으니 어찌할 수 없었을 것이다.

　그러면 '쾌리快履'란 무엇인가. 바로 흔쾌히 전진하는 것이다. 상전에 위位가 정당해서 그렇다고 분명히 입명하고 있다.

四. 무소유 - 남겨 둔 것 없이

몇 해 전에 무소유를 실천하다 떠나신 법정 스님의 다비식이 거행되는 것을 TV에서 봤다. 어떤 조직이든지 간에 그것과 관계를 맺게 되면서부터 그 조직의 구조적인 문제에서 오는 잡다한 일들 때문에 번거롭게 되고 공연한 일들에 얽매여 짜증이 날 수가 있다.

봉급쟁이들은 그 조직 안에서 자신과 가족을 위해서 헌신치 않으면 안 된다는 숙명적 선택을 한 것이었겠지만, 뜻을 세운 자는 이런 일상성 속에서 개미 쳇바퀴 돌 듯 하는 한계를 떨쳐내 보려고 싯다르타 태자가 출가했듯이 법정스님도 같은 길을 밟아 완전한 자유를 누리시다가 아무 것도 남긴 것이 없이 이 세상 오실 때 모습으로 표연하게 훌쩍 떠나신 것으로 보인다.

그분하고는 인연이 없어 한 번도 뵌 적은 없지만 그분의 저서를 우리 집사람이 열심히 탐독하고 친구에게 빌려주기도 하는 것을 옆에서 보곤 했다. 그래서 나는 시적인 감흥이 풍부한 스님 또는 글재주가 뛰어난, 이른바 문학적인 스님이겠거니 하는 정도가 그분 인식의 다였다.

주변에서 그분의 동정이나 일화를 주워들으면서 범상치는 않은 고승이구나 하는 생각이 자리 잡기 시작한 지가 그렇게 오래되지 않았다. 몇 해 전 성북동 일원을 사진동아리에서 탐방한 일이 있었다.

이때 30년대 톱 수준에 있던 소설가 상허 이태준 선생의 수연산방壽硯山房과 만해 한용운선생의 심우장尋牛莊을 비롯하여 몇 군데를 더 찾아 감회에 젖어본 뒤에 마지막 목적지인 길상사를 찾았다.

절 이름인 길상사란 현액은 일중一中 선생이 쓴 것으로 되어있는데 그분 글씨로는 격이 좀 떨어진다는 느낌이 드는 것은 어인 일인가? 본래가 사찰로 지어진 것이 아니어서 여느 절과는 다른 느낌이 들지만 집터자리는 훌륭하다고 느껴졌다.

공양주인 김영한 여사는 극빈한 집에서 태어나 15세에 출가했으나 곧 남편과 사별하고 15세에 권번券番(기생학교)에 들어가 기생이 되었다고 한다. 이때 일본 유학생 시인 백석(백기행白夔行. 평북출신)과 동거를 했다. 40년대 말 문필가 및 연예人들의 월북이 유행이었을 때 넘어갔고 종전 후 그들은 숙청되었다.

그후 김영한 님에 의하여 백석시집이 간행되고 백석문학상이 만들어졌다. 그분은 백석 시인의 생일날에는 두문하고 금식했다고 한다. 90년대까지만 해도 장안의 빅쓰리 요정이라면 청운각靑雲閣, 삼청각三靑閣, 대원각大元閣이었는데 이중에 대원각의 소유주인 김영한 님은 법정의 무소유의 설법에 익히 감화를 입은 터라서 모든 재산의 시주 의사를 밝혔지만 귓가로만 듣다가 그의 진정성을 알고 길상화吉祥華라는 법명을 내리고 헌납을 수락했다.

길상사라는 이름은 공양주의 법명에서 딴 것이다. 1995년 당시 시가 1천억원의 부동산, 요정 운영에서 얻은 부, 전체를 시주하여 이 절이 탄생케 되었는데 길상사 개찰식 때는 김수환 추기경도 참석했다. 법정스님도 명동성당에서 진리나 목표는 하나인데 그곳으로 가는 길만 서로 달라서 가톨릭이니 불교니 하고 이름이 달리 부른다는 설법을 하여 종교사 미증유의 일을 해냈다.

이렇게 이룩한 이 사찰에서 설법은 해도 여기서 한 번도 주무신 적이 없었고 반드시 강원도의 오두막집으로 가셨다 하니 가히 그분의 대쪽 같은 성깔을 짐작해 볼 수 있다.

이 오두막 선방에는 유일한 문명품인 예불시간을 알려주는 종시계가 상 위에 놓여 있었는데 외출했다가 돌아와 보니 종시계가 없어진 것이 아닌가. 며칠을 이것이 있어야만 하는데 하다가 결국은 시내로 시계를 사러 상점에 들어가니까 어떤 청년이 상점주인과 만원만 내고 물건을 사라고 흥정을 하고 있었다. 그것은 종시계였다. 스님은 만 원짜리 지폐를 얼른 꺼내 청년에게 내밀었다. 그가 뒤를 돌아보니 스님이 아닌가. 그는 뒤도 안 돌아 보고 달아나고 말았다. 그 종시계는 오두막에 있었던 그것이었다. 그러면 스님은 대강원에서 설법도 꺼리시고 대하大廈에서 사시는 것은 물론이고 하루 저녁도 주무시지도 않았는가.

현대의 모든 종교단체는 거대화되어 조직운영에 경영학적 기획과 운영학을 필요로 한다. 행사와 홍보와 복지시설 등으로 인한 많은 자금을 필요로 한다. 오늘의 종교는 기업인을 필요로 하고 수도(수행)는 악세서리로 되어 가는 현실이 되었다.

그래서 노자서에 등장하는 "여리고, 어리석고, 행망없고, 눈치없고, 나약하고, 바보스러운" 주인공이 지금을 살아간다면 삶을 이어가기에는 적합하지 못한 세상이 되었다. 이런 사람이 옳은 소리를 해본들 아무 소용이 없는, 바보가 되는 시대가 되었다.

五. 서애 유성룡의 병산서원 – 왜란 경력 4단계론

1.

필자가 1980년대 중반 하계방학 중에 안동 병산서원屛山書院에서 개최된 학회에 참석차 그곳을 들렀던 때의 감동은 참으로 컸다. 산과 강이 이상적인 설계로 구성되었다는 느낌이 들 정도였다.

서원 앞의 누각이 일곱 칸으로 배열된 일자형 구조여서 강 건너 앞산이 병풍을 쳐놓은 것과 같이 일직선으로 마주 서있는 형세에 호응 하려고 한 정서의 반영이었을 수도 있고, 그를 본받아 경세치용에 응용하려는 의지를 누각으로 표현해 놓았을 수도 있다고 생각했다.

서원 뒤편에는 후예 유문의 가묘인 사당이 있는데 여기에는 다른 문족들에선 볼 수 없었던 사당 앞에 문루(이층으로 된 누각 문)가 있는데 일층의 기둥들이 모두 돌기둥으로 되어 있었다. 세 칸으로 된 이 문루의 기둥들은 전면에 네 개, 후면에 네 개의 열주식이었다.

사당으로 접근하는 통로로 이용되는 구조인 것이다. 아마도 자손들은 사당 안에서 참배하고 외래 참배객들이 많다 보니까 뒤편인 이 문루 위에서 따로 배알을 해야만 했던 것으로 짐작되었다.

그것도 그럴 것이 칠 년간의 왜란 극복의 일등공신이신 선생의 불천위 제사의 참배는 원한다고 될 수 있는 것이 아니다. 즉 제사 참배 자체가 지존한 것이 되는 터여서 이렇게 사당 앞에 배알 누각을 짓지 않을 수 없었을 것이라고 생각했다.

그런데 문제는 이 문루의 전면 네 개의 돌기둥에 주역의 중괘상이 각각 음각으로 새겨져 있었고 주칠朱漆이 돼 있어 뚜렷이 보였다. 그런데 사학계의 원로 교수님들이 이것에 대해서 언급하는 분이 하나도 없었다.

그 이후 유서애 성룡 선생의 생애를 살펴보면서 돌기둥에 새겨진 네 개의 괘상을 대입시켜 보려고 하면서도 실행치 못했다가 몇 주 전에 이곳을 다시 들를 기회가 있었고 그동안 한 귀퉁이에 쌓여있던 마음의 빚을 갚으려고 하는데 글이 매끄럽게 써질지 걱정이 된다.

2.

누각의 맨 오른쪽 돌기둥에는 '천지비괘天地否卦', 둘째 기둥에는 '수 화기제괘水火旣濟卦', 셋째 기둥에는 '뇌산소과괘雷山小過卦', 넷째 기둥 에는 '택풍대과澤風大過'가 새겨져 있었다. 이 네 개의 괘상을 서애의 생애에 비추어 볼 때 어떤 다른 의미로 해석하기보다는 그분의 65년 의 평생 동안에 가장 핍진한 사건들을 골라 본다면 왜란과 관련짓지 않을 수 없다고 보았다.

그래서 첫째의 '천지비괘'는 왜란이 발발하여 이미 동래성이 함락되 고, 신립의 참패, 선조의 몽진 등 국가존망의 위기를 맞은 상황을 보 여주는 것 아닌가 생각되었다. 하늘과 땅이 서로간의 교통이 끊어져 (비색否塞) 모든 참된 것과 바른 것은 다 소멸되고 무도한 살육만이 일 상화되는 참혹한 정황을 서애 선생은 '비시否時'로 보았기 때문에 그런 때에 적합한 정책을 폈고 이에 합당한 처신을 하였다.

그러다 보니까 반대파의 상소 등으로 누차 자리에서 물러나야만 하 는 좌절을 겪을 수밖에 없었다. 임금은 서애의 능력을 믿는 터였기에 어려움을 이겨내면서도 그를 중용시켰던 것이다.

임란 발발 직전(좌의정 재직시)에도 풍신수길이 명국을 치겠으니 길을 열어달라는 국서를 보내왔을 때 영의정 이산해는 묵살하고 말자고 했으나 서애는 이를 명에 보고해야 한다는 신념으로 그리했기에 명국의 조선에 대한 의심을 씻게 했고 이로 인하여 명군 출병도 가능할 수 있었다.

국가의 형세가 누란지세에 처해 있는데도 임금을 보필하는 대신은 인습에 젖어 있어 적군을 막을 장수를 천거하는 데도 '꿩 잘 잡는 것이 매'라는 진실을 망각하고 사사로운 친소 관계로 널비昵比된 인사관계로 끌어가는 정도였다.

힘이 세고 개인적 무술능력이 뛰어난 자와 전술 및 전략가와의 능력은 용병술의 우열에 달려있을 터인데도 이와 같은 기본적인 판단의 차이를 구별 못하여 군사를 적재적소에 쓰지 못하는 처지였다.

이에 비해 왜군은 수십 년간의 전국시대 군웅할거를 평정한 전투능력에다가 서양의 신무기인 조총을 발전시켜 비가 잦은 저들의 기후환경을 극복한 전천후 조총부대를 전방에 배치해 놓았다. 그곳에 우리의 기마부대를 투입시켰다고 해보자. 나뒹굴어진 기병의 시신과 말 울음소리뿐이었을 것이다.

이와 같은 극한상황을 일도양단하듯이 타개해내는 영웅은 무협소설에서나 가능한 것이지 현실에선 불가능한 것임을 주역의 비괘효에서 천하가 다 알고 있는 역사적 사실을 예로 들었다.

하의 문화가 노쇠현상으로 쇠퇴기에 들어가자 대능하와 요하 유역에서 홍산문화를 꽃피웠던 동이족 후예의 일파가 분파되어 신천지를 찾아 남하하게 되고 먼저 정착했던 하왕조를 무너뜨리고 은(상)왕조를 세웠다. 역시 노쇠 현상으로 병들게 됐을 때 이를 유신시킨 고종高宗(상의 중흥 영주 무정武丁)은 자신의 본향처(귀방鬼方:북방)를 정벌하여 후한後恨부터 없앤다.

3.

두 번째 기둥의 괘상은 수화기제괘다. 수천년에 걸쳐 삶을 이어온 겨레붙이의 터전을 송두리째 짓밟히는 상황 속에서 고종 임금 무정이 없음을 한탄만 하는 처지가 되었다.

본래 기제괘는 방법을 찾을 수 없는 절망의 괘다. 물을 건너가려는 여우가 꼬리만 적신 것이 아니고 머리까지 모두 적셨으니 이 강을 어이 건너라는 말인가? 신립은 소서행장의 왜군을 험준한 지형을 이용하여 맞아 싸우려 하다가 이일李鎰이 상주에서 패하고 돌아온 것을 보고는 퇴각하여 충주 탄금대에서 배수진으로 맞았으나 참패하고 말았다.

이에 선조는 야밤에 임진강을 건너 몽진할 때 일찍이 이율곡이 지어놨던 화석정花石亭을 불태워 그 불빛으로 길을 찾아 도강할 수 있었다고 전한다. 서애도 이때 호종 대열에 끼어 송도에 이르게 되었다.

이때의 선조는 거의 절망적이었을 것이다. 그래서 이와 같은 극한상황을 극복해낼 인물로 유서애 선생을 생각해 낸 것이다. 그래서 서애를 전광석화같이 영의정으로 임명하게 되었다.

그러나 궁성의 용상에서 명하던 권위적인 힘과는 차이가 있었다. 서애 등용을 반대하는 중심에 신잡申磼이 있었다. 명석한 서애는 이러한 상황에서 자리를 고집하는 것이 불가함을 판단하고 즉시 당일로 사퇴하고 말았다. 아마도 이 시기를 '소과지시小過之時'로 판단했기에 '불의상不宜上이요 의하宜下'여서 아무리 위기상황 경영의 자신감이 있더라도 더 머물러 있어서는 안 된다는 것을 감지했으리라 보인다.

그러나 이 천재일우로 얻어진 기회를 귓가에 스쳐가는 풍성학려風聲鶴唳처럼 바람결에 흩어지는 구름 같이 날려보낼 수는 없었다. 그래서 선조가 명장을 천거하라고 했을 때 권율과 이순신 등을 추천했던 것이 겨레의 자존심을 지키고 패전만 하던 조선의 관군이 왜군을 이길 수 있다는 자신감을 갖게 만들었다. 칠년전쟁에서 만신창이로나마 최후의 승리자가 되는 계기를 마련한 것이다.

조선군은 또 밀려 송도를 내줘야 할 판이 되었을 때 조정은 동북행과 서북행을 주장하는 파로 갈렸다. 이때 서애는 의주행의 주장을 관철시켜 명군과의 협력을 용이토록 만들었다. 평양의 소요사태를 진정시켰고 관서도체찰사가 되어 안주에서 백성을 진무하고 왜군의 간첩을 색출하여 죽였다.

명장 이여송의 접대를 도맡아 지도를 제공하는 등 추호의 실수도 없도록 용의주도하게 일을 처리하여 명군에 많은 편의를 제공해 주었다. 이 시기를 공께서는 스스로의 성격 상 큰일을 도맡아 처리할 그릇이 못된다고 판단해서 '소과지기'로 규정한 것 같다.

이 때문에 "큰일을 치르는 곳의 뒷처리나 감당하는 소임을 다하겠다(가소사可小事요, 불가대사不可大事라)"라고 말했다. 즉 "나는 새의 울음소리가 위로 올라감은 마땅함이 못되고 아래로 미침이 마땅하다"라는 괘의를 실천하려고 노력만 하면, 자신의 도리를 다한다고 생각했던 시기이다.

주변 여건이 바뀌기 시작하여 삼남도체찰사에 나가게 되었고 이여송 장군이 왜군의 거센 반격으로 전선이 지리멸렬하자 그를 도와 전진케 하였다. 훈련도감제를 두어 정병 양성에 힘썼다. 공은 한결같이 여리박빙하는 마음가짐으로 흐트러짐이 없었다.

4.

징비록에서 이순신 장군의 풍모를 '근신하는 선비 모습'이라고 평했는데, 바로 공 자신의 마음가짐의 표현일 수 있다. 사당 누각의 네 돌기둥에 새긴 '비否', '기제既濟', '소과小過', '대과大過'의 사괘상이 바로 그것을 말해주고 있는 것이다. "희디힌 띠풀로 자리를 깔아놓고(자용백모藉用白茅. 있는 정성을 다하는 마음)"라는 효사 말대로 "부드러움으로 아래에 있는다"라는 마음 바탕으로 일평생을 지낸 것이다. 이렇게 했기에 그 많은 무고를 이겨낼 수 있었으리라 생각된다.

이런 마음 자세이기에 구이효사에서 "고양생제枯楊生梯(마른 버들에 새움이 돋았다)"라고 하고서 "늙은 지아비가 젊은 아내를 얻었다"라고 비유해놓고는 상전에선 '만남이 좀 지나치다'라고 평했다. 이렇게 감내할 수 없는 상황을 겸손과 정성과 참음으로써, 노부(서애)가 젊은 처(임금)의 감당키 어려운 요구에 만족감을 주어야만 했던 것이다. 선조의 입장을 말해주는 구오효사에선 "고양생화枯楊生華(마른 버들에 꽃이 피다. 왜란의 극복)"라고 했고 구오효 상전에서 "가可히 추醜(부끄러운 일)하다"라고 평했다.

병산서원 앞 강 건너 병풍산은 칠 곡으로 되어 있는데 실제로 병풍에는 칠 곡 병풍은 없다. 왜란은 칠 년만에 극복되어 평화를 되찾을 수 있었다. 칠년이 되어서야 참혹한 살육전에서 벗어난 것은 주역의 '칠일래복七日來復'의 원리와 부합됨이 병산서원에서 점정點睛된 것은 유서애의 노고가 이곳 산천에 부각된 것으로 보인다.

임금은 국제정세의 무지로 국가 방비를 게을리 하여 수많은 무고한 백성들을 죽음으로 몰아넣어 영원히 씻어낼 수 없는 죄과를 남겼다. 실록에는 선조를 전쟁을 극복했다며 시호에서 '종'보다 위에 있는 '조'를 붙여 주었다고 나오지만 현대적 의미에선 그렇지 않다. 민족의 자존심을 짓밟아 역사에 오점을 남긴 죄인으로 기록된다.

서애는 왜란이 막바지를 넘겼을 때 정인홍 등의 무소가 있자 모든 것을 사퇴했고 여러 번의 소명에도 응하지 않았다.

六. 경북 고령 대가야 고분군 탐방 감구지회

　동아시아 지역에서 철기 문화가 가장 앞섰고, 일본 문화의 근원지의 하나일 거라는 고대 육가야(가락)의 박물관을 찾았다. 고분 내부를 출토 유물을 근거하여 복원시킨 전시용 고분의 모습을 살펴볼 수 있었다.

　가야의 문화는 참말로 무쇠(강철)의 문화, 황금의 문화였다는 것을 실감할 수 있었다. 요즘 와서 신라와 가야 고분의 인골의 DNA가 서아시아의 카스피해 지역의 고대 그리스ㅅ들과 겨루던 '스키타이' 민족의 그것(황금숭배 사상)과 일치된다는 것이 확인되고 있다.

　이 황금문화가 고대 서아시아에서 한반도 남단에 정착하여 재흥되는 과정은 역사학계에서 다방면으로 논의되는 터라 재론하지 않겠는데 고령의 박물관도 이 문제보다는 이웃 일본에 가야문화의 전파에 대한 관심에 더 힘을 쏟는 듯했다.

　그것도 그럴 것이 이 지역 고분군 일대에 일본의 가야 유물 다량 출토 지역이라고 해서 지역민 대표의 명의로 '일본문화의 원류지'라는 비석을 몇 군데나 세워 놨다. 국내에서는 오히려 무관심하다고 탓할만한 현실인 반면, 세계 제이의 경제대국인 저들이 그토록 관심을 보인다는 점에서 문화원류지 지역민의 자긍심을 한 것 드높였다고 여겨진다.

　박물관 홍보 팜플릿에 나온 가야유물 출토지역은 후쿠오카, 가고시마, 오카야마, 오사카, 교토, 나고야, 군마, 도쿄 등 많은 지역이었다. 유물들도 변형되지 않고 가야의 것과 똑같았다. 그걸 보여주고자 일본의 출토 유물과 가야 박물관의 유물을 나란히 색도 인쇄판으로 소개했다.

　문화란 본래 창조된 곳에만 머물러 있는 것이 아니고 물과 같이 흘러가는 것이다. 따라서 문화라는 유기체의 전파는 그것의 내면은 소멸되는 속성일지지라도, 수시변혁하고 수처변혁하여 그 상황에 적응만 해 간다면 면역항체가 형성된다. 우리는 그것을 일만 년의 인류문화사 속에서 경험했다.

본론의 취지는 문화 교류사를 말하려는 것이 아니고 대가야 고분 속에서 본 순장 풍속을 말하려는 것이다. 이 순장 풍속은 인류의 고대문화에선 공통되는 습속이었으며 이 악습이 사라진 지는 지역적 차이가 있겠으나 몇몇 대표적 문명권 중심으로 빠르면 이천 년 전, 늦게는 일천 년쯤 되었다.

우리 역사에는 신라 법흥왕 대에 금지됐다는 기록이 있다. 1980년대 말인가 중국 산동성 지역에서 말 다섯 마리가 끄는 철갑전차 10여 기가 한꺼번에 순장된 모습을 본 적이 있다. 누가 귀띔해 주기를 기사들도 순장된 채로 발견된 것인데 너무 끔찍스러운 것이라서 인골과 갑주는 수습하여 치웠다는 것이었다.

사실 이 말이 설득력이 있는 것이 패왕 생전의 위력을 과시하려는 것이었는데 기치 창검을 든 전사들과 오마전차의 운전병사들은 빼놓고 말과 빈 전차만 묻었다는 것은 이치에 맞지 않는 것이다.

그날 밤 심약한 필자는 끔찍한 생각들로 잠들 수가 없었다. 지금 진시황의 능침발굴 작업이 시작된 지가 20여년이 지났다. 과연 그 모습을 상상해 보는 것 자체가 소름끼치는 일이다.

고령의 대가야 순장분에선 전차는 아직 출토되지 않았지만, 많은 철갑기병이 출토되어 과연 동아시아의 선진 철의 왕국이었구나 하고 감탄을 금치 못했다. 순장문화는 다른 것이 아니고 지배자가 생전에 가장 아끼던 것들을 그대로 가지고 저승으로 가는 것이다.

그래서 살아생전에 지극히 사랑하던 대상이 사람이든 물품이든 간에 저승길을 동반하게 되는 것이다. 그러니까 애완 물품도 있고 자기를 지극정성으로 보살펴주던 노복이 될 수도 있고 노로에 애탐했던 젊은 애첩도 될 수 있다.

그런데 순장묘가 개분되자 기가 막히는 일들이 벌어지고 있다. 십여 세 전후의 여자아이 둘이 옷을 잘 갖춰 입은 늙은 피장자 가슴에 포개진 채로 발굴된 것이 있었다. 이 모습이 과연 무엇을 말해 주는 것인가? 박물관에서 준 안내 팜플릿에 아무 설명은 없고 사진은 적나라하게 소개됐다.

생각해보니 피장된 조부가 그토록 사랑하던 손녀딸 두 자매를 데리고 간 것(물론 산 사람들이 이 짓을 자행한 것이지만)이었다. '이럴 수가!' 기가 막힐 일이지만 문화적 가치관의 차이에서 오는 비극임을 어찌하랴? 오늘도 우리의 다른 한쪽에서는 이와 유사한 비극이 벌어지고 있지 않는가 말이다.

인간 이전의 동물세계를 예를 들어 보자. 꿀벌통에 말벌 몇 마리가 달려들면 싸움벌이 다 죽고 일벌마저 다 죽고 벌통 속엔 여왕벌만 남게 된다. 벌통 하나가 전멸하는 자위본능의 군집동물이 있듯이 인간도 그 시대적 문화적 속성 본능을 뛰어넘지 못하는 것이다.

이 속성 본능을 벗어나라고 외롭게 외친 분들이 소위 '성인'으로 일컬어지는 선각자들이라 하겠다. 그래서 일찍이 '노자서'나 '장자서'에서는 왕정에 참여하여 조정 근처에 얼씬거리다가는 돼지가 살찌면 잡아먹히듯이 임금 따라 죽어야만 하기에 개똥밭에 굴러도 자유 가치를 값진 것으로 여겼던 것이다.

권력자의 총애를 받으면 그가 죽을 때 이 녀석만은 데리고 가고 싶어 해 순장당하기 십상이라고 외쳤다. 인류가 군집동물에서 진화된 것이어서 오늘날까지도 절대자나 전체를 위한 희생을 요구하는 누습의 속성이 잔존하고 있다.

고령을 다녀와서 주역경에 대입시켜 풀어 본다면 어떨까 하여 숙고해 봤으나, 괘효사에도 마땅한 글귀도 없을 것 같아 대전 박원재 선생님께 상세한 상황 설명을 붙여 여쭈어 봤다. 생각해 보자고 하시어 다음날에 전화를 드렸더니 마땅한 것이 없다고 말씀하신 뒤에 다시 전화를 주셨다. '택풍대과괘澤風大過卦'가 어떻겠냐고 말씀하셨다.

'지나친 짓'으로 풀 수밖에 없는 것이다. 이 지나친 짓을 하지 않는 것이 공부자의 가르침이 아니었던가? 측은지심이 바로 그것 아닌가? 결초보은의 고사가 바로 그것 아니었던가? 흔쾌히 수긍할 수밖에 없는 것이다.

옛날에 안 하던 짓을 한 것이 아니라 이미 일반화된 습속이라서 특별한 말이 없었을 수 있다. 그러나 시경에 피순장자가 부들부들 떨면서 흐느껴 우는 모습이 묘사돼 있다. 왜 주역에는 없다는 말인가. 지금 와서 그 때를 되새겨 본다면 참으로 몸서리처지는 일들이다. 시간이 나면 백서본 역을 잘 찾아봐야겠다고 마음먹었다.

七. 백척간두

　우리가 군대 생활할 때인 1950년대 후반기만 해도 디엠지DMZ(휴전
선)에서는 적과 아군 사이에 총격 사건이 아주 잦았다. 물론 언론에 보
도되기도 하고 안 되기도 했지만, 한번 일이 터지면 대엿새는 군화 끈
도 못 풀고 참호 속에 있어야만 했다.

　군에서 제대한 후에도 언론에서 이런 뉴스가 보도되면 '새끼들 또
지랄했구먼!' 식의 반응이었다. 필자의 생각에 의하면, 그때는 침투조
에 의해 저질러지는 사건들이었지만 근래에는 대량 살상을 도모한다
는 차이가 있다.

　사람으로서는 할 수 없는 짓을 기획하는 자의 속내는 무엇일까? 그
것을 저들의 상투적인 언어로 표현하면, '무자비한 전사'를 양성하기
위한 것이라고 할 수 있다. 아웅산사건, KAL 여객기 폭파사건 등은 소
위 '무자비한 지도자 수업'이었던 것이다. 그리고 천안함 사건과 연평
도 포격은 '떠오르는 태양'의 국가 영도력 수업일 것이다.

　고대 유럽과 근동 지역의 '폴리스(도시국가)'에서는 우수한 전사를 만
들기 위해 체력이 뛰어난 소년들을 뽑아 성 밖의 부용민附庸民 마을이
나 농촌에 침투시켜 무자비한 살인 수업을 시켰다.

　그런데 현대 문명사회에서도 이런 짓들이 감행되고 있다니 그것이
본래 씨알이 모자라서인 것인가, 잘못된 이데올로기로 뇌리가 혼돈스
러워진 탓인가? 다른 한편으로는, '다수가 정의'라는 다수 의결이 고
착화된 병폐에 대한 반발로 새끼를 치게 된 서손의 저항일 수 있다고
볼 수 있겠다. 하지만 유사 이래 고독한 저항자는 결국 역사 기록에서
만이 만나볼 수 있다는 것을 우리는 알고 있지 않은가.

주변에서는, 저쪽에서 한 방 쏘면 우리는 두 방을 쏴서 본때를 보여 주어야 한다고 역설한다. 물론 애국 의지에서 나온 말인 줄 안다. 저들은 국민을 굶겨 영양실조로 처참한 지경에 이르게 하면서, 핵무기를 만들고 장거리미사일ICEM을 만든 나라이다. 맞대결만이 상책은 아니다.

흔히들 이스라엘 이야기를 많이 한다. 한 방 맞으면 두세 방으로 대거리하여 도발하려는 의지를 꺾어야 한다고 말이다. 그러나 우리와 이스라엘은 지정학적 여건이 너무나 다르며, 상대가 동족이라는 점에서도 역시 다르다.

우리나라와 가까운 주변 국가는, 지구 최강대 국가들이며 교조적 이념으로 뭉쳐져 있다. 그리고 지구의 온갖 자산재를 빨아들이면서 국제 무대에서 점점 말발이 세어지고 있다.

현대세계는 경제적 가치를 제일의 지향점으로 삼는다. 그런데도 과거 동맹국이었다는 의리 때문인지, 저쪽의 무력 행위조차 눈감아주고 있다. 그리고 주변국 면대 회담만 주장하는 석연치 않은 태도를 취하고 있어서 실망이 크다.

각설하고, 이번에 중국 광저우廣州에서 열린 아시안게임에서 금메달 숫자로 보면, 대한민국은 40~50배나 큰 중국을 거의 따라잡았을 정도이며, 두세 배나 되는 일본을 거의 곱절이나 앞섰다. 덕분에 우리 동포들의 자긍심에 불을 붙일 수 있었다.

그러나 좀 더 대국적인 안목으로 보면, 이렇게 주변국의 의기를 꺾는 일이 결코 바람직한 것만은 아니다. 주역에서는 '함장가정含章可貞하라'는 말로 교훈을 주었다. 잘 하는 것은 안으로 감추고, 움츠릴 줄 아는 자세로 살아간다면, 심각한 적은 만들지 않을 수 있다는 말이다.

이처럼 능력 있는 기능은 감춰두고 부족한 것은 쉬지 않고 연마하는 모습은, 어떤 어려움도 이겨낼 수 있는 보배로운 마음가짐이다. 잘났다고 떠들어댄다면 적만 많아질 뿐이다.

이번 아시안게임에서 바둑에서도 금메달을 싹쓸이 한 것이 그렇게 잘한 일이라 할 수 없다고 보는 안목이 주역경의 오의를 터득한 것이라고 본다. 중국에서 시작된 것이어서 저들의 자존심이라 할 수 있는 바둑에서, 금메달을 우리가 한 개만 갖고 중국과 일본이 하나씩 나눠 가졌더라면 오히려 이상적인 분배가 아니었을까. 이 점이 지금도 아쉽다.

우리의 첨단 공산품 생산 능력은 4, 5위 정도이며 5년 안에 병기산업과 항공우주산업을 제외하면 3위권에 진입할 것이다. 병기, 항공우주산업도 어떤 촉발 계기를 만나게 되면 해낼 수 있을 것이라고 본다.

우리 배달겨레는 온갖 역경을 이겨내며 지금까지 살아왔다. 그리고 앞으로도 그 어떤 어려움도 이겨낼 것이다. 참으로 질기고 강인한 겨레라고 세계사에 기록될 것이다.

八. 태괘 · 비괘로 본 현실 정치 5년 주기

총선을 통해서 정권을 잡는 것을 '지천태괘地天泰卦'로 보고, 사업이나 정치적 야욕의 회생불능한 실패를 '천지비괘天地否卦'로 대입해 본다면 그럴듯한 비유가 될 터인데 여기서는 정권을 선거로 쟁취한 일 · 이년을 태괘로, 다음 대통령선거 시기 일이 년 전 정권의 김빠지는 시기를 비괘로 보고 써볼까 한다.

'태괘泰卦'를 단전으로 해석해보자. 태泰가 되면 시원찮은 것은 가버리고 좋은 것만 오는데 그 까닭은 하늘의 뜻과 땅의 뜻이 하나로 화동하기 때문이라고 했다. 그러나 이와 같은 이야기는 대의가 그렇다는 것이고 구체적 이야기로 전 정권의 부패상을 척결해야 한다는 비유로 예를 들어보자. 뿌리를 뽑아내듯(발모여拔茅茹) 해야 하는데, 그 부패의 고리사슬이 모두가 서로 연결됐기 때문에 그 어려움을 말해서 "너른 띠밭 전체가 한 뿌리로 연결됐음(발모여拔茅茹인댄, 이기휘以其彙로 정征이라야 길吉타)"을 말하여 소위 발본색원을 주문하고 있다. 그러나 이런 일을 통치자가 어찌 직접 해내겠는가. 가장 믿을만한 심복이 해내야 하는데 이 사람한테 백 퍼센트 힘을 실어 주어야 한다는 것이다. 그렇게 하면 해낼 수 있다.

참고로 단전象傳의 의미를 이야기해보자. '단象' 자는 숫 멧돼지 이빨이다. 묵은 놈은 송곳니가 15센티 정도로 튀어나와 주둥이로 땅을 파헤치고 물어뜯을 때 아무것도 남아나는 것이 없게 된다. 단전은 단호함의 뜻으로 쓴 주역경 편장의 하나다. 연산역, 귀장역, 주역이 만들어진 소위 중원지방의 파우나상에서는 멧돼지 이상으로 나무뿌리 등을 단호히 잘라낼 수 있는 동물은 없다.

구이효에 "포황包荒으로 용빙하用憑河하면 불하유不遐遺하야 붕朋(불弗)망亡하야 득상우중행得尙(상賞)于中行하리라"라고 했다.(포包는 포匏로 큰 박의 뜻. 황荒은 대大. 빙憑은 빙凘, 즉 물건널 빙. 붕朋 자 아래 '불弗' 자 탈. 상尙은 상賞). 이를 풀면 "큰 박을 끌어 안고 물을 건너면, 머지 않아 친구도 잃지 않고 상도 받고 중행하게 되리라!"라고 입언하고 있다. 파사현정은 바로 통치자의 의지 여하에 달려있는 것이다.

그러나 통치자의 심복이 사욕을 부린 예를 우린 얼마 전의 경험에서 보았듯이 이 둘이 모두 하나 같은 금란지동심金蘭之同心으로 했을 때만이 가능하다는 것을 구삼효에서도 지적하고 있다. 이런 확고한 통치자 의지의 표현을 육오효에서 자기의 여동생(또는 딸)을 주면서 신심을 표했기 때문에 '원길元吉'하다고 평했다. 그러면 이토록 절치부심한 노력으로 일괴一壞시킬 수 있을까? 결코 그렇지 못하다.

비괘否卦 육이효에서 '포승包承'이라고 했다. 포包는 꾸러미, 즉 과裹(싸다. 꾸러미)요, 승承은 삶은 고기(승胚)로 '과승裹胚(삶은 고기 꾸러미)'으로 즉 뇌물로 모든 것을 해결하게 된다. 이러니까 소인은 좋고(길) 대인은 나쁘다(흉)고 한다.

비괘 육삼효에도 포수包羞(부끄러울 수)가 나오는데 이 수羞도 수腠(윤기 있을 수)로 맛있는 고기다. 이토록 진미로 예물을 바쳤는데 우리 어렸을 때만해도 달걀 한 꾸러미면 웬만한 문제꺼리는 다 해결됐는데 요즘엔 돈다발에서부터 현금 박스(또는 자동차 떼기)란다. 그런데 육이효 끝에 형亨 자가 붙어 있는데 형은 제사의 뜻인데 여기선 그냥 대인은 비否하다고 한 끝에 형이 온 것은 그저 좋다, 즉 정권이 바뀌게 돼서 좋다는 뜻일 것이다.

비괘 구사효에는 건삼련乾三連(☰), 아래의 곤삼절坤三折(☷)을 주疇, 즉 밭두렁으로 요즘 말로 땅(부동산)이 주렁주렁 매달려 있다. 시대의 풍상을 그대로 그려 놓았다. 그러나 시대의 소용돌이 속에서도 초연히 살아가는 선비는 '기망, 기망(잘못하면 망하지, 망하지 하는 마음가짐)'으로 살아가니까. '계우포상繫于苞桑'이란다. 뽕나무는 뿌리를 가장 깊이 내리는 나무라서 천재지변에도 무사할 수 있단다! 일찍이 동진 때의 도연명은 시에서 "사람이 몸이 마른 것은 벼슬에 나아가면 다시 살이 찌지만, 선비의 집 후원에 대밭이 없으면 늘 불안타"라고 읊었다. (지진의 두려움). 또 집 앞의 텃밭엔 뽕나무가 꽉 들어차면 그야말로 모든 것을 갖추는 것이란다.

연보

김필수金弼洙, KIM PHIL SOO
호 눈야순嫩野馴, 별칭 백화곡승허인白樺谷升許人

1937년 5월 5일 충남 온양 출생
1960년 동국대학교 철학과 졸업
1979년 동국대학교 대학원 철학 박사
동국대학교 인문과학대 역사철학부 철학과 교수, 동국대학교
중앙도서관장, 동국대학교 인문대학장, 중국인민대학교 철학
부(북경) 교류교수, 한중철학회 회장, 한국주역학회 회장, 한국
맹자학회 회장, 한국철학회 회장 역임
(현)동국대학교 명예교수, 국제유학연합회(본부:북경) 이사
한국주역학회, 한국철학회, 한국동양철학회, 공자학회, 한중
철학회 회원

저서
춘추좌전 여 국어적 관계(중문) / 1995
소옹의 선천역 연구
모기령의 퇴이법(괘변법)연구
사계 김장생의 경서변의 중 주역습유의 제문제
춘추좌전 여 국어적 관계(중문)
호산 박문호의 주역관
종 현대적 관점 간 유가역 여 도가역지 제문제(중문)
정이적 의리역 탐토(중문)

맹자칠편적 편자문제(중문)

논문

여헌 장현광의 역학도설중의 역경고증 및 음양오행론 연구(박사학위 논문) / 동국대 대학원 / 1994

번역서

관자(중국선진시대의 제자백가) / 2006

중국 학술 기행

1판 1쇄 인쇄 2016년 4월 11일
1판 1쇄 발행 2016년 4월 16일

지은이　김필수
발행인　김소양
편집　　권효선
마케팅　이희만

발행처 ㈜우리글
출판등록번호 제321-2010-000113호
출판등록일자 1998년 06월 03일

주소 경기도 광주시 도척면 도척로 1071
마케팅팀 02-566-3410 **편집팀** 031-797-3206 **팩스** 031-798-3206 / 02-6499-1263
홈페이지 www.wrigle.com **블로그** blog.naver.com/wrigle
대표메일 wrigle@hanmail.net

값은 표지에 있습니다.
ISBN 978-89-6426-077-7 93150
잘못 만들어진 책은 구입하신 서점에서 교환해드립니다.